CONSILIENCE

The Unity of
Knowledge

知识大融通

21世纪的科学与人文

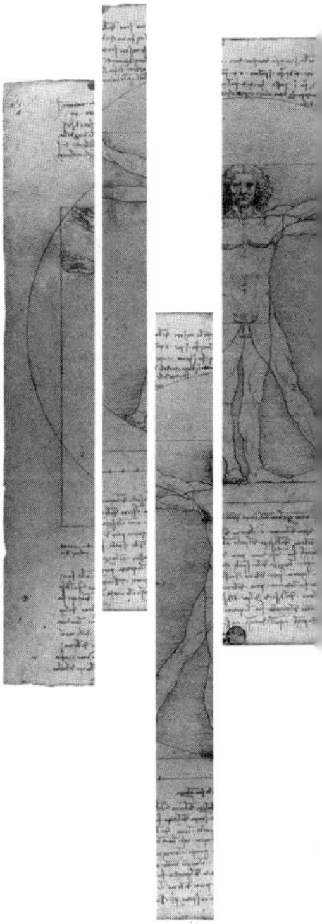

[美] 爱德华·威尔逊 著

梁锦鋆 译

牟中原 傅佩荣 校

Edward O. Wilson

中信出版集团 · CHINACITICPRESS · 北京

图书在版编目（CIP）数据

知识大融通：21 世纪的科学与人文 /（美）威尔逊著；梁锦鋆译. —北京：中信出版社，2015.8 (2024.1重印)
（爱德华·威尔逊作品）
书名原文：Consilience: The Unity of Knowledge
ISBN 978-7-5086-5383-9

I.① 知… II.①威… ② 梁… III.① 科学知识—普及读物 IV.① Z228

中国版本图书馆 CIP 数据核字（2015）第 177985 号

知识大融通——21 世纪的科学与人文

著　　者：[美]爱德华·威尔逊
译　　者：梁锦鋆
策划推广：中信出版社（China CITIC Press）
出版发行：中信出版集团股份有限公司
（北京市朝阳区东三环北路27号嘉铭中心　邮编　100020）
（CITIC Publishing Group）
承 印 者：北京通州皇家印刷厂

开　　本：880mm × 1230mm　1/32　　印　　张：15　　字　　数：327 千字
版　　次：2016 年 6 月第 1 版　　印　　次：2024年 1 月第11次印刷
京权图字：01-2015-5635
书　　号：ISBN 978-7-5086-5383-9
定　　价：68.00 元

服务热线：400-600-8099
投稿邮箱：author@citicpub.com

“知识的巨人”和他预见的未来

——《知识大融通》所获赞誉评价

在这本由 20 世纪最伟大的思想家之一所写出的杰作中，威尔逊尝试综合知识的各个领域。现在请你阅读、享受并思考威尔逊所传达的意念吧！

——贾雷德·戴蒙德（Jared Diamond,《枪炮、病菌与钢铁》作者）

这部大师之作无疑在大胆挑战当今普遍的世界观。为了取而代之，本书提出一个宏大、连贯的构想，其中包含了科学、人文、伦理与宗教。你会感觉被拉抬上一座高峰，将今日破碎的知识风景尽收眼底，此后你将以全新的方式理解知识。

——杰拉尔德·霍尔顿（Gerald Holton，著名科学史家、哈佛大学教授）

威尔逊的这本书涵盖了广阔的知识领域，行文明晰、直率，雄辩滔滔。《知识大融通》如福音书一般，是威尔逊的科学“宗教”引人注目的展示，是一次坚持要改变世界的布道。

——丹尼尔·J·凯弗里斯（Daniel J. Kevles，著名历史学家、耶鲁大学教授）

雄心勃勃……《知识大融通》就像它的英文副标题所提示的那样，凝聚了威尔逊的毕生努力——将社会生物学向社会科学扩展，去涵括人类所有的知识，探讨人类社会未来可能的发展。他的目标就是要建造一座横跨

（科学与人文）这两种文化的桥梁。

——鲁迪·鲍姆（Rudy Baum，美国化学学会前主编）

《知识大融通》是一本杰出的著作。在本书中，威尔逊提供了对西方思想史和诸多学科研究现状的极好概述。几个世纪以来的科学进步就是一段知识日益融通的历史。对威尔逊来说，要跨越生物学和人文之间最后一道鸿沟，就需要从神经科学、心理学和演化生物学的角度来理解人性。尽管他强有力的推导所得出的结论，很多人会觉得激进，但他的语气是平和且充满敬意的，写作手法既文雅又引人入胜。

——斯蒂芬·平克（Steven Pinker，著名认知科学家、《人性中的善良天使》作者）

威尔逊全面性的命题是人类的社会生物学，也就是融入我们基因里的信息，它支配了人类活动与心灵产物，一路由科学延伸到伦理。威尔逊认为，科学可以说明文学、艺术、道德与宗教人生的多样表现。他用独特的气势与精博学问来阐述他的论点，而澄净、有力又发人深省的散文正是他的特色。《知识大融通》对某些人来说，令人不安；对大多数人而言，引人争议；但对全人类而言，却让人激奋。

——弗朗西斯科·J·阿亚拉（Francisco J. Ayala，美国科学协会前主席）

伦理学研究不久就会从道德学家的手中被拿走，并迈向"生物化"，或者被改造以适应新兴的人类天性学。而哲学、生物学、演化论三者之间的连结，会成为威尔逊梦想中的"新综合理论"范例，也就是他后来所说的"融通"，亦即众多思想"一起跳跃"，创造出统一的知识体系。

——乔纳森·海特（Jonathan Haidt，著名心理学家、"全球百大思想家"之一）

威尔逊预言我们即将迎来跨学科的知识融合。这很重要，你四下环顾一下，会发现威尔逊十几年之前的预言在神经科学领域就已经实现了。通过其他学科结合神经科学的思考，我们对人类无意识心灵的研究发现，将会和马克思、弗洛伊德的学说一样产生深远影响；我们将找到一套全新的话语体系，让我们得以重新定义诸多不同的学科，并重新塑造对人类自我概念的理解。

——罗伯特·赖特（Robert Wright，美国前总统克林顿智囊、《道德动物》作者）

在所有威尔逊的著作中，《知识大融通》将对知识阶层产生最深刻和最持久的影响，该书既富有理性，又鼓舞人心；而且，因为它将读者带到前所未有的思辨和理解的高度，因此该书既能充实读者，但有些时候又会有些温和的冒犯。

——麦克·多伊尔（Michael Doyle，生物学家、亚利桑那大学教授）

除了威尔逊，几乎没有人能开阔我们的视野，使我们同时认识到大自然的巧夺天工及其崩溃带来的严重危机。威尔逊激昂、令人折服地恳求，假若我们要拯救共同的家园，不只要找寻共通点，还要有一个共通的知识系统。

——凯瑟琳·麦克金蒂（Kathleen McGinty，美国白宫环境质量委员会前主席）

（我）惊叹于威尔逊的博学，以及唯有奠基于如此博学才能产生的真知灼见。

——郑也夫（著名社会学家、《文明是副产品》作者）

威尔逊无疑是当代视野最为开阔的知识巨人之一。他坚持不懈地超越科学与人文之间的学科壁垒，在融通“两种文化”的努力中，完成了里程碑式的新的综合。这是一部博大精深又妙趣横生的著作，激发出人们对未来世代新的知识想象。

——刘擎（著名思想学者、华东师范大学政治学系教授）

人类知识分头、分块、分层累积已达相当的体量，但仍显杂乱，缺少契合，迫切需要用某种红线把它们贯穿起来。威尔逊逾层凌域，从基因到伦理，融通科学与人文，延续了亚里士多德、达尔文等大师的自然主义进路，也挑战了一系列陈腐观念，引起了不小的争议。但是，这条路线很有吸引力。

——刘华杰（著名科普作家、北京大学哲学系教授）

作为博物学家，威尔逊强调生物多样性。但他同样相信，这个多样可以统一起来。威尔逊是一个天真的人，沉迷在融通一切的迷思之中。他也是一个执着的人，用他的一生下了一盘大棋。他的《蚂蚁》开局时，就埋伏了各种后招。《社会生物学》布局，锋芒初现：把人看成动物，用动物行为学来解释人类社会，也用人类社会来解释动物行为。《知识大融通》收官，亮出他的野心和雄心，从原子到分子，从细胞到神经，从物理化学到经济政治，从生理心理到文史哲，乃至宗教，融通一切。这是自牛顿以来自然哲学家 - 科学家所开始营造的终极理论之梦，威尔逊走得最远。我虽然一直在消解这个梦，但是我尊重梦中的威尔逊，也欣赏他所营造的梦。

——田松（著名科技史学者、北京师范大学教授）

爱德华·威尔逊在《知识大融通》里提出了所谓知识大一统的观念，尝试从生物学的角度去解释人类的文化行为模式。这种生物决定论虽然在很多人眼中野心过大甚或是十分危险，但的确大胆地针对了一个一直被忽视的议题——人类文化和人类的生物性之间的关系。

——董启章（作家、《天工开物·栩栩如真》作者）

寻找学科之间的连接点，进而找到知识底层的融通之处，这恐怕是历史上那些百科全书式人物的共有野心。读遍此书，似在人类智慧最华美篇章间纵情跳跃，真是智识生活的一大享受。

——姬十三（果壳网、在行创始人）

《知识大融通》是一本发人深省的书，仅仅为了和一位世界级科学伟人相处交谈的机会，也值得一读。即便你未受科学学术专业训练，也会发现威尔逊是一位合得来、可亲近的作者。

——《商业周刊》(*Business Week*)

善于思考、关心未来的读者都应该认真聆听威尔逊。这种自然科学和人文科学的融通，将赋予未来人类一种分析和预测的强大力量，以应对目前人类主宰地球而引发的全球巨变。

——《旧金山纪事报》(*The San Francisco Chronicle*)

在这本真正伟大的杰作中，威尔逊关心的是一个更加宏伟的计划：以科学的方式统一所有的知识，从而对不同种类的现象的解释将会变得相互关联、一致——也即相互融通……威尔逊用华丽的论证向我们展示了科学唯物主义的力量与说服力。

——《书单》(*Booklist*)

没有史前史的历史毫无意义，而没有生物学则史前史毫无意义。威尔逊认为，道德、宗教和创造艺术在本质上属生物学范畴。他用清晰的证据解释了人类境况的起源以及为何成为地球生物圈的主要统治力量。

——《纽约时报》(*The New York Times*)

独具创见……本书的视野超越了今日的杰出成就。威尔逊阅读了“生命”这本由分子精编而成的大书，并指出，在未来，对生物学的理解将让我们获得重新塑造自身的力量……他推倒了先天与后天或基因与文化分立的谬论，展示了先天本性和后天养育与我们、与其他动物都息息相关。

——《科学美国人》(*Scientific American*)

美国生物学家爱德华·威尔逊运用生物学知识，整合生物各类群间社会行为的统一性，揭示生物的社会属性，由低等生命到高级生物，最终着眼于人类社会——揭示人类的文化、宗教、伦理、美学的生物学根源……其思想的创新性、颠覆性震惊了学术界，对生物学，乃至社会科学均产生了深远的影响。

——《中华读书报》

威尔逊认为，需要发起一场新启蒙运动。在 17 和 18 世纪，启蒙运动的学者们用科学法则解释宇宙和人类的意义，他们相信，学术的分支可以借助因果网络统一起来。但到了 19 世纪初，这一梦想衰退了。现在，重新开始追求科学与人文的统一，是有价值的，也有实现的可能。其价值在于科学与人文的统一有助于解决宗教冲突、道德推理的含混，以及理解人类存在的意义。

——《三联生活周刊》

历经多年酝酿，第三种文化终于在 20 世纪 90 年代开花结果。这群新兴学者"善武能文"，介入传统专属人文的领域，思索终极问题。此趋势的代表人物首推两度荣获普利策奖的美国生物学家爱德华·威尔逊。这位演化生物学的先驱于《论人性》以生物学观点剖析人性；《知识大融通》力倡知识整合，文笔媲美散文家，风格有如哲学家，彻底发挥第三种文化的宏观与洞见。

——台湾《中国时报》

CONSILIENCE
The Unity
of Knowledge

目 录

第一章
爱奥尼亚式迷情

CONSILIENCE

—

The

Ionian

Enchantment

—

我相信这就是爱奥尼亚式迷情的源头：
追求客观的真实性，而非神的显现，
这是另一种满足宗教的饥渴的方法；
它的中心思想，正像
爱因斯坦所了解的，是知识的统一。
一旦某些知识
统一到一定的程度，
我们就可以了解我们是谁，
以及我们为什么会在这里。

我记得很清楚，自己被“统一的知识”这个梦想所吸引，是在 1947 年早秋。我那时 18 岁，从莫比尔（Mobile）到塔斯卡卢萨（Tuscaloosa）进入亚拉巴马大学（University of Alabama）就读，开始我大二的生涯。我那时是个初出茅庐的生物学者，有年轻人的热情，但缺乏理论和远见。我在家乡自学博物学，常常在书包里带上几本野外指南，独自一人走入森林，沿着小溪开始短途行程。我认为研究科学是在户外逗留的最佳方式，我这里指的是研究蚂蚁、青蛙和蛇类。直到现在，我仍然一本初衷。[1]

我的“启蒙时代”

我的知识世界是由林奈（Carolus Linnaeus，1707—1778）架构起来的。他是 18 世纪的瑞典博物学家，发明了现代生物分类法。林奈的分类系统看起来很简单。首先，他把所有植物和动物标本分成不同的“种”，然后把彼此类似的种集成一群，就成了“属”。比如，所有的乌鸦是一个属，所有的橡树也是。之后，你就给每个种取一个包括两部分的拉丁名。比方说，Corvus ossifragus 是鱼鸦（fish crow）的拉丁名，其中 Corvus 是属名，代表所有的乌鸦，ossifragus 则代表鱼鸦这个特定的种。

依照这个方式继续向上归类，类似的属就聚集成“科”，类似的科聚集成“目”，等等，一直到“门”；最后，在最上层有六个“界”：植物界、动物界、真菌界、原生生物界、原核生物界和古生菌界（archaea）。这就像军队系统：由男人（现在或许会加上女人）组成班，班组成排，排组成连，到了最上层，则是由参谋长联席会议共同指挥的三军。以上这些，也可以说是一个 18 岁年轻人心中的世界观。

那时候，我的知识水平已经达到 1735 年林奈的标准，或更正确地说（因为我那时对这位瑞典专家所知有限），是达到 1934 年彼得森（Roger Tory Peterson，1908—1996）的水平，当时这位伟大的博物学家的《野外赏鸟手册》（*Field Guide to the Birds*）第一版发行了。无论如何，这段林奈时期是我进入科学专业的开端。正如中国人所说的，“名定而实辨”。

后来我接触到进化论，于是骤然间（这个用词并不夸张）我对这个世界产生了全新的看法。这个领悟要归功于我的启蒙师长查莫克（Ralph Chermock），他是一位很认真的年轻助理教授，一个老烟枪，顶着康奈尔大学昆虫学博士头衔刚到亚拉巴马州。我喋喋不休地告诉他，自己要把亚拉巴马州的所有蚂蚁分门别类，他听完我的崇高理想之后，交给我一本迈尔（Ernst Mayr，1904—2005）在 1942 年写的《分类学和物种起源》（*Systematics and the Origin of Species*）。他说：“如果你想成为一位真正的生物学家，就读这本书。”

这本书很薄，书皮是蓝色的。它结合了 19 世纪的达尔文进化论和现代遗传学知识，是“新综合学说”（New Synthesis）的研究成果之一。这本书给出了博物学一个理论框架，大大扩展了林奈当初开创的知识事业。我的心智突然开了窍，打开一扇通往新大陆的门。我着了魔一般，不停地思考进化论对分类法和其他生物学的影响，以及对哲学与对几乎所有事物的冲击。以往静态的观念也开始像流体般滑动。我那些新萌芽的现代生物学家的想法，开始沿着一条因果相承的线索向前迈进，由造成基因变化的突变，到增加物种数目的进化过程，再到组成动物群（faunas，或译动物区系）和植物群（floras，或译植物区系）的各类物种。

在放大的尺度之下观看，这些现象就成了一串连续的事件。借着调整思想的时空坐标，我发现自己可以沿着生物组织的阶梯往上爬，由细胞中的微观粒子爬到覆盖山坡的森林。顿时，一股新的热情从我身上流过。那些我衷心喜爱的动物和植物，又重新回到这个大剧场来扮演主角了。博物学也由此被确认为真正的科学。

爱因斯坦的愿景

我体验到了“爱奥尼亚式迷情”（Ionian Enchantment）。这个新用词是我从物理学家兼历史学家霍尔顿（Gerald Holton，1922—）那里借来的，指的是一种相信科学具有统一性的信仰——这是一种比单单只有操作的命题更加深入、虔敬的信仰，它宣称世界是有规律的，同时可以用少数自然定律加以解释。[2] 这个信仰的起源可以追溯到公元前 6 世纪、爱奥尼亚群岛米利都的泰勒斯（Thales of Miletus，公元前 640—前 546，希腊哲学家）。这位传奇的哲学家在两个世纪之后，被亚里士多德推崇为物理科学的创始人。人们对泰勒斯比较具体的记忆是他的信仰：所有物质最终都由水构成。虽然他这个想法经常被人当作例子，用来说明早期希腊人的玄想有多么离谱，然而它真正的重要性，在于表达了有关“世界的物质基础和自然界的统一性”的哲学思想。

从泰勒斯那时开始，这种信仰就愈变愈复杂，现在已经成了支配整个科学的想法。近代物理学集中心力于统一自然界的所有作用力，包括电弱作用力、强作用力和重力。为了使这门科学具有“完美”的思想体系，物理学家想要在理论上达成统一的愿望非常迫切，而且这门科学提供了占有相当分量的证据和逻辑，因此推崇统一理论的想法很难有所更改。但是，这个信仰的迷惑力也进一步延伸到其他的科学领域，少数人认为它同时向外扩展到了社会科学，甚至更进一步触及了人文学科，这点我在后面会加以解释。科学具有统一性这个观点并未停滞，它已经受过逻辑和实验的严密考验，也已经重复地被成功验证。它从来不会遭受任何能够扭转乾坤的溃败，至少到目前为止这种情况还不会出现，尽管根据科学方法的本质，这个观点的中心必定总是脆弱的。我在后面较恰当的地方会进一步讨论这个弱点。

爱因斯坦这位在物理学上建立统一理论的创造者，他的中心思想也是非常爱奥尼亚式的。这种远见可能正是他的特长。他在写给朋友格罗斯曼（Marcel Grossmann）的信中提到：“能从直接观测时看似不相干的事件中，体认到这些复杂现象之间具有统一性，真是令人欣慰。”爱因斯坦在这里所指的，是自己能成功地把毛细血管的微观物理现象，和举世通用的重力的宏观物理现象相配合。他在生命后期的目标是，企图把所有的其他事件结合成一个精简的系统，包括把空间与时间、物理运动相结合，以及把重力与电磁场、宇宙论相结合。他努力地追求这个“圣杯”，但从来没有达到目标。

所有的科学家，爱因斯坦也不例外，都成了坦塔罗斯[3]一般的孩子，对那些看似够得到、实际上却拿不到的东西感到懊恼。从事热力学研究的人就是典型的例子。在过去数十年间，他们已经能够把温度降得愈来愈接近于绝对零度，在这个温度下，原子会停止所有的运动。1995 年，当他们把温度降到绝对零度以上几十亿分之一度时，却产生了“玻色[4]–爱因斯坦凝结”（Bose-Einstein condensate），这是物质的一种基本形态，超乎我们平常熟悉的气态、液态和固态。在这种状态下，原子几乎都可处在同一量子态。当温度下降时，压力上升，气体会凝结成液体，之后就形成固体，然后才出现“玻色–爱因斯坦凝结”。然而，绝对彻底的绝对零度，就像一个存在于幻想中的温度，始终没法达到。

伊卡洛斯精神

从一个更适中的尺度来看，我发现，除了体验具有统一性的形而上学外，从严格遵守基本教义的宗教桎梏中解脱出来，也是一种美好的经验。我从小受到南方浸信会（Southern Baptist）的熏陶，在牧师坚定的手臂支撑下，被倒着浸入水中，由此获得再生。我熟知赎罪具有治疗的效用，信心、期望和善行的训诫对我也深刻入骨。我和其他数百万名教徒一样，知道救世主耶稣基督会为我带来永生。我比一般年轻人还要虔诚，把《圣经》从头到尾读了两遍。但是到了大学，在类固醇（steroid）的刺激下，我产生了青春期的叛逆情绪，对宗教抱定了怀疑的态度。我发觉自己很难接受，我们最虔敬的信仰竟是 2000 多年前，由地中海东岸的农业社会在岩石上刻留下来的。《圣经》以喜悦的口吻描述 2000 多年前这些人的集体屠杀战争，这与 1940 年代亚拉巴马州的基督教文明之间有着强烈的对比，使我深深感受到认知矛盾的痛苦。对我而言，这好比启示录是古代原始人幻想出来的黑魔法似的。

我认为，一个爱人的神，如果用心思考，绝对不会背弃那些反对将《圣经》中的宇宙论照本宣科的人。对于在学识上有勇气力争的人，神应该给予嘉奖，这才算公平。雪莱会说，宁愿与柏拉图和培根一起被打入地狱，也不愿与巴莱和马尔萨斯一起上天堂。[5]然而最糟糕的是，浸信会的神学观完全不包容进化论的观点。《圣经》的作者显然没有看到神在世上最重要的启示！也许他们没法分享神真正隐秘的想法——也可能是我小时候牧师们在解释神的意旨上曾经犯了错误，虽然他们是爱人的好人。这些宗教上的矛盾和限制对我造成莫大的束缚，相形之下，自由显得尤其美好。我因此离开了教会，不是说我必然会成为无神论者或不可知论者（agnostic），只是不再身为浸信会教徒罢了。

但是，我不想整个去除对宗教的感觉。这种感觉是我与生俱有的，也在我生命中洋溢着创造的源泉。我同时保留了一些基本常识。也就是说，人类有归属团体的需求，乃因渴望一个比自身更远大的目标。由于受到人类心灵最深处需求的驱使，我们有义务把自己从尘埃中提升出来，我们必须想出一个可告人的故事，描述自己从哪里来，又为什么停留在这里。也许《圣经》是文学上第一部尝试解释宇宙存在的作品，并试图突显人类在其中的重要性；而科学又或许只是想继续利用具有较可靠测试基础的新知识，来达到相同的目标。若是如此，科学就某种程度而言，是一种解放了的宗教，而且它的规模正日益扩大。

我相信这就是爱奥尼亚式迷情的源头：追求客观的真实性，而非神的显现，这是另一种满足宗教饥渴的方法。这种竭力的追求几乎和人类文明一样古老，而且和传统宗教密切交织在一起，但是，它所追随的是一条很不相同的途径。它是一种禁欲主义者的教条，一种后天培养出来的爱好，是散布在坎坷地域里的各类探险的引导。它的目标在于借由解放人类心智，而不是借由对神的屈服，来拯救人的灵性——它的中心思想，正像爱因斯坦所了解的，是知识的统一。一旦某些知识统一到一定的程度，我们就可以了解我们是谁，以及我们为什么会在这里。

致力于追求这个信念的人即使不成功，也将获得宽恕。如果他们迷失了，也会再找到另一条路。人文主义信仰强调的是人们所做的努力，不论成败，只要是诚心的尝试，即使失败了，也值得回忆。古希腊人以一个具有极高度野心的神话，清楚表达了这个想法。代达罗斯（Daedalus）和他的儿子伊卡洛斯（Icarus）在逃离克里特岛（Crete）时，使用了他亲自用羽毛和蜡做成的翅膀。但伊卡洛斯不听父亲的警告，向着太阳一直飞去。太阳的高温把翅膀上的蜡融化了，伊卡洛斯也就掉入了大海。这是伊卡洛斯在神话中的结局。我们禁不住猜想：他难道是一个愚笨的小男孩吗？这样的结果是不是他为自己高傲的个性和在神面前的傲慢所付出的代价？我的看法刚好相反。我认为他勇往直前的勇气代表一种可贵的人类美德。因此，伟大的天文物理学家钱德拉塞卡在向启蒙导师埃丁顿公爵[6]致敬时说："让我们试试看，在太阳将我们翅膀上的蜡融化之前，我们到底能飞多高。"[7]

第二章

学术的主要分支

CONSILIENCE

—

The

Great Branches

of Learning

—

科学和人文艺术是由同一台纺织机
编织出来的；我们可以从基因
进化到现代文化这整个悠久的历史中，
看到有关这台纺织机的起源、本质，
以及人类处境的一般诠释。
这种融通的因果诠释，
使得每一个单独的心智
能够快速而正确地从共同心智的
某部分前进到另一部分。

你很快就会了解到，为什么我认为17、18世纪的启蒙思想家一开始所提出的想法，绝大多数是正确的。他们认为物质世界是有规律的、知识具有它内在的统一性，以及人类进步的潜能是无限的。我们到现在仍然对它内而深信不疑，外而身体力行，而它在学识的推展上也具有极大的成果。无论是在过去还是未来，人类心智一向尝试达成的最高目标，是把科学和人文结合起来。目前哲学上不断出现的知识分歧以及随之而生的混乱现象，只是学术研究中人为造成的，并不能反映真实的世界。当初启蒙时代所提出的观念，现在已逐渐获得客观证据的支持，尤其是那些来自自然科学的证据。

融通的意义

“融通”（consilience）是学术统一的前提。我喜欢这个用词胜过“一致性”（coherence）一词，因为consilience很少被使用，所以仍然具有较准确的含义；coherence 则同时包含几个不同的含义，其中只有一个代表“融通”。休厄尔[8]在 1840 年所写的《归纳科学的哲学观》（*The Philosophy of the Inductive Sciences*）一书中，第一次采用“融通”这个词，字面上的意义是：经由综合跨学科的事实和以事实为基础的理论，创造一个共同的解释基础，以便使知识融会在一起。他说：“当我们从一组事实归纳出的结果与从另一组不同事实归纳出的结果相符合时，归纳法才算达到了融通的阶段。这个‘融通’的现象是一种测试理论真实性的方法。”

自然科学所发展出来的研究方法，是建立或推翻融通的唯一方法——我必须立刻强调，我所指的并不是科学家努力的成果，或是局限于抽象的数学中，而是指能忠实地采用一些在探索物质世界时已经养成的极佳思考习惯。

我们相信科学以外的其他学术分支，也有可能达成融通。这个想法本身并非科学，而是一个形而上学的世界观，是一个为少数科学家和哲学家所分享的想法。它无法从最先建立的原理上经由逻辑推导来证明，也无法架构于一组确定的经验法则上，至少到目前为止，我们还没能构想出任何验证的方法。它最有力的支持，也只不过是来自以往自然科学上屡试不爽的成功记录的推演；最肯定的测试，则将是它在社会科学和人文学科上所显示的应用效果。学术融通这个想法最吸引人的，是它在学术探险上的发展潜能，以及让我们更确切了解人类处境的价值，即使只有些微的成功。

接下来，请允许我举例说明上述的想法。假设你画了两条线，相交成十字，就产生了四个区域（象限）。在其中一个区域，我们标上“环境政策”，另一个标上“伦理”，下一个标上“生物学”，最后一个则是“社会科学”。在直觉上，我们已经认为这四个领域彼此密切相关，在其中任何一个领域中进行的理性探讨，都会影响到其他三个领域内的思考。但是，不可否认，在当今学术界的想法上，这些领域却是各自独立的；每个领域都有它自己的研究人员、专门语言、分析模式和确认标准。这种划分的结果是混淆的，而培根早在四个世纪前就正确预见到这种类型的混淆会是一种最致命的错误："每当我们将来自某一经验世界的推论或证据，运用到另一个经验世界时，就会出现这种混淆的现象。"

环境政策	伦理
社会科学	生物学

接下来，以十字的交点为圆心，画一系列同心圆（见下图）。

当我们穿过圆圈往内走向所有区域的交界点时，就会发现自己进入了一个愈来愈不稳定、同时方向变得混淆的区域。最靠近交界点的圆环，也是大多数真实问题存在的部位，正是最需要做基本分析的区域；然而，实际上，根本没有任何示意图存在，只能靠几个观念和说法作为我们的引导。我们只有凭借想象力，才能沿着顺时针方向，由一开始对环境问题的认识和对正确决策的需求，前进到依照道德标准来选择解决方案，接着再进一步探讨支持这些理性思考的生物基础，然后才有可能了解到，社会机构其实是生物、环境和历史的产物。由此，才能再回到环境政策的问题上。

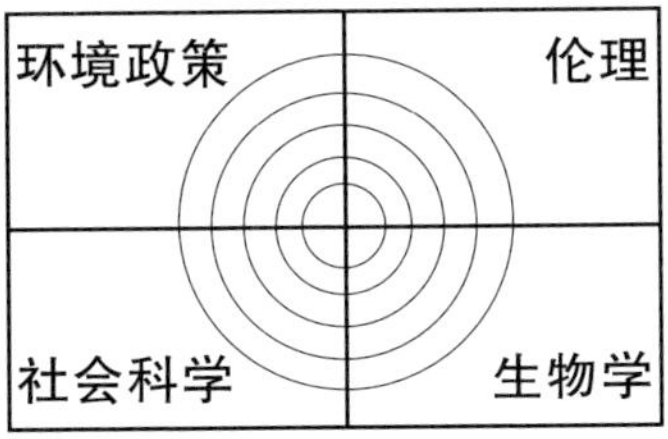

现在我们来考虑下述这个例子。对于该采取什么政策才能有效维护世界上日益减少的森林保护区，政府的各个部门都对此感到十分困惑。既存而可以用来达成协议的伦理准则并不多，而且这些准则是在不充分的生态学知识下建立起来的，就算我们具有充分的科学知识，对森林仍然缺乏长期判断的基础。有关永续收益的经济学，目前仍处于原始艺术的状态，也几乎没人探讨过自然生态系统对人类心理平衡的好处。

现在已经到了在真实世界里完成这个历程的时刻了。这并不是给知识分子增添乐趣的无聊练习题。除了知识分子与政治领袖，有知识的大众也必须能够自如地从上图圆圈或其他类似的圆圈的任一点开始，朝着不同的方向进行思考，我们才能够明智地选择政策。

跨领域融通

我们能不能在最内圈的区域里获得融通，好让忠实可信的判断能轻易地由一个领域传到另一个领域？这个问题相当于在质问：如果我们将不同的领域聚集起来，各领域的专家能不能达成共识，找到一组共同的抽象原则和能提供证据的明证？我认为他们能做得到。相信融通的存在是自然科学的基础，至少在研究物质世界的科学中，趋势是强烈指向观念上的统一。自然科学内各学科之间的界限正在逐渐消失，将被一些正在变化但具有内在融通的混合领域所取代。这些混合领域能跨越许多复杂程度不同的层次，从化学物理、物理化学到分子遗传学、化学生态学和生态遗传学。其中每一个新兴的专业都是一种单一焦点的研究，都是携带着新观念和先进科技的产业。

既然人类的行动是由具有实体因果关系的事件所组成，那么为什么社会科学和人文学科不能与自然科学贯通起来？这样的结合又怎么可能不带来帮助？我们不能只说人类的行为具有历史性，而历史又是独特事件的显现，这个理由并不充分。无论是从星球还是从有机物的多样性来看，人类历史和物理学发展史，都没有根本上的差异。比方说，天文学、地质学和进化生物学这类基本上属于历史的学科，就是通过融通的原理，和其他自然科学相结合的。当然，历史学本身是学术上的一个基本分支，它有它独特的细节。但是如果我们能够在上万个像地球这样的行星上，记录上万个类似人类的历史，就可以从这些历史的比较研究中，得出经验法则与根据经验而产生的测试法，那么，用来解释历史趋势的史学法，也早就成为自然科学的一部分了。

这个有关融通的提议，可能会让一些专业哲学家坐立不安。对于我所提出的主题，他们会认为属于哲学范畴，应该用他们的语言和他们正式的思考框架来探讨。他们将给我套上一连串的罪名：综合异端（conflation）、简化主义（simplism）、本体论的化约主义（ontological reductionism）、科学主义（scientism）和其他一些带着“主义”名称的官方罪名。面对这些罪名，我确实要承认有罪，有罪，有罪！现在让我们继续说下去。哲学在知性的综合（intellectual synthesis）上扮演了一个重要的角色，它让我们意识到许多世纪以来思想发展的连续性和威力，同时也帮助我们展望未来，给定未知事物某种形象，这向来是哲学被赋予的天职。

罗森博格（Alexander Rosenberg）是最出色的哲学家之一，他最近指出，哲学实际上只探讨两类议题：物理、生物和社会等科学所无法回答的问题；为什么科学没有能力回答这些问题。他的结论是：“当然，从长期来看，当所有事实都被考虑进来时，最后可能没有什么问题是科学无法回答的。但在目前，有些问题仍然是科学没法解决的。”[9] 罗森博格这样的评论令人钦佩，既清晰、诚实，又具有说服力。不过，他忽略了一个明显的事实：科学家也具有和哲学家相同的判断力，可以决定还有什么仍有待发现，以及为何如此。在科学家和哲学家之间，从来没有出现过比现在更好的合作机会，尤其是当他们在生物学、社会科学和人文学科的交界面上相遇时。我们正迈向一个综合的新世纪，我们对学术融通的测试是目前学术界最大的挑战。至于哲学，这个冥想、研究未知的学科，则是一个正在逐渐缩小的“自治区”。我们的共同目标是把哲学尽可能地转变成科学。[10]

这个世界的运作方式如果真的支持知识融通的存在，我相信人类文化产业最终将可以归入科学的范畴，我所指的包括自然科学和人文科学（尤其是其中的创造性艺术）。这两个领域将是 21 世纪学术的两个主要分支，而社会科学的各个部门将继续细分，这个过程早已无情地开始，将使一部分社会科学变成生物学或生物学的延伸，而另一部分则和人文学科相结合。这些社会科学会继续存在，只是在形式上会发生极大的转变。在这个过程中，从哲学、历史到道德理性分析、比较宗教学和艺术诠释等的人文学科，都会向科学靠拢，并且有一部分会和科学结合。我在后面的章节里，会对这些主题做更多的讨论。

寻找学识的共性

我承认自然科学家所具有的信心常常显得过分傲慢。科学为 20 世纪提供了最大胆的哲学思考，它纯粹由人类的信仰搭建起来：人类相信，只要自己肯梦想、肯努力发现并解释事物，那么经由屡次梦想，重复不断地投身于新的领域，世界就会变得更清晰，我们对这个奇异的宇宙也会有更真实的了解，同时也将证实这些奇异性是有意义且彼此相关联的。

英国神经生物学家谢林顿[11]在1941年所写的经典著作《人与人性》（*Man on His Nature*）中提到，人脑就像一台施了魔法的纺织机，不停地编织着与外在世界相关联的图样，把一个图样拆散了之后又重新编织起来，发明出其他的世界，创造出一个缩小的宇宙。[12]这个知性社会所具有的共同心智，也就是世界的文化，是一台极为庞大的纺织机。它借由科学，获得刻画外在现实的巨大能力，远远超过任何个人的心智所能达成的；借由艺术，它也获得了架构起叙述、影像和节奏的方法，远比任何一个孤立的天才所产生的更具多样性。科学和人文艺术是由同一台纺织机编织出来的；我们可以从基因进化到现代文化这整个长远的历史[13]中，看到有关这台纺织机的起源、本质，以及人类处境的一般诠释。这种融通的因果诠释，使得每一个单独的心智能够快速而正确地从共同心智的某部分前进到另一部分。

从教育的角度上来看，寻求知识的融通是重整日渐瓦解的人文学科结构的方法。文艺复兴和启蒙时代遗留给我们一个学识统一的理想，但在过去30年当中，这个理想已经大半被抛弃。除了极其少数的例外，美国的大学和学院已经将他们的课程要求放宽，只包括一些副修科目和某些专门课程。虽然每个教育机构所提供的大学本科课程的平均数目加增一倍，但是其中通识教育的必修课程所占的比例减少了一半以上。同时，科学方面的课程也受到了冷落。1997年，当我写这本书的时候，只有三分之一的大学和学院要求学生必须至少选修一门自然科学课程。[14]我们没法强迫学生在各个学术分支上选这些课或选那些课而更改这种趋势。不论结果是成功还是失败，我认为真正的改革都必须在学术研究和教学上，强调自然科学与社会科学、人文学科之间的融通。每一位大学生都应该具备回答以下问题的能力：科学和人文的关系是什么？这个关联对增进人类的福祉有什么重要性？

任何一位公众知识分子和政治领袖，也必须能够回答上述的问题。目前提交给美国国会审理的提案中，已经有一半涉及重要的科技议题；每天烦扰着人类的问题，比如最常出现的种族纠纷、军备增加、人口过多、堕胎、环保和区域性的贫穷，也都需要自然科学知识与社会科学、人文知识的融通才能够解决。只有当我们能够顺利地跨越各个领域的边界时，才可能对真实的世界产生清晰的看法，而不再透过某种意识形态和宗教教条的镜片观看事物，或受制于满足迫切需求的短视反应。

但是，绝大多数的政治领袖只接受过社会科学和人文学科的训练，对于自然科学不是所知有限就是一无所知。同样的现象也发生在公众知识分子、专栏作家、媒体采访人员和一些智库的专家身上。他们很小心且负责任地进行最佳分析，有时也能获得正确的结果；但是他们智慧的主要来源往往支离破碎，并且只偏重单方面的思考。

光凭学习各学科的片面知识，无法得到均衡的看法，我们需要追求这些学科之间的融通。这种统一过程很难达到，但是，我认为它终将是不可避免的。从知识上来看，这个想法很真实，也可以满足一些刺激，一些由人性中的绝妙部分所表现出的刺激。当各种学识间的思想差距变小时，知识的多样性和深度将会增加，主要是因为我们在各学科之间找到了一个基本的共性。追求知识融通之所以重要，还基于另一个原因：它为知识分子拟定了一个终极的目标，它担保在地平线之外将出现秩序，而不是混沌一团。我想我们迟早会愿意接纳这个探险行动，到地平线那端去寻求秩序。

第三章

启蒙时代

CONSILIENCE

—

The Enlightenment

—

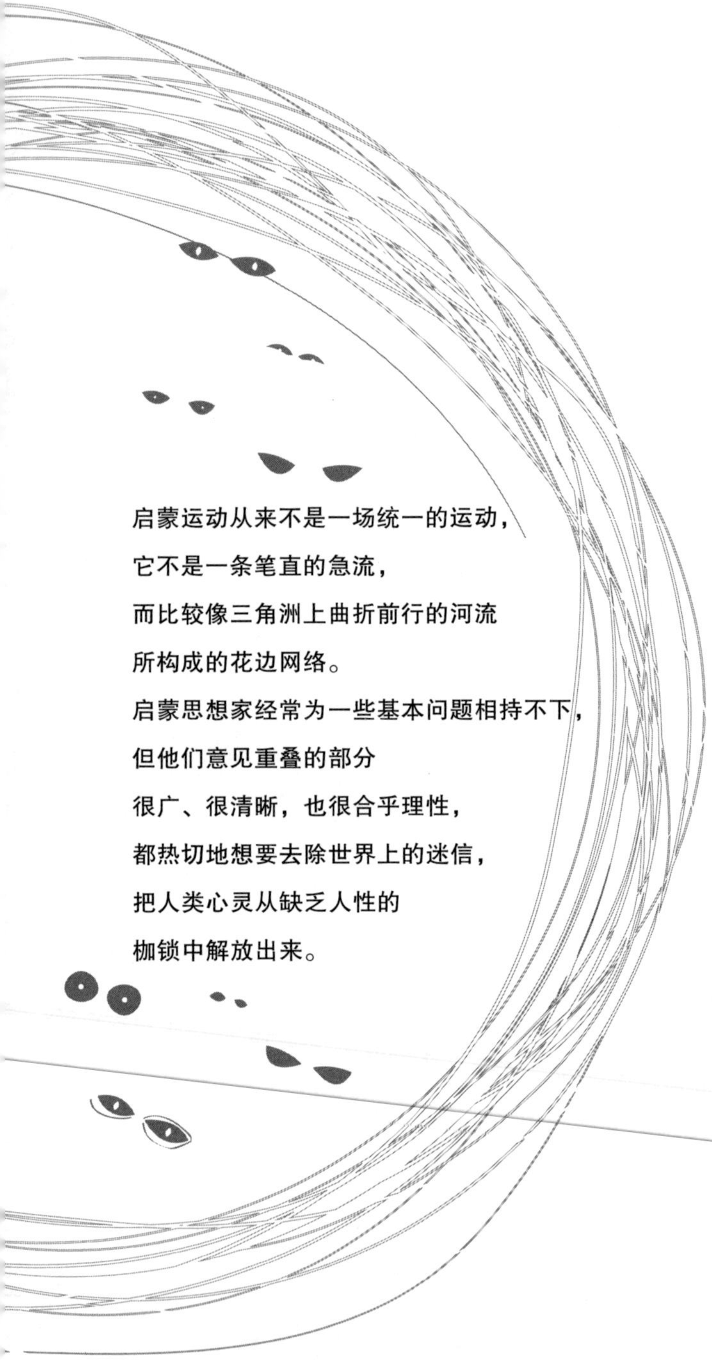

启蒙运动从来不是一场统一的运动，
它不是一条笔直的急流，
而比较像三角洲上曲折前行的河流
所构成的花边网络。
启蒙思想家经常为一些基本问题相持不下，
但他们意见重叠的部分
很广、很清晰，也很合乎理性，
都热切地想要去除世界上的迷信，
把人类心灵从缺乏人性的
枷锁中解放出来。

知识融通的梦想在启蒙运动初期首次展现，它是心智的伊卡洛斯式飞跃，跨越了17和18世纪。它运用世俗的知识为人类争取权利，并推动人类进步，这个远见是西方对人类文明最大的贡献。它为整个世界开启了现代的新纪元，我们都是这个梦想的继承人。然而，后来它失败了。

令人震惊的是，启蒙运动竟然失败了。像这样的一个历史阶段，会在什么样的时刻结束？不论实际原因是什么，当一个历史阶段的想法不再能支配人心时，它就结束了；这通常发生在战争或大革命之后。因此，了解启蒙运动的基本性质和导致它灭亡的弱点极其重要。这两个主题都和孔多塞[15]的生平密切相关。尤其是没有任何事件能像孔多塞过世的那一天——1794年3月29日——那样代表了启蒙运动的结束。当时的情况十分微妙且具有讽刺意味。孔多塞被称为"进步规律"（Law of Progress）的先知。他以崇高的学识和具前瞻性的政治领导才能，似乎注定会在法国大革命中扮演法国的杰斐逊[16]。但是在1793年末至1794年初，当他正在书写启蒙运动的最终蓝图《人类精神进步史表纲要》（*Sketch for a Historical Picture of the Progress of the Human Mind*）一书时，却成为法律所追捕的逃亡者，而判他死刑的，正是他所忠心侍奉的政治信仰。

孔多塞的罪名是政治性的：激进的雅各宾派（Jacobin）指称他为吉伦特派（Gironde）成员，是一个过于温和理性的党派的成员之一。更糟糕的是，他曾经批评国民公会（National Convention）所制定的宪法，而国民公会恰好由雅各宾派主导。孔多塞在逃亡中被村民逮捕，并加以痛打折磨之后，死于法国皇后镇（Bourg-la-Reine）监狱的囚室地板上。而他如果当时没有死，必然会到巴黎当局接受审判。孔多塞的死因不明；事发当时，自杀并不被列入考虑，但是服毒自杀其实是可能的，因为他随身携带着毒药；另外，他也可能是因为受到严重创伤或心脏病突发而致死。不过，他至少避免了被送上断头台的命运。

启蒙运动的失败

像孔多塞这样的男男女女，在知识上为法国大革命提供了强而有力的支持。教育机会的增加，为这次革命做好了基本的准备工作，随后的导火索则是，平等权利是人类与生俱有的观念。然而，正当启蒙运动借由这种方式就要在欧洲政治中产生成效时，事情却出了大差错。那些起初看起来不重要的小矛盾，后来扩大成了不可收拾的溃败。卢梭[17]早在30年前，于著作《社会契约论》（*The Social Contract*）中首次提出的想法，后来激发出“自由、平等、博爱”这个群众口号。但是他为了达成这些目标，同时发明了致命的抽象观念：普遍意志（general will）。他说，普遍意志是一群自由人（free people）所一致同意的正义规范；而这群自由人只对社会福祉和其中每一个人的利益感兴趣。普遍意志如果达成，就会形成一个具有最高统治权的契约。这个契约“恒常不变、坚定不移，并且纯粹、无瑕……我们每一个人都要把本人和本人的权力一起交出，接受‘普遍意志’这个最高指示的管辖。在我们这个公共团体里，我们要把其中的每一个成员看作整体中不可或缺的一部分”。卢梭进一步表示：不服从普通意志的人是离经叛道的人，应受到群众的必要制裁。此外，世界上没有其他的方法可以促成真正平等的民主制度，并让人类从无所不在的枷锁中解放出来。

1793 年，法国大革命爆发后，紧接着出现的恐怖统治由罗伯斯庇尔[18]所主导，他对普遍意志这样的想法有着极佳的理解。罗伯斯庇尔和他的雅各宾派成员在法国各地实施卢梭所谓的“必要制裁”，将那些反对新秩序的人即刻判刑或处决。有将近 30 万的贵族、神职人员、政治异己分子和其他一些捣乱者被拘禁，其中 1.7 万人在一年内死亡。在罗伯斯庇尔的世界观中，雅各宾派成员的目标是高贵和纯美的。1794 年 2 月，罗伯斯庇尔在被送上断头台前不久，以祥和的语调写道：“我们的目标是要和平地享受自由与平等的喜悦，这个在永恒正义统治下所产生的法规，已经深深烙印在人们的心中，甚至连那些对这些法规一无所知的奴隶和对这些法规加以否定的暴君也不例外。”

就这样，平等的思想和冷酷的高压政治轻易地共存，并且为后来的两个世纪继续造成困扰和不安。因此，那些不愿意献身于创造完美社会的人，宁愿在群众当中自我放逐，也不愿冒险忍受异己分子将遭受的迫害。那些蛊惑人心的煽动者以保护美德为名，来达成他们统一的目标：“我亲爱的同胞（同志、兄弟姐妹和乡亲），没有付出，焉能收获。为了达成高贵的理想，发动战争也许是必要的。”法国大革命缓和下来之后，这个原则被拿破仑和那些曾经参与大革命的士兵加以利用。这些士兵转变成主要的武装（grande armée），下定决心要以征服的方式来散播启蒙思想。但他们这种做法反而使欧洲多了一个不信任理性统治的理由。

事实上，理性从来不会取得统治权。启蒙运动之所以急速走下坡路，不仅是因为它被暴君当作借口，也是因为相反的知识立论正在兴起，而且这些立论经常是令人信服的。在启蒙运动的梦想中，自由的知识分子将建构一个有序而充实的世界；这样的梦想一开始时好像无懈可击，是所有人类本能所追求的一个目标。它的创造者包括柏拉图和亚里士多德[19]之后的最伟大的学者，展示出人类心智所能达成的崇高意愿。深具洞察力的历史学家伯林（Isaiah Berlin），曾经以下面的话正确表达了对这些学者的赞赏："18世纪这些最有天分的思想家所表现出来的知识力量、诚实、清醒、勇气，以及对真理无私的热爱，至今仍然无可比拟。他们所属的时代，是人类生命史中极其美好、极其具有希望的阶段。"[20]但是，他们走得太远了，而且即使他们尽了最大的努力，仍然不足以产生预期中永续的成果。

启蒙哲学家孔多塞

启蒙运动的精神可以浓缩到孔多塞命运坎坷的一生中。他是法国最后一位启蒙哲学家（philosophe），这个头衔指的是18世纪献身于当代政治和社会问题的公众哲学家（public philosopher）。伏尔泰、孟德斯鸠、达朗贝尔、狄德罗、爱尔维修[21]以及孔多塞的启蒙导师——经济学家兼政治家杜尔哥[22]，这群知识精英在1789年之前都已经过世，同一群人中，孔多塞是唯一存活下来、目睹法国大革命发生的人。他献身于革命，并且徒然地尝试控制它恶魔般的势力。

孔多塞在 1743 年出生于法国最北端的皮卡第省（Picardy），一个来自多芬（Dauphine）的古老贵族家庭。多芬是法国东南部的一个省，法国王储，也就是国王的长子，所拥有的头衔“dauphin”就是源自这个省名。孔多塞所属的卡希塔（Caritat）家族是一脉相承的武士阶级，为传统上致力于兵役的贵族，社会地位优于高级文官。

孔多塞决定不像父亲那样做个军人，而是决定成为数学家，这令他的家人感到失望。16 岁时仍身为巴黎纳瓦拉学院（Navarre College）的学生的他，就在公众面前发表了他在数学上的第一篇论文。在数学这个领域中，一个人的天分在 20 岁之前就决定了。结果，孔多塞并不是第一流的数学人才，无法和同时代的伟大数学家欧拉和拉普拉斯[23]相比，但他的成就仍然足以让他在 25 岁极年轻的时候就被选入科学院，并且在 32 岁时成为科学院的常任秘书。1780 年，孔多塞 38 岁时，进入地位尊贵的法兰西学院（Academie Française）。在他的国家，这所学院是文学语言的裁决者，在学术上也得到至高的推崇。

孔多塞在科学上的主要贡献，是与拉普拉斯一起首次将数学应用到社会科学上。他受到启蒙思想的启迪，认为数学和物理所发展出来的任何研究结果，都可以延伸应用到人类的集体行动上。他在 1785 年发表《论多数决的概率解析之应用》（*Essay on the Application of Analysis to the Probability of Majority Decisions*），是当今“决策论”（decision theory）的前身。以纯科学的眼光来看，这个理论并不是特别出色。要是和拉普拉斯发展出来的概率微积分以及它在物理上卓越的应用相比，孔多塞在数学上的贡献其实并不足道。同时，他也没有把他发明的技巧有效应用到政治行为的研究上。不过，他首先提出了一个观念：我们可以对社会行为进行定量分析，并且加以预测。这个想法对后来社会科学的发展造成了影响，尤其是 1800 年代早期社会学家孔德和凯特莱[24]的研究工作。

孔多塞曾经被称为“高贵的哲学家”，这不光是指他的社会地位，还包括他的个性和举止。他的朋友也称他为“大好人孔多塞”，这个称呼并不是讽刺的玩笑。莱斯比纳斯（Julie de Lespinasse）在贝尔香榭街（rue de Belle Chasse）主持的沙龙，是孔多塞最喜爱的一个。她在写给一位朋友的信中对孔多塞做了以下的描述：“他的面貌甜美而宁静，举止简单而天真，展现出他灵魂上完美的特性。”

他对别人总是很仁慈大方，甚至对恶毒的马拉[25]也以相同的态度对待。马拉在科学上的野心没法得到满足，极欲看到孔多塞死亡。不论是为个人还是为集体，孔多塞都热衷于追求社会正义和福祉的理想。他冒着相当大的政治风险，反对法国的殖民政策，和拉斐特、米拉波[26]一起组成反奴隶组织——黑人朋友协会（Society of the Friends of the Blacks）。即使在恐怖统治时期，孔多塞已经藏身匿迹之后，他在这方面的言论仍然促成了国民公会废除奴隶制度。

孔多塞是个彻底的自由派，他追随英国哲学家洛克[27]的想法，相信天赋人权。他和同时代的康德[28]一样，找寻能够引导情感而不是顺从情感的道德规范。他与潘恩[29]一起创办革命杂志《共和党员》（*Le Républicain*），宣扬建立进步平等的国家这个理念。他后来写道：“迟早有一天，太阳将只照耀在自由人的身上，他们除了自己的理性之外，不再有任何其他的主宰。”

孔多塞学识渊博，有过目不忘的记忆力。对他而言，知识就是宝藏，应该毫无保留地撷取，并且自由分享。莱斯比纳斯深为他所着迷，特别赞赏他这方面的特质：“你可以和他聊天，读他所写的东西，和他谈论哲学、文学、科学、艺术、政治和法学。听完他所发表的言论之后，你会一整天对自己说上一百次：这是最让我惊讶和钦佩的一个人。他什么事都知道，就连最不合他胃口、与他专业无关的事情也知道；他知道……朝廷官员的族谱、与警察相关的细节、世上正流行的帽子的名称。实际上，没有什么事可以逃过他的注意力，他的记忆力极强，而且从来不会遗忘任何事情。”

进步是不可避免的

孔多塞的天分和个性，很快将他推入法国大革命前的巴黎上流社会，他也因此确立了“最年轻的启蒙哲学家”的名声。他喜欢从事综合性的工作，因此把启蒙运动后期的主要观点综合成前后连贯一致的总体（如果有任何综合总体称得上如此的话）。关于人类的本性，他强调后天培养。他相信人类的心智完全是由环境塑造成的，因此人类可以依其所好自由地塑造自身和社会。他也相信完美是可以达到的，坚称人类的生活质量可以无限度地改善。在政治上他百分之百倾向革命，反对宗教干政，赞成共和统治。他的想法和伏尔泰与其他想“摧毁祭坛但保留皇位”的人都不同。

在社会科学上，孔多塞推崇历史学，相信我们可以由阅读历史来了解现状，并预知未来。身为一位伦理学家，他深信人类种族统一的理想。虽然他是一个平等主义者，但是以现代的眼光来看，他并不主张多种文化并存；相反，他认为所有社会终将进化成欧洲这样的高水平文明。最重要的是，他是一名人道主义者，认为政治并非权力的来源，而是实践崇高道德规范的手段。

1789 年，法国大革命爆发，孔多塞骤然间脱离学术界，投身于政治。他连续两年被选为巴黎公社（Commune of Paris）的会员。1791 年，立法议会（Legislative Assembly）成立，他成为巴黎的代表。革命党员同志极力欢迎孔多塞，指任他为立法议会秘书之一，之后选他为副议长，最后为议长。1792 年 9 月，共和国（Republic）成立，国民公会取代了立法议会，孔多塞被选为恩河（Aisne）的代表，恩河是他的出生地皮卡第省的一个地区。

孔多塞在短暂的从政生涯里，一直尽量避免党派性的政治。他的朋友包括温和的吉伦特派和激进的山岳派（Montagnard，这个党派的议员在议会里都坐在较高的席位，换句话说，就是坐在“山头”上，所以得名）。但是一般都认为他属于吉伦特派，尤其是到了后来，山岳派被巴黎雅各宾派的激进派所吸引，从此他和吉伦特派的关系就更为密切。1793 年，人民革命推翻了吉伦特派，山岳派控制了国民公会。随后，在恐怖时期统治法国有一年之久的公共安全委员会（Committe of Public Safety），也落入山岳派手中。孔多塞就是在这段官员常遭暗杀的阵痛时期，由英雄变成了嫌疑犯，而且是由国民公会发出逮捕令的。

孔多塞听到自己将受拘捕的消息之后，逃往旧巴黎区的塞凡东尼街（Servandoni），寄宿在韦尔内（Vernet）夫人的公寓内，躲藏了 8 个月之久。1794 年 4 月，这个避难所被发现，朋友警告他可能即将遭受拘捕。于是他再次逃脱，有好几天像无家可归的人一样四处游荡，直到后来在莱因城被人识破而关入监狱为止。

孔多塞住在塞凡东尼街时，撰写了他最卓越的作品《人类精神进步史表纲要》。这是人类心智与意志的伟大成就。处于极不安全且没有书籍的情况下，孔多塞只能依赖他惊人的记忆力，撰写这本有关人类知识和社会历史的书。书中的内容呈现出一贯的乐观口吻，极少提到法国大革命，对巴黎街头的敌人也只字不提。孔多塞在著作中表示，社会进步是不可避免的，而战争和革命只是欧洲自我调整的一种途径。

他之所以能够如此宁静平和地为人类的未来做担保，是因为他深信，支配文化的定律和物理定律一样精确。孔多塞写道：我们只要能了解这些法规，就可以让人类沿着它命中注定的旅程，走向一个由科学和世俗哲学所统治而且具有更完美秩序的社会。他又说，这些法规可以从研究过去的历史中推导出来。

无论孔多塞的想法在细节上犯了多大的错误，以及他是多么无可救药地对人性充满了信心，借着坚信“历史是一个正在进化的物质过程”，他仍然对人类思想有着重大的贡献。他宣称：“支配宇宙现象的一般定律，不论是已知还是未知，都是必要而恒久不变的。这样的信念正是我们对自然科学信仰的唯一基础。那么，支配自然运作的原理为什么不能同样真实地被运用到人类学识和道德能力的发展过程上？”

当孔多塞写下这番话时，这个想法早已存在。帕斯卡尔[30]曾经把人模拟成一个永不灭亡、不断求知的个体；莱布尼茨[31]也曾经谈论到“孕育着伟大未来的现在”。孔多塞的朋友兼资助人杜尔哥，在孔多塞撰写《人类精神进步史表纲要》之前40年就写道：“人类史上的各个纪元可以由一系列的因果关系串联起来，世界的现状也和之前发生的所有状况相连接。因此，在哲学家的眼中，所有人类从一开始就如一个巨大的整体，和其中的每一个单独的个体一样，具有各自的婴儿期和各自的成长条件。”康德在1784年也对相同的观念提出初步看法。他特别注意到人类具有理性思考的特质，这项特质注定要在人类整体中表现出来，而不仅出现在单一的个人身上。

“进步是不可避免的”，这个观念在孔多塞死亡、启蒙运动结束之后，继续存在。它在各个不同的时代，甚至到今天，仍然继续对各种企图好坏不一的事件造成重大的影响。在《人类精神进步史表纲要》一书最后一章“第十阶段：人类精神未来的进展”中，孔多塞对未来的远景表现出令人晕眩的乐观。他向读者担保这个光辉灿烂的过程正在向前行进：事事都将如意。他相信人类必将进步，从来不向人性中不易更改的消极面妥协。他告诉我们，当人类文明更上一层楼时，所有的国家都会享有平等，所有国家的人民也会拥有平等。科学会变得更繁荣昌盛，并且带领我们向前迈进。艺术会得到解放，散发出雄威和美丽的光芒。罪行、贫穷、对种族和对女性的歧视也将逐渐消失。因为科学医药的使用，人类寿命将无止境地延长。正当恐怖时期的外在阴影不断加重时，孔多塞这个大好人却得出了以下的结论：

> 人类的错误、罪行和不义的行为，仍继续不断地污染地球。对那些深为这个现象感到忧伤并常常身受其害的哲学家而言，除了希望人类从桎梏中逃脱、从命运的主宰与敌人的阻碍中解放，而以稳当坚定的步伐沿着真理、美德和幸福的道路向前迈进之外，还有什么能带给他们更大的欣慰？这种对未来的憧憬，正是哲学家努力协助理性发展和保卫人类自由所得到的报偿。[32]

启蒙运动的精神

现代西方学术的传统以及大部分的文化内涵，都肇始于启蒙运动。虽然我们以为理性是人类的特征，只要稍加培养就会开花结果，但事与愿违。人类并不在乎理性思考，人类文化另有盘算。令启蒙运动衰退的原因至今依然存在，说明了人类的动机就像迷宫般难以捉摸。尤其在目前这个令我们深感不满的文化寒冬里，值得质问的是：我们能不能重拾当初的启蒙运动精神——自信、乐观，有理想和远见。同时，站在相反的立场，我们也需要诚实地质问：该不该重拾启蒙运动的精神？或者，它真如某些人所说的那样，在开始形成时，就携带了黑暗天使般的缺陷？它的理想主义是否导致了后来的恐怖统治，并且预示了随后一党专制的噩梦？如果知识真的可以融通整合，那么具有同种文化、同种科学的“完美”社会也许同样可以被设计出来，无论是法西斯主义、共产主义，还是神权统治的社会。

然而，启蒙运动从来不是一场统一的运动。它不是一条笔直的急流，而比较像三角洲上曲折前行的河流所构成的花边网络。当法国大革命爆发时，启蒙运动的历史已经相当悠久了。它在 17 世纪早期首先以科学革命的姿态出现，对欧洲学术发展的影响则在 18 世纪达到顶峰。启蒙运动的发起人经常为一些基本问题相持不下。许多人往往做出荒谬而与主题无关的研讨和揣测，例如，寻找存在于《圣经》中的密码，或是灵魂在人体结构中的位置。尽管如此，他们意见重叠的部分却很广、很清晰，也很合乎理性，足以用下述简单的特征来描述：他们都热切地想要去除世界上的迷信，把人类心灵从缺乏人性的牢笼中解放出来。

新发现带来的兴奋不停地推动他们前进。他们都认为科学能够显现出一个具有规律、可被了解的宇宙，并借此为自由理性的研讨打下了一个持久的基础。他们认为天文和物理上所发现的天体完美性，可以作为人类社会的模型，并深信所有的知识可以大一统。他们信仰个人的人权、自然律，并相信人类具有无限的进步空间。他们尽量避免涉入形而上学，虽然解释上的缺陷与不完整性，有时会迫使他们不得不采用形而上学。他们抗拒组织性的宗教，轻蔑神的启示和教条。他们赞成或至少能够容忍为了维持民间秩序而成立的国家。他们相信教育和正确的理性思考会为人类文明带来极大的好处。有少数人和孔多塞一样，相信人类能够变得更完美，并且有能力建立起一个政治上的乌托邦。

我们还没有忘记这一群有理想的人物。其中最顶尖的人物只有不成比例的寥寥数个，是一小群以姓氏闻名于世的科学家和哲学家：英国的培根、霍布斯、休谟、洛克和牛顿，法国的笛卡儿和18世纪的围绕在伏尔泰身边的启蒙哲学家，德国的康德和莱布尼茨，荷兰的格劳秀斯和意大利的伽利略。[33]

目前的趋势是把启蒙运动看作欧洲男性在过去一个时代中所建立起来的特殊思想架构。在不同时代下、不同文化中，其他心智也曾产生许多不同的思想架构，其中每一种都值得我们仰慕和虚心学习；启蒙运动时代的思想架构只是其中一种想法而已。对于这样的说法，唯一恰当的回答是：当然，在某种程度上，这是对的。尽管具有创造力的思想永远是宝贵的，而且所有的知识都有它的价值，不过从长远的历史发展来看，最重要的是这些思想的散播能力，而不是其中的特定观点。如果我们质问：是谁的思想播下了种子，培育出对当代人类最具影响力的伦理观和共同期望？是谁的想法造成历史上最主要的物质进步？又是谁的想法首先出现而至今仍然被人竞相仿效？那么，从这个角度而言，尽管启蒙运动起初的想法受到侵蚀，尽管它的某些假设前提不太健全，它却一向是西方世界高水平文化的主要思想源泉，它的影响力也正逐渐扩散到整个世界。

知识是没有基础的结构？

科学是启蒙运动的引擎。比较具有科学倾向的启蒙运动作家，都赞成宇宙是物质受到明确定律的支配所呈现的规律现象。它能够划分成可测量并依照层级排列的实体，比方说，社会是由个人组成的，每一个人的大脑具有神经细胞，而神经细胞又由原子组成。至少在原则上，我们可以把原子重新组合成神经细胞，神经细胞组成大脑，并把个人组成社会，视整体为一个由机制和作用力所组成的系统。如果你仍然坚持要有神灵介入，那么启蒙运动的哲学家会告诉你，把这个世界想象成是神的“机器”。那些使我们无法看清物理世界的局限观念如果能够减少，将对人类各个领域的发展有所助益。因此，身处一个仍然受繁复事实牵累的时代，孔多塞呼吁人们以“分析的火炬”，照亮人类的道德和政治学。

这个梦想的总设计师不是孔多塞，也不是其他任何一位把这个梦想表达得很好的启蒙哲学家，而是培根。在启蒙运动的发起人之中，培根的精神影响力最为持久。在过去四个世纪中，他的精神让我们了解到，我们必须知道发生在自身四周与内心的自然现象，才能使人类走上自我改进的道路；而且当我们这么做时，必须认清命运是掌握在自己手中，如果否定这样的梦想，我们就会重新步入野蛮时期。在学术上，培根质疑古典“细致”学习（classical “delicate” learning）的可信度，中世纪的这种学习形式根植于古代文献和逻辑解释中。培根嘲讽并反对依赖经院哲学（scholastic philosophy），呼吁不要参考预定架构，要根据自然和人类特有的状况来研究自然和人类。他以卓越的洞察力观察人类的心理过程，发现“人类心智往往在匆忙的状态下，毫无选择地吸收对事物的第一印象，并加以珍惜，从此之后事情相继而生，当初所犯的错误会永远持续下去，而不加以修正”。这么说来，知识并不是好好架构出来的，而是“一个没有基础的伟大结构”。

当人们同意去赞赏并夸大错误的心智潜能而忽视或摧毁可能成真的真理时，我们别无选择，只能寻求较好的协助，从头开始，并在一个坚固结实的基础上重新培育，建立起科学、艺术和所有的其他人类知识。

在培根想象的所有可能的研究方法中，他认为最佳的是归纳法。这个方法是收集大量事实，然后从中探索模式。为了获得最高的客观性，先见必须愈少愈好。培根宣称，各种学科可以组成一个金字塔，以博物学为基础，之上是包含博物学的物理学，哲学则位于最顶端，用来解释之下的所有事件——不过，有时也许会以超出人类理解范围的权威和形式来解释。

科学哲学家培根

培根并不是有天分的科学家（他说："我穿针引线的本领并不是那么好。"），也不是受过训练的数学家，却是创立科学哲学的优秀思想家。正如他的名言所说的，他有如文艺复兴时期的人物，所有知识都是他学习的对象。他在启蒙运动中更进一步地成为第一位分类学家，并成为科学方法的主要提供者。他是昭告新时代的号手，号召人类"在彼此之间制造和平，并集众人之力对抗万物的自然本质，突破并占领自然的城堡和防守区，由此扩张人类帝国的领土"。

他这番言论相当傲慢而无畏，但很切合他那个时代。培根生于1561年，是尼古拉斯·培根与安·培根（Nicholas and Ann Bacon）最小的儿子。他的双亲都接受过良好的教育，并且毫无保留地献身于艺术。在培根生平中，英国在伊丽莎白一世和詹姆斯一世的相继统治下，由封建社会磕磕绊绊地转变为民族国家，并萌生出殖民的力量；在这同时，英国刚创立了自己的宗教，中产阶级的势力也逐渐抬头。到了1626年培根去世时，北美的詹姆斯敦（Jamestown）已经成为殖民地，并且成立了第一个议会制政体，搭乘五月花号前去美洲的新教徒也在普利茅斯（Plymouth）安居下来。培根目睹了英语首次绽放花朵。尽管他认为英语很粗俗，并且比较喜欢使用拉丁文来书写，但他的英语能力属于大师级的。他生活在工业和文化的黄金时代，围绕在他身边的都是世界上极有成就的人物，最著名的有德雷克、罗利[34]和莎士比亚。

培根在一生中的每个阶段都享有高阶层的特权。他在剑桥的三一学院（Trinity College）受教育，这所学院因为亨利八世在数十年前所捐赠的土地而变得繁盛。（而一个世纪之后又成为牛顿的母校。）培根在1582年成为律师，两年之后被任命为议会议员。事实上他一出生就和王室很接近。他的父亲是掌玺大臣，为英国最高的司法首长。伊丽莎白一世很早就注意到这个小男孩，常常和他说话，喜欢看到他在知识上的早熟和举止上的稳重。她昵称他为“小掌玺大臣”。

培根终身都是地道的朝臣，他的政治信仰和运气与王室密切相关。在詹姆斯一世的任内，由于美言美语和明智的咨商，他的地位迁升到和他野心相当的高度：1603年，詹姆斯一世登基时受封为爵士，之后连续被提名为首席检察官、掌玺大臣，并在1618年成为大法官。在最后一个公职任上，他被封为维鲁拉姆男爵（Baron of Verulam），之后不久又成为圣奥尔本子爵（Viscount St. Alban）。

培根一直和王室靠得非常近，最后的命运和飞蛾一样，因遭到王室之光的灼伤而几乎送命。培根的敌人想方设法加害于他，从他混乱不明的财产记录上找到摧毁他的关键点，最后在1621年成功地把他从大法官的席位上弹劾下来。培根也承认有罪，因为他在担任最高公职时收受贿赂——他称之为“礼物”。结果，他被罚缴了一大笔钱，被押送着走过叛国者之门（Traitor's Gate），然后被监禁在伦敦塔内。

但是，他并不就此屈服，立刻写信给白金汉侯爵："我的好侯爵，请您今天就搞到保释我的令状……尽管我承认自己所受的判决合乎正义的标准，也符合改革的目标，但是自尼古拉斯·培根以来，我是接连五位大法官继任者当中最正直的一位。"

他的确一向如此，而且比这还要正直。培根在三天内就被释放了。从政的野心带给他的负担终于解除了，他晚年完全沉浸在令人满足的学术研究中。1626 年早春，培根为了测试他最钟爱的想法而进行即兴实验而致死，真所谓死得其所。奥布里[35]当时做了以下的报道：

> 当他和威瑟伯恩（Witherborne）医生搭乘马车去兜风，正要前往海格特（Highgate）时，雪花开始在地上堆积起来。培根爵爷突然间起了个念头，为什么雪不能像食盐那样用来保存肉食。于是，他们决定立刻做实验。他们下了马车，走到海格特山脚下一个贫穷妇人的住处，买了一只母鸡，让那位妇人清除掉内脏，然后在母鸡体内塞满雪，爵爷也亲自动手帮忙。这些雪立刻使他着了凉，生了重病，以致无法返回住处……

培根被送到附近阿伦德尔（Arundel）伯爵家中。他的病情一直很严重，最后极可能是因为患上了肺炎而死于当年的 4 月 9 日。

克服心智假象

培根追随内心真诚的召唤，重新成为一名极有远见的学者，也因此减轻了羞辱所带来的痛苦。就像他的常被引用的名言："那些死于热诚追寻的人，就像在热血中受了伤，几乎感受不到任何疼痛。"他自认为一生当中对两件事物有极大的野心，二者彼此竞争，到最后，他后悔曾经在公职上投入太多时间，而在学术上造成同等的损失。他沉思道："在人生朝圣的旅途中，我的灵魂一直是个陌路人。"

他的天分虽然与莎士比亚不同，但程度不分轩轾。也有些人把他误认为莎士比亚。他在 1605 年《学习的进步》（*The Advancement of Learning*）一书中，融合了高度的文学才华以及综合事物的热诚，这正是启蒙运动开始时最需要的两种特质。他在知识上的重要贡献，使他称得上是一名博学多闻的未来主义者。他提议学术不能只强记背诵古典文本，以及对古典文本进行理性演绎，而是必须直接和世界接触。他宣称，文明的未来在科学。

培根对科学的定义很广泛，和现今的一般观念不同，其中包括即将萌芽的社会科学和部分的人文学科。他强调，最新进的学习方法，是利用实验屡次验证知识。但是他所谓的实验不仅是现代科学所从事的控制与操作，也包括所有人类经由信息、农业和工业的发展而对世界造成的改变。他认为知识的主要分支是开放的，能够不断演进（他说："我不能给你任何承诺。"）；然而，他又雄辩滔滔，强调自己相信知识具有统一性。他反对从亚里士多德以来就一直盛行的风气：在学科间做明显的划分。然而幸运的是，他在必要时，也能对知识这项事业保持沉默，没有预测各大知识分支的最终的发展结果。

培根虽然没有发明归纳法，但对归纳法做了详尽的解释，拿它来对应古典时期和中世纪的演绎法。所以，他仍然值得被授予"归纳法之父"的头衔，也因此闻名后世。培根所偏好的程序，不仅仅是单纯的事实列举，比如以下这个现代的例子："植物的花百分之九十是黄色、红色或白色的，而且会有昆虫来访。"他认为一开始是公正地描述现象，然后进一步收集各种现象的共性，找出中间层次的共性，再进一步找出更高层次的共性，比方说："花朵进化出经过特别设计的颜色和结构，以便吸引特定的昆虫，而且也只有这些昆虫可以给它们授粉。"培根的理性分析革新了盛行于文艺复兴时期的传统描述分类法，但并未考虑到构成现代科学核心的理论、观念形成法和对立假设。

培根就心理学提出最具远见的看法，尤其是创造力的本质。虽然他不采用"心理学"这个词（因为这个词在1653年还没出现），但懂得心理学在科学研究和其他学术研究上极具重要性。他深刻感知发现过程的心路历程，也知道如何以最好的方式使这个心路历程系统化，并以最具说服力的方式来传达它的内涵。他写道："人类对事物的理解并不只是一道冰冷的光线，它同时受到人类意志和情绪的影响，因此，科学研究可被称为'个人期望下的科学'。"他并不是要我们透过感情的三棱镜，对真实世界产生扭曲的看法。我们仍必须直接拥抱真实的世界，并且毫无避讳地加以报道。但是，我们的描述最好和当初的发现过程一样，保有情绪上的生动活泼。大自然与它的神秘感必然会像诗篇与寓言那样激发我们的想象力。培根后来建议我们用格言、插图、故事、寓言和模拟等方法，以清楚的画面把真相从发现者那儿传递给读者。他认为人类的心智"并不是蜡制的写字板。在蜡板上，你必须擦掉旧有的东西，才能写上新的；然而在人类心智上，除非你写上新的想法，否则无法抹去旧有的思绪"。

培根希望借由对心理过程的了解，改革跨学科的理性分析。他说，要当心"心智的假象"（idols of the mind），这是没受过严谨训练的思想家最容易犯的错误，是真正扭曲人性的三棱镜。其中，"种族（tribe）假象"使人类高估了混沌的自然界所具有的秩序，"洞穴（cave）假象"使人类受到个人特殊信仰和热诚的囚锢，"市场（marketplace）假象"使人类因为单纯的文字力量的诱导而相信不存在的事物，“剧场（theater）假象”则使人类毫不质疑地接受哲学信仰以及错误的论证。培根督促人们远离这些假象，观察周围世界的真面目，并且仔细想想如何以最佳的方法把真实经验传递给别人；你需要为此用上全身的每一个细胞。

笛卡儿坐标

我并不希望在这方面把培根的地位抬得太高，以至于把他塑造成了一个现代人。他完全不是那样。培根的年轻朋友哈维[36]是一位医生兼地道的科学家，他发现了血液循环的基本现象。他就事论事地说，培根写哲学就像大法官在起草法令，他的句子可以刻在美丽的大理石上，作为典礼的装饰。培根所构思的知识统一性，和目前所谓的“融通”观念相去甚远，并没有谈到要把跨学科的因果关系仔细而有系统地联系起来。他强调要建立一个共同的归纳探索方法，最好能通用于所有的学识分支。他在寻找一个最佳的方法，来表达我们所获得的知识。为了达到这个目标，他认为需要充分运用人文学科，包括艺术和小说，把它们当作发展和表达科学的最佳途径。依照培根广泛的定义，科学就应该是诗篇，诗篇就应该是科学。这个想法，至少在现代听来是悦耳的。

培根认为，改善人类处境的关键，在于受过训练而且具备统一性的学习方式。他那堆积在著名图书馆内的众多著作，仍然值得一读，包括他常被引用的论文和格言，以及《学习的进步》、《新工具》（*Novum Organum*, 1620）和《新大西岛》（*New Atlantis*, 1627）。《新大西岛》是一个乌托邦式的寓言故事，内容是关于一个建立在科学基础上的社会。培根刻意在大多数哲学和小说作品中融入知识统一性的构想，他称之为“Instauratio Magna”，字面上的意思是“大复兴”，也可称之为“新开始”。

一小群具有影响力的公众人物，因为培根的哲学思想而提升了洞察力；他的想法也为数十年后壮观的科学革命做好了准备工作。直到今日，培根的想法仍然位于科技伦理的中心。他是一位伟大的人物，在必要时独自挺身而出，兼备只有在伟大学者身上才看得到的谦虚和天真的傲慢。在《新工具》这本书的书名之下，他要求出版社加印了以下几行文字：

维鲁拉姆的弗朗西斯

根据他的理性分析判断，
为了现在和未来世代的利益，
有必要让他们熟悉他的思想。[37]

我们心中留存下来的历史，都充满了神话故事中的典型角色。[38]我相信这也正是培根具有吸引力以及能维持长久声名的原因之一。在启蒙运动的舞台上，培根是一位探险的先驱。他宣称新大陆正在等着我们，让我们开始艰苦的长征，启程迈向一个没有地图指引的地域。故事中的导师则是笛卡儿，他是代数几何和近代哲学的创始人，也一直是法国杰出的学者。笛卡儿和之前的培根一样，召集学者从事科学研究，年轻的牛顿也很快出现在其中。笛卡儿告诉我们该如何利用准确的演绎法来从事科学研究：切中每一个现象的核心，并记下现象的架构。他解释道，这个世界是三维的，所以让我们把自己对世界的观察，架构在这个三维坐标上。这个三维坐标现在被称为“笛卡儿坐标”。我们可以利用这个三维坐标来确定任何物体的长、宽、高，并经由数学运算来探讨物体的基本性质。为了实现这个想法的基本雏形，笛卡儿重建了代数符号，以它来解决复杂的几何问题，同时进一步探讨超越视觉三维空间的数学领域。

笛卡儿最重要的看法，是把知识视为一个由互相关联的真理所组成的系统，而且最终可以抽象化成数学。他说，在 1619 年 11 月的某个夜晚，这个想法通过一系列的梦境出现。不知道怎么回事，在一群混乱的象征符号（包括霹雳、书、一个恶魔和一个甜瓜）中，他看出宇宙是理性的，并且由因果关系所整合。他相信这个观念可以被应用到物理学、医学（包括生物学），甚至道德的理性分析。就这个角度而言，他为知识统一的信念奠定了基础，并且对 18 世纪的启蒙思想具有很深刻的影响。

笛卡儿坚持，系统性的质疑是学习的首要原则。根据他的直觉，所有的知识都必须平摆开来，接受逻辑这个严谨架构的测试。他只允许自己保有一个无法否定的前提，也就是他的名言："我思故我在。"笛卡儿的质疑系统在现代科学中依然存在，这个方法是系统性地一一去除所有的可能假设，只留下一组公理，而根据这组公理，我们可以建立符合逻辑的理性思考，并且严谨地设计实验。

不过，笛卡儿对形而上学做了一个基本的让步。他终生信奉天主教，相信神绝对完美，神借由笛卡儿的心灵所展现的思考力量，就是明证了。在这个既定的想法支配下，笛卡儿提议把人类的心智和物质完全分开。这个策略容许他把心智搁在一旁，以纯机械的方式专心研究物质。他在 1637—1649 年间出版的著作中，提出了化约主义（reductionism），相信世界由一组物理零件组成，可以拆开来个别分析。化约主义和解析数学模型注定成为现代科学研究中最具威力的知识工具。[1642 年是思想史上极特殊的一年：笛卡儿刚出版《第一哲学的沉思集》（*Meditationes de Prima Philosophia*），又即将推出《哲学原理》（*Principia Philosophiae*）；伽利略过世，牛顿诞生。][39]

牛顿建立了秩序

当启蒙运动展开时，牛顿和伽利略跃升到相同的地位，被当作回应培根号召的人物当中最具影响力的英雄。牛顿是一位不断追求新视野、极具机智和才气的人，他发明微积分比莱布尼茨早，不过莱布尼茨使用的数学符号比较清楚，成为我们目前所采用的版本。微积分和相关的解析几何是物理学上最重要的两项数学工具，随后也被应用到化学、生物学和经济学上。牛顿也是极具创造力的实验学家，他领先体认到，科学上的一般定律可以经由巧妙地操控物理过程而获得。他在三棱镜的研究中，指出光的折射和颜色之间的关系，并进一步显示太阳光的复杂本质，以及彩虹的形成原因。这个实验和许多伟大的科学实验一样简单，任何人都可以很快地重复。让阳光透过三棱镜，其中具有不同波长的光线就会折射成由不同颜色构成的可见光谱；之后，这些可见光可以再透过三棱镜折射回去，产生太阳光。牛顿利用这个发现，建造了第一台反射式天文望远镜，这个极为卓越的仪器在一个世纪之后，由英国天文学家赫歇尔[40]加以改良，并应用至今。

牛顿在 1684 年用公式表示了与质量和距离相关的万有引力定律，接着又在 1687 年用公式表示三大运动定律。这些数学公式是现代科学上的第一个重大突破。牛顿指出，根据力学的基本原理可以推导出哥白尼所假设的行星轨道，这些轨道先前已由开普勒证实是椭圆形的。牛顿的运动定律很明确，而且可以被应用到所有的非生物上，从太阳系到一粒细沙。他说，宇宙不仅具有规律，并且可以被理解。至少，神的壮观设计有一部分可以用简短的几行公式写在纸上。牛顿的成功，使笛卡儿的化约主义成为一种神圣的研究科学方法。

由于牛顿在以前由魔法所支配的混乱领域建立起了秩序，所以对启蒙运动造成极大的影响。诗人蒲柏[41]以著名的对韵向他祝贺：

自然和自然律隐藏在黑夜里，
上帝说：“让牛顿出现！”之后便到处是光。
（Nature and Nature’s laws lay hid in night:
God said, “Let Newton be!” and all was light.）

也许并不是“到处”，可能还没有达到那个境界。但是，万有引力定律和运动定律的建立是很重要的开端。这些定律使得启蒙学者开始思考：我们为什么不能在人情世故上也找到一个牛顿式的解答？这个想法发展成了启蒙运动进程的主要支柱之一。直到 1835 年，凯特莱才提出“社会物理学”（social physics），随后出现的“社会学”就是以此为基础的。同时代的孔德也相信，真正的社会科学不可置疑地必将出现。他说：“既然人类不允许漫无边际地思考化学和生物学，何以要允许政治哲学上的恣意思考？”这个说法和孔多塞的想法相互辉映。人类毕竟只不过是极端复杂的机器，为何他们的行为和社会机构不遵守某些尚未定义的自然律？

中国科学的停摆

化约主义在这之后的三个世纪内接连成功。在当今，对建立物质世界的知识，它也许是最佳的途径，但是在科学肇始之时，它并不是那么容易被领悟。中国的学者就不会成功地运用化约主义。阿拉伯人以来自希腊的所有知识作为跳板，而中国学者所在的地理位置相形之下显得孤立很多，但可以像阿拉伯人那样快速地汲取科学信息。由此看来，中国学者的学识能力与西方科学家旗鼓相当。从公元元年到 13 世纪，中国的文明远远超过欧洲。但是依据记载中国科学发展年谱的英国生化学家李约瑟（Joseph Needham，1900—1995）的看法，中国科学研究的焦点始终摆在对事物的整体性质以及事物之间和谐而具阶级性的关系的研究上，从天上的星辰到地上的山岳、花朵与沙尘，无不如此。在这种世界观下，自然界的物体是不可分离的，并且会不断变化，而不像启蒙运动思想家所体认的那样彼此分立且持久不变。结果，17 世纪就出现在欧洲科学中的抽象过程和解析研究，却从来没有在中国出现。

为什么在中国的文明中，并没有出现像笛卡儿或牛顿这样的人物？这有它历史和宗教上的原因。中国人之所以不喜欢抽象的、编集成典的定律，主要是因为法家在思想统治上会带来不愉快的经验。法家是严格的法律制定者，在秦朝（公元前 221—前 207）由封建制度转变为官僚制度时在思想上主导中国。法家基本上相信，人是反社会的，必须以法律加以束缚，才能让国家安全地置于个人欲望之上。更重要的可能是，中国学者不相信在万物之上存有一位具备人类特质与创造特质的神。在他们的宇宙中，并不存在理性的造物主。因此，他们细心描述的物体并不遵守普适的原理，反而是按照宇宙的秩序，遵守特定的规则，并在这个规则之下运行。既然不迫切需要普适的原理（也就是神的旨意）这样的观念，也就无须寻找它们了。[42]

西方科学之所以能占据领导的地位，主要是因为它采用了化约主义和物理定律来进一步理解超出人类感官所及的时空。但是，这样的发展使人类的自我形象和人类对宇宙其他部分的看法渐行渐远。结果，完整的宇宙真相似乎变得愈来愈离奇。统领 20 世纪科学的护身符是相对论和量子力学，它们是人类心智最奇怪的产物，由爱因斯坦、普朗克[43]和其他理论物理学先驱构思而成。他们在寻找一个可以量化而且外星人和人类都认同并因而独立于人类心智之外的真理。物理学家在这方面极为成功，但也发现如果没有数学的帮忙，人类的直觉是很有限的，他们发现要了解自然界相当困难。理论物理学和分子生物学则是后天获得的体验。科学进步的代价是让我们谦虚地认识到，真理的架构并不是人类心智可以轻易掌握的。这是利用科学来理解事物时所面对的基本信条：人类的存在和人类所具有的思维方式，是进化的结果，而不是进化的目标。

自然神论

现在，让我们会见这个如史诗般壮丽的舞台上的最后一个主角——心灵最深处的看守者。那些较为极端的启蒙运动时代的作家，深受科学唯物主义的影响，于是重新评估上帝本身。他们所发明的造物主，会服从它自己所建立的自然律，这样的信仰被称为“自然神论”（deism）。他们驳斥犹太教与基督教的“一神论”（theism），不相信神是无所不在，对世俗事物深感兴趣，他们也反对天堂和地狱这种非物质的世界。少数较具勇气的人，则直接彻底地主张“无神论”（atheism），顶着冒犯虔诚信徒的危险，暗示宇宙的存在没有意义。但是，大多数人仍然采取中间路线，承认神这个造物主的存在，但是它只显现在它亲手创造的实体和过程当中。

自然神论至今一直坚持采取较缓和的形式，并颁发给科学家一个寻找神的执照。更准确地说，它促使一小部分人通过专业的沉思，为神（她？它？或他们？）的形象进行局部素描。它在另一个层面上具备物质性，但不具备人的特质。它也许是来自其他宇宙的从黑洞中跳出来的管理者，借着调整物理定律和其中的参数来观察自己的创作成果。也许，我们可以从宇宙诞生时所产生的宇宙背景辐射中，看到它模糊的面孔；或者，我们注定要在数十亿年之后的未来，当进化过

程抵达最后的 Ω 点（omega point），完全的统一与完整的知识已达成，而且人类和外星生物交会聚集时，才会触及它。

我必须承认自己读过不少这样的描述，有些甚至是由科学家所撰写，但是我认为这些描述都不具备启蒙运动的精神，令人极为沮丧，因为这正是神学家不断向我们灌输的想法：这个宇宙之外存在一个造物主，终将以某种方式显现。然而，撇开宗教思想家不谈，只有少数科学家和哲学家会对科学神学这种趣味性的胡扯采取严肃的态度。一个比较一致而且有趣、同时又是理论物理学能力所及的做法，是尝试回答以下的问题：一个由个别物质粒子所组成的宇宙，是不是只有在一组特殊的自然律和参数的支配下，才有可能产生？换句话说，人类的想象力既然能构想出其他的定律和价值，那能不能因而超越可能的既存现象？任何的创世场景都可能只是我们想象得到的各种宇宙中的一部分。关于这个想法，据说爱因斯坦在沉思“新自然神论”（neo-deistic）时，曾经对助手斯特劳斯（Ernst Straus）表示：“我真正有兴趣的，是想知道神在创造这个世界的时候有没有选择的余地。”[44] 这方面的理性思考可以奇妙地延伸到“人择原理”（anthropic principle，亦称“人本原理”）的想法上；这个想法认为自然律必须设定得足够精确（至少在我们的宇宙中），以便创造出有能力质问这些自然律的生物体。

害怕科学的威胁

启蒙运动的自然神论和传统神学之间的争议可以概括如下。传统基督教的一神论是建立在理性思考和神所授予的启示上，这是两个想象所及的知识来源。根据这个看法，理性思考和神的启示之间不可能发生冲突，因为当两者相反时，神的启示总是占据较高的地位——

当初罗马宗教法庭要求伽利略在正教教义和痛苦之间做出选择时，就是如此提醒伽利略的。相反，自然神论者赋予理性思考较高的制裁权，坚持一神论者要用理性思考来证明神的启示。

18 世纪的传统神学家在面对启蒙运动的挑战时寸步不让。他们反驳，基督教信仰不能自贬身价，向理性测试屈服。永恒不灭的真理若没有神的协助，无法为人类的心智所了解。神会在它所挑选的时刻，以它所决定的方式显示这些真理来让我们了解。

既然宗教在日常生活上占有中心地位，一神论者对理性思考的反对态度似乎……嗯，似乎还算合理。18 世纪的信徒在日常生活中同时相信理性推论和神的启示不觉得有什么困难。正因为实际上不存在任何迫切的理由需要相信一个新的形而上学，所以基督教神学家赢得了这场争论。这是启蒙运动第一次明显的挫败。

所以自然神论的致命缺陷并不在理性思考上，而在情绪上。纯理性的思考因为不造成流血，所以没有吸引力。把神秘的神圣感去除之后的宗教仪式，往往失去了情绪上的震撼力，因为参加仪式的人必须通过对更高权威的服从来满足对族群忠心尽力的本能需求。特别是在危险和悲剧性的时刻，非理性的仪式尤其重要。人类需要向一位不会犯错而且仁慈的神明屈服，这是无法取代的需求，而这样的献身屈从将带来救赎。同时，对一个不会灭亡的生命力给以正式的肯定，也是无法被取代的，而这样的信仰投入将带来"超然界"（transcendence）。因此大多数人都很希望科学能够证明神的存在，但不去度量它的能力。

自然神论和科学也无法伸展到伦理学的范畴内。辉煌的启蒙运动并没有达成它的承诺，产生一个有客观基础的道德理性思考。即使具备伦理前提的永恒世俗领域真的存在，启蒙运动时代的人们的知识能力却似乎太过微弱、太过飘忽不定，以至于无法指出这个领域的所在。结果，神学家和哲学家各自坚持既有的立场，一者要把决定权交给宗教权威，另者则以主观方式仔细推演他们所知道的自然权利。除此之外，他们找不到其他更合逻辑的做法。那些几千年来被宗教神圣化的教条，多多少少好像行得通，而且我们无论如何也没有时间把它完全搞清楚。人们可以无限延迟对天国（或天体）的沉思，但是对日常生活中的生死问题无法如此。

除此之外，还存在一个反对启蒙运动的纯理性原因，这个原因至今依然存在。假设启蒙运动支持者最狂妄的宣称是正确的，以致科学家真能够审视未来，并探知对人类最有利的行动方式，那么我们会不会掉入逻辑与预知命运的陷阱？启蒙运动的目标，就像之前的希腊人道主义，都具有普罗米修斯[45]式的创新精神。这个运动所产生的知识可以将人类从野蛮的世界中解放出来，但也可能产生相反的结果。如果科学在制定不变的自然律时提出的质问，削弱了神这个观念，那么人类有可能因此而丧失既有的自由。也许世界上只有一种“完美”的社会秩序，而科学家真的能够寻得到——或更糟糕的，错误地宣称他们找到了。于是，像哈德良长城[46]那样保护着人类文明的宗教权威将被破坏，紧接而来的将是极权主义意识形态下的野蛮行动。启蒙运动中世俗想法的这个黑暗面，在法国大革命中暴露了出来，最近也呈现在“科学的”社会主义者和种族主义者的法西斯主义中。

另一个令人担心的问题是：由科学所推动的社会，有可能会破坏神（或数十亿年的进化过程）在世界上建立起来的自然秩序。我们如果赋予科学太大的权威，它可能变成一个具有自我摧毁力的逆子。这个非神所创造的科技，其实是现代文化中一个极具威力且深得人心的形象。好莱坞的魔鬼终结者由金属制成，以微芯片控制，是一个与科学怪人雷同的恶魔，他们都报复性地摧毁他们的创造者，包括那些身穿实验室工作服、傲慢地预告科学将统治这个新时代的无知天才。

暴风刮起，恶毒的突变物种四处蔓生，生命灭亡。国家之间以摧毁世界的科技互相胁迫。英国因为雷达的发展而在第二次世界大战中得以自保，但在原子弹轰炸日本之后，就连英国的首相丘吉尔也担心“科学闪亮的翅膀”将把我们带回石器时代。

浪漫主义大放异彩

对那些长久以来畏惧科学会以浮士德[47]而非以普罗米修斯的面孔出现的人而言，启蒙运动对人类灵性的自由，甚至对生命本身，造成了极大的威胁。面对这样的威胁，我们有什么方法解决？反抗！回归凡朴的自然人，重新强调个人幻想和相信人类永不灭亡是重要的。经由艺术抵达更高的层次，或是推动一个浪漫革命（Romantic Revolution）以求解脱。华兹华斯[48]在1807年采用当时正在欧洲各地展开的运动中所采用的典型文字，激发出一种超越理性掌控的、更原始的、更宁静的存在的光环：

> 那把我们送到这儿来的永生海域，
> 我们的灵魂能够看见，
> 能在霎时间去往那里，
> 去看孩子们嬉戏游玩在海岸上，
> 去聆听那永远在翻腾的浩瀚的海洋。

随着华兹华斯的句子，“我们因为无法表达威力而喘息”，闭上眼睛：心灵向上飞扬，与距离的平方成反比的万有引力定律逐渐消失。心灵进入了一个无法用重量和测量来描述的境界。尽管我们无法否认由物质和能量所组成的宇宙具有局限性，但我们至少可以用最灿烂的蔑视将它忽略。无可否认，华兹华斯和 19 世纪上半期的英国浪漫主义诗人，创造了极其美丽的作品。他们用另一种语言来表达真理，并且将艺术和科学的距离拉得更远。

浪漫主义在哲学上也大放异彩，它着重反叛性，强调随心所欲、强烈的情绪和英雄式的远见。这个主义的实践者追求只有心灵才能感受到的美感，梦想人类将成为无限自然界的一部分。卢梭虽然常被归类于启蒙哲学家，但他其实是浪漫时期哲学运动的开创者，并且极具远见。对他而言，学问和社会秩序是人类的敌人。他在著作中，包括 1749 年所写的《论科学与艺术》（*Discourse on the Sciences and the Arts*）以及 1762 年的《爱弥儿》（*Émile*），极力赞扬“睡着的理性”（sleep of reason）。他的乌托邦是一个极简化的国度，其中的人们抛弃书本以及其他与学识相关的物品，进而培养感官与健康方面的乐趣。卢梭说，人类本是存在于和平的大自然中的高贵野蛮物种，后来受到文明和学识的影响而变得腐败。宗教、婚姻、法律和政府是那些权威人士为了维护个人的利益而虚构出来的，一般的普通老百姓则为了这个高层次的卑鄙行为，付出邪恶和令人不快的代价。

当卢梭发展出这套极不正确的人类学架构时，由歌德、黑格尔、赫德和谢林[49]带领的德国浪漫主义哲学家，正开始重新将形而上学引入科学和哲学的领域，产生了所谓的自然哲学（Naturphilosophie）。这是由感觉、神秘主义和“半科学假设”（quasi-scientific hypothesis）混合而成的哲学。在这群诠释者当中表现得极为杰出的歌德，在一生中最想成为科学家。他对科学的野心胜过对文学，但文学才是他实际上具有不朽贡献的领域。他对科学这个观念，这个可以用来了解真实现象的方法，表现出了尊重。同时，他也了解科学的基本法则，并乐于声称，解析和综合应该像吸气和吐气那样自然地交替进行。他对牛顿力学所采用的抽象数学也有批评，并且认为物理把解释宇宙现象作为目标，未免野心过高。他对实验科学家所使用的“技术上的小把戏”经常不屑一顾。其实，他曾经尝试重复牛顿的光学实验，但结果并不理想。

我们轻易地就原谅了歌德，因为他最终的目标毕竟是高尚的，简直是想把人类的灵魂和科学机器相结合。如果歌德生前就预见到历史将赋予他的评价为“伟大的诗人兼不入流的科学家”，他必定会非常难过。他在科学综合上的失败，是因为缺乏我们今天所谓的“科学家的本能”，就更别提具有必备的相关技巧了。微积分令他困惑，据说他也无法区分云雀和麻雀。但是他对大自然有一种发自灵魂深处的热爱，他宣称，我们必须对大自然培养出一种亲近而深刻的感觉。“大自然喜欢制造幻觉。她把人类笼罩在云雾里，驱使他们迎向光明。凡不肯参与幻觉的人们，她都报以暴君般的惩罚；凡接受幻觉的人们，她则衷心拥抱。热爱大自然是亲近大自然的唯一方法。”[50] 我可以想象培根在哲学家死后进入的天堂里，不断以“心智的假象”来教训歌德，而牛顿则立刻失去了耐心。

浪漫主义与先验主义之对抗

德国卓越的浪漫主义哲学家谢林尝试以理性而非诗篇，将科学上的普罗米修斯和静止（immobility）结合起来。他主张宇宙万物具有人类所无法了解的统一性。事实本身最多只是真理的一部分；我们所感知到的，也只是连续变化的宇宙的片断。谢林因此下结论：大自然是有生命的，她是一个有创造力的灵魂，能够把进行认知的人和被认知的事物结合起来，并且随着理性了解和心灵感受的不断扩充，朝着彻底实现自我的最终状态迈进。

在美国，德国的哲学浪漫主义有新英格兰地区的先验主义（transcendentalism）与之相互辉映。其中最著名的哲学家是爱默生和梭罗[51]。先验主义者极其反对杰克逊[52]任上充斥美国社会的商业主义。在他们的想象中，心灵世界完全建立在个人的性情和气质上。和欧洲的同僚相比，他们和科学较为投趣。在梭罗所写的《种子的信仰》（*Faith in a Seed*）和其他著作中，从博物学的角度描述了许多对自然界的准确观察。先验主义者中，甚至包括一位成熟而地道的科学家——阿加西[53]。他是哈佛大学比较动物学博物馆的馆长、美国国家科学院的创建委员，是一位地质学家兼动物学家，同时也是极具才气的演说家。这位伟大人物所采用的形而上学推演与谢林的类似，他推得宇宙是神心目中的形象。出现在他宇宙观中的科学神明，基本上和神学家讲的神明相同。1859 年，阿加西正当事业的高峰，却因为达尔文的《物种起源》（*Origin of Species*）一书的出现而遭受诽谤。《物种起源》提出了自然择汰（简称天择）机制的生物进化论，认为生命的多样性是一种自行集合（self-assembling）的过程。阿加西当然是到大西洋沿岸的各大城市，在为他着迷的观众面前为神做辩护。他认为神不可能以恣意的突变和适者生存为依凭，来创造这个世界。我们的生命观一定不能从宇宙般的宏伟壮阔降格为池塘和树林里那些污秽的细节。他争论道，即便是以这样一种方式来思考人类处境，都是无法容忍的。

自然科学家在启蒙运动中遭遇了强大的反对势力后，多半都放弃了，不再探讨人类的心灵生活，而把这个领域让给哲学家和诗人，给予他们另一个世纪的时间来自由发挥。实际上，科学家的让步对科学发展而言是一个健全的抉择，因为它驱使研究人员脱离形而上学的陷阱。在整个 19 世纪，物理学和生物学知识以指数级的速度增长。社会学、人类学、经济学和政治理论等社会科学，也像暴增的公爵和伯爵头衔般相继兴起，企图占领介于基础科学和人文学科之间的领域。自然科学、社会科学和人文学科——目前所存在的学术三大分支，是在17、18世纪统一的启蒙思想中产生的。

启蒙运动虽然源自神学，并且对神学十分关注，但具有彻底背逆的世俗性，并借此将人类心智引入了自由的新境界。它把其他所有的事物都搁在一旁，包括各种形式的宗教信仰、政治权威和所有可想象的恐惧，将优先权让给自由探究的道德理念。在启蒙运动所描绘的宇宙内，人类所扮演的角色是永恒的冒险者。在这两个世纪当中，神似乎采取一种新的口吻对人类说话。这一新口吻早在1486年就已经预示了，见于文艺复兴时期的启蒙哲学先驱米兰多拉[54]的祈祷文中：

> 我们所认识的你，不在天堂也不在人间，不会死亡也不会永生。你仿佛是自己的创造者和塑造者，以自由的选择和崇高的尊严，依照自己的爱好塑造自我形象。[55]

但是到了1860年代早期，这个辉煌的影像逐渐消失。理性遭受挫折，知识分子对科学的领导地位失去了信心，而知识具有统一性的可能也急遽下降。但是，启蒙运动的精神继续存活在政治理想主义和个别思想家的期望中。在之后的数十年，新兴的学派蓬勃冒出，就像从倒伏的树干上萌发出来的新芽，例如边沁和穆勒的效益主义伦理学（utilitarian ethics）、马克思和恩格斯的历史唯物主义以及皮尔士、詹姆斯和杜威的实用主义（pragmatism）。[56]然而，启蒙运动的中心进程似乎不再能继续了。前两个世纪根深蒂固地镶入思想家脑海的崇高观念，已经失去了大半的可信度。

科学却有它独特的发展。从1700年代早期开始，科学研究人员、科学发现和技术期刊的数目，每隔15年就会增加一倍，直到1970年前后，速度才开始平缓下来。[57]科学不断地成功，使人们对“有规律、可以理解的宇宙”这个想法重新建立起信心。这原本是启蒙运动的基本前提，首先由培根和笛卡儿提出，接着在数学、物理学和生物学上逐渐成长茁壮。但是，化约主义成为启蒙运动的主要科学方法并带来无比的成功后，阻止了复兴启蒙运动中所强调的知识“整体性”。正因为科学的信息是以几何级的速度在增加，大多数研究人员并不关心知识统一的问题，更不在乎哲学思维。他们认为会捉老鼠的猫就是好猫，为什么还需要在这些事情上做深入的沉思？对于1700年代末出现的一种充满了禁忌、有关心智物理基础的学说、一种被高呼为由生物学进入社会科学的渠道的论调，他们更是迟迟不予置评。

知识分工的结果

另一个比较谦虚的理由，也可以解释为什么当时对整体的大形象缺乏兴趣，因为科学家不具备必要的学识活力。绝大多数的科学家只是为人所雇用，并且对未来抱着投机心态。这种状况在当今尤其如此。科学家非常专注在自己的专业上，他们所受的教育并没能让他们对世界有较广泛的了解。他们尽可能以最快的速度完成必要的训练，以便达到学术前锋，从事自己的科学研究，因为在科学发展的前沿生活极为昂贵且不安。成果最丰富的科学家虽然拥有价值百万美元的实验室，却没有时间思考整体的大形象，而且认为那么做不会有任何帮助。美国国家科学院（The United States National Academy of Sciences）2000位院士佩戴在翻领上、象征一生成就的玫瑰徽章，正中央为金色，代表科学，周围的紫色则代表自然哲学。哀哉！大多数占据领导地位的科学家，眼光都盯在金色上。

因此，当我们发现物理学家不知道基因是什么，而生物学家以为弦论[58]和小提琴有关时，一点儿也不会惊讶。科学上所颁发的研究成果奖和荣誉奖，是根据个人的科学发现，而不是学术能力和智慧。这种现象在过去就已经如此。培根利用让自己晋升到大法官职位的政治技巧，亲自向英国王室要求基金来实施他的知识统一的计划，结果分文未得。笛卡儿正值盛名的高峰时，法国王族宫廷在形式上颁给他薪俸，但是这笔钱从来没有进到他的账户。于是笛卡儿被迫前往“坐落在岩石和冰天雪地之间、四处是熊”但是较为慷慨的瑞典宫廷，他到那儿不久便死于肺炎了。

因为专业上的需求而把人当作原子般细分的现象，也发生在社会科学和人文学科领域。世界各地的高等教育学府中专家云集。能成为具有原创力的学者，等于成了一个高度分化的世界内的权威；就好比在加尔各答（Calcutta）这个多语系的世界里，每个语系也都有它的权威一般。当杰斐逊在1797年就任美国哲学学会（American Philosophical Society）的会长时，全美具有专业水平的科学家和他们在人文学科中的同僚，还能够全体一起舒适地在哲学礼堂的讲演厅内就座，而且大多能对整个知识界发表相当有水平的言论；当时的学术界相当小，还能够视为一个整体。今天，他们的后继者包括45万名具有科学和工程博士学位的学者，数量之多，甚至会使费城变得十分拥挤。一般而言，从事专业研究的学者并没有多大的选择，只能细分彼此的研究专业和研究进程，每人在各自分得的小块领域中进行研究。要成为成功的学者，就必须终生投身于研究细胞膜的生物物理学，研究浪漫时期的诗人、早期美国历史，或是其他一些很受局限的正式研究领域。

这种专业上的细分，更进一步反映在20世纪艺术和建筑的现代主义（modernism）风格上。艺术巨擘布拉克、毕加索、斯特拉文斯基、艾略特、乔伊斯、葛兰姆、格罗皮乌斯、赖特[59]和他们同僚的作品，是如此创新，表现手法是如此漫无边际，以至于无法利用传统方法归类。也许我们只能说：现代主义者不计代价，尝试要创新和引人注目。他们确认出传统的桎梏，并且在自觉的状况下将桎梏摧毁。许多艺术家为了探索人类的无意识，反对写实主义的表达方式。[60]

弗洛伊德既是科学家，又擅长于文学，他带给这些艺术家许多心灵上的启发，我们可以恰当地把他和艺术家归为一类。由于心理分析所造成的影响，现代知识分子和艺术家的注意力，由社会政治转移到私人心理上。他们倾向于把自己领域内的每个课题，交给休斯克（Carl E. Schorske）所谓的“变化的无情离心机”（ruthless centrifuge of change）来处理，目的是要骄傲地宣称，20世纪的上层文化可以从过去的历史中独立出来。他们并不是虚无主义者（nihilists），反而是在追寻一个新层次的秩序和意义；他们是彻底的实验学家，想亲自参与这个世纪科技和政治上的极端变化，并希望完全依照自己的方式来塑造其中的一部分。

这么一来，启蒙运动所遗留下来的自由思想，首先在浪漫主义时期就和人文学科脱了节，到了20世纪中期，完全丧失了借助科学来统一知识的希望。斯诺[61]在1959年的瑞德讲座（Rede Lecture）中所描述的两种文化——文学和科学，已经不再相互关联了。[62]

德里达的诡论

所有的运动都有趋于极端的倾向，这是我们目前大致的处境。蓬勃发展的自我实现运动，由浪漫主义发展到现代主义，现在又产生了哲学上的后现代主义 [postmodernism，经常又称为后结构主义

（poststructuralism），尤其是用在较为政治性以及具有社会含义的情况时]。后现代主义的论点和启蒙运动成极端对立，两者的差别可以大致描述如下：启蒙思想家相信我们可以了解所有的事情，极端后现代主义者相信我们什么都不能了解。

哲学上的后现代主义者，是一群聚集在黑色无政府主义旗帜下打转的背道者。他们挑战科学和传统哲学的基础，主张真实世界是心智建立起来的一个状态，不是心智从体验中获得的结果。而最狂妄的建构主义（constructivism）主张，“真的”真实世界并不存在，人类心灵的活动之外并没有任何客观的真理，只有社会执政团体所散布的流行想法。伦理也不具备稳固的基础，因为每个社会都会创造出自己的一套规章，来保障他们这一批压迫势力的共同利益。

如果这些前提是正确的，那么每个文化所呈现的真理和道德规范都一样好，都有它自己特殊的地方。政治上的多样性也是合理的：在社区中，每一个种族团体和性取向，都该受到同等的对待。这样的想法不仅应该得到包容，更值得获得社区的支持，并在教育章程中有强制性体现。这并不是因为它对社会具有普遍意义，而是因为它本身的存在。当然，以上说法的基础是：假设建构主义的前提是正确的。提倡这些想法的人声称，这些前提当然正确，否则就有傲慢顽固之嫌，而傲慢顽固可是人类的一种重要罪行。这种罪行之所以严重，是因为如果我们同意放弃后现代主义者反对宇宙真理存在的禁令，而一致赞同促进人类的共同利益，卢梭就复活了！

后现代主义可以更清楚地用“解构”（deconstruction）的过程来表达，这是文学批评所使用的一种技巧。它的基本前提是：每一位作家所表达的意义都是他所特有的，他真正的企图或对其他任何与客观真实世界相关的描述，没有一样能够确切地和他的文字相对应。因此，他所写的文章应该被那些同样唯我的评论家分析评论。在这之后，评论家的评论再进一步被“解构”，而对评论家评论的评论也将得到相同的待遇，这样的推演将永无止境。“解构”的创造者德里达[63]所陈述的准则“文本之外一无所有”，意义便在于此。至少，这是我细心研读他的著作以及他的辩护者和评论者的文章之后，所得到的了解。如果后现代主义极端的前提是正确的，我们永远无法确知德里达想表达的含义。相反，如果我的理解“正是”他想表达的含义，我们就不一定需要进一步考虑他的论点。这个谜一般的难题，我把它称作“德里达的诡论”，类似于“克里特岛人的诡论”（Cretan paradox，一个克里特岛人说：“克里特岛上所有的人都是骗子。”）这个问题虽然有待解决，但是我们不必觉得太迫切。

从德里达讲究修饰并且带有愚民色彩的叙述中，我们其实不太确定他到底知不知道自己在说些什么。有些人认为他写作是写着玩儿的。他的文字学（grammatology）作为新“科学”，刚好和科学相反，由一种如梦境般不协调、粗俗又奇幻的片断组成，与文明世界其他地区所产生的心理及语言科学毫不相干。这就像一个不知道胰脏位置的人，宣称他可以靠信仰来治病一样。德里达最终似乎也意识到自己的缺陷，但满足于采用卢梭的观点，自以为是地把书和文学作品当作敌人；他引用卢梭在《爱弥儿》一书中提到的：“不平静的夜晚所做的梦，是赐予我们的哲学。或许你会说，我也是一个会做梦的人，这点我得承认，但是我能做到别人做不到的。我可以把我的梦只写成梦，让读者自己来发现，看看其中有没有任何东西适用于清醒的人。”[64]

关于理论的理论

科学家这群头脑清醒并且对自己清醒时所说的话负责任的人，

并不觉得后现代主义有什么用途。相反，后现代主义者也对科学采取一种颠覆的姿态。在表面上，后现代主义者好像暂时接受重力场、周期表、天文物理，以及科学拿来套在物质世界上的其他枷锁，但是一般而言，他们只把科学文化视为另一种认知的方法，而且它多半是由欧洲和美洲的男性白人筹划而成。

人们其实很想把后现代主义、神智学（theosophy）以及先验唯心论（transcendental idealism），一并丢进历史的古董柜里，但是，后现代主义现在已经渗透到社会科学和人文学科的主流里；这些学科把它视为一种后设理论（metatheory，也就是一种关于理论的理论）的技巧。学者用这种技巧分析为什么某些科学家会产生他们特有的想法，目的并不在于分析各门科学的主题，而是在于了解其中的文化和心理因素。分析家强调的是“根基隐喻”（root metaphor），也就是支配思考者心灵的影像，使他们由此设计出理论与实验。在以下的例子中，格根[65]解释了现代心理学如何受到“人类是机器”这个隐喻的支配的：

> 不论个人的行为具有什么样的特征，机械论者（mechanist theorist）必定会把个人和个人所处的环境分开，把环境看作刺激或输入的来源，把个人看作依赖这些输入因素产生反应的个体，并把人类心智的领域看作有结构的（由相互作用的成分组成），然后依照行为和输入的刺激之间的关联，把行为划分成单元，等等。

简单而直截了当地说：心理学有变成自然科学的危险。对那些希望心理学走上另一条道路的人来说（有许多学者的确这么想），格根的主张或许是可行的补救之道。他为心理生活提出其他或许危害较轻的“根基隐喻”，以供参考，譬如市场（marketplace）、编剧艺术（dramaturgy）和服从规则（rule-following）。[66]心理学如果没受到生物学太多的污染，在未来将可以包容无数的理论家。

当这些多样的隐喻附加在种族多样性和性别二元论（gender dualism）之上时，为后现代主义学术研究事业创造出许多新的工作岗位，随后又借着政治化，使得新的学派与意识形态以爆炸性速度倍增。这些学派多半偏左，一般较为人熟知的后现代主义思想包括：非洲中心主义（Afrocentrism）、建构主义社会人类学（constructivist social anthropology）、批判科学（也就是社会主义科学）、深层生态学（deep ecology）、生态女权主义（eco-feminism）、拉康精神分析（Lacanian psychoanalysis）、拉图科学社会学（Latourian sociology of science）和新马克思主义（neo-Marxism）。除此之外，还有各式各样令人眼花缭乱的解构技巧和新时代整体主义（New Age holism）在四周环绕穿梭。

这些学派的信奉者在各自的游戏场里骚动不安，有时能得到卓越的结果，但多半时候则不然。他们总是倾向于使用过多的专业用语，而且语意不清。每个学派都以它独特的方式，向早在17世纪就被启蒙运动所抛弃的“庞然的奥秘界”（mysterium tremendum）靠拢，同时也呈现出相当多的个人焦虑。西亚拉巴（George Scialabba）对已去世的福柯[67]这位对思想史中的政治权力做精彩诠释的伟大学者，做出以下极富洞察力的描述：

> 福柯所探讨的，是现代认同问题这个最深刻也最无法确定的矛盾……在现代，有人不相信有神，也不相信有自然律或先验理性；有人亲眼见到权利这个物质利益以各种隐晦的方式，腐化甚至组成了我们以往所认同的每一项道德。对这些人而

言，他们如何生存？又能牢牢抓住什么样的价值标准？[68]

的确，要如何、又凭什么生存？要解决这些令人困扰的问题，首先让我们从福柯和存在主义的绝望中走出来，考虑一下以下的经验法则：当哲学命题既令人混淆又无法进一步接受质疑时，就很可能是错误的。

向后现代主义致敬

如果我做得到，我会对福柯说，情况并不那么糟糕（我并没有要表现出自己比他高明的样子）。发现“宇宙创造之初，并没有考虑人类的存在”是一大震撼，不过我们一旦恢复过来就会看到：只要了解在长久的地质年代内产生的人类遗传规律，了解久远的历史在人类身上刻下的痕迹，我们就能找到人脑所能掌握的意识、所能承载的情绪，以及我们希望能够分享的所有冒险经验和喜悦。人类的理性将因而进入新阶段，而人类的情绪将展现出潜在的无穷多模式。真假将可以区分开来，而且很快地，我们也会深入了解彼此，因为我们是同一个物种，在生物上具有类似的大脑。

另外，知识分子群体的逐渐瓦解与日益淡漠，确实值得警惕。对于关注这个问题的人，我的提议是：世上向来存在两种有原创力的思想家，一种看到不规律而试图创造规律，另一种则在遇到规律时试图创造不规律以示反抗。这两种人之间的摩擦正是促进学习的原动力，它经由一条曲折的前进轨道提升我们。在达尔文式的竞争中，赞同规律的观念总是得胜，理由很简单，因为真实世界就是以这种方式运作的。

无论如何，我在这里要向后现代主义者致敬。作为当今狂欢乱舞般的浪漫主义参与者，他们使文化变得更加丰富。他们对其余的人说：也许，仅只是也许，你们是错的。他们的想法就像烟火爆炸后的火花，往四处发散开来，但是缺乏后劲能量，很快就消失在漫无边际的黑暗中。然而，少数的火花会停留得长久些，照亮一些预料之外的物体。这是我们对后现代主义采取正面看法的理由之一，尽管它对理性思考造成了危害。另一个理由是，它解除了不愿接受科学教育的人的困扰。再一个理由是，它在哲学和文学研究上创造了一个小规模的产业。尚有一个最重要的理由是，它永不罢休地批判传统学术。我们永远需要后现代主义，或是另一股相当的反抗势力。毕竟，有什么其他的方法，能比继续不停地防御敌对力量，更能强化有组织的知识？穆勒曾正确地指出，当战场上没有敌人出现时，教师和学生都会在岗位上打瞌睡。同时，如果在某种特殊情况下，所有的证据和理由都和我们所相信的背道而驰，以致最关键的核心事物被摧毁，而所有事情都被贬低，只成为认识论（epistemology）上的一种混淆，此时，我们也将有勇气承认后现代主义者是正确的。同时，借着启蒙运动的最高精神，我们将重新开始。正如伟大的数学家希尔伯特[69]曾经说过的："我们必须知道，我们必将知道。"（Wir müssen wissen. Wir werden wissen.）正恰当地表达了启蒙运动所主张的人文精神。

第四章

自然科学

CONSILIENCE

—

The

Natural

Sciences

—

科学发展之前，神秘主义是探知
未来世界最有效的方法；
尽管它能满足人类情绪上的需求，
但成果却是零。
巫师施咒语或在圣山上绝食，
都不能召唤出电磁波谱；
就连最伟大的宗教先知也对它一无所知。
这不是因为神有所隐藏，
而是因为巫师和先知缺乏只有经过
努力学习才能获得的物理知识。

从任何一个合理的角度来评估知识的成就，启蒙时代的思想家对科学的信念都是对的。当今分隔人类社会的鸿沟不是种族或宗教，普遍认为是来自识字和不识字人们之间的差距；真正分隔人类的鸿沟是科学发展后和发展前的文化差异。要是没有仪器和积累的自然知识（物理、化学和生物学），人类仍将被关在认知的牢笼里，就像有智慧的鱼出生在深而幽暗的池塘里，不安地四处漫游，渴望接触外面的世界。他们想象出许多简单而可信的猜想和神话，好解释这个局限水域的来源，解释为什么会有太阳、天空和星星，以及他们自身存在的意义。但是，他们猜错了，总是错的，因为这个世界和我们一般的经验相距太远，没法仅靠想象来了解。

科学既不是哲学，也不是信仰系统。它由许多心智活动组合而成，受过教育的人们也逐渐把它当作一种思考习惯。它是历史上有幸发展出的一种具有启示作用的文化，同时产生了有史以来了解真实世界的最有效方法。

唯科学得以窥探

随着科学仪器的发展，人类已经突破以往的局限，并且极度扩大了对真实物质世界的了解。以往我们几乎是盲目的，现在则能实际看见。在科学发展前，一般常识认定可见光是宇宙唯一的发光能源，但经过学习，我们得知事实并非如此。相反，可见光只占电磁辐射极小的部分，由波长介于400到700纳米（十亿分之一米）的光波组成。整个电磁波谱的范围是由γ波（gamma wave）到无线电波，前者的波长比可见光短数万亿倍，后者则长上数万亿倍。这整个电磁波谱范围内的辐射，不停地以差别极大的数量辐射到我们身上。但是如果没有测量仪器，我们完全不会知道这些辐射的存在，因为人类视网膜只能接收400到700纳米波长的光波。所以，若没有任何外在仪器的协助，大脑就认为只有可见光存在。

许多其他动物在这方面知道得比我们清楚。它们生活在不同的视觉世界里，看不到人类可见光谱中的某些部分，却对可见光谱之外的一些波长的光很敏感。蝴蝶利用400纳米以下的波长的光，由花瓣反射出的紫外线图样来寻找花朵，并且确定花粉和花蜜的所在部位。我们只能看到简单的黄色或白色花朵，但呈现在蝴蝶眼中的，则是明暗相间的同心圆以及零散的点。植物进化出这些图样，是为了引导传播花粉的昆虫找到花药和花蜜。

现在借助于适当的仪器，我们也可以以蝴蝶的眼光来观看世界。

科学家通过对电磁波谱的了解，已经能够进入动物的视觉世界，甚至能进到其他的领域。他们可以把任何波长的信息，转变成可见光和可听得到的声音，并且采用多种不同的能量来源，产生绝大部分的光谱。经由选择性地操纵运用某一段电磁波谱，科学家可以探测小于原子的粒子的轨迹，也可以观看遥远星系中星球的诞生，这些星球传来的光线，大概能够追溯到宇宙创始之初。他们（或更正确地说，应该是“我们”，因为科学知识普及全球）可以看见的物体，大小可能相差 10^{37} 倍，最大的星团相对于已知的最小粒子的倍数，就是在 1 后面加上 37 个 0。

我并不想显得不敬，但科学发展前的人类，不论具备多少天分，都不可能超越他们那个由常识所构成的一小圈知识，而猜到物质真实世界的本质。即使是其他如神话、启示、艺术、冥想或任何想得到的方法，也从来不会发挥功效。在科学发展之前，神秘主义（mysticism）是探知未来最有效的方法，尽管它能满足人类情绪上的需求，但成果却是零。巫师施咒语或在圣山上绝食，都不能召唤出电磁波谱，就连最伟大的宗教先知也对它一无所知。这不是因为神有所隐藏，而是因为他们缺乏只有经过努力学习才能获得的物理知识。

这是歌颂科学神明的赞美诗吗？不！这是在赞美人类到现代才终于解放的独创性，以及原先就存在于我们每个人身上的潜能。同时，这也是在赞美“宇宙是可以理解的”这个幸运事件。人类最主要的成就是在毫无协助的状况下，能在这个被证实是极有规律的世界中寻得穿梭其间的道路。

人类非万物之灵

我们其他的所有感官功能都因为科学而扩大。以往我们是聋的，现在却听得见每一件事。人类听力的范围介于 20 到 2 万赫兹（空气每秒钟压缩的次数）。在这个范围之上，飞翔中的蝙蝠会在黑夜里发射出超音波脉冲，并借由翅膀接收回音来确认飞蛾和其他昆虫的位置。可能成为蝙蝠猎物的动物，大多也会把自己的听力范围调整得和蝙蝠发出的频率一样。他们一听到这个警告脉冲，就快速下沉，急转身潜逃，或是立刻往土里钻。动物学家在1950年代以前，还不晓得有这样的夜间竞争存在，但现在，利用接收器、变压器和夜间摄影技术，他们可以洞察每个声响以及空中的每个动静。

我们甚至发现了完全和人类经验无关的基本感官。人类对电的察觉，间接来自皮肤上触电的感觉或是电所产生的闪光，但是非洲和南美洲的各种电鱼，包括淡水鳗、鲶鱼和象鼻鱼，却活在电流的世界里。他们背上的肌肉组织经由进化过程的改良，成了有机电池，能够在身体四周产生电场，而电能则由神经系统操纵。每当电场开关打开时，每条鱼都能够经由遍布全身的电场接收器来感受电能。当电场受到临近物体的干扰时，接收器上会产生一个电流阴影，电鱼就可以借此判断物体的大小、形状和活动方式。因此，电鱼可以在连续信号的引导下，在黑暗的水域中顺利地穿越障碍，逃离敌人或捕捉猎物，也能利用已编码的电流脉冲互相沟通。动物学家利用发电机和接收机，可以参与电鱼之间的交谈。他们能够像鱼那样，经由皮肤说话。[70]

从以上和其他无数的例子中，可以推出一个对了解人类处境很重要的非正式的生物进化规则：只要是我们想象得到的有机传感器，不论它从环境中接收到的信号是哪一种，我们都可以在某处找到拥有这项传感器的物种。这种多样性所呈现的无穷生命力，向人类有限的感官提出了质问：为什么人类这个理当被创造得至善至美（summum bonum）的物种，并不具备所有动物的能力，甚至更多的能力？为什么我们被带到这个世界时，身体已经“残缺”？

科学革命

进化生物学可以提供简单的回答。天择的定义是：不同基因组合下，会有不同的生存和繁殖形态。天择的作用只是提供生物体必要的能力。生物潜能会一直进化，直到生物体在它的生态区位（niche）上达到最大程度的适应为止，一点儿也不会再多。每个物种，每种蝴蝶、蝙蝠、鱼、灵长类，包括人类在内，都会占据一个特殊的生态区位。因此，每个物种都活在自己的感官世界中，而天择在形塑这个世界时，只受到过去历史状况的影响，以及被过去和现在时时发生的事件所支配。飞蛾的体量太小，且不易于消化，对体量庞大的灵长类而言，无法有效提供充足的能量，所以人类就没有进化出回声定位的能力来捕捉飞蛾。同时，我们也不居住在黑暗的水域内，所以也从来不必进化出能收放电流的感官。

简而言之，天择从未预先考虑未来的需求。这个原理可以很完美地解释许多现象，但是面对一个困难：如果这个原理举世皆准，那么天择如何在人类文明不存在之前，就预备了一个蕴含这个文明的心智？这是人类进化上最神秘的问题：该如何解释微积分和莫扎特的出现？

我会在后面章节中扩展对进化的解释，也把文化和技术创新包含在内，以尝试回答这个问题。但目前请容许我将这个问题变得较温和些，只把自然科学的特殊性质当作一种历史产物来探讨。科学革命源自三个首要条件，也就是进化舞台上的三项幸运的事件：第一，那些最佳的心智具有无止境的好奇心和创造欲望。第二，人类与生俱来一种潜能，能够把宇宙的基本性质加以抽象化。我们新石器时代的祖先已经具备这个能力，但这个能力的发展似乎超出了求生的需要（这也是一个基本的迷惑）。在 1600 年到 1900 年的三个世纪中，人类开启了科技的新纪元，但人类大脑并无法经由基因进化，而在这么短暂的时间内得以改良。

科学革命的第三个首要条件，正如物理学家维格纳[71]所言：数学在自然科学中不合理地有效。为了某种科学家和哲学家仍然无法了解的原因，数学理论和特定物理实验数据之间，竟然有着不可思议的紧密对应关系。由于这种对应关系是如此紧密，人们相信数学在某种深入的层次上是科学的自然语言。维格纳写道："数学在自然科学中具有极大的用途，这件事本身几乎就是个谜，我们找不到合理的解释。'自然律'的存在一点也不自然，而更不自然的是，人类竟能够发现这些定律。数学这种语言能够恰当地架构起物理定律，这是我们既不了解又愧于接受的礼物。"[72]

量子电动力学

事实上，物理定律的精确性超越了文化间的差异。它们基本上是数学公式，没有中文、埃塞俄比亚文或玛雅文字的奥妙，也不会因名词的阴阳属性而有所变异。我们甚至有理由假设，任何先进的外层空间文明如果拥有核武器并且能够发射宇宙飞船，也必定发现了相同的物理定律。而且，他们的物理学可以根据点到点、集合到点、点到集合等对应关系，翻译成人类所具有的同等符号。

我们能最准确测量到的是电子。单一的电子小得几乎不能想象。在传统的认知架构中，物体是在三维空间移动，但当电子被抽象化成一组具有概率性分布的能量波后，几乎无法以这种传统方法来观测（一般量子物理中的现象大多如此。）但是，我们确知单一电子带有 1.6×10^{-19} 库伦的负电荷，静止时的质量是 9.1×10^{-28} 克。由这些和其他一些可验证的数值，我们可以精确推导出电流、电磁波谱、光电效应和化学键结的性质。

统一这些基本现象的理论，是由图示和方程式所构成的量子电动力学（quantum electrodynamics，简称 QED）。量子电动力学把每个电子的位置和动量，当成空间中的波函数或个别粒子来处理，还进一步假设电子能恣意发射和重新吸收光子（photon）。光子是不具质量却带有电磁力的独特粒子。

在自然科学上，理论预测和实验数据最吻合的状况，来自电子所具有的一个特性：磁矩（magnetic moment）。磁矩所测量的是电子和磁场之间的作用力；更准确地说，电子在磁场中所体验的最大力矩，除以该电子所受的磁感应，就是磁矩。我们真正有兴趣的是旋磁比（gyromagnetic ratio），也就是磁矩再除以角动量。理论物理学家预测旋磁比时，在计算中包括了两个因素：狭义相对论，以及光子发射、再吸收光子时所造成的微扰。量子电动力学预期这两个因素会使得计算出的旋磁比，和以往由古典原子物理学推导出的数值有些微的差异。

另一方面，原子科学家也独立作业，依照自己的方法直接测量旋磁比。他们以革新的技术，把单一电子关在电磁瓶（magnetic-electric bottle）内，然后长期观测研究。他们由这个实验得到的数据，和理论预测的结果只相差千亿分之一。这个由理论学家和实验物理学家一起共同实现的准确度，相当于由旧金山向东发射一根针，并准确地预测，它会以比人类头发还细的误差，落在（与旧金山几乎同一纬度的）华盛顿附近的某一定点上。[73]

纳米科技

追寻像电子这样渺小的物体，是推动西方自然科学的原动力，也是一种本能。人类深为事物的基本单位所吸引，不断把物体拆开后，再组装回去。这种基本欲望可以追溯到公元前400年的原始科学。当时，留基伯（Leucippus）和他的学生德谟克利特（Democritus）首先猜测物质是由原子组成，这个想法后来被发现是正确的。像这种把物体化约到微观单位的方法，在现代科学中已经圆满实现了。

显微镜解析能力的平稳进步，使我们能够直接经由视觉观察的协助，探索极端微小的物体。这项科技发展，满足了我们的第二项基本欲望：用肉眼观看整个世界。最有效的现代仪器，是出现在1980年代的扫描穿隧显微镜（scanning-tunneling microscope）和原子力显微镜（atomic force microscope）。它们几乎为分子内的原子键结提供了直接的影像。我们现在可以直接看到DNA（deoxyribonucleic acid，脱氧核糖核酸）双螺旋的真面目，包括技术人员在准备这些分子试样时所碰到的各种特殊分子的扭曲和反转。这种视觉技术如果在50年前就存在，处在婴儿时期的分子生物学将以更快的速度成长。从事科学研究就和玩惠斯特牌[74]或桥牌一样，偷看一眼抵得过成千上万个上好招数。

我们目前之所以能够看到原子大小的影像，是因为科学家这三个世纪以来为了寻求科技发展的巅峰而不断在技术上创新的结果。显微镜源自1600年代列文胡克[75]的原始光学仪器，这台仪器所能观测到的细菌和其他物体，比肉眼所能辨别的东西要小几百倍。到了现在，显微镜所能显现的物体，已经又小上百万倍。

人们普遍喜爱切割与重组物体，这种喜好导致了纳米科技（nanotechnology）的发明。纳米科技能够制造出由相当少分子所构成的仪器，其中给人印象较深的新近成就包括：

◆拉马丁（Bruce Lamartine）和施图茨（Roger Stutz）在洛斯

阿拉莫斯（Los Alamos）国家实验室，利用离子束蚀刻不锈钢针，制造了高密度只读存储器（ROM，read-only memory）。这些存储器内的线切得很细，宽度是一米的一千五百亿分之一。一个 25 毫米长、1 毫米宽的针头上，就可以储存 2G（two gigabytes）的数据。这些针头没有磁性，所以储存的信息几乎是不可磨灭的。这个技术的发展仍然路途遥远，不过至少在理论上，我们已经可以利用原子来储存知识。

◆自从拉瓦锡[76]在 18 世纪进行化学研究以来，化学中一直存在着一个基本问题：当两种不同的反应物混合之后，其中的某一对分子需要经过多久，才能相遇并且形成键结？怀特曼（Mark Wightman）和北卡罗来纳大学的同僚，把混合溶液局限在一个极小的空间内，然后观察带有相反电荷的反应物分子接触时所产生的闪光。这个方法使化学家能够以空前的精确度来测量化学反应的时间。

◆在技术人员的指引下，分子大小的机器能够自我组装。在过去数年中，这个想法从理论角度来看一直是可能的；现在，研究人员已经开始从实用的角度来思考这个组装技术。其中最有发展前景的技术，是哈佛大学的怀特塞德斯（George M. Whitesides）和其他一些有机化学家所设计的自组装单分子层（self-assembled monolayer，简称 SAM）。SAM 由腊肠状的分子构成，比如称为硫烷醇（alkanethiol）的长链碳氢化合物。这些分子从实验室制造出来之后，就被涂抹在金子的表面上。每个分子的一端具有吸附在金子表面上的性质，另一端则由不同性质的原子构成，能够指向外面的空间。如此一来，这些分子就像游行中的士兵那样排成行列，相同的分子产生了一层只有 1 到 2 纳米厚的分子层。接着，第一层分子之上可以置放另一种结构不同的分子，以产生第二层分子层，依次类推。当不同的分子逐一添加上去之后，就可以产生一个具有预期厚度和化学性质的多层胶膜。科学家最终的希望是合成简单的人工有机体，而 SAM 具有生物细胞膜的某些基本性质，所以可能是跨向最终希望的一步。虽然 SAM 离实际的生命现象还很遥远，却是生命基本成分的幻影。只要化学家能够正确组装出足够多的分子层，我们迟早能产生一个像样的活细胞。[77]

理 论

现代科学在学术上所造成的冲击，以及对于融通的世界观的重要性，可以总结如下。说到底，我们的大脑和感官系统以生物器官的形式进行进化，最终的目标在于保存基因和繁衍。但是它们只能引导我们穿过物质世界的一小块区域；掌握这一小块区域，只能满足我们的原始需求。科学仪器的使用则排除了我们这方面的障碍。而且，当科学充分发挥作用时，不仅能恣意使用仪器来延伸人类感官的范围，科学创造的过程还同时包含了另外两个部分：对数据的分类，以及采用理论来解释这些数据。当我们合并运用这两个部分时，就可以合理地处理仪器所扩增的感官经验。

科学如果没有理论，就没有任何事情可以理解，生命也是如此。人类基于本性，会把所有知识综合起来产生一个故事，并且从中重新创造整个世界。在这里，让我们暂且探讨一下“理论”（theory）这个主题。我们沉迷于自然世界所产生的美丽现象，比方说，我们的眼睛会迷惑于北极星轨迹所产生的缭乱视觉图像，以及植物根尖细胞分裂时的染色体分布样式。这两个现象所涉及的过程，对我们的生命也相当重要。但是，如果没有日心天文学（heliocentric astronomy）和孟德尔遗传机制（Mendelian heredity）的理论架构，这些现象就只是光线所形成的美丽图像而已。

“理论”这个词充满了令人混淆的多重含义。如果“理论”前面不加“一种”或“几种”，听起来好像很博学；在日常生活中，“理论”一词则显得被过度滥用而且含义模糊。我们常常听人说：“这样或那样的宣称只是一个理论。”每个人都可以有一个理论，只要你愿意付钱，就可以在竞相吸引你的理论中，挑选你所喜欢的。伏都教（Voodoo）的巫师用鸡充当牺牲品来讨好死者灵魂的做法，是依照某个理论在进行；所有那些在寻找爱达荷州天空中基督再现异象的千禧年密教信徒们，也有他们的理论。科学理论也包含揣测，因此似乎也只是建立在沙堆上的猜想，遇水旋即崩落。我怀疑，这也许是后现代主义者的一般观念；每个人的理论都有理由存在，也都很有趣。但是，科学理论在根本上极不相同。它的建立方式很特殊，一旦被证明是错误的，就立即被推翻，而且它如果注定是错的，愈早推翻愈好。“愈快犯错愈好”，是科学研究的准则。我得承认科学家往往爱恋他们亲手搭建起来的理论——我之所以知道，是因为我曾经也如此。他们有时会终生罔然地尝试建构自己的理论，也有少数人会把威望和学术政治资本浪费在这样的执着上。这种情况就像经济学家萨缪尔森[78]有一次打趣时说的：“丧事一桩接一桩，理论得以向前行。”

在探讨重要现象的伟大理论中，量子电动力学和天择进化论是两个成功的实例。理论中设定的东西，像光子、电子和基因，都是可以测量的。理论中的陈述也要接受质疑、实验的苛刻考验以及敌对理论的挑战。如果它们不具备这种脆弱的性质，就没有资格成为科学理论。最佳的理论是被“奥卡姆剃刀”（Occam’s razor）削得细瘦的理论，这是奥卡姆[79]在1320年代首先提出的看法，他说：“采用较少的假设来描述理论，多了则是浪费。”高度的“节制”是评断优秀理论的标准。有了精简和经过测试的理论，我们就不再需要坐在马车里的太阳神来引领太阳穿越天空，也不再需要森林女神来使北半球山区的森林茂盛。我承认，这种作风并不支持新时代的玄想，但将带领这个世界走上正道。

不过，科学理论仍然是人类想象力的产物，是具有信息基础的想象。科学理论能够超越受它们掌握的知识，即使是人类以前从未料想到的事物，科学理论也能预测出它们的存在。科学理论会提出假设，训练有素地猜测未曾探讨过的课题，并定义其中的参数。最佳的理论所提出的最有效假设，可以干净利落地转换成能加以观测和实验的问题。各种科学理论和它们产生的假设，会竞相争取对自己有利的数据，这些数据等于科学知识生态环境中的有限资源。在这种喧嚣纷乱的环境中，能够存活下来的理论就成了达尔文进化论中的优胜者，继而被迎接纳入教条，刻入我们的心中，并引导我们继续向前探索物理真实世界中更多令人惊讶的事件，同时也会由此产生更多的诗篇。

科学的特性

简言之，“科学是一种有组织、系统化的产业，它收集和这个世界相关的知识，并且把这些知识凝聚成可以验证的定律和原理”。我们可以利用科学的某些特性来区分科学和伪科学。第一是再现性（repeatability）：同样的现象接受其他独立方法的检测，则先前的解释如果不是得到支持，就是被新的分析和实验所推翻。第二是精简性（economy）：科学家企图将信息抽象化成最简单又最赏心悦目的形式，这两种特质合称为简洁（elegance）；同时，他们也希望以最小的力气产出最多的信息。第三是测量法（mensuration）：如果可以用举世皆准的量度恰当地测量事物，那么当我们对这些事物做广泛的推论时，就不会含糊不清。第四是启发性（heuristics）：最佳的科学研究能够刺激进一步的发现，而且往往是朝着一个不可预测的新方向；新知识也能对当初导致这个新发现的原理提供进一步的测试。第五，也是最后一点，为融通性（consilience）：在对各种不同现象所做的解释中，那些能够彼此关联而且证实为具有一致性看法的解释，最有可能存留下来。

天文学、生物医学和生理心理学具备上述的所有条件；占星术、幽浮学（ufology）、神造论科学（creation science）和基督教科学，则不幸地完全不符合条件。我们不该忽略的是，真正的自然科学在理论和证据上会相互结合，以形成现代文明中不可磨灭的技术基础；伪科学则满足个人的心理需求（我在后面会解释原因），但缺乏提供技术基础的想法和方法。

化约主义的运作

科学上最锐利的工具是化约主义，它会把自然现象拆解成自然的成分。“化约主义”这个用词的确像手术刀和导尿管那样，带有某种枯燥乏味和侵略性的意味。科学评论家有时会把化约主义看作一种强迫性失调，并且会逐渐坠落到某种终结状态，最近一位作家把这种终结状态戏称为“化约性夸大狂”（reductive megalomania）。我们可以控诉这种描述是一种“误诊”。实际从事研究的科学家，主要任务是寻找一些可以接受验证的新发现，他们对化约主义有完全不同的看法：化约主义是科学研究上的一种策略，目的是在寻找入口，以便进入一个我们一无所知的复杂系统。科学家最终的兴趣在于复杂的系统，不在于简单性，而化约主义只是了解复杂系统的途径。喜爱复杂性但不采用化约主义的是艺术，喜爱复杂性同时也采用化约主义的，就成了科学。

下面记载的是化约主义大多时候的运作方式，就好比出现在使用手册上的描述：

> 首先，让你的心智在系统中漫游，提出关于这个系统的重要问题，然后拆解这个问题，观察暗藏其中的元素与疑问。猜想有没有其他可能的答案，并把这些答案陈述出来，以便证据累积到合理的数量时，才可能明确地决定答案。如果碰到太多观念上的困难，就倒退一步，寻找另一个问题。当你终于找到可以探讨的问题时，尝试寻找模型系统，例如在粒子物理学中采用控制性发射系统，或在遗传学中采用快速繁衍的物种。有了模型，就可以轻易进行决定性的实验。让自己彻底熟悉系统——不，若能沉迷于系统更好，不问任何原因地热爱所有细节，以及热爱自己对系统每一部分的感受。实验的设计必须让问题的解答在任何结果下都叫人信服，之后，再把结果运用到新问题及新系统上。在这条研究途径上，你可以从任何一点开始，要视别人已经在这条前后有序的道路上行进了多远而定。（你还得常常记住，给他们充分的信任。）

化约主义多少会遵循上述的方法，是一种基本而必要的科学活动。但是科学并不只是解剖和分析；由于受到哲学对重要性和价值的看法的影响，综合或整合也具有相同的重要性。就连研究主题最狭窄的研究人员，包括致力于找寻基本单位的学者，也随时都在思考复杂性这个问题。为了在研究上有所进展，研究人员除了自己研究的组织层次之外，也必须思考该层次与相邻层次之间交织的因果关系，比方说由小于原子的粒子想到原子，或由生物体想到物种。同时，他们必须考虑隐藏在这个因果网络背后的设计和推动力。因此，量子物理学可以介入化学物理学当中，来解释原子键结的形成和化学反应的发生。这些知识接着构成分子生物学的基础，于是去除了细胞生物学的神秘感。

把聚合物敲成小碎块的背后有更深一层的含义，就是将某个组织层内的定律和原理，融入更普遍也更基本的层次内，这也称为化约主义。其中最强而有力的表现形态是完全地融会贯通，也就是相信大自然是由简单而具有普遍性的物理定律所组成，而且，其他所有的定律和原理最终都可以化简为这些物理定律。这个先验的世界观，是许多科学唯物主义者（我承认自己也包括在内）的指路明灯和道路，但是它也可能是错的，至少肯定是一个过于简单的想法。在每一个组织层次中，尤其是活细胞及其以上的层次，都存在某些现象需要新定律和新原理来做诠释，而无法借由较普遍的定律来做预测。其中也许有些现象是我们永远也无法掌握的，我们也许永远无法从较普遍的层次预测最复杂的系统。但这并不那么糟，科学研究中抽象的激奋感，正是来自这种如履薄冰的挑战。

学术这一行

尽管科学有它不完美的地方，却是人类最后抽出的一把石中剑。它以具有普遍性和规律性的唯物论发出的质疑，成为哲学和宗教上的最重要论题之一。它所采用的程序并不容易掌握，甚至难以概念化；也正因为如此，科学才发展得这么慢，而且多半是从西欧这单一地区发展出来的。科学工作相当困难，而且可能长期受挫。你必须具有一点强迫性性格，才能成为多产的科学家。你得牢记，新的想法多半平淡无味，并且经常是错误的；直觉上的灵感大多没有什么前景，它们在统计上的半衰期是几个小时或几天。为了验证灵感而进行的实验通常很冗长，要花费大量的时间，而且往往只得到反面的结果，或得到模糊（更糟糕！）的结果。

许多年来，我都会这样冒昧地建议生物学的新科博士：如果你打算走学术路线，每星期需要 40 个小时来教书和履行行政义务，除此以外，需要 20 个小时来进行像样的实验，之后还要投入另外 20 个小时来完成真正重要的实验。上述的数字并不只是新兵训练营中的夸大其词，半数以上的科学博士的研究都面临胎死腹中的状况，最多发表一两篇文章之后，就脱离了原创性的研究。高压物理（这并不是双关语）的创始人布里奇曼[80]，用另一种方法来叙述这个指导方针："科学方法是毫无保留地拼命尽力。"

原创性的发现是最重要的。基本上，科学家并不是为了"了解"才从事"发现"，如哲学家怀德海[81]所做的观察，他们是为了发现才去了解。为了快速抵达科学的前线，参与新发现的领域，科学家只学习他们需要的知识，而经常对世界上其余的事物所知甚少，大多数的科学领域都是如此。他们就像散布在前哨的探子，以单独或小组的方式，在一块精选的狭窄区域内进行探索。两位科学家初次见面时开场白经常是："您做哪方面的工作？"他们已经知道彼此之间共同的关联。他们是探险的伙伴，朝着抽象世界的深处迈进；多半时候，他们对偶尔能捡到金块感到满足，但是更向往找到主矿脉。他们每天去工作时，都会下意识地想着："就在那里，我很接近了，可能就在今天。"

他们知道科学职业游戏手册上的第一条规则：在这个毫无顾忌实行精英政策的行业里，你如果有一项重要的发现，就可以成为真正成功的精英科学家。你会被编入教科书内，没有人能够夺走你的地位；你可以依赖桂冠坐享余生。但你当然不会只坐享余生，有足够冲劲做出重大发现的人，几乎都不会休息片刻。任何发现都会令人感到兴奋；踏上处女地的经验比任何感觉都让人愉悦，比任何迷药都让人上瘾。

如果你没有新发现，则无论你在科学上做了多少研究，写了多少文章，你在科学文化中的角色都极小或微不足道。当然，人文学科的学者也从事发现工作，但是他们当中最有原创性、最有价值的研究，一般都是针对既存知识的诠释和解说。当一位科学家开始把科学知识加以归类、筛选其中的含义，尤其是当他并不属于那些知识的研究圈时，这位科学家就会被归类为人文学者。他可能是知识分子中的大天使，在科学之上展开宽广的翅膀，但如果没有自己的科学发现，他仍然不属于科学圈。科学生涯到头来得接受一个真正的测试，取决于下列的句子能够填写得多成功：他（或她）发现……因此，自然科学的过程和产品之间存在一个基本的差异。这个差异可以解释，为什么这么多有成就的科学家心胸狭窄而且愚蠢，又为什么这个领域中许多有智慧的学者，竟被认为是无足轻重的科学家。

但奇怪的是，科学“文化”所存极少，至少从部落的角度来看是如此。值得一提的仪式少之又少，顶多只有一些零散的偶像。不过，我们倒是听到很多关于势力范围和地位的争执。科学界的社会组织，最接近由小块封建区域所构成的联邦。在宗教信仰上，科学家中有少数是虔诚的基督徒，普遍则是强硬的无神论者。少数科学家是哲学家，大多则是知识上的旅行者，在局部的地区内探索，希望能够碰上新的发现，且都为现在而活。他们对从事发现工作感到满足，往往在大学或学院教科学；对自己能跻身于这个待遇相对优渥、虽多有明争但总体上暗斗最少的职业领域颇为得意。科学家在个性上的差异和一般人类似。你如果随机取样 1000 位科学家，就会发现从各个层面来观测，几乎包含了完整的人类样板：从宽容大方到具有掠夺性、从适应力佳到有心理问题、从随和到强迫性人格、从严肃到轻浮、从合群到隐居。有些人像 4 月份[82]处理报税单的会计师一样一板一眼，另外，少数人则经临床诊断证实为躁郁症患者（或者你也可以采用含义模糊的新用词，称之为两极型情感症患者）。

他们从事科学研究的动机也高低不一，可能为了升官发财，也可能为了高尚的目标。爱因斯坦在 1918 年普朗克 60 岁生日的庆典上，将科学家做了一个很好的归类。他说，科学殿堂内有三种人：第一种是从事科学研究，许多人是因为喜欢感觉自己具有优越的知识力量；第二种是科学研究对他们而言像是一种运动竞赛，可以满足个人的野心；第三种是从事科学研究的人员，旨在达成实用的目标。但是对第三种人而言，“如果上帝的使者能够降临，把前两种科学家都驱逐出科学的庙堂，那么就只有少数人会留下，包括普朗克在内。这也正是我们喜爱普朗克的原因”[83]。

科学研究之路

科学研究从以下观点来看是一种艺术：不论你如何产生新发现，只要你的断言是真实的，而且能够可靠地被验证就可以了。一位理想的科学家在思考上要像诗人，做起事来要像簿记人员，同时我认为，他如果具有令人震撼的才华，在写作上也会像记者。就像站在空白画布前的画家，或是闭上眼睛回想旧时情景的小说家，他在想象中思索故事的主题和结局，以及问题和答案。就算他有最大的成就，只不过是看到了发展一个新仪器或新理论的需求，却可能已经足以推开一扇通往新研究领域的大门。

这种高层次的科学创造力与艺术类似，既视才华而定，也视自我形象而定。要成大业立大功，科学家必须满腹自信地往蓝色水域航行，暂时把陆地抛于脑后。他对冒险本身的评价也很高，并且牢记，在那些被人遗忘的文献注脚中，到处散布着具有才华但胆怯的人的名字。然而，他如果像绝大多数的同僚一样选择停留在岸边，那他必须足够幸运，才能具备我定义中的“正常科学研究的最高智慧”：足够聪明，所以能看得到需要完成什么；但不过于聪明，所以亲自动手执行时无须忍受枯燥乏味。

科学家的研究风格是他做了学科选择之后的产物，并且进一步受到个人倾向和品位的限制。如果他是位地道的博物学家，就会恣意地四处漫游，有时经过林木茂盛的真实树林，或者，在现今较普遍的是通过充满分子的细胞，来找寻人类尚未想象到的事物；他会具有猎人的本能。但另一方面，如果这位科学家是位数学理论家，他心中就会对我们已知但仍极不明了的过程产生影像，把这个过程的结构化解成直觉所建议的基本成分，并且改写成图表和方程式。他为了进一步求证，会对实验学家说：尽管我们无法亲眼看到，但如果这个过程是这样进行，那么这就是间接探测时需要用到的参数，以及可能用来解释结果的语言。

不同学科所采用的认可标准，差异也很大。分类生物学家只需要碰上一个不寻常的新品种，辨认出它的新特点，就算是一项重大的发现。1995 年，两位丹麦动物学家在龙虾嘴里发现了一种类似小型轮虫（rotifer）的物种，由此在动物界中建立了一个全新的门，成为第 35 个已知的动物门。生物化学家的领域与风格则完全不同，他们为了追踪荷尔蒙和生物体上其他重要分子的自然合成过程，往往得在实验室内利用酶的催化反应，来重现自然合成的步骤。实验物理学家与化学家相比，离人类的直接感官更远，因此也是各类科学家中显得最深奥的一群，举一个同样玄奥的例子：他们借由电子和原子核内质子的高能碰撞，来推导夸克（quark）的空间分布。

给科学新手一个建议：要找到并建立一个科学新发现，并没有固定的方法。把你所有的能力投入到研究主题，你所描述的程序必须也让别人可以重复。尝试在各种不同的情况下，重复观测某项物理事实，以不同的形式和做法进行实验，把想象中的因果关系建立起来，利用统计分析去除原假设（null hypotheses，也就是故意提出来威胁结论的假设），以逻辑的方式做推论，注意细节，并且仔细查证自己的结果是否和别人发表的一致。以上所有的行动，不论是单独进行还是组合起来，都是接受过考验、真正的科学武器的一部分。当研究工作即将告成时，你也要考虑向哪些读者报告自己的成果，计划在一个有信誉、有同僚评审制度的期刊上发表你的结果。科学界具有一种严苛的特质：一个新发现要等到通过评审并且发表之后，才算存在。[84]

在相互竞争的假设中抉择

科学证据是累进的，是把一块块砖头似的证据，依据理论的蓝图，配上混凝土，艺术般结合搭建起来的。只有在极少数的情况下，单一理论才能以量子跃进的方式改变我们的世界观，譬如天择理论和相对论。甚至连分子生物学的革命也是渐进的，它建立在物理学和化学之上，而非根本性地改变它们。

科学上的声论很少被视为一种定论，尤其是牵涉到观念时。但是，随着证据的累进、理论的巩固，某些知识确实会得到普遍的认同。随着理论的可信度步步升高，研讨会中的用词也会随之更改，从“这个理论有意思”到“有建议性”，再到“有说服力”，最后成为“极可信的”，之后，经过一段足够长的时间，就变成了“显然如此”。

并没有客观的标准可以评估理论的可接受程度，因为用来校对标准的客观外在真理并不存在。套用一句詹姆斯的话，我们所具有的只是一种“证实的可断言性”（warranted assertibility），其中对现实的某些特殊描述会变得愈来愈符合科学家的要求，直到反对意见完全消失为止。正如数学家卡克（Mark Kac）曾经提出的，“证明”是叫讲理的人信服的方法；“严谨的证明”是叫不讲理的人信服的方法。

偶尔，我们也可能把科学方法浓缩成一种方法。最令人满意的方法，是以相互竞争的多种假设为基础，这又称为“强性推论”（strong inference）。这个方法只能在局限的条件下，适用于相当简单的过程，尤其适用于物理学和化学，因为在这些学科中，结果不易受到环境和历史的影响。我们知道被研究的现象会发生，但不能直接观测到，所以只能通过结果来猜测现象真正的本质。研究人员首先要设想出过程发生的每一个可能方式，也就是想出相互竞争的多种假设，然后设计出测试方法，只留下一个假设，其他的全部去除。

举一个在 1958 年发生的有名例子。当时，加州理工学院的梅塞尔森（Matthew Meselson）和史塔尔（Franklin Stahl），就是用强性推论的方法证明了 DNA 分子自我复制的步骤。我先说他们得到的结论：DNA 双螺旋首先沿着长轴的方向分开，产生两条单螺旋；随后每条单螺旋再组配出相对的单螺旋，而产生另一条 DNA 双螺旋。其他可选择的假设则必须抛弃，譬如双螺旋的复制是整个一次完成，或是单链螺旋是被切散后才进行复制的。

接着再谈证实的方法。尽管它涉及技术上的应用，但在想法上精致简单。梅塞尔森和史塔尔提出现在回想起来是正确的问题之后，就设计了适当的实验，试图在相互竞争的假设中做一个选择。他们首先把在重氮同位素培养液中制造 DNA 分子的细菌，转移到含有正常氮的培养液中继续繁殖。随后，研究人员把细菌中的 DNA 分子抽取出来，置入氯化铯溶液中离心，于是 DNA 分子会随着氯化铯溶液的密度梯度而分布。细菌利用重氮原子制造的 DNA，会比相同细菌利用正常氮原子制造的 DNA 来得重，所以会降到氯化铯溶液的密度梯度的较下层。当分离过程达到平衡状态时，他们发现 DNA 会形成壁垒分明的带状分布，分布模式正好吻合“单螺旋分离后重新产生双螺旋”的假设。这个模式去除了另外两个具有竞争性的假设：整个分子会同时复制，以及分子会分解成零散的片断后才进行复制。

寻求客观真理的标准

科学是由这样的争论和证明过程拼凑而成的，即使在较为简洁的分子遗传世界中，也是如此。不过，我们也许可以在科学方法中找到一些共同的元素。我们是否能够设计出一个举世皆准且立见分晓的检验方法来测试科学上的假设，并且获取客观真理这个最终目标呢？目前的一般看法是不能，也永远无法达到这个目标。大多数科学家和哲学家已经放弃追寻绝对的客观性而去搞别的事了。

我则不以为然，并且愿意冒着被指为异端的危险指出：上述问题的答案也可能是“可以的”。通过以经验为依据的调查，客观真理的标准或许是可以得到的。关键在于澄清我们目前仍不太了解的心智运作过程，以及改进科学在分析物质性质时所采取的破碎方法。

以下是我的辩词。在我们的大脑之外，存在着独立的真实世界，只有狂人和少数建构主义哲学家，才会对它的存在有所质疑。在我们的大脑内，则是依据感官输入和观念的自我组装来重新建构的真实世界。心智的构成是来自输入的信息和自我组装的过程，而不是来自大脑内的独立实体——套用哲学家赖尔[85]著名的贬损评语“机器中的幽灵”（ghost in the machine）。我早先提到，外在世界和它在人类心智上的表征，因为受到人类特殊进化过程的扭曲而出现了不协调的现象。也就是说，天择发展出大脑的目的，是为了在这个世界中求生存，只因为意外的巧合，才在生存需求之外，发展出进一步了解这个世界的能力。“科学家的正确使命，是在诊断和修正这种不协调的现象”，我们才刚开始朝这方面努力。尽管最执着投入的哲学家大力鼓吹我们要承认自己在这方面能力有限，但我认为，没有人应该假设客观真理无法获得。尤其是对那些在认识论中身任步兵角色的科学家而言，现在就放弃研究使命的重要根基，实在言之过早。

虽然有时这些想法好像只是狂妄的幻想，但是没有任何其他学术目标会比根据科学知识建立客观真理更为重要，更叫人畏惧，更令人敬佩。希腊哲学家曾经为这个想法长篇大论；之后，相同的想法又以现代的形式出现在 18 世纪启蒙运动的希望中，也就是期盼科学能够找出主导所有物质现象的定律。许多学者受这个想法的振奋，相信我们可以借此消除几千年累积下来的残迹，包括对人类自我形象造成妨碍的所有神话以及错误的宇宙观。启蒙运动的美梦在浪漫主义的诱惑下逐渐式微，但更为重要的是，在“心智的物理基础”这个对科学的承诺最重要的领域中，科学却无法实现。这两个挫折合并在一起对科学的发展具有极大的伤害：人类天性浪漫，迫切需要神话和教条的存在，而科学家却不能解释人类为什么有这样的需求。

逻辑实证主义

19 世纪末，由于两派哲学理论的存在，人们对客观真理的梦想再度引燃。第一派是源自欧洲的实证主义（positivism），相信唯一可靠的知识是我们对感官经验的精确描述。第二派是源自美国的实用主义（pragmatism），相信真理是在人类行动中屡试不爽的事实。从一开始，这两派哲学的立场就和科学具有共生的关系。它们借由当时辉煌发展的物理科学，取得强而有力的支持；物理科学以正确实用的知识，让电磁马达、X 射线与化学试剂（reagent chemistry）成为可能，并借此为实证主义和实用主义辩护。

当逻辑实证主义（logical positivism）出现后，人类对客观真理的梦想达到了顶峰。逻辑实证主义是一般实证主义稍加改变后的产物，尝试以逻辑方法和语言分析来定义科学陈述中的精髓。虽然有许多思想家对这个运动有所贡献，但是主要原动力来自维也纳学派（Vienna Circle），这是石里克（Moritz Schlick）在 1924 年创立、多半由奥地利的知识分子所组成的团体。维也纳学派的定期聚会一直延续到石里克 1936 年过世。随后，学派成员和相关人士纷纷因纳粹政权而解散，有些人则被放逐，移居美国。

1939 年 9 月 3 日至 9 日，许多支持逻辑实证主义的学者聚集在哈佛大学，参加第五届国际联合科学大会（International Congress for the United Science），其中包括许多目前在思想史上享有盛名的人物：卡纳普（Rudolf Carnap）、法兰克（Philip Frank）、朗格（Susanne Langer）、米塞斯（Richard von Mises）、纳格尔（Ernest Nagel）、纽拉特（Otto Neurath）、帕森斯（Talcott Parsons）、奎因（Willard van Quine）和萨顿（George Sarton）。会议前两天，德国入侵波兰，这个事件必定使当时的与会人士心神分散。正如拿破仑的宣战削减了当初启蒙运动的发展潜能，现在种族优越这个伪科学理论竟引发了侵占他国领土的野蛮战争，这对人类理性的力量是更一进步的威胁与嘲弄。尽管如此，逻辑实证主义学者却继续坚持探讨下列的想法：以理性获取的知识，是人类最大的希望。

他们接着质问：该如何提取科学本质中的精华？多年来，维也纳学派所推动的思想运动，在两个层次上发生了功效：第一个层次，它重新肯定了启蒙运动的中心思想，认为坚定不移的实在论（realism）最有利于人类目标的实现。卡纳普表示，没有了“保护者或敌人”，人类必须单靠自己的智慧和意志力去找寻方法，以超越存在。科学是我们可以利用的最佳工具，正如维也纳学派10年前所宣称的：“科学世界观服务于生命，并转而成为生命的一部分。”

第二个层次上的影响为第一个层次的必备条件，是找寻一个可以评断科学知识的单纯标准。逻辑实证主义者认为，首先，每一个符号都应该代表某些真实现象，必须符合既定事实和理论所架构起来的整体结构，而不允许任何神示内容或漫无边际的笼统推论。其次，理论和事实必须步调一致。最后，我们还需要小心区分语言中的信息成分和情绪成分。对上述的各种目标而言，最重要的是能够验证——的确，某项科学陈述的真正意义通常蕴含在它的验证方法之中。如果上述的指导原则能够逐渐改良，为人们所遵循，我们很快就会愈来愈接近客观真理。一旦如此，那些建立在无知之上的形而上学将会逐步倒退，正如吸血鬼面对高举的十字架一般。

纯数学——科学的基础

在剑桥聚会的逻辑实证主义者清楚，纯数学是通往圣杯的道路，而不是奖赏本身。数学虽然在架构理论上具有无可比拟的潜力，但却是逻辑上的同义反复。也就是说，数学上的结论完全是由它自定的前提推导出来的，而这些前提和真实世界不一定有关系。数学家首先发明引理（lemma）和定理（theorem），并且加以证明，再由此推导出其他引理和定理，如此相循而生，永无止境。其中有些定理和物质世界相吻合，有些则不然。最伟大的科学家，是那些具备令人眼花缭乱技巧的知识运动员，他们有时会发现一些观念，而开启抽象思维的新领域。结果证明，复数、线性变换（linear transformation）以及调和函数（harmonic function）是数学上最有趣也是科学上最有用的方法。

纯数学是描述所有可想象世界的科学，它是一个在逻辑上封闭的系统，但是在初始前提允许的条件下，可以朝各个方向无限延伸。我们如果有无穷的时间和计算潜力，就可以用数学来描述任何想象得到的宇宙。但是我们无法只依赖数学来获得关于我们所生存的这个特殊世界的信息。只有通过观测，我们才能得知周期表、哈勃[86]常数(Hubble constant)，以及关于人类存在的其他所有的明确事物。这些事物在其他宇宙中也许不同或不存在，因为物理学、化学和生物学都会受限于我们这个宇宙的参数——这个宇宙也就是我们由银河系向外观测到的宇宙；这些参数构成了科学，描绘我们可触及的所有现象。

因为数学在自然科学中具有极大的绩效，它似乎像一支箭，指向客观真理这个终极目标。让逻辑实证主义者印象尤其深刻的，是量子力学和相对论中抽象数学理论与观测结果之间密切相关，这两项 20 世纪中最伟大的成就，重新鼓舞了我们对人脑天生潜能的信心。想想看，人类，灵长目的一支，才刚走出石器时代的村落，就能正确预测出几乎无法想象且在日常经验之外的现象。理论家因而推论，我们必定离客观真理的一般公式不远了。

但是逻辑实证主义者摸不着这个圣杯，而且跌倒并暂停前进。逻辑实证主义分析法虽然仍得到少数人的偏好，但普遍而言已经归入哲学研究的范围，就像古生物实验室的恐龙化石一样，人们之所以研究它，是为了寻找其灭绝原因。逻辑实证主义最后的舞台，是卡纳普极少为人所阅读的著作《明尼苏达科学哲学研究》（*Minnesota Studies in the Philosophy of Science*）。它的致命伤在于整个系统的关键性语义：创始者和跟随者无法同意彼此对语义的基本区分，包括事实和观念、经验归纳与数学真理，以及理论和推测的区隔。在这些烟雾笼罩下的二分法之外，他们对科学和非科学陈述的差别，看法也不一致。

知识、执着和勇气

在现代哲学家曾经推动过的哲思中，逻辑实证主义是最英勇也最齐心协力的一个。它的失败（或用更缓和的字眼来描述，它的缺点）在于它对大脑如何运作的无知。在我看来，这个缺点说明了整个故事。无论是哲学家还是科学家，都得采用极主观的看法，才能解释人类在观察和理性分析时的生理行为。这个现象在过去50年中并没有改进多少，人类正在积极探索心智领域，但其中大部分仍属未知。逻辑实证主义者所看重的科学思维过程，由最复杂的心智运作组成，而大脑本身即使只是在处理最简单的观念，也都会是一个混杂的场所。科学家的思维并不是线性的，他们做研究时会沿路构思观念、证据、意义、关联和分析方法，不按任何特殊秩序把一切分解为片断。诺贝尔经济学奖得主西蒙[87]曾经投入部分生命来研究观念形成的复杂性，他提出："创造性思维和一般较世俗的思维之间最主要的差别在于：一、它愿意接纳定义模糊的问题，并且逐渐为这些问题建立结构；二、它能在相当长的一段时间内，继续全神贯注于同一个问题；三、它对相关领域和可能相关的领域，具有广阔的知识背景。"[88]

一言以蔽之，就是：知识、执着和勇气。这个创造过程是一个不透明的混合体。也许只有通过仍然少见或不存在的回忆录公开自白，我们才能得知科学家实际上是如何寻得方法，找到可发表的结论。从某种角度而言，科学文献会蓄意误导人。正如小说比小说家本人来得精彩，科学报道在去除了混淆与卑鄙想法之后，也比科学家本人来得完美。这些数量庞大、无法为人理解又无价值的东西，虽然不久将为人遗忘，却包含了大多数让科学成功的秘诀。

逻辑实证主义者渴望追求客观的科学知识，但这些知识的正规定义并不属于哲学问题，也无法依照他们的期望，从逻辑和语义分析中获得。它是一个经验性的问题，只能靠继续不停地探究思维过程本身的物理基础，才能加以回答。其中最有效的方法显然包括人工智能（artificial intelligence）的运用，这个方法在目前刚萌芽的人工情感（artificial emotion）领域及时辅助之下，才可以模拟复杂的心理运动过程。这个仿真系统将和快速成长中的大脑神经生物学相结合，包括在各种思考形态下，对活跃的脑神经计算网络进行高识别率的扫描。同时，分子生物学对学习过程的研究，也将带来重要的进展。[89]

如果我们能够对观念形成时确实发生的生物过程加以定义，也许可以设计出卓越的方法来探寻大脑和外在的世界现象。这么一来，我们或许可以将自然界的事件和定律，与人类思维过程的物理基础做更紧密的结合。在这种情况之下，我们可不可能迈出最后一步，为客观真理设计出无懈可击的定义？也许不能。这样的想法是一种很大的风险，就像绝对主义（absolutism），也像危害科学和人文学科的美杜莎（Medusa，希腊神话中的蛇发女怪）。过早的肯定会比否定更具摧毁性。那么，我们是不是该准备放弃？绝不！靠着北极星航行总比在无意义的汪洋大海上漂流来得强。我想，当我们逐渐靠近前辈先师设下的目标时，心中会有数，尽管我们可能无法达到目标。从我们共有的优雅、美丽而深具潜能的想法中，从具备哲学实用主义最佳精神的智慧行为里，这个目标的光芒将耀现出来。

第五章

阿里阿德涅之线

CONSILIENCE

—

Ariadne's

Thread

—

当更多关联建立起来时，
各学科也就能更圆满地由上贯通到下，
由实体中最特殊的部位
一路贯通到最普遍的分子和原子。
但是，以相反的方向来建立融通性，
也就是由普遍到特殊，
相形之下却困难许多。
简单地说，分析阿玛林果要比
合成阿玛林果容易得多。

借助科学方法，我们已经获得一个远远超出人们早期梦想且完整的物理世界观。现在，这个伟大的冒险行动开始转向，改为朝内探索我们自身。历经过去数十年的扩展，自然科学已经触及了社会科学和人文学科的边界。在这个领域中，指引冒险行动的融通性原理，必将遭到最严峻的考验。自然科学是相对容易的，社会科学和人文学科才是终极的挑战。各个学科之间存在着不确定的相关性，其中带有讨好古希腊人的神话色彩，包括危机四伏的道路、英雄式的旅行以及带领我们返回家园的秘密工具。这些神话因素在数个世纪中，组合出了许多故事，其中包括克里特岛的迷宫，这个故事可说是“融通”的隐喻。

学术的迷宫

雅典的忒修斯（Theseus）是可以和大力士赫拉克勒斯（Heracles）相抗衡的斗士。他朝着克里特岛迷宫的中心走去，穿过每个走道，经过无数转折，且沿路松开阿里阿德涅（Ariadne）交给他的线团。阿里阿德涅是克里特岛国王米诺斯（Minos）的女儿，深深爱恋着忒修斯。在迷宫中隐秘走道的某处，忒修斯遇上了食人的人头牛身兽弥诺淘洛斯（Minotaur）。因为它，雅典每年要供奉给克里特岛 7 名少男少女作为牺牲。忒修斯徒手杀了弥诺淘洛斯，然后回头沿着阿里阿德涅给他的线走出了迷宫。

这个迷宫神话可能源自史前克里特岛和阿提卡（Attica）之间的冲突。人类在一个无迹可寻的物质世界里诞生，并永无止境地挣扎着想要对它有进一步的理解，而克里特岛的迷宫恰好反映出这个世界的神话象征。为了融通各个学科，我们需要阿里阿德涅的线团来贯穿其中。忒修斯代表人类，而弥诺淘洛斯则是我们自身危险的非理性部分。迷宫由经验知识所构成，靠近入口处的穿堂是物理，之后分岔的走道，是所有探险者必经的途径；迷宫的中央深处像星云般密集的走道，贯穿着社会科学、人文学科、艺术和宗教。我们如果能够好好建立起事物间的因果关系，就有可能很快地转向，通过行为科学回头走向生物学、化学，最后抵达物理学。[90]

随着时日的累积，我们发现这个迷宫具有一个恼人的特征，使我们不可能对它完全掌握。虽然这个迷宫多少会有入口，但没有中心点，在迷宫的深处只有数目极大的终点。假设我们有足够的知识，能沿着线索由果往回推向因，也只能够从一个终点出发。真实世界这个迷宫就像是博尔赫斯[91]的迷宫，具有无穷的可能性。我们永远无法绘制出完整的地图，无法发现并解释其中的每一件事物。但是我们可以期望自己快速穿过已知的部分，由特定的区域往回走向一般的区域，同时依据人类精神，继续不停地记载行经的路线。我们具备了火炬和线团，能将各种线索连接成一个逐渐扩增的解释网络。

“融通”在定义上还具有另一个特征：在穿过迷宫中分岔的走道

时，回头走比向前行来得容易。当我们一一建立解释片断由一个组织层次发展到下一个层次之后，就可以在许多终点处（比方说地质形态或蝴蝶种类）任选一个线索，然后循线索穿越因果关系的分岔点，并期待能够走回物理学上的定律。但是由物理学走到终点的反向旅程，却是极大的难题。离物理学的距离愈远，前一个学科所提供的可能性也会沿指数曲线上升。每增加一个因果解释的分岔点，都会使前行的线团长度倍增。生物学和物理学相比复杂得不可思议，同样的，艺术又比生物学更为复杂。要想一路向前走到底似乎不可能，更糟糕的是，我们在出发前甚至无法预知，想象中的完整历程到底存不存在。

由入口到终点一路前行，复杂程度会急遽增加，这可以很清楚地由细胞生物学的教科书上看到。研究人员利用物理学和化学的化约原理，已极令人钦佩，且聪明地详尽解说了细胞的结构与活动，同时不给其他相竞的解释方法保留一丝余地。他们期望在不久之后，就能解释研究中的任何一种特殊细胞所发生的任何事件，能够把细胞拆成一个个细胞器（organelle），最后再把细胞器重新组合成整体。如此一来，他们就可以朝着迷宫入口处的简单区域迈进。但是，他们仍然抱着些微的期待，希望能够以物理学和化学方法预测任何完整细胞的特征。这样的做法是直接远离迷宫入口而朝着复杂程度渐增的区域迈进，和利用因果解释、反向地由迷宫内部朝着出口重建关联的做法相反。套用一句科学的神圣咒语：自然科学所做的诠释是必要而非充分的。因为特定细胞的细胞核和其他细胞器，以及它们的组成分子，具有太过独特的组合方式，同时，细胞与环境之间不停进行的化学交换过程也太过复杂了，以至于我们无法跨越观念上的障碍。除了这些特殊个体之外，还有 DNA 那跨越无数世代的历史传承。

简而言之，我们的兴趣在于了解细胞如何组成，以及什么样的进化历程会导致这种组成规则。为了达成这个目标，生物学家首先必须描述细胞内的复杂性，然后再将细胞拆开来研究。反其道而行是可以想象的，但是生物学家都认为这种做法极为困难。

由对蚂蚁沟通方式的研究来看归纳与综合

把一个现象分解成元素（在此是把细胞分解成细胞器和分子），是经由归纳法而达成的融通。重新组合元素，则是经由综合法达成的融通，尤其是再利用由归纳法获得的知识来预测自然界当初是如何构成的。这两个步骤组成的程序，是自然科学家做研究时一般采用的运作方法：由上而下用分析法跨越两三个组织层次，之后再由下而上用综合法跨越相同的层次。

以我自己研究中的一个普通例子来看，就可以简单说明这种运作程序。相隔一段距离的蚂蚁，会互相通告彼此的危急状况。当一只工蚁受到攻击，被压在地上或受到威胁时，离它几英寸远的同窝蚂蚁会感受到她的危机（我用“她”是因为所有的工蚁都是雌性的）而匆匆跑过去帮忙。这种紧急的求救信号可借由视线沟通，但是很少见，因为这类冲突经常在暗处发生，而且许多种蚂蚁都是盲目的。求救信号也可以经由声音传递；受攻击的工蚁会用腰部摩擦身体尾部，制造出尖锐的声音，或者上下反复摇摆身体来击地发声。不过，只有某些种类的蚂蚁会发出声音传递信号，而且只在特殊的情况下才采用。

1950 年代，刚成为昆虫学家的我得知这些事实后，就猜想工蚁发出的紧急信号可能是化学性的。当时的研究人员把这种化学传信物质称为“化学释放物”（chemical releaser），也就是今日的费洛蒙（pheromone，亦称信息素）。为了测试自己的想法，我收集了红收获蚁（red harvest ant）和其他一些我对其有深入了解的蚁种。随后，我把这些蚂蚁放在一个人工蚁巢中，就好像儿童在建立蚂蚁窝那样，再利用立体显微镜和制造手表用的镊子，解剖刚受到迫害而死亡的工蚁，从中取出可能含有紧急求救信号的费洛蒙的器官。我拿一根细棒，利用棒尖把这些肉眼勉强能见的白色小块组织一个一个压碎，然后把棒尖伸入休息的蚂蚁群中。采用这种方法，我获知至少有两种腺体能够产生功效。其中一种位于工蚁下颚基部，另一种则在肛门附近。这些腺体所释放的物质会使蚂蚁像充电般绕着棒尖团团旋转，只有偶尔会暂停下来检查并扑咬压碎的组织。

我确实找到了费洛蒙的来源，但它们又是什么样的物质呢？我接着求助于化学家雷尼尔（Fred Regnier）。雷尼尔和我年纪相仿，刚开始专业生涯。他能够分析极小的有机样本，而对于推动蚂蚁沟通方式的研究而言，他这项专门技术是当时最需要的。雷尼尔利用当时最新的科技，包括气体色层分析法和质谱仪，确认出其中产生效用的物质是由简单的烷烃（alkane）和萜类化合物（terpenoid）混合而成。他接着在实验室内合成了高纯度的相同化合物，并把少量样品放入蚁群中，我们观察蚂蚁的反应和我在初步实验中观察到的相同。因此，雷尼尔辨认出的腺体化合物，的确就是传递紧急信号的费洛蒙。

这个发现是了解更广泛、更基本的费洛蒙效应的第一步。我接着请一位年轻的数学家伯塞特（William Bossert）帮忙。（我们那时候都很年轻；年轻的科学家有最好的想法，更重要的是，有最多的时间。）这个问题的新奇感以及我所提供的微薄薪水吸引了伯塞特，他同意为费洛蒙的扩散过程建立物理模型。我们知道化学物质会由腺体的开口处蒸散出来，所以靠近开口处的分子密度，足以让蚂蚁直接闻到。产生这个现象的三维空间范围称为“活化空间”（active space）。活化空间的大小形状，可以通过已知分子的物理性质来加以预测，而且可以通过分子云从扩散到引起蚂蚁警觉所需的时间来加以验证。我们同时采用模型和实验来测量分子扩散的速度，以及蚂蚁对分子的敏感度，并由此合理地肯定了工蚁会散发费洛蒙来达成沟通的目的。

我们采取的分析步骤，正是科学研究中普遍使用的方法。这些步骤的依据，是几世代的早期科学家融通了各学科后所建立起来的学识。为了解答蚂蚁紧急传信的问题，我们采用归纳法，把生物体这个特殊的组织层次，化简为更一般的分子层次。我们尝试使用物理学和化学来解释生物现象。很幸运，这次我们成功了。

采用相同方法进行的费洛蒙研究，在之后数十年中继续带来成效。分别独立作业的许多生物学家共同指出，蚂蚁采用许多类似于紧急传信的化学系统来组织群体。我们发现，蚂蚁的身体是由腺体构成的行动电池，充满了带有信号的化合物。当蚂蚁发出单一或一组含有不同成分的费洛蒙时，实际上是在告知其他蚂蚁：有危险，快过来；有危险，快散开；有食物，跟我来；有一个较好的筑巢场所，跟我走；我是和你同窝的蚂蚁，不是外来者；我是幼蚁。蚂蚁能发出的信号有 10 到 20 种不等，其中差异是根据蚂蚁的地位（例如兵蚁或次要的工蚁）和种类而定。这些味觉和嗅觉上的密码无所不在又极具威力，当它们一并发挥作用时，可以将整个蚁群结合成单一的运作单位。因此，每个蚁群可以视为一个超生物体（superorganism），也就是一群传统的生物体聚集在一起，并如单一的大型生物体一样地行动。这样的群体有如原始的信号网，大致上和神经网络雷同，扩大来看更好比百头海怪。只要碰触其中一只蚂蚁、碰触网络内的一条线，影响就会向外散发开来，波及群体所共有的智能。

有根据的推测

在上述研究中，我们跨越了四个层次：从超生物体到生物体，到腺体和感官，再到分子。我们有没有可能转身朝反方向行进，在对蚂蚁的生物学一无所知的状况下，加以预测实验结果？有可能的，至少就少数广泛的原理而言是如此。

根据天择理论，费洛蒙分子在预期中应该具有某些特殊性质，所以生物体才能够有效率地加以制造和传递。另外再加上有机化学原理的考虑，我们可以推论，这样的分子可能含有 5 到 20 个碳原子，分子量则在 80 到 300 之间。尤其，那些具有警示功能的费洛蒙分子通常比较轻，并且具有相当大的量，比如每只蚂蚁能生产百万分之一克的警示性费洛蒙，而不是十亿分之一克。同时，相较于其他大多数费洛蒙，工蚁对警示性费洛蒙的反应也比较不敏感。这些特征组合起来，使警示信号能够快速传递，并且在危险不存在时很快消失。相反，我们可以预见，当蚂蚁由窝巢行进到食物所在地后再折回时，它们留在路途上的化学物质必定具有相反的性质。这些分子的特性将使信号能够长期保留，并且确保传递过程具有隐秘性。这种隐秘性是为了防止掠食者追踪信号，而猎取发送信号的蚂蚁。战争时期需要密码，而大自然正是个战场，千万别犯错。

如果你愿意，也可以把以上的预测称为“有根据的推测”（educated guess），这个推测有资格被称为经由综合法而达成的融通。除了一些仍然令人迷惑的例外情形之外，这些推测都已经得到肯定。但是，生物学家仍然无法单凭物理学和化学方法来推测费洛蒙分子的结构，或是确认制造费洛蒙的腺体。因此他们无法在做实验之前，就担保某个信号会不会被特定的某种蚂蚁所采用。要达到这种精确程度，也就是要从靠近迷宫入口的物理学和化学，一直走到有关蚂蚁社会生活的终点，我们需要对蚂蚁种类的进化史以及蚂蚁所居住的环境，具备详尽综合的了解。[92]

简而言之，具有推测性的综合法极难达成。然而从另一方面看，我相信从相反的方向利用归纳法所做的解释，在某些情况下可以贯穿所有的组织层次，从而包含所有的学术分支。为了阐示这个想法，我现在尝试追踪一位魔术师的梦，一路走进单一原子的世界内。

在魔术师梦中出现的巨蛇，是由真实生活中的真蛇转变而来。我在这里提到蛇的图像并不是恣意的；在梦和药物所引发的幻觉世界中，最常出现的野生生物就是蛇。这些轻易出现在祖鲁人（Zulu）和曼哈顿人脑中的巨蛇，是人类幻想中极具威力的图像；活生生的蛇转换成人类潜意识中闪烁不定的图像。根据每个梦幻者不同的文化和经验，想象中的巨蛇具有各种不同的形象：掠食者、恶魔、隐秘世界的守卫、上天的启示、死者的灵魂以及神祇。真蛇移动时左右摆动的身体和致命的攻击，使它们成为魔术中的理想物品。它们的形象所引发的情绪，介于畏惧、退缩和崇敬这三个点所定义的三角梯度中。真蛇只让人畏惧，梦中的巨蛇却让人动弹不得；做梦者在睡眠的瘫痪状态下，毫无摆脱梦中巨蛇的可能。

亚马孙河流域西部的热带丛林盛产蛇，并且种类繁多。与它们在梦里相对应的巨蛇形象，则在美洲印第安人以及梅斯蒂索人[93]的文化中，占有极重要的地位。巫师负责管控迷幻剂的服用，以及解释随后出现的巨蛇和其他幽灵形象的意义。厄瓜多尔的黑瓦洛人（Jívaro）服用“maikua”，这是由茄科有毒植物曼陀罗（Datura arborea）的绿色树皮中提取出来的汁液。战士喝下这种汁液，以召唤活在幽灵世界中被称为“arutam”的祖先。如果心有所求的人运气好，幽灵通常会以两条巨蛇的形象，从丛林深处出现。这种巨蛇在真实世界中的学名是 Eunectes murinus（亚马孙森蚺，真游蟒属），是世界上最重的蛇，体型大到足以杀死人类。这些梦中巨蛇会朝向幻梦者蛇行，互相纠缠打斗。当它们来到 20 或 30 英尺（约 6 或 9 米）开外的地方时，黑瓦洛人必须跑向前去触摸它们。要不然，巨蛇就会像炸弹那样爆炸，然后消失。

黑瓦洛人接受启示之后不准告诉任何人，要不然魔法就会失去作用。当天晚上得到启示的人要在最近的河岸上睡觉，而祖先灵魂会以老人的形象在他梦中出现。老人会说："我是你的祖先。就像我一样曾经活得很长久，你也将如此；就如我一样曾经杀人无数，你也将如此。"接着老人就消失了，同时他的灵魂会进入做梦者的身体。这名黑瓦洛人清晨醒过来后，会感觉自己更有勇气，并且带有一种优雅的气质。他的举止焕然一新，受到当地人们的注意。如果他愿意，可以带上鸟骨做成的肩饰，以象征 arutam 灵魂的力量。在古代，人们会视他为带领猎取人头行动的战士。

阿玛林果的梦中绘画

亚马孙河流域东南方约 800 公里处的秘鲁境内，住着一位阿玛林果（Pablo Amaringo）。他是一位梅斯蒂索巫师，也是艺术家。阿玛林果的美洲印第安祖先，是亚马孙（Amazonas）与卡哈麦卡（Cajamarca）地区说科卡马语（Cocama）及盖丘亚语（Quechua）的种族，他承继他们的传统，能够念咒召来幻象，并以绘画的方式描述其中的情节。他选用的迷幻剂是乌卡亚利河（Rio Ucayali）流区广泛使用的"死藤水"（ayahuasca），萃取自丛林中的爬藤卡披木（Banisteriopsis）。阿玛林果的梦幻中充满巨蛇，其中大多代表亚马孙河流域文化中的角色：成堆的神祇、森林幽灵、袭击动物和人类的掠食者、使妇人怀孕的精灵、湖泊和森林的主宰，有时弯弯曲曲的爬藤会自动转变成动物的形状。

阿玛林果的绘画受当地希皮博人（Shipibo）丰富传统的影响，其中的巨蛇及其他真实或超自然的生物，都装饰着设计繁复的三原色几何图形。这些绘画也呈现出不喜欢留白的希皮博特色：空间中每一个部位都塞满了细节，这种绘画风格正好和亚马孙地区繁多得让人目瞪口呆的生物种类相互搭配。

阿玛林果画中的主题分散而具多样性，把幽灵、魔术师、古代美洲印第安神话中出现的奇幻动物，以及秘鲁的现代人物和工业发展中的事物都堆在一起。另外，画中还有船舰和飞机经过，甚至在热带雨林的树冠上还有飞碟悬留。这些图像超现实而令人困扰，不再受到任何正常感官知觉的拘束，是一种追寻戏剧化和叙事性的情绪表现。这种疯狂的图像显示出，人们在进入催眠状态和梦境时，任何隐喻和记忆片断都有可能溜入不设防的心灵，而变成故事的部分情节。

这些神圣的植物在化学家的分析之下，已经丧失了神秘感。它们的汁液中含有神经调节物质，如果大剂量服用，将使人进入兴奋、迷幻的状态。在这些主要效应之后，通常会紧接着出现昏睡或类似做梦的状态。黑瓦洛人的曼陀罗迷药，在结构上很接近生物碱阿托品（atropine）和莨菪碱（scopolamine）；梅斯蒂索人的迷药"死藤水"则含有 β－咔啉（beta-carbolines），而且巫师经常还会加入从另一种植物中提取出来的二甲基色胺（dimethyltryptamine）。这些物质会对精神产生作用，它们所产生的强烈图像刺激，足以打破受意识控制的一般思维过程。它们改变大脑的方式，就好比自然的神经调节分子在调节正常的做梦过程一般。这之间的差别是，人们在这些迷药的影响下，会进入半昏迷的催眠状态，而那些无法控制又十分鲜明、紧急的梦境，则不再局限于睡眠中。

我们很容易以屈尊俯就的态度，对待亚马孙河流域维吉塔利斯塔人（vegetalistas）的这类精神追求；就像我们也很容易以轻视的态度看待 1960 年代和 1970 年代中，崇拜滥用药物的精神领袖和术士的反文化的无知信仰。除了少数的宗教狂热分子，今日已经没有人会相信已过世的药物滥用者宗教领袖利瑞（Timothy Leary），也没有人会记得卡斯塔尼达（Carlos Castañeda）和他一度著名的《唐璜的教诲》（*The Teachings of Don Juan*）。但是，我们不能忽视这类幻觉的重要性，它们显示出生物学和人类本性上的一些重要现象。数千年来，利用迷幻剂来增强内在觉察力的方法，会得到世界各种文化的广泛采用。西方文明长久以来一直认为，自然睡眠和药物导致的梦境是通往圣灵的大门，它们都出现在《新约》和《旧约》中最关键的时刻。比方说，《马太福音》第 1 章第 20 节中提到，当约瑟正思考马利亚的身孕，也就是马利亚怀着耶稣时，“有主的使者向他梦中显现”，告诉他马利亚所怀的是圣灵的后代。约瑟的见证是基督教信仰中的两个重要支柱之一，另一个则是耶稣的 12 个门徒所描述的基督复活的情景，也如梦幻一般。

斯威登堡（Emanuel Swedenborg，1688—1772）是 18 世纪的科学家兼神学家，他的追随者创立了新耶路撒冷教派。斯威登堡相信，梦带有神灵的秘密，神的话并不只局限于《圣经》内。如果我们在显微镜下找不着神圣的密码（这位瑞典著名的科学家很沮丧地发现了这个事实），那么它也许会在梦境中出现。斯威登堡建议采取睡眠不规律和睡眠不足的方法，来引发更鲜明、更多的图像。他的说法至少在生理学上是正确的，我猜，他必然也会乐于服用一剂强效的“死藤水”。[94]

梦的解析

我们接下来探讨魔术师、术士和巫师所做的梦。这些梦不仅是单一心灵的独特产物，更展现了人类所具有的一般特性。阿玛林果的艺术很值得用自然科学的方法来分析；他的画是测试科学融通性的一个例子，是极引人注目的文化片断。我们可能从复杂程度低于艺术灵感的生物层次，对它加以解释，并赋予它额外的意义。

在从事这样的分析时，科学家习惯寻找一些现成的因素作为敲门砖。为了达到这个目标，我从阿玛林果的绘画中，挑选了两项看来较容易解释的元素：梦境般的整体形象，以及其中惹人注目的巨蛇。

神秘主义和科学在梦境中交会。弗洛伊德清楚地看到两者之间的关联，提出了解析梦境意义的假设。他说，梦是无意识欲望的伪装。我们在睡眠时，"自我"会放松对"本我"（也就是本能）的控制，于是我们最原始的畏惧和欲望因此得以逃脱，并且呈现于有意识的心灵上。但是它们并不以赤裸裸的形式出现，而是像维多利亚时代的小说人物一般，会受到心灵压抑而变换成象征符号，才不致干扰睡眠。一般人不能寄望在醒来时能正确解释梦的含义。弗洛伊德认为，人必须依赖精神分析师的引领，以自由联想的方式解读梦中密码。当梦的解析完成之后，象征符号和幼时经验的关联就会变得一目了然。梦中的启示如果诠释正确，病人因为记忆上的压抑所造成的精神官能症（neurosis）和其他精神方面的干扰，就会因而减轻。

弗洛伊德把注意力集中在脑内隐藏的非理性过程，并提出无意识的观念，这对西方文化是一项重要的贡献。无意识的观念成为一种思想上的源泉，由心理学贯穿人文学科。但是，这个想法多半是错误的。弗洛伊德致命的错误在于不愿意测试自己的理论，让它们面对其他有竞争力的解释，然后再修正他的理论来包含矛盾的事实。他的命运也不佳。弗洛伊德剧本中的演员有本我、自我和超我，如果他当初猜对它们的基本特性，那么，这些演员以及它们在情绪压抑和移情作用上扮演的角色，可能已经顺利演变成现代科学理论中的组成因素了。达尔文的天择理论就是因此而成功的，尽管这位博物学家当初一点儿也不知道基因携带着特殊的遗传特征。到后来，现代遗传学才验证了达尔文在生物进化过程中的直觉。弗洛伊德在梦的解析上，面对了比基因更复杂而难以捉摸的元素，用最温和的方式来说——他猜错了。

对做梦的本质有一个较具竞争性也较现代化的假设，那就是生物学上的活化综合模型（activation-synthesis model），是哈佛医学院的霍布森（J. Allan Hobson）和其他研究人员，在过去 20 年中创造出来的。我们对做梦时实际发生在脑内的细胞层次和分子层次事件愈来愈了解，而霍布森的模型便是由这些知识片断所组成。

简单地说，做梦像一种疯狂的状态，会产生大量的视觉，却大半和真实无关，充满了情绪和象征符号，内容无规律可循，而变化形式具备无穷的可能。做梦很可能是大脑记忆库中，资讯重组编辑时所产生的副作用，而不像弗洛伊德所想象的，来自逃过大脑审核的野蛮情绪和隐藏的记忆。

活化综合假设背后的事实基础可以解释如下：在睡眠状态中，几乎所有的感官都关闭了，但脑干产生的脉冲会由内部活化有意识的大脑，刺激大脑急忙执行平常的功能，也就是产生能够连贯叙述的影像。但是因为缺乏由感官随时输入的资讯，包括身体移动时产生的刺激，此时大脑和外界的真实状况毫无关联。因此，它只能全力以赴，创造幻想。当有意识的大脑清醒过来，重新掌握了现实，所有的感觉和运动输入也都恢复时，大脑才回过头来审视这些幻想，欲给予一个合理的解释。这样的解释失败了，结果梦的解析本身反倒成了某种幻想。这就是为什么和梦相关的精神分析理论，以及神话和宗教中类似的超自然的诠释都在同一段时期内，让人在情绪上能够信服，事实上却是错误的。

做梦的生理过程

我们对做梦的分子基础有部分的了解。当神经细胞内特定的化学传导物质，例如胺类分子，去甲肾上腺素（norepinephrine）和5-羟色胺（serotonin），浓度下降时，大脑就开始想睡觉。同时，另一种传导物质乙酰胆碱（acetylcholine）数量则会增加。这两种神经传导物质会同时冲击对它们特别敏感的神经细胞，并且相互处于平衡状态。胺类分子使大脑醒来，促发它控制感觉系统和随意肌；乙酰胆碱则将这些器官关闭。当乙酰胆碱的浓度上升时，大脑有意识的活动量就下降，身体其他的功能也会下降，除了循环、呼吸、消化作用，还有值得特别注意的眼球运动。在睡眠中，身体的随意肌会瘫痪下来，温度调节的功能也相对降低（所以身体冷的时候睡着会有危险）。

正常的夜间睡眠周期，刚开始时深而无梦，然后每隔一段时间睡眠就变浅，浅睡眠的总时数大约占整个睡眠的百分之二十五。在浅睡眠时期，人容易醒，而且眼球会在眼眶里飘忽不定地转动，这种情形称为快速眼动（rapid eye movement，REM）。这时，有意识的大脑受到骚扰，开始做梦，但是继续与外界刺激保持隔离。做梦是因为乙酰胆碱神经细胞狂乱地活化而引发我们所谓的PGO波。乙酰胆碱会在神经细胞相接处的细胞膜，引发电效应；电效应会由脑干顶端球茎状的神经中心脑桥（pons，PGO的P），向上传递到大脑主体中心的下方，再由此进入丘脑（thalamus，或称视丘）的膝状体（geniculate body，PGO的G），亦即视觉神经路径的主要开关所在。随后，PGO波继续前进，通向大脑后端的枕叶皮质区（occipital cortex，PGO的O），也就是整合视觉信息的部位。

大脑清醒时，脑桥也是控制动作的主要中心，所以当它经由PGO系统传递信息时，便同时错误地报告给皮质，身体正在移动；

然而，身体其实是不动的，它实际上是瘫痪的。于是，具有视觉作用的大脑接着就开始产生幻觉。当大脑接收到脑桥送来的 PGO 波时，会从记忆库中抽出储存的图像和故事，并加以组合。做梦不受外在世界资讯的限制，又缺乏真正时空中的架构和连续性，所以大脑快速产生的图像常常是变幻不定的，而且是关于一些不可能发生的事件。我们会在空中飞翔，在深海里游泳，在遥远的外星球上行走，或者和死了很久的父母谈话。进进出出的，有人、野兽和无名的幽灵。其中有一些还反映出我们由 PGO 波中引发的情绪，一个梦接一个梦，我们的心情由平静变为恐惧、生气、淫乱、感伤、幽默、冲动，但是大多时候只是焦虑。做梦的大脑组合事物的能力似乎是无止境的。而且，无论我们见到什么，都会深信不疑，至少在睡眠中是如此。对于我们在不自觉中猛然陷入的极其荒谬的事件，我们也很少质疑。有人曾经如此定义“疯狂”：无法在错误的选项中做抉择。我们在梦中是疯狂的，像狂人般在漫长无尽的梦境里遨游。

外界强烈的刺激可能突破睡眠中的感官障碍。这些刺激如果没弄醒我们，就会成为梦中的故事情节。比如，约 1.6 公里外发生闪电，雷声传入了我们的卧房。我们可能产生无数种反应，比如，我们可能梦到银行抢劫，一支枪开火，我们被击中。不，是另一个人被击中倒地，不，又错了——我们知道受到枪击的是我们自己，只是被别人的身体取代了。很奇怪，我们感觉不到疼痛。接着，情景又改变了，我们正穿过一条长廊，迷失了，焦急地想要回家。枪声又一次响起，这回我们醒了过来，紧张僵硬地躺在真实世界中，聆听真正的雷声从外面逐渐接近的风暴中传来。

在梦中，我们很少感受到身体上的不适，比如疼痛、晕眩、口渴或饥饿；少数人会发生呼吸暂停（apnea）——在睡眠中暂时停止呼吸。这种现象可能以窒息或淹死的图像出现在梦中。梦里也没有味觉或嗅觉，因为在昏睡的大脑中，这些感官的通道在乙酰胆碱的冲击下都关闭了。除非我们能在做梦后不久就醒来，要不然不会记得任何细节。百分之九十五到百分之九十九的梦会被完全遗忘；少数人甚至错以为自己根本不做梦。这种令人震惊的健忘症，显然是因为胺类神经传导物质的低浓度造成的；因为短期记忆转变成长期记忆时，需要这些分子的存在。

梦境与蛇

梦的功能是什么？生物学家通过对动物和人类的详细研究，暂时得到的结论：大脑在睡眠中，会将清醒时学习到的资讯加以分类巩固。更进一步的证据显示，其中至少有一部分过程，尤其是经由反复练习而增进的认知技巧，会只局限在 REM 睡眠时期，也就是做梦时。乙酰胆碱本身的流程，也许是整个过程中极重要的部分。做梦能激发强烈的内在活动和情绪反应，这项事实促使部分研究人员提议，REM 睡眠具有更深奥的达尔文式功能。当我们做梦时，情绪会变得更深刻，求生和性活动方面的基本反应也会有所改进。

但是，神经生物学和实验心理学上的发现并不包括梦境。这些幻想难道只是暂时的疯狂，只是大脑在巩固所学时，产生的一些容易被遗忘的副作用的总和？或者，我们能够采用新弗洛伊德学派（neo-Freudian）的态度，探求组成梦境的象征符号所蕴含的深刻意义。既然梦境并不完全散漫无序，真理必定位于这两种假设之间。尽管梦的组合方式是非理性的，其中由细节所构成的资讯片断，却和 PGO 波所引起的情绪相符合。大脑很可能在遗传上天生倾向于形成某类图像和事件，这些资讯片断也许和弗洛伊德的本能冲动有些微相关，或者和荣格[95]心理分析中提到的原型（archetype）有一些连带关系。神经生物学也许可以使这两方面的理论变得更具体、更可验证。[96]

遗传倾向与进化一起导出了我在阿玛林果绘画中挑出的第二个元素：巨蛇。我们对这些夜间活动的生物的了解和对一般梦的本质的了解，在形式上刚好相反。正如我以上所做的解释，现在生物学家已经大致了解梦是如何产生的；他们苦思出做梦时发生在细胞与分子层次的主要事件，而比较不确定的是，做梦能为人类心灵和身体带来什么好处。至于普通出现的巨蛇，我们的了解情况则刚好相反。生物学家对巨蛇图像的功能，已经有一个相当理想的运作假设，但是除了做梦时的一般机制之外，他们对图像在分子和细胞层次上的基础却一无所知。严密的运作机制之所以仍然保有神秘感，是因为我们不了解关于巨蛇图像的特殊记忆是如何在细胞层次中组合，以及如何受到情绪的支配的。

我们对梦中巨蛇图像的了解，可以用生物学上的两种主要分析方法来说明：第一种方法会显露出近因（proximate cause），也就是现象的本质，以及产生这个现象的生理过程。这种近因上的解释，回答了生物现象“如何”作用，这往往发生在细胞或分子层次上。第二种分析方法则探讨现象“为什么”作用，这是它们的最终原因（ultimate cause），也就是生物体因为进化过程创造出的这些机制而享有的利益。生物学家的目标是同时寻找近因和最终原因。概括地说，在梦境研究中，我们对做梦的一般近因知道得很多，但对它的最终原因少有了解；但是对于梦中的巨蛇图像，我们的了解刚好相反。

现在我要提出一份报告，说明蛇和人类之所以相关的最终原因。这份报告由许多动物和人类行为的研究文献拼凑起来，其中最主要的贡献来自美国的人类学家兼艺术史家孟德克（Balaji Mundkur）。旧大陆[97]灵长类，也就是人类所属的种系，对蛇有一种深刻而原始的畏惧。长尾黑颚猴（vervet）和其他长尾猴（guenon），比如在非洲的树上随处可见的长尾巴的猴子，碰到特定的蛇类时，会咂咂嘴发出特殊的紧急吼叫声。这些猴子显然具有优秀爬行类动物学家的本能，因为它们这种天生的反应，只针对有毒的眼镜蛇（cobra）、树眼镜蛇（mamba，俗称曼巴）和鼓腹毒蛇（puff adder，亦称宽蛇），而不会针对无害的蛇类。其他猴子会跑到吼叫者的身边，一齐观望入侵者，直到入侵者离开周遭环境为止。它们也天生会对老鹰产生紧急吼叫，使得整群猴子由树上争先恐后地匆忙逃下树，以避免危险。他们同时具有天生对豹吼叫的能力，导致猴群冲上树，躲到豹无法触及的树冠上。

一般认为，普通的黑猩猩和500万年前的人类前身具有共同的祖先。它们看到蛇类时，往往会有不寻常的焦虑反应，即使以前从来没有见到过蛇。它们会倒退到安全的距离，用眼光紧紧追踪入侵者的行动，并且以“哇！”的警告声通知同伴。这种反应在青春期会逐渐增强。

人类对蛇类也具有一种天生的厌恶感，而且和黑猩猩一样，这种感觉会在青春期逐渐增强。但是，人类的反应并不是无法改变的本能，而是一种心理学家称之为“有备学习”（prepared learning）的发展倾向。小孩很容易学会对蛇的畏惧，这远比不对蛇产生反应或感到亲近来得容易。在5岁以前，他们并不会有特别的不安。之后，他们就变得愈来愈谨慎小心。然后，如果有一两次不好的经历，比如一条蛇蠕动穿过附近的草地，或是一个吓人的故事，他们就会对蛇产生永久而深刻的畏惧。人类这种畏惧蛇的倾向，根深蒂固。其他常见的对黑暗、对陌生人或对巨大噪音的恐惧，在7岁之后就开始逐渐消失；但相反，随着年龄的增长，人类对蛇类的躲避倾向反而会加强。当然，这个倾向也可能朝反方向发展，变成学会如何毫无畏惧地对待蛇，甚至以某种特殊的形式来喜爱蛇。我还是小男孩儿时便是如此，而且曾经慎重考虑过要成为一名专业的爬行类动物学家。然而，我对蛇的适应，是一种强迫而且自觉的过程。人类对蛇的特殊敏感度，也同样容易放大成恐蛇症（ophidiophobia），这是一种极端的病理现象：当蛇靠近时，会引发恐惧，出冷汗，甚至出现反胃恶心的反应。

蛇　神

还没有人探索过致使人对蛇厌恶的神经线路。我们不知道这个现象的近因是什么，只能将它归为一种“有备学习”；相对之下，我们对可能的最终原因却十分明了，那就是厌恶感所具有的求生价值。在人类历史中，某些种类的蛇曾经是造成疾病和死亡的主要原因。除了南极以外，每一块大陆上都产毒蛇。从大半个非洲和亚洲地区来看，每年每 10 万人中就有 5 人因为蛇咬致死。局部地区死亡率最高的纪录，在缅甸的一个省，每年每 10 万人中平均有 36. 8 人被蛇咬死。澳洲尤其盛产极毒的蛇，其中大多数是眼镜蛇在进化上的近亲。除非你是蛇专家，要不然在澳洲最好远离所有的蛇，正如在世界各地，最好避免吃野生蕈类一样。在中南美洲，有一些为黑瓦洛人和维吉塔利斯塔巫师所熟知的剧毒蛇，包括巨蝮（bushmaster）、矛头蛇（fer-de-lance）和怒蛇（jaracara），这些是响尾蛇科毒蛇（pit viper）中最大、最具攻击性的种类。它们皮肤的颜色和花纹很像落叶，毒牙的长度足以穿透人的手掌。它们藏身于热带丛林的地面上，等待突击路过的小鸟和小型哺乳类动物，对经过的人也会防卫性地进行迅速的攻击。

活生生的蛇和梦中的巨蛇，说明了自然界的事物如何转换成文化的象征符号。几十万年来，毒蛇一向是导致人类受伤和死亡的主要原因。在这么长的一段时间内，大脑有足够的机会经由基因变化来产生“有备学习”的程式。人类经过痛苦的试错过程，确认哪些浆果有毒而加以避免；但是对于蛇所带来的威胁，人类的反应并不如此单纯，而是像人类以外的灵长类动物见到蛇类时所显示出的焦虑和病态的迷恋。蛇的图像又获得许多外加意义，它所激发的强烈情绪，也为世界各地的文化添加了丰富的色彩。巨蛇的形象常在恍惚状态和梦境中突然出现，它那邪恶的造型以及它的威力和神秘感，使它合理地成为神话和宗教的组成成分。

阿玛林果画中的图像可以追溯到数千年前。在法老王朝之前，下埃及[98]的国王是在布托（Buto）由眼镜蛇女神瓦吉特（Wadjet）加冕。希腊则有巨蛇奥罗波若（Ouroboros），它会一边从尾部开始不断地吞食自己，一边从体内再生。对诺斯替教徒（gnostic）和几个世纪后的炼金术士而言，这个自我吞食的形象，象征了世界败亡和重生的永恒轮回。1865年某日，德国化学家斯特拉多尼茨（Friedrich August Kekule von Stradonitz）坐在炉边打盹，梦到了奥罗波若，因而得到灵感，想出苯的分子结构：一个由6个碳原子组成的圆环，每个碳原子都和一个氢原子键结。有了这个苯环结构，19世纪的一些最让人迷惑不解的有机化学，终于得到圆满的解释。在阿兹特克人（Aztec）的万神殿中，人头蛇身、佩戴羽毛装饰的羽蛇神（Quetzalcoatl）是统治清晨和夜晚星辰的神明，也因此主宰了死亡和再生。它发明历法，鼓励学习，而且是祭司的保护神。另一个蛇形怪物特拉洛克（Tlaloc），则是主宰雨和闪电的神。它的上唇和人类相似，由两个响尾蛇的蛇头组成。上述的幽灵只可能在梦境和恍惚状态出现。[99]

生物学的时空尺度

巨蛇形象在心灵和文化上的重要性，超越了自然界的蛇类。我们可以把了解“它如何由地上的爬行类动物转变而来”的过程，视为穿过科学和人文边界地带的多种途径之一。我们先前计划从魔术师走到原子，现在我们已经跟着巨蛇的形象走了相当长的一段距离，接着我们将进到生物科学的领域。这里有较佳的地图，所以前进相对而言也容易些。在数百万小时的劳动和数十亿美元的支助下，生物医学研究获得了许多诺贝尔奖，也为我们指出了从身体和器官往下经过细胞走到分子和原子的科学道路。我们现在已经具有人类神经细胞一般结构的详细图解，也对神经细胞的放电和突触上的化学反应有部分的了解，并且可以采用物理学和化学原理来加以描述。我们已经将舞台准备好了，接下来要进攻最重要但无解的生物学问题：大脑中数千亿个神经细胞如何一起产生功效而生成意识？

我说这是最重要的问题，是因为宇宙内的已知系统中，最复杂的是生物系统，而所有生物现象中，最复杂的是人类的心灵。如果大脑和心灵在本质上是生物现象，那么我们必须仰赖生物科学，才能圆满结合所有的学术分支，上至人文学科，下至自然科学。生物学内的各个领域现在已经大致融通，而且程度上逐年增长，因为这个事实，结合各学科的任务也变得较容易些。接下来，我将解释这个现象是如何形成的。

生物科学间的融通，是建立在对不同时空尺度的透彻了解上。当我们由一个层次进到另一个层次时，例如由分子进到细胞，或由器官进到生物体，需要正确地安排时空上的变化。为了清楚表达我的想法，我要再度造访阿玛林果这位魔术师、艺术家和友善的生物体；这将是最后一次造访。假设我们可以加快或放慢自己和他相处的时间，同时可以将他体内和四周的空间扩大或缩小，那么，我们将进入他的房子，和他握手，然后，阿玛林果让我们看一幅画；这些动作花了几秒钟或几分钟。这个事实很明显，为什么要特别提出？如果用另一种方式来问，问题可能会显得较有意义：为什么这些熟悉的动作花去的时间不是百万分之一秒，也不是数月？答案是：因为人类由数十亿个细胞组成，而细胞之间的沟通则靠穿越细胞膜的化学物质和电脉冲来达成。和阿玛林果见面说话所涉及的一系列事件，都是历时数秒到数分钟的单元，而不是历时数微秒或数月。我们也许认为这个时间尺度很正常，而且多少把它当成我们所居住的世界内的标准。其实不然，乃因其中涉及我们以及阿玛林果，而我们全都是有机的机器，所面对的则是有机体的时间。同时，因为我们用来沟通的工具所占的面积和体积，大小在数毫米到数米之间，而不是数纳米或数公里，因此我们那不受外界协助的心灵，就完全生活在一个有机体的空间内。

现在，假设我们获得了最佳的仪器可以观测阿玛林果的脑部活动（当然还要阿玛林果的许可！），并且在放大图像之后，可以看到其中最小的神经纤维。接着，我们看到了组成神经的细胞，最后还看到了分子和原子。我们观测到神经细胞的放电过程：当钠离子流入细胞膜时，横越细胞的电压则跟着下降。在神经细胞这个通道的每个点上，放电现象的发生只需要千分之几秒，然而它们所产生的电讯，也就是电压的下降，则以每秒几十米的速度快速沿着神经通道前进，跑得和奥林匹克的短跑选手一样快。现在，假设我们的视野只有原先的万分之一，而且事情因发生得飞快而看不清，神经细胞的放电过程，比来复枪的子弹更快速地穿越我们的视野。为了实际看到这个过程，我们必须录像，并且把放映速度调得足够慢，才能看到原先发生在数千分之一秒或更短时间内的事件——别忘了，我们观测者亦是人类，仍然处在有机体的时间尺度内。现在，我们进到了生化时间，如果要观测生化空间内的事件，就必须进入生化时间。

在这神奇的一刻，阿玛林果继续不停地说话，几乎丝毫没有察觉到我们在行动上加速了1000倍所产生的变化。在他的时间尺度里，这段时间只够他说一两个字。接着我们把时空的转盘往反方向扭转，直到阿玛林果的整体形象再度出现，而他的话再度以可聆听的速度穿过我们的心灵。我们继续转动转盘，于是阿玛林果等比例缩小，不平稳而且急急忙忙地快速走出房间，就像早期默片中的演员。他这么做，也许是出自一种挫折感，因为我们现在已经像大理石雕像般地冻结住了。我们的视野继续扩大。让我们朝空中升腾，以扩增空间。我们的视野大到能够包含整个普卡帕城（Pucallpa），接着又包含了一大片乌卡亚利河谷（Rio Ucayali valley）。旧的房子消失了，又有新的房子出现。白天和夜晚混合成连续的黄昏，这是因为白天和黑夜的交替太快，超出了我们在有机体时间尺度下视觉的闪光融合频率（flickerfusion frequency）。阿玛林果变老了，去世了。他的子女变老了，也去世了。附近的热带丛林发生了变化。大树倒伏后，空地出现了，树苗随之发育，空地又消失了。现在我们已经进入了生态时间。我们继续转动转盘，时空继续放大。我们不再能分辨出单独的个人和其他生物体，只能看到模糊的族群，有巨蟒、死藤水、爬藤，以及秘鲁中部的族群，同时，还可以看到这些族群的世代交替；对他们而言是一个世纪的时间，在我们看来则是一分钟。他们有某一部分的基因正在发生变化，比如种类和相对出现的频率。脱离了其他人类，也脱离了他们所具有的情绪之后，我们终于像钟一般，看到了进化时空尺度中的世界。

借着这个时空尺度的观念，生物科学在过去的50年当中变得融通了。根据在分析上所采用的时空尺度大小，生物学内的基本划分可以由上而下列为：进化生物学、生态学、有机生物学（organismic biology)、细胞生物学、分子生物学和生物化学。这个排列次序也是专业学会以及各学院和大学课程的组织根据。各科系间融通的程度，可以根据各科系的原则与其他科系的原则的相容程度来评估。[100]

生物学面临的挑战

生物学各个领域之间是密切相关的，这个想法很简单，但是在实际执行上，我们仍会遭遇到我在这章开始时提到的有关迷宫的困难问题。当更多关联建立起来时，各学科也就能更圆满地由上贯通到下，由实体中最特殊的部位（例如阿玛林果的大脑）一路贯通到最普遍的分子和原子。但是，以相反的方向来建立融通性，也就是由普遍到特殊，相形之下却困难许多。简单地说，分析阿玛林果要比综合阿玛林果容易得多。

利用综合法来达成融通的方法，经常被随意地称为“整体论”（holism）。这个方法所面对的最大的阻碍是，当我们由下往上沿着不同的组织层次前进时，所遇到的复杂程度将沿指数曲线上升。我已经描述过，光凭对细胞内分子和原子的零散的知识，我们无法预测整个细胞的功能。让我在这里进一步指出，这个问题有多么困难。我们即使对某种蛋白质的组成原子具有完整的知识，也不可能预测它的三维空间结构，但我们可以决定蛋白质中的氨基酸成分，而其中每个原子的位置也可以借由X射线结晶学准确测定出来。胰岛素是最简单的蛋白质之一，是含有51个氨基酸的球形分子。能够重建这个分子的结构，是化约主义生物学的许多成功事迹之一。但是反过来，若只知道这些氨基酸的排列顺序和其中的组成原子，并不足以预测出这个分子的形状为球形，也无法像X射线结晶学那样显示出分子的内部结构。

对蛋白质的形状做推测，原则上是可能的。高分子（macromolecule）层次的合成是技术上而不是观念上的问题。解决这项问题，其实是生物化学上的一个重要课题，而具备这样的知识，将是医学上的重要突破。我们能以人工合成蛋白质，来抵抗引起疾病的生物体以及弥补酶的短缺，而且有些合成蛋白质可能会比天然的分子更为有效。但是，我们实际面对的困难，好像几乎无法克服。为了推测，我们首先得把所有邻近原子之间的能量关系综合起来。光要处理这些能量就令人畏惧，但接着还要加入分子内相距较远的原子之间的交互作用。塑造分子形状的作用力，构成了极其复杂的网络，其中包含数千项能量，而每一项都必须同时加以考虑，才能合成一个总体。有些生化学家相信，为了要完成最后这个步骤，每一项能量的计算都必须达到目前物理科学还无法掌握的精确度。[101]

更大的困难出现在环境科学上。生态学在可预见的未来将面临莫大挑战，即是把生态系统中的生物体组织拆开后再重新加以组合，尤其是河口和热带雨林这类最为复杂的生态系统。一个典型的栖息地上包含有数千种生物体，但是大多数的生态学研究一次只针对其中的一两种。研究人员受到实际需求的限制，被迫在研究中采用化约主义，只从整个生态系统中的一小部分着手。不过，他们心中却很清楚，每一种生物的命运是由其他几十或几百种生物的多样行为所决定，比如光合作用、食叶、吃草、分解、狩猎或被捕食，或是在目标物种附近翻耕土壤。生态学家对这个原则十分明了，但是仍然无法准确推测出特定情况下的事件。相较于把大型分子中的原子重新排列的生化学家，生态学家所面临的是无法测量的动态关系，而组成这些关系的物种组合多半仍属未知。

让我们看看生态学家在下述例子中所面对的复杂性。加通湖（Gatun Lake）是在 1912 年巴拿马运河建造时形成的，当时上涨的水位截断了一块高地。覆盖着常绿热带森林的这块孤立新生地，被命名为巴洛·科罗拉多岛（Barro Colorado Island），并成为一个生物研究站。在这之后的数十年当中，它成为同类生态系统中被最密切研究的一个。这个小岛的面积只有17平方公里，容不下美洲豹和美洲狮。这些大型猫科动物的猎物包括刺豚鼠（agouti）和无尾刺豚鼠（paca），以及貌似长耳大野兔和小鹿的大型啮齿类动物。在主要致命的掠食者不存在的情况下，这些动物的数目增加到原来的10倍。它们过度消耗食物，其中多半是从森林树冠层掉下来的大颗种子。结果，生产这些种子的树种，繁殖力和数量都降低了。这个效应向外继续扩张。那些种子太小而无法吸引刺豚鼠和无尾刺豚鼠的其他树种，会因为大种子树种的竞争力下降而获利。于是它们的种子大量散布，幼苗茁壮成长；大多数幼树都能达到成年的高度，并且进入繁殖年龄。不可避免地，专门依靠这些小种子树种存活的动物，会因而繁盛起来，捕食这些动物的掠食者数目会增加，寄生在小种子树种和相关动物身上的真菌和细菌，也会因此向外扩散。食用真菌和细菌的微型动物的密度会增加，而这类生物的掠食者也会相继增加……这个生态系统因为土地面积的局限，以及随后消失的肉食动物，而在整个食物网上造成循环不息的影响。[102]

难以掌控的复杂性

当今最大的挑战，是能对复杂的系统提供一个精确完整的描述，不仅细胞生物学和生态学是如此，所有的科学都是如此。科学家已经将许多系统拆开来研究。他们认为自己对大多数的因素和作用力已经有所了解，下一项任务是将它们重新组合，至少是在描述整个系统主要特性的数学模型中重组。这方面的努力能有多少成果，要看研究人员由较普遍的组织层次进入较特殊的层次时，对突生（emergence）现象的预测能力有多高。简言之，这是对科学整体论的极大挑战。

物理学的论题是所有科学中最简单的，而且在某些方面已经展现了功绩。他们把氮原子这样的单独粒子看作随机的，并且从中推导出这些粒子聚集起来时所呈现的行为模式。19 世纪麦克斯韦和波兹曼[103]推创统计力学（statistical mechanics），以古典力学描述组成气体的大量的自由运动分子，而正确预测出气体在不同温度下的运动状态。其他研究人员也同样在分子和气体这两个组织层次之间来回探索，更进一步以分子之间的作用力来定义黏力、热传导、相变以及其他的宏观性质。在下一个层次中，量子理论学家在 20 世纪初期，把电子和原子内部其他粒子的集体行为，与原子和分子的古典物理学相联结。过去的一个世纪中，许多像这样的进展已经把物理学铸造成所有科学中最准确的。

超越传统的物理领域，在更高、更特殊的组织层次上，我们在综合上的问题也更加困难，几乎难以想象。生物体和物种这样的实体与电子和原子不同，它们具有无穷的变数。更糟糕的是，其中的每一个变数在成长和进化的过程中，还会继续发生变化。想想以下这个例子：在生物体制造出来的供应自身需求的大量分子中，有一种简单而属于烷类的碳氢化合物，完全由碳原子和氢原子所组成。1 个碳原子只可能产生 1 种分子；10 个碳原子可能产生的分子有 75 种；20 个碳原子，可能有 366319 种；40 个碳原子，就有 62 万亿种可能。这些碳氢化合物的长链上再加入氧原子，就产生了醇类、醛类和酮类，而且分子种类会随着分子大小更快速地增加。现在如果从这些分子中选出部分的集合，并想象它们能由许多不同的酶催化反应来合成，那么你所面临的复杂程度已经超出目前所能想象的。

有人说，生物学家因为嫉妒物理学的发展而深受其苦。他们也建立了类似物理学的模型，由微观现象推演出宏观现象，但是发现这个模型很难和他们在真实世界中遭遇的繁复系统相吻合。尽管如此，理论生物学家还是很容易禁不住诱惑。（我承认自己也是其中之一，而且对自己所导致的败绩要负更多的责任。）配备了复杂的数学观念和高速的计算机，生物学家可以对蛋白质、热带雨林和其他的复杂系统做无数的推测。每当他们往上进入另一个组织层次时，就需要设计新的演算法，采用一组有明确定义的数学运算式来解决既定的问题。借由巧妙地挑选程序，他们可以创造出许多虚拟的世界，而这些世界能进一步进化成具有更高组织层次的系统。当他们漫游穿过类似克里特岛迷宫的计算机空间时，必然会遇到紧急的状况，发现有些复杂的现象并无法经由基本的元素和程序来预测，而且并不在演算法当初的构想范围内。但是，仔细看好！从中产生的一些结果，其实很像真实世界中的突生现象。

生物学家的希望逐渐升高，他们在一群具有类似想法的理论家所组成的会议上，报告自己的研究结果。经过酌量的质疑和探索之后，大家都点头同意："是的，很有原创性，很令人兴奋，又很重要——如果这是真的。"如果这是真的……如果是真的。自大狂妄是他们的弱点，而他们所提出的远景则是他们的幻想。他们正站在一个突破性发展的边缘上！但是他们怎么知道自然界的运作程序和他们的计算机程序相同，亦或接近？许多程序可能是错误的，但仍能产生几乎正确的答案。生物学家尤其容易犯"矢志维护结论"的谬误：只因为某个理论能够产生正确的结果，就假设理论中的步骤必然和真实世界中的过程一致。这是错误的。

为了更进一步看清这点，让我们试着考虑一朵画中的花，它就像照片那样精细，也和真花一样美丽。我们心中会认为画中宏观的实体具有真实感，因为它和土地中生长出来的花朵一样。若从远距离看，我们可能很容易把真实物体和它的图像相混淆。但是这两种花的产生过程极其不同。画中花朵的微观成分是颜料细点，而不是染色体和细胞；它的发展途径储存在艺术家的大脑中，而不是储存在控制组织发育过程的 DNA 配方里。生物理论学家如何能确定，自己的计算机模拟并非只是另一幅描绘花朵的图画？

复杂理论

上述以及其他遍布于高层系统内的困难，并非没有受到关注。数个科学领域内的研究人员已经着手联合起来共同面对问题，他们结合成一个松散的研究社群，一般称这个领域为“复杂科学”、“复杂研究”，或是“复杂理论”。“复杂理论”是当中我认为最好的名称，可以定义为：找寻自然界用来展现众多组织层次共同特征的演算法。根据复杂理论提倡者的宣称，组织层次的共同特征至少能提供一个探索指南，让我们在穿过真实世界的迷宫时，能够较快地从简单的系统进入较复杂的系统。这些共同特征也可以帮助我们，在所有想象得到的演算法中，挑选出符合自然界要求的。在最佳的情况下，它们也可能引入深奥的新定律来解释细胞、生态系统和心灵等现象的突生。

大致而言，理论学家已经把注意力集中在生物学上。这很合理，因为生物体和生物体的组合是已知系统中最复杂的，而且它们具有自我组织和适应的特质。一般而言，生命系统的自我建构是由分子到细胞、到生物体、再到生态系统，其中必然会显示出我们可以理解与复杂和突生相关的深奥定律。

复杂理论诞生于 1970 年代，在 1980 年代初期逐渐发展成熟，到了1990年代中期则为激烈的争论所笼罩。其中具有争议的话题几乎和理论学家所期望解释的系统一样错综复杂。我认为可以这样切入问题的核心：绝大多数科学家的心神都很狭窄地集中在定义清晰的现象上，对复杂理论并不在乎，甚至还有许多人没有听说过这个理论。我们可以忽略这些不参与的科学家，要不然当代科学就成了一锅沸腾的争论了。在乎这个理论的人又可以分成三类：第一类由各式各样不同的怀疑论者组成，他们相信大脑和热带雨林都过于复杂，永远无法归纳出基本的程序，更别谈以预测的方式来重组整体现象。其中有些怀疑论者，甚至质疑复杂理论的深奥定律是否存在，或至少怀疑有没有任何深奥定律能为人类的心灵所理解。

第二类是狂热的提倡者，由一帮大胆创新的复杂理论家组成，最佳的例子是考夫曼 [Stuart Kauffman，《秩序的起源》（*The Origins of Order*）的作者] 和兰顿（Christopher Langton）。他们都在新墨西哥州的圣达菲研究院（Sante Fe Institute）从事研究，那里也是复杂运动非官方的大本营。他们不仅相信这些深奥的定律是存在的，同时也相信它们就存在于附近的地平线上，等人来发现。他们提到这些定律中的一些基本成分已经在数学理论中出现，而这些数学理论采用了一些稀奇的观念，如混沌（chaos）、自我临界性（self-criticality）和适应景观（adaptive landscape）。很明显，这些抽象观念集中于探讨复杂系统如何先自我架构，然后又如何坚持度过了某段时间，最后才解体。架构这些理论的建筑师，倾向于使用计算机，沉浸于抽象观念中，对博物学了解甚少，但对非线性变换（nonlinear transformation）具有丰富的知识，并且自认为已经闻到了成功的气息。他们相信只要大量利用计算机辅助模拟来探索许多有可能存在的世界，终将找到必要的方法和原则，而超越传统的科学，包括当代生物学的大半领域在内。借此他们就可以对物质世界中较高层次的生产过程有所理解。他们渴望达成的目标是得到一组主要演算法，借此快速穿过原子而直通大脑和生态系统，并使结果和真实世界相吻合。他们希望这个演算法的存在，将使真实知识的必要性低上很多。[104]

第三类科学家所采取的态度，介于坚决反对和全盘支持这两个极端之间，而我也是其中一名不忠实的会员。我说自己不忠实，是因为我希望自己能够成为一个真正相信复杂理论的人：复杂理论学家在知性上的修养和朝气，给我的印象确实很深，也是我一心向往的。但是，我的心智无法（至少还没有）完全相信。我和其他许多温和的中间派人士一样，认为他们的研究途径是正确的，但也只不过是多少如此，也许对罢了，离真正的成功还很遥远。他们彼此之间，也曾经为了一些重要的问题而产生怀疑和冲突。简单地说，这当中的基本困难在于缺乏足够的事实。复杂理论科学家仍然没有足够的资讯可以一并纳入计算机空间内。他们一开始所采用的假设，显然需要更多细节的支持。他们目前的结论仍然太模糊、太一般性，只不过是收集一组隐喻罢了，而且他们所提出的抽象结论，并没有告诉我们多少真正的新东西。

混沌理论

复杂理论中最常被人引用的典范之一是“混沌边缘”（edge of chaos）。首先是一个具有完美内在秩序的系统，例如晶体，在观测过程中，这个系统不会有进一步的变化。在另一个极端的状况下，如沸腾液体的混沌系统中，则没有多少秩序可以接受更改。能以最快速度进化的系统，必定介于这两者之间，更明确地说，是位于混沌边缘。这个系统虽然具有秩序，但是各部分之间的关联很松散，很轻易就能以单一或小组的方式改变。

考夫曼在他的 NK 模型中，把混沌边缘的观念应用到生命进化的过程中。N 是生物体内某类零件的数目，例如基因或氨基酸的数目；这些零件会影响生物体的存活和繁殖，以及生物体存留在后代身上的表征。K 也是相同生物体内同类零件的数目（基因或氨基酸），但这些零件的功能是在影响其他的零件。比方说，这种单一基因并不会单独产生作用来引导细胞的发展，而往往以复杂的方式和其他基因一起行动。考夫曼指出，如果基因在产生效应时彼此之间完全相关，也就是 K 等于 N，那么生物族群中将很少或不会有进化现象发生，因为除非改变生物体的每一个遗传特性，否则没有任何特性会改变。在另一个极端的情况下，也就是基因之间毫无关联，K 等于零时，则生物族群会处于进化的混沌状态。如果每一个基因都独立自主，生物族群将以几乎无穷尽的基因组合方式随机进化；在进化的时间尺度中，这个过程将永远无法变得稳定，生物体也无法以某一种具有适应性的形态安顿下来。当基因之间存有极少量的关联，也就是位于混沌边缘时，进化中的生物族群就能在一个适应性的高峰上安顿下来，同时能够相当轻易地朝着邻近的另一个适应高峰演进。例如，原本以种子为生的某种鸟类，也许能够转变成以昆虫为生，而热带草原的植物也许能够发展出在沙漠中成长的能力。考夫曼推论，混沌边缘提供了最佳的进化能力，也许物种会自动调整内部基因之间的相关性，以继续停留在最易变的适应区域内。

考夫曼已经把 NK 模型广泛应用到各种与分子生物学和进化生物学相关的问题上。他的论点和其他一流复杂理论学家类似，具有原创性，并且是针对许多重要的问题。这些理论第一次听起来好像不错，但是我身为一个熟悉遗传学的进化生物学家，从他们的理论中学到的东西却很少。当涉猎过考夫曼的数学公式和他刻意修饰的文章之后，我发现自己原先就已经知道其中大半的结果，只是他的表达形式不同。从本质上说，复杂理论就像要重新发明车轮一样，只是采用晦涩的新语言，来重新创造早已列在生物学主流文献中的原理。NK 模型和重要的物理理论不同，并不会造成思想基础的转移，也不能预测任何可测量的数据。到目前为止，它们并没有我们在野地或实验室中用得着的任何东西。

即使我对这个单一事例提出了或许不太公平的个人意见，但这并不足以抹杀复杂理论学家的终极目标。他们推导出的一些基本观念，包括最引人注目的混沌理论和分形几何（fractal geometry），已经帮助我们了解极大一部分的物质世界。例如，英国生物学家兼数学家梅伊（Robert May）利用实际可行的微分方程，推演实际观测到的植物和动物的族群变动模式。当族群增长率上升，或当环境放宽了对族群增长的限制时，族群内的个体总数会由几乎平衡的状态，转变成平稳起伏的周期。如果族群增长率和环境控制力继续改变，个体总数会产生较复杂的周期变化，随着时间的演进会出现数个高峰。到了最后，个体总数会落入混乱的区域，曲曲折折而无规律可循。族群混沌现象中最有趣的特征是，它可以来自真实生物体中具有确切定义的性质；这和以往的信念刚好相反，混沌的模式并不一定来自环境中导致族群起伏的散漫作用力。在这个例子和其他许多复杂的物理现象中，混沌理论为自然界的运作提供了真正深奥的原理，它指出，有些极为复杂且看似无法理解的现象，可以经由系统中微小而可测量的变化来决定。

但是，问题又回来了。是什么样的系统，什么样的变化呢？这才是问题的关键。我们希望从理论中获得的，是关于事实细节的一般性和忠实性，但复杂理论没有任何这样的成分，也不会引发具有同样价值的理论创新和实际应用。复杂理论还需要些什么，才能成功应用到生物学上？

创造人工生命

复杂理论需要具备更多的观测资料，而生物学可以提供这些资料。生物学有 300 年的历史，最近又与物理学和化学相结合，目前已经成了一门成熟的科学。但是，从事生物学研究的人可能并不需要采用特殊的理论来了解复杂性。他们已经把化约主义改进提升为高级艺术，同时开始在分子和细胞器的层次上，进行部分合成工作。尽管合成完整的细胞和生物体仍然超出能力范围，但他们知道自己有能力一步一步重建其中的某些成分。他们预言，创造人工生命并不需要过于华丽壮观的解释。大多数人相信生物体是机器，如果有足够的时间和研究经费，光靠物理学和化学定律就足以达成创造人工生命的目标。

用人工方法组成有生命的细胞将是登天之举，而不只是爱因斯坦式的时空革命。我们正快速地对真实生物体内的复杂性进行解剖分析，由此而生的结果将使每周的《自然》和《科学》期刊充满生动活泼的报道，同时耗尽人们对观念革命的需求。尽管壮观的跳跃式革命有可能突然发生，但是这群忙碌而饱食终日的研究人员，并不会焦虑迫切地期待它的来临。[105]

生物学家打开的机器，是一个令人晕眩的美丽创作，而氨基酸密码就坐落在它的中心位置。典型的脊椎动物大约具有 5 万到 10 万个基因。每一个基因是由 2000 到 3000 个碱基对（base pair，也就是遗传字母，genetic letter）所组成的长链。在活化的基因中，每三个碱基对可以转译成一个氨基酸。基因通过细胞内编排得无懈可击的种种化学反应，最后会转录成氨基酸序列，并折叠成巨大的蛋白质分子。脊椎动物大约含有 10 万种蛋白质，它们以核酸为密码，形成具有实质生命的蛋白质。这些蛋白质构成动物干重的一半，能够赋予身体外在形态，胶原蛋白腱（collagen sinew）可以维系整个身体架构，而肌肉能够用来活动身体。蛋白质还可以催化由它启动的所有化学反应，把氧输送到身体各个部位，武装免疫系统，并且传递信号，让大脑用来检查环境，并调节行动。

决定蛋白质分子该扮演何种角色的，并不仅是它的初级结构（也就是它内部的氨基酸序列）；蛋白质分子的外形也会造成影响。每一种氨基酸序列都会以精确的方式自我折叠起来，好比纠结的线团，或是一张揉皱的纸张。整个分子的形状就像天空中的云朵，种类繁多。看到这些形状，我们很容易联想到凹凸不平的球体、甜甜圈、哑铃、公羊的头、翅膀张开的天使，以及拔取软木塞的开瓶器。

这个经由折叠在表面形成的凹凸起伏，对酶（也就是催化体内化学反应的蛋白质）的功能具有尤其重要的影响。蛋白质表面某个部位会出现由少数氨基酸组成的口袋或凹槽，是活性部位（active site），而外形则由其他的氨基酸结构加以巩固。只有具备极特殊形式的受质分子（substrate molecule）才能恰好纳入活性部位，并且接受催化作用。受质分子一旦以正确的方位进入了活性部位，活性部位的形状就会稍做变化，使这两个分子能更密切地结合，就像人们会晤时握紧的手。受质分子会在一刹那间发生化学变化，继而立刻被释放。比方说，在蔗糖酶（sucrase）的催化过程中，蔗糖会被分解成果糖和葡萄糖，而产物一旦释放，酶的活性部位就会马上恢复原来的形状，但化学结构丝毫未变。借由进出酶的活性部位而产生的分子，大多数的产量都相当可观，一个单一的酶每秒钟可以处理1000个受质分子。

我们该如何把所有这些一纳米长的分子和发生在毫秒钟内的化学反应，协调地组合成一个整体？生物学家下定决心要从底层开始，一个分子接着一个分子、一个新陈代谢过程接着一个新陈代谢过程地研究。他们已经着手收集必要的数据和数学工具，来模拟细胞整体，一旦成功，就能够了解所有的简单生物体，例如单细胞细菌、古生物和原生生物。

亟待解决的问题

大多数生物学家在他们的细胞整合理论中，喜欢采用中间层次的模型——既不完全是数学，也不纯粹是描述，而是前载大量的观测资料并构思遗传网络。对于这种最新式的方法，鲁米斯（William Loomis）和斯腾伯格（Paul Sternberg）很恰当地为它的精神做了以下的概括：

> 这个遗传网络上的每一个节点，都是由基因或由基因的 RNA 和蛋白质所组成。节点之间的关联则依赖 RNA 和蛋白质之间彼此的调节与物理作用，以及每个基因内的顺式调控（cis-regulatory）DNA 序列。现代的分子遗传技术使我们可以更快地确认出一个基因，并确定它的初级序列；接下来的挑战，是把基因和它们的产品进一步连接成具有功能的通道、线路和网络。分析调控网络，例如涉及信号转导（signal transduction）和转录调节级联（transcriptional regulation cascade）的网络，能够解说组合性的行动，比如应用到数位逻辑、类比数位转换、串音（cross-talk）和绝缘，以及信号整合的技术。虽然过去数十年来的生理学研究结果，已经提出生物体内存在复杂的网络成分，但我们对这些成分的了解，在规模和细节上将是前所未有的。当今的分子生物学研究多半集中在确认新成分、定义每一个节点上调节性的输入和输

出，以及正确描述相关的生理调节程序。[106]

以上这一段文字所蕴含的复杂性，远远超出超级计算机、百万零件所组成的太空船，以及人类科技的所有其他创作。科学家能不能采用微观的系统来解释上述这段文字？答案无疑是肯定的。尽管没有其他理由，而只考虑社会因素，答案也必然是肯定的。科学家的任务包括战胜癌症、遗传疾病和病毒感染，这些全都是细胞上的疾病，而科学家已经接受大量的资金预备完成任务。他们大致知道该如何着手进行，以便达成大众要求的目标。他们不会失败的。在历史中，科学和艺术是一样的，总是仰赖赞助者的保护和支持。

快速改良中的仪器，已经使生物学家能够探测到活细胞的内部，并且直接审视其中的分子结构。他们也发现了适应性系统用来自我组织的某些简单原理。最受人注目的简单原理包括：将弯曲的氨基酸长链折叠成形状特别且具备功能的蛋白质分子，以及细胞膜的强力过滤机制，以便选择进出细胞和细胞器的物质。科学家也正在寻求必要的计算能力，以模拟这些或其他更复杂的程序。1995 年，美国的一个团队把两部优秀的英特尔计算机相连，创下了世界最快的计算速度，每秒钟能处理 2810 亿次计算。美国联邦高效计算计划（U. S. federal high-performance program）已经将 20 世纪末的目标，提高到每秒钟执行 1 万亿次计算。在 2020 年之前，处理数据的计算机每秒钟有可能处理 1000 万亿次计算，虽然我们会需要新的技术和新的程式设计方法，才能实现这样的高标准。到那个时候，即使没有复杂理论所预期的简化原理，我们也可能强行模拟细胞的机制，并且追踪其中的每一个活化分子和它的作用网络。[107]

科学家也预见，我们将初步了解完整的细胞如何自我组合成组织与整个多细胞生物体。1994 年，《科学》期刊的编辑发行是为了庆祝威廉·鲁（Wilhelm Roux）[108]在一个世纪前开创了发生生物学（developmental biology），要求这个领域中的100位当代研究人员，指出这个领域中最主要而仍然无解的问题。依照问题的重要性，他们的反应顺序为：

一、组织和器官产生过程的分子机制。

二、产生过程和遗传进化的关联。

三、决定细胞特殊命运的步骤。

四、细胞间的信息传递在组织产生过程中所扮演的角色。

五、早期胚胎中，细胞自我组合成组织的模式。

六、神经细胞之间建立起特殊的关联，以形成神经索和大脑的方式。

七、在组织和器官成形的过程中，细胞借以决定要分化或死亡的方法。

八、控制转录的过程用来影响组织和器官分化的步骤。（转录指的是传递细胞内DNA的信息。）

令人赞叹的是，这些生物学家认为，和以上主课题相关的研究正在快速向前推进，而且其中至少有某些研究已经快取得部分成果了。[109]

找出一般性的原理

假设在21世纪初期，分子和细胞生物学家的期望能够完全实现。再更进一步假设，研究人员能够成功地把人类细胞分解成组成成分，追踪其过程，并且准确地由分子层次向上模拟整个系统。最后假设，发生生物学家集体在组织和器官上的研究，也能享有类似的成果。到时候我们探讨心灵和行为等更复杂系统的时机就成熟了。毕竟它们也是同类型的分子、组织和器官所构成的产物。

让我们想想看，这样的阐释能力如何才能获得。我们一旦对少数物种的有机化学过程有近似完整的了解，就可能把这种了解推广到其他无数的物种上，而了解生命如何繁殖和延续。沿用这种相互比较并且具有整体观的生物学，我们可以大体了解生命，而这些生命可能存在于现今环境中，存在于早期的进化过程中，或存在于其他环境不同但仍旧可生存的星球上。我们在想象可生存的环境时，必须保持开放的态度，记住，藻类可以在南极的岩石中生长，微生物也可以在深海火山口沸腾的热水中茁壮成长。

在某个特定时刻，从大量的模拟过程中，极可能出现深刻、具潜力并且和复杂性相关的原理。这些原理将显示出存在许多组织层次中守恒不变的演算法，而且这些层次也包括想象中最复杂的系统。这些系统将能够自我组合，自我维生，不断产生变化，并且完美地进行繁殖。换句话说，它们是有生命的生物体。

到时候（如果这个时刻会来临，而我相信它会），我们将会具备真正的生物学理论，而不再只具备当今科学中对特殊生命过程的冗长描述。这个新的生物学理论所包含的原理，将加速我们对心灵、行为和生态系统的探讨。这些现象都是生物体的产物，因为极度复杂，也必将成为人类的最终挑战。

因此，重要的问题是：第一，是不是有一般性的组织原理，可以用来完整地重组出有生命的生物体，而不需要以强硬刻板的方式来模拟其中所有的分子和原子？第二，同样的原理可不可以用到心灵、行为和生态系统上？第三，有没有一套数学能够作为生物学的自然语言，而带来数学曾在物理上造成的良好功效？第四，即使发现正确的原理，真实资料必须多么详细，才能把这些原理应用到期望中的模型上？

对于这些问题，目前我们就像是朝着黑暗的镜子观望一样。有一天，《圣经》里的寓言终将实现，我们终将和所有的问题面对面——到时候也许就能够看清楚问题的完整面貌。无论如何，寻找上述问题的答案，将是对人类最高知识能力的一个考验。

第六章

心　灵

CONSILIENCE

—

The Mind

—

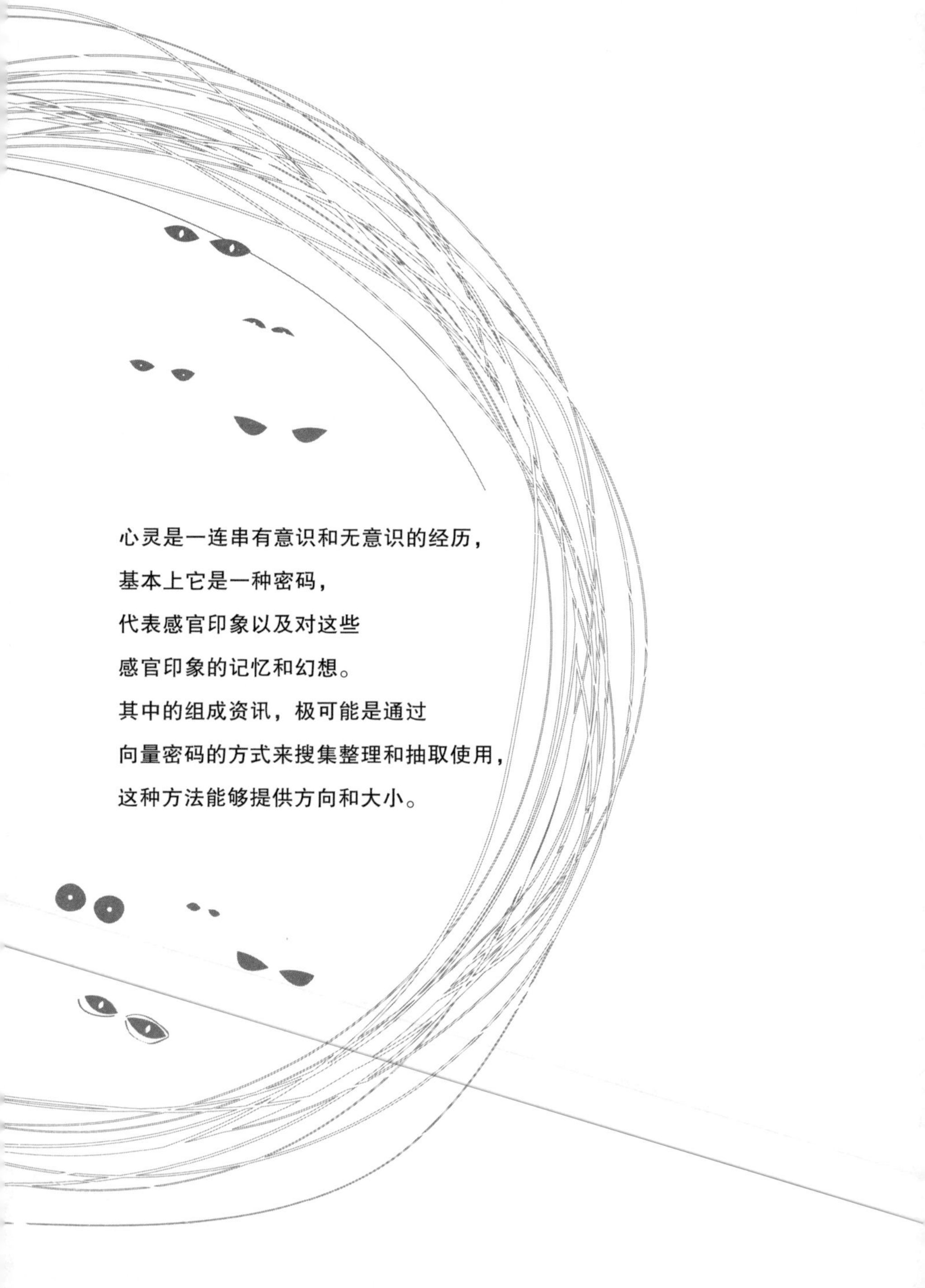

心灵是一连串有意识和无意识的经历，
基本上它是一种密码，
代表感官印象以及对这些
感官印象的记忆和幻想。
其中的组成资讯，极可能是通过
向量密码的方式来搜集整理和抽取使用，
这种方法能够提供方向和大小。

相信知识具备内在的统一性，是迷宫的本体；这个信仰最终是建立在以下的假设的基础上：每一项心理活动都有它的生理基础，并且和自然科学相符。心灵在融通知识的计划中极其重要，原因既基本又深奥得令人困惑：我们现在所知道以及未来可能知道的每一项和存在相关的事实，都是心灵的创作。

乍看之下，这种高层次的沉思和信仰好像比较偏向于哲学的范畴，而不是科学。但是历史表明，逻辑仅由内在思考触发，欠缺原动力，只能向前迈进一小段距离，而且经常是朝着错误的方向前进。自笛卡儿和康德以来，现代哲学史多半是由不成功的大脑模型所组成。这个缺陷并不能归咎于哲学家，他们已经尽力把自己的方法推演到了极限；这个挫败其实是大脑生物进化过程的必然后果。我们借由经验学到的有关普通进化过程和特殊心理活动的知识，都指出大脑这个组合机器的目标是求生存，而不是自我了解。这两个目标基本上截然不同，所以如果没有科学真知的协助，我们的心灵只会看到这个世界支离破碎的片断。对于世间种种，它只会照亮它必须了解的部分，以便存活到明日，而将其余的部分遗弃在黑暗中。数千个世代以来，人类继续生存和繁殖，从来不需要知道大脑这个机器如何运作。人类的适应能力往往来自神话和自我蒙骗，以及部落认同感和典礼仪式，而远多过客观的事实。

这正是直到今天人们对自己车子的了解要比对自己心灵的了解多的原因；这也同时说明了为什么我们对心理功能的基本解释，将会来自经验而不是哲学或宗教上的探索。要达成这个目标，我们需要亲身经历大脑内部的黑暗区，并且放弃以往的成见。我们必须放弃载我们来到这儿的船只，在岸边钻孔让它下沉或放火把它烧了。

大脑的发展

大脑约葡萄柚一般大小，体积通常在 1 到 2 夸脱（1 夸脱约为 1.238 升）之间，平均重量是 3 磅（约 1.36 千克），比方说，爱因斯坦的大脑有 2.75 磅重（约 1.24 千克），是一个由白色和灰色组织构成的头盔状器官。它的表面像清洁用海绵那样满是褶皱，黏度像果冻，足够硬，所以不至于摊散在脑壳的内层表面上，也足够软，可以用汤匙舀取出来。

大脑真正的意义隐藏在它的微观细节内。它内部的柔软物质，是由上千亿个神经细胞所精致连接而成的系统，其中每一个神经细胞大约是百万分之几米宽，并且以数百或数千个末梢和其他神经细胞相连。从 1722 年的莱布尼茨开始，哲学家就幻想着自己能够缩小到细菌般大小，而徒步在大脑的内部探索；如果这是真的，我们最终或许可能成功画出所有的神经细胞，并追踪到脑内的所有电路。但是光凭这些我们仍然无法了解整个系统的运作。我们需要更多的资讯，需要了解这些电路模式的含义，这些线路如何组装起来，以及了解一个最令人迷惑的问题：为了什么目的？

从我们对大脑遗传和发展过程的了解来看，它们复杂得几乎不能想象。到 1995 年为止，人类基因组数据库（human genome database）内所累积的资料显示，大脑的结构至少由 3195 个特殊基因决定，这个数目比决定其他组织或器官的基因多了百分之五十（目前估计，人类整个基因组内的基因总数为 5 万到 10 万）。[110] 人们现在才正开始研究，神经元（neuron，即神经细胞）在成长过程中，如何经由分子程序的引导而抵达指定的地点。总而言之，人类大脑是宇宙内已知物体中最复杂的——这里所谓的“已知”，是对人类大脑本身而言。[111]

化石记录证明哺乳类种系的产生是以快速的步伐进行的，但即使以这样的步伐为标准，大脑进化发展到目前形态的速度仍算相当快。在 300 万年当中，人类由非洲的类人猿祖先发展到结构上堪称最早的现代智人（Homo sapiens），大约是在 20 万年前。在这期间，大脑的体积增加了 4 倍，而其中大多发展出现在新皮层（neocortex）。这个部位能产生较高的心智功能，尤其包括语言和以符号为基础的产物——文化。

大脑发展的后果是产生了控制整个地球的能力。进步的人类，他们大型的球状头颅摇摇摆摆，不很安全地坐落在脆弱而紧密相连的颈部脊椎上。他们在陆上行走，在水中划桨，并且由非洲开始航行，穿过欧洲来到亚洲，除了无法居住的南极地区以外，随后又抵达了其他所有的大陆和海中岛屿。他们在公元前 1000 年，已经抵达了太平洋和印度洋中距大陆最遥远的岛屿。只有少数用手指数得出来的大西洋中部岛屿，包括圣赫勒拿岛（St. Helena）和亚速尔群岛（Azores），能够在这之后的数世纪中继续维持原始状态。

我必须承认，目前学术界并不流行采用“进化过程”（evolutionary progress）这个用词。之所以如此，其实有许多理由。这个已经耗费不少墨汁的矛盾用词，其实可以用语意上一个简单的区别来化解。如果我们所谓的“进步”，是指朝着一个既定的目标前进，像人类心里的意图所架构出来的目标，那么天择下的进化过程就称不上是进步，因为它并没有既定的目标。但是如果我们所谓的“进步”，指的是随着时间的推移，至少有某些后代会逐渐产生更复杂、更具控制力的生物体和社会，而且退化也可能同时存在，那么进化就成了明显的事实。从第二种观点来看，人类发展出高度智慧和文化的过程，属于整个生命发展史中四个重要阶段的最后一个。这四个阶段前后相接，每个阶段大约历时 10 亿年。第一个阶段是生命本身的开端，生命以细菌般的简单生物形式存在。第二个阶段发展出了复杂的真核细胞，这是由细胞核和其他具有膜状表面的细胞器所紧密组合成的单元。一旦有了真核细胞，接下来的第三阶段就产生了大型的多细胞动物，例如甲壳动物和软体动物，这些动物的行动受到感觉器官和中央神经系统的操控。最后一个阶段出现的，则是令大多数既存生命形式大感苦恼的人类。

心灵与认知的研究

探讨这个主题的当代科学家和哲学家，都赞同意识和理性过程所组成的心理活动，正是大脑功能的表现。他们排斥笛卡儿提出的心脑二元论（mind-brain dualism）。笛卡儿在 1642 年所著的《沉思录》（*Meditationes*）一书中推论：“心灵因为具备神圣的力量，不需要肉体便能够独立存在，肉体也能够脱离心灵而存在。”根据这位伟大哲学家的想法，与肉体无关的心灵是永不磨灭的灵魂，它存在于终将腐朽的肉体中的某个部位；他也建议这个部位可能是松果腺（pineal gland），为大脑基部的一个极微小器官。早期的神经生物学模型认为，大脑由全身各部位接收到信号之后，会将信号输入松果腺总部，再以某种方式翻译成有意识的思绪。这个二元论和笛卡儿时代的哲学和科学想法吻合，不但能够为宇宙提供唯物论的解释，还能保持相当安全的宗教虔诚。这个想法以各种形式存在，持续到20世纪末。

我们已经对大脑和它邻近的腺体做了充分的探索，但怎么也找不到一个特殊的部位，能够合理容纳不具物质形体的心灵。比方说，我们已经知道松果腺的作用是分泌褪黑激素（melatonin），以协调体内的生物钟和每日的运动节奏。不过，尽管科学家终于在1990年代完全抛弃了心身二元论，却仍然无法确知关于心灵准确的物质基础。有些人深信意识经验具备独特的物理和生物性质，有待发掘。其中少数被同僚们戏称为神秘家（mysterian）的科学家，更相信意识经验太奇特、太复杂，永远无法为人所理解。

显然，这个主题无与伦比的困难程度，很轻易地就会导致这类的否定态度。甚至到了1970年，大多数科学家还认为，心灵方面的话题最好留给哲学家去讨论。现在，这个问题已经找到了自己的归属：介于生物学和心理学之间。借由新科技的强力协助，研究人员已经把原本的讨论结构转移到新的思考上。他们采用“神经细胞”、“神经传导物质”、“激素上升”和“再发性神经网络”（recurrent neural network）等语言来描述和表达。

这方面研究的前沿是认知神经科学（cognitive neuroscience），普遍又称为大脑科学。这个联盟的成员包括神经生物学家、认知心理学家，以及一群倾向于以经验为主的新派哲学家，这派哲学家有时又被称为神经哲学家（neurophilosopher）。他们的研究报告每周都发表在最优秀的科学期刊上；他们的理论和热烈的反对意见，也充斥在公开的评论性期刊上，例如《行为和大脑科学》（*Behavioral and Brain Sciences*）。他们撰写的许多大众化著作和文章，也列入了最佳的当代科学论丛之中。

这些现象是英雄时代（又常称作浪漫时代）的特征，是每一个成功的科学领域在年轻时期都会经历的发展。这个时期相当短暂，通常是10年或20年，很少会超过半个世纪。这期间，研究人员会深深着迷于新发现和可想象的未知，而且头一回能以有案可寻的方式，加以质问真正重要的问题：心灵活动是由什么样的细胞活动构成的？答案不是“创造”心灵，而是“构成”心灵，因为前一种说法太过模糊了。探索这个问题的先驱，是追逐范式的人。他们冒着危险，下了很大的赌注和敌对的理论家竞争，并且愿意忍受挫败的痛苦。他们可以和16世纪的探险家相比。这些探险家一旦发现新的海岸线，就会沿着河流上溯到瀑布的源头，然后描绘粗略的地图，回家乡去乞求更多的探险经费。支持大脑科学研究的政府和私人单位，也正如过去数世纪的皇家地理委员会，都相当慷慨。他们知道探勘一块海岸地区，可能会开创历史，因为潜藏在内的处女地也许会纳入帝国未来的版图。

你可以依照自己的意愿，称这种冲动为一种西方式的冲动，说它以男性为中心，而且如果你觉得真的有必要，也可以把它贬为一种殖民主义。不过，我认为这种冲动是基本人性的一部分。不论它的来源在哪里，都推动了重要的科学进步。我有幸能在有生之年，亲眼看到分子生物学的英雄时代、地质学的板块构造理论，以及进化生物学的现代综合学说（modern synthesis）。目前，则轮到了大脑科学的发展。

探索活脑

大脑科学革命性发展的早期基础，是由19世纪的医生建立起来的。他们发现，大脑特定部位受创时会导致特殊的残障。其中最著名的例子或许要数1848年发生在盖奇（Phineas P. Gage）身上的事件。盖奇是一位年轻的建筑工头，负责带领一班人马铺设穿越佛蒙特州（Vermont）的铁道。他的工作中有一项是把露出地面的岩层炸开，好让铁道能直线行进。有一次，当盖奇把炸药塞入新开钻的孔道时，不料炸药提前爆炸，于是他用来封包炸药的铁棒像飞弹般朝他的头部射过去，由左颊穿入，从头顶穿出，带走了相当大一部分的额前叶大脑皮层，并且沿着弧线一直向前飞行了100多米后才着地。盖奇当时立即倒地，但很神奇地仍然活着。几分钟之内，他就坐了起来，甚至可以在旁人协助下行走，这期间他没有丧失意识。这个情景让所有的人都目瞪口呆，《佛蒙特信使报》（*Vermont Mercury*）把这个消息当头条报道，称之为“神奇的意外”。过了一段时间，盖奇的外伤痊愈了，他依然保有语言和理性分析的能力，个性却发生了极大的变化。早先，他是一个个性开朗、负责而有礼貌的人，是拉特兰－伯灵顿铁路公司（Rutland & Burlington Railroad）评价极高的雇员；现在，他成了习惯性的撒谎者，工作不负责，并且经常做出反复无常、自我伤害的举动。之后多年，人们继续研究脑部同一部位受创的病人，结果和盖奇不幸的事件所显示的一般结论相同：额前叶是控制动机和情绪平衡的中枢。[112]

两个世纪以来，充满了医学文献的各式逸闻中，有许多都在描述大脑局部受伤所导致的后果。这些资料使神经学家能够拼凑出一幅对照图，描绘大脑不同部位的功能。脑部所受的伤害包括物理创伤、中风、肿瘤、感染和中毒，这些病因所涉及的脑部范围可能很小，只能勉强观测到的定点也可能很大，比如大块切除脑部。依照病因所在的部位和大小，思想与行为也会受到各式各样不同的影响。

近年最引人注目的病例，就是发生在昆兰（Karen Ann Quinlan）身上的事件。1975 年 4 月 14 日，新泽西州的一个年轻女子在服下镇静剂安定（Valium）和止痛药达而丰（Darvon）之后，误饮了琴汤尼酒（gin and tonic）。这个组合听起来虽然不危险，却是昆兰致死的主要原因。昆兰从此陷入昏迷，直到 10 年后才死于严重的感染。尸体解剖显示她的大脑大部分完整无缺，这解释了为什么她的肉体能够存活，甚至能够继续维持清醒和睡眠的日常节奏。即使昆兰的双亲在全国的争议声中，安排医院把她的呼吸机拔掉，她的身体仍然继续活着。尸体解剖显示，昆兰的大脑所受的伤害是局部的，但极为严重：其中的丘脑像被激光烧尽般一扫而光。我们并不了解这个特殊的脑中枢为什么会腐朽。通常，当大脑承受严重的碰撞或中了某种毒时，一般反应是全面性地水肿；如果反应太过剧烈，就会压迫到控制心跳和呼吸的中枢，阻断血液循环，不久后，整个肉体就会死亡。

单单摘除丘脑，其后果是导致大脑死亡，或者更准确地说，是导致心灵死亡。丘脑位于大脑中心，由神经细胞构成的两团完全相同的卵形结构组成。它的功能就像转播站，能把嗅觉之外的所有感觉信息传送到大脑皮层，也因此传入有意识的心灵。就连做梦也是由通过丘脑线路的神经脉冲激发而生。昆兰因为用药而发生的意外事件，相当于炸毁了一个发电厂，由此发出的光线都灭了，她因此进入了一个永远没有机会再清醒过来的睡眠状态。她的大脑皮层却继续活着，等待接受刺激。但是，昆兰再也不可能具有意识，就连在睡梦中也不可能。[113]

以大脑创伤所导致的后果来从事大脑研究，虽然提供了极多的资料，却要仰赖偶发的事件。过去数十年当中，实验性的大脑手术大大改进了这种状况。神经外科医生按惯例会让病人处于有意识状态，以电流刺激他们的皮质来测试他们的反应。这样做的目的，是为了确认哪些组织是健康的，以免在手术中把它们切除了。这个测试的程序并不会令人感到不舒适，因为大脑组织虽然能够处理来自全身各部位的刺激，本身却不具备任何感受器。四处探测的探针所引发的并不是疼痛，而是各种感觉和肌肉收缩。当皮质表面某处受到刺激时，病人会体验到一些图像、音乐、不协调的声音和其他各种各样的感受。有时，他们也会不由自主地移动手指或身体的其他部位。

潘菲尔德（Wilder Penfield）和其他先驱在1920年代和1930年代，开始进行大脑手术实验，自此之后，研究人员已经把大脑皮层所有部位的感觉功能和运动功能记录了下来。但是从两方面看，这个方法却是受限的。它不能轻易穿透皮质，探测大脑内部的黑暗区域；它也不能观测随着时间变化的神经活动。为了达到这些目标，也就是产生大脑在工作时的整体连续图像，科学家向物理学和化学借来各式各样的复杂技术。由1970年代开始，脑显像术（brain imaging，这类方法的总称）的发展就和显微镜一样，逐渐缩短每两幅图像之间的成像时间，不断趋向更精细的分辨率。科学家最终的希望，是观测个别神经细胞所组成的完整网络上的活动；他们希望看到一个包含整个活脑的连续图像。

资讯在大脑中传递

就算大脑这个机器仍然陌生得可怕，而且科学家只描绘出大脑线路的一小部分，但我们对大脑结构的主要特征已经有所了解，也得知了它们所具备的许多功能。在进一步探讨这些功能如何构成心灵的本质之前，我想很快地描述一下大脑的物理基础。

了解大脑的复杂性，就像了解任何其他的生物系统一般，最明确的方法是把它想成一个工程问题。如果要创造一个大脑，需要采用什么样的大原理？不论大脑结构的主要特征是经过事先深思熟虑还是经由天择盲目挑选所得的结果，大致上应该都是可以预测的。生物力学（biomechanics）的研究人员屡屡发现，经由天择形成的有机体结构，往往具备工程设计评断标准中的高效率。在比较微观的层次上，生化学家也赞叹酶分子能够精确而有效地控制细胞的作用。进化过程有如神的磨坊，慢慢地研磨，也正如诗人所说的，它们研磨得极其精细。

接着，让我们展开列有详细项目的清单，并且把大脑看成一组物理问题的答案。我们最好从简单的几何问题开始。既然我们需要大量的电路，而其中相连的单元又必须由活细胞构成，那么我们就必须生产相当大量的新组织，并且把它们纳入脑壳内。理想的脑壳应该是球状或接近球状，最主要的理由是，在具有相同体积的所有几何形状中，球状具备的表面积最小，因此外物进入大脑脆弱内部的管道也最少。另一个理由是，球状可以让较多的大脑线路紧密地摆在一起，所以线路的平均长度可以降到最低。这不仅能提高信号的传递速度，也能降低线路在架构和维护上所需花费的能量。

既然大脑这个机器的基本单元是由细胞组成，这些单元最好延伸成弦状，而且可以同时作为接收站和同轴电缆。进化过程所产生的这种具备双项功能的细胞，其实就是神经元，又称为神经细胞或神经纤维。另一个更切实际的设计，是让神经细胞的主体接收来自其他细胞的脉冲。神经元可以经由轴突（axon）把自身的信号向外传递；轴突是神经细胞体向外的延伸，就像电缆一样。

为了加快速度，信号的传递是借由细胞膜去极化（depolarizalion）

时所产生的放电效应。我们称这种现象为“神经元激发”。为了使神经元激发时具有精准性，轴突周围再包上一层绝缘体。实际上，这层绝缘体是脂肪性的白色髓磷脂膜（myelin membrane），正是大脑浅色色泽的来源。

为了高度整合，大脑必须具备极为错综复杂但精确的线路。大脑的组成单元是活细胞，要使细胞之间的衔接点倍增，最佳的方法是让轴突末端形成许多线状的延伸物，而且每一条延伸物都朝着其他许多神经细胞的主体延伸，并且传递信号。轴突产生的放电效应，会一路传送到它末端众多延伸物的尖端，之后再和接收细胞相接触。轴突末端分支的部分尖端会与接收细胞主体的表面接触，另一部分则与接收细胞的树突（dendrite）接触；树突是从细胞体向外生长出来的线状感受器分支。

现在把整个神经细胞想象成一只小乌贼。乌贼的身体萌发出一组触须（树突），当中有一支触须（轴突）比其他都要长很多，而且在末端又萌发出更多的触须。于是，乌贼的身体和较短的触须负责接收外来的信号，然后再沿着较长的触须把信号传给其他乌贼。人类大脑相当于相互连接的 1000 亿只乌贼。

细胞之间的相连处称为突触（synapse），或者更准确地说，应该包括相接点，以及隔在细胞之间的极细微空间。当释放的电流传达到某个突触时，会促使末端分支的尖端释放神经传导物质，而这类化学物质不是刺激接收细胞放电，就是抑制它们放电。每一个神经细胞都会经由轴突末端的突触，向成百或成千个其他细胞发送信号；同时，它也会经由细胞体和树突的突触，接收无数的类似信号。在每一刹那间，神经细胞若不是正沿着轴突朝别的细胞体发送信号，就是落入了沉寂。至于这两种情况哪一种会发生，要视这个细胞从所有输入刺激的细胞接收到的神经传导物质的总量而定。

大脑小宇宙

大脑的整体活动，也就是意识心灵所体验到的清醒程度和情绪变化，都深受神经传导物质在数万亿个突触内的浓度的影响。其中最重要的神经传导物质包括乙酰胆碱和数种胺类，如去甲肾上腺素、血清张力素和多巴胺（dopamine）。另外还有氨基酸（gamma aminobutyric acid，GABA，γ-氨基丁酸），以及令人惊讶的基本气体——氧化氮。其中一部分神经传导物质会激发它们所触及的神经细胞，另一部分则产生抑制的效果。还有另一类传导物质甚至两种反应都能引发，要视线路在神经系统中的位置而定。

神经系统在胎儿和婴儿时期发展时，神经元会像乌贼萌发触须般，把轴突和树突延伸到细胞的周遭。它们的连接点经由准确的程式设计与化学物质的指引，抵达目的地。神经元一旦坐落在某处，就会沉着地扮演它在信号传递中的特殊角色。轴突可能只延伸百万分之几米，也可能比这个长度要长个几千倍。树突和轴突末端分支可以任意采用多种造型，比如像冬天没有叶子的树冠，或像稠密的毛垫。它们单纯的功能所具有的美，让人心醉神迷，并忍不住要进一步揣测它们的潜力。伟大的西班牙组织学家卡哈尔（Santiago Ramón y Cajal，1852—1934）在1906年，因这方面的研究荣获诺贝尔奖，并写下他个人的经验："正如昆虫学家追求亮丽的蝴蝶，我则在灰质（gray matter）的花园里，集中心力猎取具有纤细优雅形体的细胞，那是神秘的灵魂之蝶。谁晓得，也许哪一天，这些蝴蝶翅膀的振动，将显示出人类心灵生活的秘密。"[114]

神经细胞的形状让生物学家感到十分满意，而它真正的含义则如下所述：神经元系统是一个具有方向性的网络，能接收并且播放信号。它们会和其他网络交换信号，以形成系统中的系统。有些地方的神经网络会形成圆圈，像蛇咬住自己的尾巴般，产生混响回波（reverberating circuit）。每一个神经元都与许多其他神经元的轴突末端分支相触，并且以民主投票的方式来决定自己该活化还是保持沉默。神经细胞采取类似摩尔斯密码的断奏（staccato）激发方式，把自身信息传递给其他神经细胞。每个细胞与其他细胞的连接数目、它向外伸展的模式以及它所采用的密码，决定了它在大脑整体活动中所扮演的角色。

现在，我们即将完成大脑的工程比拟。当你开始设计人类大脑时，应该考虑到另一个重要的最佳设计原则：把执行特殊功能的神经线路组合在一起，才能够增进信息传递的速度。在真实大脑中，这类组合的例子包括感觉转播站、整合中心、记忆模组，以及神经生物学家目前已经确认的一些情绪控制中枢。神经细胞体可以平面聚集，形成所谓的层（layer），或是以球状聚集成所谓的核（nuclei）。这类组合多半位于大脑表面或接近表面的部位，是由自身的轴突以及深入大脑内部组织的中间神经元（intervening neuron）连接而成。结果，聚集在一起的细胞体形成了灰色或淡褐色的大脑表面，也就是灰质层，大脑内部的轴突髓鞘（myelin sheath），则呈现白色。

在所有曾经存在的动物之中，人类的大脑容量占身体大小的比重最大。就灵长类而言，人类大脑的尺寸比例显然已经达到或十分接近体型上的极限。要是新生儿具有更大的脑部，保护大脑的头颅在通过产道时，对母亲和婴儿都会造成危险。就连成人的大脑尺寸，就机械角度而言都是危险的：头部是一个脆弱、内部充满液态物质的球体，由精细的骨骼和肌肉组成的颈部加以支撑平衡；头颅内部的大脑很容易受创伤，而心灵也很容易受到惊吓而造成残障。人类天生就倾向于避免暴力的肢体冲突，因为在进化过程中，我们的祖先已经以蛮力换来了智能，因此我们不再需要长有毒牙的下颚来捕捉和撕咬敌人。

大脑的体积在本质上原本就受到限制，因此我们必须找出其他方法能适合于记忆库，以及适合于较高层次的整合系统，以便产生有意识的思考。唯一的途径是增加表面积：把细胞平铺成一张宽大的纸张，然后再揉成一个球。人类的大脑皮层就是像这样的一张纸，面积大约1000平方英寸（约0.64平方米），每平方英寸上聚集了数百万个细胞体。这张纸被折了又揉地折叠成众多蜿蜒的山脊和裂缝，就好比日本折纸术一般，然后整齐地塞入约1夸脱大小的头颅腔内。

重要的发现

我们对大脑的结构还有什么可以多说的吗？如果有一位神圣的工程师，在不受人类生物历史限制的情况下设计大脑，他也许会选择依照自己的形象，塑造出一种生命有限但如天使般纯洁的生命体。想象中，这应该是有理性、有远见、有智慧、仁慈、不具背叛性、不自私而且无罪的生命体，也因此，他们应该是自己脚下美丽星球的最佳管理者。但是我们人类和这个形象截然不同，我们带有原罪，所以比天使更“优秀”。我们的优良品质，是经由长期艰辛的进化过程所赢得的。人类大脑是4亿年试错的结果；根据化石和分子的同源性，这个过程可以一路不间断地由鱼类追踪到两栖类、爬行类、原始哺乳类，再到和我们直接相关的灵长类祖先。大脑在最后的阶段，跃进到一个极端的新层次，准备好要产生语言和文化，但因为它具有古老的族谱，所以没法像计算机一般安装到空白的头颅当中。旧有的大脑被组合成一部本能的机器，新功能会随着心脏每次的跳动一一添加上去，但旧脑的功能仍然维持它的重要性。在紧急的状况下，新脑必须逐步加入旧脑的内部或外围，不然生物就无法世代相延地存活下来。结果，人性产生了：一种洋溢着动物的灵巧与情绪、结合了理性以及对政治、艺术的热情，创造出求生新技能的特质。

大脑科学家已经为这个心灵进化的观点做了最佳的论证。他们确认人类的热情和理性是不可分割的；情绪并不只是对理性的骚扰，而是其中极重要的部分。心灵所具有的混合特性，也正是它令人难以捉摸的原因。大脑科学家最困难的任务，是以物种的深远历史为背景，来解释大脑皮层的线路设计。除了上面我粗略总结出来的大脑结构成分，神圣工程师这位假设中的人物，对大脑科学家而言并不适用。既然他们无法由某些基本原理出发，推导出本能和理性之间的最佳平衡点，就必须逐步在大脑内部，找寻一个个控制线路的位置和功能。这方面的进展有赖于小发现的累积，以及谨慎的推论。以下列出的是研究人员至今的一些最重要的发现。

◆从鱼类到哺乳类等脊椎动物的脑部，可以分成后脑、中脑和前脑；人类大脑也保有这三个原始的部位。后脑和中脑又合称为脑干，形成头部后方隆起的部位。这个部位之上则安置着巨型膨胀的前脑。

◆后脑又由脑桥、延脑和小脑组成。它们共同的功能是调节呼吸和心跳，并协调身体运动。中脑控制睡眠和清醒，也能调节部分的听觉反射和知觉。

◆前脑的主要部分是边缘系统（limbic system），这是调节情绪反应、整合并传递感觉信息的主要交通控制系统。其中主要的中心有类扁桃体（控制情绪）、海马体（hippocampus，有时称为嗅皮质，控制记忆，尤其是短期记忆）、下丘脑（控制记忆、体温、性欲和饥渴）以及丘脑（探测体温和除了嗅觉以外的所有感觉，对痛觉敏感，并且协调某些记忆程序)。

◆前脑同时包括大脑皮层，这个部分在进化过程中增长扩充，而覆盖了大脑其余的部位。它是大脑意识的基础，负责储存并整理来自感官的信息，同时指挥随意肌的活动，并且整合语言和动机等较高层次的功能。

◆后加中脑(hind-plus midbrain)、边缘系统以及大脑皮层，这三个连续部位的主要功能可以简单地依序总结如下：心跳、心情、心外(heartbeat，heartstrings，heartless)。[115]

◆前脑的任何单一部位，都不是意识经验的所在。高层次的心理活动所涉及的线路，遍布在前脑的大部分区域上。以我们看到并说出颜色的过程为例，视觉信息会从视网膜的视椎和中间神经元穿过丘脑，传到脑后方的视觉皮质。这些信号通过神经元激发的模式，在每个步骤中转换成密码并重新整合，随后传到外侧皮质的语言中枢。结果，我们在看到红色后，就会说出“红色”。想想看，在这个现象中，模式与意义的关系不断增加，所以也会活化愈来愈多的脑部区域。模式和意义的关系愈是新奇复杂，活化的脑部范围也就愈广。能够借由这样的经验把关系学得愈好，这些关系就愈可能自动出现。之后，如果相同的刺激再度出现，脑部的活化程度就会降低，而其中涉及的线路也比较容易预测。于是这种程序就成了“习惯”。就上述的记忆形成途径而言，感觉信息是由大脑皮层传到类扁桃体和海马体，再传到丘脑，接着传到额前叶皮质(就在眉毛下方)，之后传回原先的皮质感觉区储存。这一路下来，神经密码会根据大脑其他部位传来的信息，不断得到诠释和更改。

◆因为神经细胞极其微小，一个很小的空间内就可以装入大量的线路。下丘脑位于大脑底部，是主要的转接站和控制中心，但大小仅如蚕豆。(动物的神经系统小得甚至更难以想象。蚊子和其他极其微小的昆虫，在脑部携带着一系列关于复杂本能行为的指令，包括飞行和交配，但整个脑部的大小，用肉眼几乎看不见。）

◆人脑内某些特殊的线路发生故障时，往往会产生怪异的结果。大脑的顶叶（parietal lobe）和枕叶（occipital lobe）分别包含皮质上部与后部，如果这两个脑叶在表面下的特定位置受到伤害，就会引发一种被称为“面容失认症”（prosopagnosia）的罕见症状。这种病患者不再能借由面貌来辨识他人，但仍然记得他们的声音。同样奇怪的是，除了面孔以外，他们仍然能够单用视觉来辨认其他物体。

◆大脑内部也许有些中心，特别热衷于建构与感知自由意志。其中之一显然位于或靠近前扣带脑沟（anterior cingulate sulcus），位于大脑皮层的一个皱褶内。这个区域如果受损，病人会丧失保护自身福利的动机和应有的关怀。在任何时刻，他们的注意力都不会专注于特定的事物上，但是在被迫的情况下，他们仍然能够做出合理的反应。

◆其他复杂的心理过程，尽管涉及广泛的大脑区域，仍然极容易受到局部骚扰的影响。颞叶（temporal lobe）、癫痫病患者经常会发展出超级的宗教狂热，倾向于赋予所有大大小小的事情宇宙级的重要性。他们也有过度书写症（hypergraphia）的倾向，强迫性地以无规律可循的诗篇、书信或故事来表达他们的看法。

◆将感官知觉加以整合的神经线路也极为特殊。如果受测者接受正电子发射断层成像术（PET，positron emission tomography imaging，这是一个能够显示神经元激发模式的方法），并说出图片中动物的名称，他们的视觉皮质发亮的模式，会与他们区分物体表面上的细微差别时的模式相同。但是，当他们以默念的方式在心中说出图片中的工具时，神经活动就会转移到与手部或相关动作的皮质部位，譬如“书写”之于“铅笔”。

心灵密码

我到目前为止提到的事项，都是关于物理过程如何产生心灵。现在，让我们面对这个问题的核心，心灵是什么？大脑科学家对这个问题避重就轻是可以理解的。他们很明智，极少提出简单肯定的宣告式定义。大多数人相信，我们对产生心灵的因子之基本性质，已经有相当的了解，这些因子包括神经元、神经传导物质和激素。目前还未充分了解的，是神经线路所呈现的整体性质和神经线路处理资料以产生知觉、知识的方法——也就是认知。虽然尖端研究所发表的报告数目逐年增加，内容也日益复杂，但是我们仍然很难依据已知的部分来判断，还需要知道多少才能够产生一个持久有力的理论，来说明大脑产生心灵的过程。整体的合成法可能很快就会出现，但也可能在历经痛苦缓慢的数十年之后才到来。

尽管如此，专家还是禁不住要揣测心灵的基本性质。虽然，在这方面提出共同的意见要冒很大的风险，而我又不特别信任自己在诠释时所倾向的观点，但是，我认为自己已经由专家意见中重叠的部分，拼凑出足够的资料，而能够描绘出最终理论的可能面貌，如下：

心灵是一连串有意识和无意识的经验。基本上它是一种密码，代表感官印象以及对这些感官印象的记忆和幻想。其中的组成资讯，极可能是通过向量密码的方式来收集整理和抽取使用，这种方法能够提供方向和大小。例如，特殊的味觉也许可以根据神经细胞的各种活动，分成不同程度的甜度、咸度和酸度反应。如果在大脑的设计中，每一种味觉又可以分成 10 个等级，这样的编码方式就能分辨 1000（10 × 10 × 10）种不同的物质。

意识是由这类能并行处理巨大数目的密码网络所组成，当中有许多处理过程，是和每秒钟 40 次的神经细胞同步激发过程相连，使大脑能够同时记录多种感官印象。其中有一部分印象是真实的，不断由神经系统之外的刺激引发，其他印象则是从皮质记忆库中抽取出来。这些印象会共同创造出在时间上前后一贯的真实情节。然而，这些情节却是一种虚拟实境，和外在世界的图像可能相关，也可能相距无穷远。它们重新创造过去，并产生对未来的可能憧憬，并且以此作为未来思想行动的选择依据。这些情节是由大脑线路中密集而精细分化的模式所组成。当这些线路对外界刺激完全开放时，会和环境的各个部分形成相当好的对应，包括由感官观测所记录的身体各部位的活动。

大脑中有谁或什么东西在控制所有的这些活动？没有人，也没有任何东西。这些情节并不受大脑中某个部位的监督，而是自然地存在和发生。意识则是由这些情节组合而成的虚拟世界。套句丹内特[116]轻蔑的话：脑中甚至没有特定一个所在、没有一个笛卡儿剧院，可以让这些情节在其中连贯演出。我们看到的，尽是前脑各个特定部位之内与之间错综复杂的神经活动模式，这些部位包括大脑皮层，与其他具有认知功能的特殊中心，如丘脑、类扁桃体和海马体。大脑中并不存在一个叫作“自我”的总经理，负责把所有资讯汇集成为单一的意识流。实际上，大脑内部同时存在着多种活动，其中有些会对意识思想有片刻贡献，随后逐渐消失。意识就是由这类互助线路交织成的巨型聚合物，心灵则是具有自我组织能力的群体情节，其中每一个情节都各自萌生、成长、进化和消失，偶尔也会稍加逗留，以产生更多的思绪和身体活动。

记忆与回忆

神经线路并不像电路零件那样可以开关。至少，在前脑的许多区域内，它们是以平行转接的方式，由一个神经层次进到另一个神经层次，而每进到一个层次，就会将更多由密码组成的资讯加以归纳整理。若把我早先所举的例子做进一步的延伸，则投射在视网膜上的光能，会转换成神经激发的模式，再经由一系列中间神经元系统的转接，从视网膜经由丘脑的外侧膝状核（lateral geniculate nuclei），传回大脑后部的初级视觉皮质。视觉皮质细胞接收到已整合过的刺激之后，会加以总结来自视网膜不同部位的信息。这些细胞可以借由自身的激发模式，来确认特殊的点和线。这些由高层次细胞所组成的高层神经系统，还可以进一步借由多种输入细胞传送过来的资料，描绘出物体的形状和运动方式。这个模式借由某种未知的方式，和大脑其他部位同步输入的信号相结合，而产生有意识的完整情节。生物学家辛格（S. J. Singer）嘲讽地把这种现象描述为：我"连"故我在。（I link，therefore I am.）

意识的产生需要涉及天文数字般庞大的细胞数目，所以大脑在产生和保留复杂的动态图像上，显然具有能力上的限制。对这项能力的主要评估方法，有赖于心理学家对短期和长期记忆所做的区分。短期记忆是有意识心灵的一种预备状态，由所有现况和记忆中的虚拟情节组成，只能同时处理大约 7 个文字或其他符号，大脑需要大约一秒钟，才能完全把这些符号扫描完，然而在 30 秒内，它就忘记了其中大半的资讯。长期记忆则需要经过较长的时间来获取，但是它具有几乎无穷的容量，而且大部分可以终生保有。当大脑活化区域渐渐扩增时，有意识的心灵会由长期记忆库中召唤出资讯，暂时存放在短期记忆中。同时，大脑会以每个符号 25 毫秒的速度处理资讯，从这些资讯中浮现出来的各种情节则争相称霸。

当我们由长期记忆库中唤回特殊的事件时，其中特别的人物、事物和行动，会随着时间逐次引入有意识的心灵中。例如，我们很容易就可以重新唤起奥林匹克运动会上的片刻情景：点燃的圣火、跑步中的运动员以及欢呼的群众。长期记忆不仅能产生活动的图像和声音，还能借由当时体验到的相关观念来产生意义。火焰和热、红色、危险、熟的、性爱的激情以及创造性的行为相关，也可以通过特殊状况下的各种超文本式（hypertext）的关系路径，在记忆上建立起新的关联供未来取用。长期记忆中的关键或参考点，就是观念，其中有许多是由普通的语言文字来代表，但有些则不然。大脑由长期记忆库中召唤出的图像，若与之相关的事物很少，或根本没有，则这些图像只是记忆（memory）；图像如果具有相关事物，尤其是受到情绪线路的共振影响时，则是回忆（remembrance）。

反射动作与伪装

能够用符号引发回忆，是有机机器的超凡成就，它产生了所有的文化。但是，身体对神经系统的要求并不只是如此。体内数百个器官必须接受持续而准确的调节，任何严重的骚扰都会引发疾病或致死。心脏如果忘记了它的功能，只要 10 秒钟，就会让你像石头般倒地。器官的正常功能，是由脑部和脊椎内自动导航的固定线路所控制，其中的神经线路早在人类产生意识之前就存在了，那是几亿年来脊椎动物在进化过程中遗传下来的特征。自动导航的线路和较高层次的大脑皮层线路相比，显得较短也较简单，而且两者之间鲜少沟通。只有通过强化的冥想训练，自动导航线路才能偶尔受到意识的控制。

在自动控制的状态之下，尤其是在自律神经系统内拮抗因子（antagonistic elements）之间的平衡作用下，眼睛的瞳孔会自动收缩或扩张，唾液会增多或减少，胃部会搅动或安静下来，心跳会加快或平静，所有的器官都会因此而经历交替的状态。自律神经系统内的交感神经会激发身体采取行动；这些神经来自脊柱的中间部位，以释放神经传导物质去甲肾上腺素来调节受控的器官。相反，副交感神经在强化消化过程时，使整个身体放松；这些神经来自脑干和最底层的一段脊髓，而释放到受控器官的神经传导物质是乙酰胆碱，也就是引起睡眠的因子。

反射作用是快速的自动反应，由脊髓和大脑底部的短距离神经线路所引起。其中最复杂的是惊吓反应，身体会因而准备接受立刻的打击或碰撞。假设你受到附近极大声的噪音惊吓，比如车按喇叭、某人大叫或一只狗冲出来怒吼，那么你不假思考就会有所反应。你会闭上眼睛，头低垂，口张开，双膝轻轻绷紧。所有这些反应都是为了让你准备接受下一刻可能发生的猛烈情境。这种惊吓反应发生在一刹那间，远非有意识的心灵所能及，即使经过长期训练，有意识的模拟仍然无法具有这么快的速度。

从自动反应所扮演的基本角色来看，它们的确不太受有意识的意志力影响。这个古朴的原则甚至可以沿用到沟通情绪的表情上。自然真诚的笑容是由情绪引发的，来自边缘系统，有经验的观察者一看就能分辨得出。伪装的笑容则由大脑有意识的过程所架构起来，可以从无法掩饰的细微差别中加以区分：脸部肌肉的收缩会显示出些微不同的外形，向上弯曲的嘴角也有偏向一边的倾向。有经验的演员可以装出很自然的微笑，也可以借由人为引发适当的情绪来产生——这是体验派表演方法（method acting）的基本技巧。在一般用法中，笑容会因为当地文化的影响而有所变更，以便传达讽刺（闭嘴笑）、拘束的礼貌（浅笑）、威胁（凶狠的笑容）和其他许多细微的意思。

意识刺激生理反应

输入大脑的信息中，有许多并非来自外界，而是来自体内那些监视呼吸、心跳、消化和其他生理活动状态的感受器。比如饥饿感（直觉）涌现时，夹杂着理性思考；通过体内器官的反射作用和神经激素的循环，我们就会知道自己正在进食。

当有意识的情节受到外在刺激的推动和记忆中景象的引发而出现时，会进一步得到情绪的权衡和修正。情绪是什么？它是对神经活动的一种修饰作用，能使心理活动专注并且活跃起来。情绪是生理活动对资讯流程进行挑选的结果，能把身体和心灵的活动转移到较高或较低的层次，能够刺激产生情节的线路，并且挑选出具有特定结局的情节。中选的情节会符合本能所事先计划的目标，并且满足以往的经验。但是，当前的经验和记忆会不停地骚扰心灵和身体的状态。经由思想和行动，心灵和身体的状态可能会返回原状，或是前进到在新情节下构思出来的状况。这类动态过程具有对应的名称，代表几种基本的情绪：气愤、厌恶、畏惧、喜悦、惊讶。我们可以为每个情绪类别再划分出许多不同的程度，各个类别之间也可以相连而产生无数个微妙的组合。所以，我们会体验到各种感觉，或强或弱，或混淆或新奇。

理性思考如果没有情绪刺激的引导，将变得缓慢而终将瓦解。理性的心理活动并不是漂浮在非理性的活动之上，并且无法自我解放成为单纯的理性分析。尽管数学上有纯定理存在，但这并不是单纯的思维过程所导致的结果。科幻小说和生物神经学理论曾经提到把大脑置放在大缸中的幻想，以为如此一来，大脑就会脱离对它有所阻碍的肉体，在含有营养液的水浴中，自由探索心灵这个内在宇宙。但是，在现实中这并不会发生。大脑科学研究的所有证据都显示了相反的结果：棺木围拢的地狱等待着所有被唤醒的死者；在那里，回忆和幻想的世界逐渐消失，直到混沌仁慈地赠予我们遗忘的空白。

意识为了满足情绪上的需求，往往在激荡的感受中选择采取某种身体行动。这是心灵在创造和整理情节上所展现的特殊功能，经由这样的途径我们可以预测未来，并且选定行动的方针。意识并不是一个遥控中心，而是整个系统的一部分，和调节生理的神经与激素线路密切相连。意识会采取行动和反应来达到动态的平衡。在每种不同的情况之下，它都能精确地引起身体的变化，以维持健康平稳，并对时机做出回应。当挑战和时机结束之后，它又会帮助身体重新恢复当初的状况。

从以下的情节可以看出心灵和身体的互补，这是我由神经学家达马西奥（Antonio R. Damasio）的叙述中摘录出来的。假设某个夜晚你在四处无人的城市街道上行走，你的沉思被身后快步追上的脚步声所打断，于是你的大脑立即集中心神，产生了几个不同的反应情景：不去管它、身体变得僵硬、转头去面对，或是逃跑。结果，最后一个情景被选中了，你采取行动往街尾有灯光的商店奔跑。在这几秒钟之内，你的意识反应引发了自动的生理变化。儿茶酚胺（catecholamine）激素肾上腺素和去甲肾上腺素，会由肾上腺髓质分泌，进入血液循环系统而传到身体的各个部位。这会提高基础代谢率，把肝脏和骨骼肌肉中的肝糖分解为葡萄糖，以快速提供能量。心跳跟着加快，肺部的细小支气管继而扩张以容纳更多的空气，消化也减慢下来，使身体能够在不受任何阻碍的情况下，准备好迎接暴力行动和可能导致的伤害。

过了几秒钟（在危险的状态下，时间过得特别慢），事件好像发生了几分钟之久。所有变化所产生的信号，借着更多神经纤维的传导和血液中激素浓度的上升，传回到大脑。再经过几秒钟之后，身体和大脑一起以准确而事先规划好的步调行动。边缘系统的情绪线路也接着加入，于是覆盖整个心灵的新情节充满了惊骇的情绪，使大脑皮层立刻将注意力集中，关闭所有和即刻求生无关的思绪。

他终于跑到商店前，赢了竞赛。店里有人，而背后追踪的人也消失了。控制身体系统的群体组织，在接到有意识的大脑所传来的确切信息之后，开始缓慢恢复起初的平静状态。[117]

初级情绪与次级情绪

利用这个描述心理整体反应的故事，达马西奥建议说有两大类别的情绪存在：第一种是初级情绪（primary emotion），通常由天生或本能的反应所组成。除了确认某种基本刺激之外，初级情绪只需要极少量的意识活动。研究动物本能行为的学生称这类基本刺激为释放因子（releaser）——据说，它们能够启动那些早已编入程式的行为。就人类本身而言，这些刺激包括性诱惑、巨大的噪音、突然出现的庞大形体、蛇类的蠕动，以及心脏病发作或骨骼断裂时所引起的特殊疼痛。初级情绪由脊椎动物的祖先传给人类，之间的变化极小。这些情绪是由边缘系统的线路所激发，类扁桃体似乎是其中主要的整合和转接中心。

次级情绪（secondary emotion）则由生活上的私人事件所引起。和老朋友见面、谈恋爱、赢得升迁的机会或受到羞辱，都会引发边缘系统线路上的初级反应，但只有在大脑皮层最高层次的整合程序已经参与的状况下，这些反应才会发生。我们必须先知道谁是朋友或敌人，以及他们为什么采取某些行为。依照上述的解释，皇帝的恼怒和诗人的狂喜不过是一种精致的文化产物，改造自一种机制，即推动人类产生之前的灵长类前进的机制。达马西奥观察到："大自然具有修补匠的节俭技能，不是采用独立的机制来表达初级情绪和次级情绪，而是采用表达初级情绪的既有渠道，加以抒发次级情绪。"

代表情绪和其他心理活动过程的普通文字，和大脑科学家尝试用来进行严谨解释的模型之间，只能粗略地互相搭配。但是，这些被某些哲学家称为民俗心理学（folk psychology）的普通传统观念，却是我们进一步了解数千年文艺历史时所必备的，也因此可以把过去和未来的文化连接起来。为了达成这个目标，我在下面以神经科学为出发点，对心理活动中最重要的几项观念给出定义。

当神经网络的激发现象向外扩散，而使图像变得夸大并牵涉到情绪时，就会造成神经网络之间的关联，这也正是我们所谓的"意义"。在相互竞争的不同情节之间做选择，这就是所谓的"决策"。依据中选情节和本能状态、习得状态之间的吻合程度，又可进一步决定后续情绪的种类和强度。情绪如果以某种形式和强度持续存在，就成了"心情"。大脑能够产生新情节，并采用其中最具效率的，这就是"创造力"。若不顾现实状况与求生价值，而持续不断地产生情节，则谓之"疯狂"。

我为心理生活搭建的物质结构，将引起某些大脑科学家的争议，同时被某些人视为不当，这是综合推理不可避免的命运。我在挑选假设时，已经尝试以诚实代理人的身份，来找寻众多意见的重心，也就是证据最具说服力且最一致的假设。在这个喧嚣的领域内，要想包括所有值得尊敬的模型和假设，然后再清晰地逐一加以区分，需要有一本完整的教科书。毫无疑问，事实将证明我的某些选择极为低劣。面对这样的必然后果，我在此先向那些受到轻视的科学家道歉。我很乐意这样做，因为我知道，任何一位观察者草率的忽略，都无法贬低他们应得的褒奖。

科学无法传达感觉

以上的说法使我在这里的讨论更合乎情理。接下来我要描述更深入的问题；在这些问题没有化解前，心灵的物质基础不可能真正解决。公认最困难的一个问题是：主观经验的本质。最近，澳大利亚哲学家、心灵研究学者查默斯（David Chalmers）把关于一般意识的“简单”问题，和关于主观经验的“艰深”问题相比，借此提出一些合理的看法。第一组问题是简单的，就像爬勃朗峰（Mont Blanc）比爬珠穆朗玛峰来得容易一样，为心灵研究上的古典问题：大脑如何反应感觉刺激？如何把资讯归纳成模式？如何把模式转变成文字？认知过程中的这些步骤，每一个都是当前热门的研究主题。

接下来的艰深问题，令人更难以捉摸：上述的简单问题中提到的大脑物理程序，如何进一步产生主观的感觉？当我们说自己“体验”到某种红或蓝的颜色时，到底代表什么意思？或者用查默斯的话来描述：“体验到远处传来不可言喻的单簧管乐，体验到极端痛苦的挣扎，体验到快乐的火花或是忘我沉思时的片刻平静。所有的这些现象，都属于我所谓的意识的一部分。也正是这些现象，组成了心灵的真正秘密。”[118]

哲学家杰克逊（Frank Jackson）在1983年提出了一个假设的实验，用来阐述主观的思考为什么无法从自然科学研究中获得。让我们假设在两个世纪之后，有一位神经生物学家了解所有和色彩相关的物理学，以及产生色觉的所有大脑线路。但是这位科学家从来没有体验过任何颜色——让我们称她为玛丽。所以玛丽终生被拘禁于黑白的房间，不晓得别人看到红色或蓝色的情景是如何，也无法想象别人对颜色会有什么感受。根据杰克逊和查默斯的想法，意识经验的某些性质，无法由大脑物理功能方面的知识推导出来。

尽管哲学家在本性上会幻想出行不通的死路或化解不开的僵局，并且像校长一般尽忠职守地长篇大论，然而，艰深的问题在观念上往往很容易被解决。有什么物质上的描述可能解释主观经验？要回答这个问题，我们首先必须认定，玛丽不知道看到颜色会产生什么样的感受，也无法享受夕阳西下时色彩上的微妙差异。同理，她以及全人类完全无法了解蜜蜂探测到磁场时的感受，也无法知道一条电鱼沿着电场定位时脑中出现的想法。我们可以把电磁能量转译成我们能够探察的生物感觉形式：视觉和听觉，也可以扫描蜜蜂和鱼的感官与大脑，以阅读其中活化的神经线路。但我们不能像它们那样感觉，永远不能。就连最具想象力的人和最专业的观测者，也无法像动物一般思考，不论他们多么盼望或多么想要欺骗自己。

但是，能力不足并不是问题的真正关键。要明显区分出主观经验的特征，我们需要了解科学和艺术所扮演的不同角色。科学所观测的是，谁能感受蓝色和其他感官刺激，而谁不能，并且解释为什么有这些差别存在。相对而言，艺术则是在具有相同潜能的人群中，传播个人的感受。也就是说，科学解释感觉，艺术传达感觉。大多数人和玛丽不同，能够看到整个颜色的光谱，也可以经由前脑内混响的神经线路，来感受颜色的产生。具有色觉的人都会产生类似的神经模式，其中差异则来自个人不同的记忆和文化取向，但在理论上，这些差异也可以经由脑部活动模式加以区分。尽管玛丽足不出户，也可以了解由这些模式推导出来的物理原因，她也许会说："对，那就是其他人归类为蓝色的波长范围，而那些神经活动模式可以作为辨认和命名的工具。"如果蜜蜂和鱼类能够达到人类的智力水平，这样的解释对它们的科学家而言，也会同等清晰明了。

心灵手稿

艺术是人们向其他具有类似认知能力的人传递感觉的方式，但是我们如何确知艺术这种沟通方式足够精确，如何确定人们面对艺术作品时会确实产生相同的感觉？通过对许多艺术媒体所累积起来的反应，我们直觉地知道答案；我们也可以经由文字上对情绪的精细描述、评论分析，以及人性中带有细微差别但互相关联的大量数据得知。文化分享所扮演的重要角色，就是人文的核心。无论如何，我们可以在艺术引发共同感受的当儿，研究大脑和感觉系统的动态模式，科学将借此带来新的基本资讯。

当然，怀疑论者会说这是不可能的，科学数据和艺术永远无法互相转译。这样的反应是传统智慧下的产物，但是我相信这个想法是错的。重要关联的确存在：科学和艺术所具有的共同特性是传递资讯。从某个角度而言，科学和艺术采用的个别传达模式，在逻辑上可以看成是相当的。让我们假设以下的实验：有一群学者，也许是面临颜色挑战的玛丽所领导的一群人，已经由大脑的视觉活动模式，建立了一套符号式语言。他们的结果就像中文里的会意文字，其中每一个符号代表一种物体、一个过程，或一个观念。让我们称这个新的写作方式为“心灵手稿”（mind script），它可以翻译成其他的语言。心灵手稿的读者一旦增强阅读能力，就可以直接通过脑部显影技术来阅读心灵手稿。

当那些自愿充当实验品的人，心灵进入沉静平息的状态时，实验者会要求他们细述以往曾经发生的景象、召回梦中冒险的经历、默念诗篇、解数学方程式，或是回味一段旋律。在进行上述的活动时，他们神经线路上的激烈活动，可以利用神经生物学的技术加以显示。

观测者在摊开的心灵手稿上看到的，并不是写在纸上的笔墨，而是活生生的组织内所产生的电流模式。这个程序至少能传递思考者的某些主观经验，也就是感受。观测者的回应则是大笑或哭泣，这个主观反应也可以经由他自己的心灵手稿传回来。借着观测大脑活动，这两个大脑就可以互相连接。

以这种方式，两个人无论是面对面隔着一张桌子，还是独自在各自的房间内，甚至在不同的城市中，都可以像有超感官的知觉（extrasensory perception，ESP，俗称第六感）般沟通。但是，这种沟通很肤浅。当第一位思考者瞄一眼他掩在手中的牌时，第二位思考者只需要神经图像的指引，就能知道牌面是什么；或是当第一位思考者在阅读小说时，第二位也能跟着阅读其中的叙述。

心灵手稿要和传统语言一样能正确传递，则有赖于使用者在文化上的共性。当文化重叠的部分很少时，稿本所能使用的单字可能只有 100 个；当重叠部分较广泛时，语词可能扩充到数千个。最有效率的稿本，可以表达出个人和特殊文化所固有的语调与华丽辞藻。

心灵手稿就像中国的书法，不仅是用来沟通现实与观念资讯的媒介，同时也是东方文明的伟大艺术形态之一。每一个汉字在美学和主观意义上都具有独特的微妙差异，可供书写者和阅览者分享。汉学家雷斯（Simon Leys）曾经就这个特质写道：“书法所使用的丝绢或纸张具有吸水性：毛笔最轻微的笔触、最小滴的墨水，都会立即留下痕迹，无法更改，也不能消除。毛笔就像测度心灵的地震仪，对每一个按压、对手腕上的每一个回旋，都有回应。中文书法就如绘画般诉诸视觉，是一种空间艺术，也如音乐般在时间中展开，同时像舞蹈般发展出一系列随着节奏起伏的动态步伐。”[119]

自我与自由意志

但是我们仍然面对一个老问题：如果心灵受制于物理定律，在想象中又可以像书法般阅读，那么自由意志怎么可能存在？我所谈的并不是肤浅的自由意志，不是指不受周遭世界和人群的影响而自由选择自己的思想和行为，相反，我指的是不受自己身体、心灵的生理化学状态控制的自由。从自然主义的角度而言，自由意志更深层的含义是组成意识心灵的许多情节互相竞争的结果。最主要的情节能够激发情绪上的神经线路，并且对个人的沉思过程造成莫大的影响。它们赋予整个心智充沛的能量和集中力，并且指挥身体采取特殊的行动。表面上看来，做决定的本体好像是“自我”（self），但，什么是自我？

自我并不是存活在大脑内的一个无可形容的分离物体。相反，它是大脑情节中的主要戏剧角色。感觉位于身体之中，而身体产生心灵来治理所有的意识行动，所以自我必然存在于戏台中央，扮演重要的角色。自我和身体是无法分割的：尽管在情节的幻想里，自我具有独立性，但实际上无法和身体分隔；同样，身体在没有自我的情况下也无法存活很久。由于它们之间紧密地结合，我们几乎无法想象天堂和地狱里的灵魂没有那相当于身体形骸的奇幻对应物；我们还被教导说，就连耶稣基督和圣母马利亚，也都是带着形体升天的——他们的形体虽然具有超凡的神圣特质，但仍然是形体。如果自然主义者对心智的看法是正确的，就像所有的经验证据所显示的那样，同时灵魂这样东西也存在，那么神学家就面临了一个有待解决的新谜题：灵魂不属于物质，它存在于心灵之外，但无法和肉体分离。

自我是持续变化的戏剧中的一个角色，它对自身的行动缺乏全面的掌握。它并不只靠意识和纯理性选择来做决定，相反，决策时的大多数计算都是在无意识的状态下进行的——自我就像由牵线掌控而跳舞的傀儡。神经线路和具有决定性的分子程序，是在意识思考之外进行的。它们会把某些记忆存档而删除其他的，它们偏好联系和类比，并且会强化那些调节后续情绪反应的神经激素的循环。在帘幕拉起、戏剧上演之前，部分的舞台就已经安排好了，而剧本也已经大半完成。

这些已经准备好却隐藏着的心理活动，给人一种自由意志的错觉。我们对自己做决定时所采用的理由，经常只有模糊的概念，而且很少完全了解。有意识的心灵会把感知到的这类无知，当作有待解决的不确定因素，因而确保了自由意志的存在。然而，对于一个无所不知、完全投入于纯理性思考和固定目标的心灵而言，自由意志并不存在，就连那位赋予人类自由并在人类做了愚蠢选择时会表现不满的神，都避免拥有这种噩梦似的力量。

自由意志这个人类幻觉的副产品，似乎具有足够的自由意志推动人类的进步，以及提供给人类快乐。我们是不是应该就此罢休，不再进一步追问？不，我们不能。哲学家不会让我们这么做，他们会说：假如我们在科学的协助下，能得知所有的隐藏过程，到那时，我们是不是可以宣称特定个人的心灵是可预测的，所以心灵基本上是确实早已决定而缺乏自由意志？原则上，我们必须承认这是可能的，但只有在以下非常特殊的情况下才成立。如果在每个微秒内，我们在神经元、分子和离子的层次上，都能对组成思想的神经活化网络有所了解，那么就可能预期它们在下一微秒内的处境。但是，这样的理性分析若运用到普通的意识思想领域内，实际效果并不大，因为我们如果想要掌握、熟知大脑的运作过程，在这么做的同时，也必定引起大脑的变化。而且，数学上的混沌理论原理仍然成立。身体和大脑是由吵闹繁杂的细胞组成的团队，它们在微观上呈现出的不协调模式，是单纯的意识无法想象的。这些细胞随时都受到外在刺激的冲击，而这些刺激又是人类智慧无法事先预知的。任何一项事件都可能产生一连串的微观变化，最后导致新的神经活化模式。为了追踪这些因果相循的过程，我们所需采用的计算机将巨大得让人目瞪口呆，而且可以想象，操作过程将远比会思考的大脑本身更为复杂。尤其，心灵中的情景都具有无穷的细节，它们的内容会随着个人独特的历史和生理状况的演变而变化，我们如何能把这些资料一并输入计算机？

物理定律能够描述物体的运动和分子中的原子组合，但关于人类的思考，没有一个简单的决定性主张，能够像物理定律那样描述因果关系。我们既然无法完全了解并预测个人心灵，自我就可以继续充满热情地相信本身具有自由意志。这个状况很幸运，人类对自由意志具备信心，有利于生物体的调适，这种信心一旦丧失，心灵在宿命论的桎梏中，将逐渐颓废。因此，在有机体的时空中，对任何一个可以用来了解自我的感觉来说，心灵的确具有自由意志。

人工智能

最后，既然有意识的经验是物理现象而不是超自然现象，我们有没有可能人工创造出人类心灵？对这个在哲学上令人困扰的问题，我相信在原则上的解答是肯定的，但实际运作上则否，至少在未来的数十年甚至数世纪内，人工心灵的远景并不存在。

笛卡儿在三个世纪前首先考虑到这样的问题，他宣称人工的人类智慧不可能实现。他说，有两项绝对的标准总可以用来区分真实的心灵和机器：“你不论在机器面前说什么，它都不会改变自己的回答，即使是最愚笨的人，也可以做到这一点。”“对于出现在生命中的各种情况，机器也永远无法像我们这样，依据理性来行动。”

英国数学家图灵（Alan Turing，1912—1954）在1950年重新改良测试方法。在现在一般被称为图灵测试（Turing test）的探试下，一位诠释人员会向隐藏的计算机提出任何问题，而他唯一知道的是，有一个人或一部计算机会回答他的问题。如果经过一段相当长的时间之后，这位诠释人员仍然无法分辨和他对话的是人还是机器，他就输了，而机器的心灵就具有了相当于人类的地位。美国哲学家兼教育家艾德勒（Mortimer Adler）也提出了基本上相同的鉴别方法，不仅用来探究人工人种的可行性，同时也向整个唯物论哲学提出挑战。他说，在创造出这样的人工生命之前，我们无法接受一个完全以物质为基础的人类存在现象。图灵认为我们可能在数年内制造出人工人种，但艾德勒这位虔诚的基督徒，得到和笛卡儿一样的结论：这样的机器永远不可能存在。

当有人告诉科学家有些事情不可能发生时，他们习惯性的反应是着手去做，但他们的目标并不是在实验中找寻生命存在的最终意义；他们对这类宇宙性问题，最可能的回答是："你所提出的，并不是一个有答案的问题。"他们的工作是以稳定扎实、步步为营的方式，在宇宙中进行探索。他们得到的最大报偿，是偶尔攀登上几乎无法抵达的高峰，就像英国浪漫主义诗人济慈（John Keats，1795—1821）笔下"在达连湾的科特斯"（Cortez at Darien），在那儿朝着一望无际向外伸延的视野"做毫无拘束的臆测"。依照科学家的天生特质，开始一个伟大的历程要比完成它更美好；在理论上提出启蒙性的发现，比完成最后的修饰来得更重要。

人工智能（artificial intelligence）这个科学领域又简称为AI，是1950年代第一台电子计算机发明后正式诞生的。在工作人员的定义中，这一领域在研究产生智能行为的必要计算，并尝试利用计算机来复制智能行为。半个世纪的研究工作产生了一些令人印象深刻的结果，有些程式能借由人类在认知过程中采用的几何对称规则，从不同角度下的特写镜头中，确认出物体和面孔。其他有些程式尽管品质很粗劣，但可以用来翻译语言，或依照累积的经验，归纳分类新的物品，这在做法上和人类心灵很接近。[120]

有些程式可以依据既定的目标，扫描并挑选可能的特殊行动。1996 年，技术高超的下棋计算机“深蓝”（Deep Blue），虽在 6 个回合的国际象棋比赛中险些败给当时的世界冠军卡斯帕洛夫（Gary Kasparov），但赢得了“大师”的头衔。“深蓝”采用愚蠢的强迫算法，每秒钟以 32 个微处理器检视 2 亿个棋步。它最后输了，是因为无法像卡斯帕洛夫那样估量对手的弱点，从而筹划具有欺敌成分的长期策略。然而，到了 1997 年，程式重新改良后，“深蓝”险胜了卡斯帕洛夫：第一回合卡斯帕洛夫得胜，第二回合“深蓝”赢了，之后接连三回合平手，最后一回合则由“深蓝”得胜。[121]

我们继续在人类思考的各个领域内找寻模拟过程，希望能获得量子跃进式的进展。在进化计算（evolutionary computation）中，AI 程序设计师在进化设计中纳入类似有机生物体所具有的程序。他们首先提供计算机一系列解决问题的选择，然后允许计算机从中挑选并修改既有程式。利用这个方法，计算机就可以如细菌以及其他简单的单细胞生物一般地演变。我们还可以另外加入一个真正达尔文式的伎俩：在计算机中放入可恣意突变的因子以改变既存的程序，接着这些程序会竞相解决问题，比如获得更多的食物和空间。至于突变的过程会产生哪些新程式，以及其中哪个新生程式能成功存活，则不一定可预料。整体而言，这些计算机品种可以在人类设计师的预期之外发生演变。计算机科学家已经有能力创造出可突变的机器人，它们可以穿梭于实验室中，学习并归纳实际的资源，同时阻挠其他机器人达成目标。在这个层次上，机器人的程式不再和细菌的本能类似，而和构造简单的多细胞生物比较接近，如扁形虫（flatworm）和蜗牛。如果计算机科学家能够在50年内有所成就，他们所跨越的，就相当于数千万年的生物进化过程。

人工情绪

尽管具备了这些成果，没有一位热衷于AI的研究人员会宣称自己已经拥有地图，能够由扁形虫的本能通往人类的心灵。这个介于扁形虫本能和人类心灵的巨大鸿沟，要如何拉近？针对这个问题，有两派学说出现了，其中之一以麻省理工学院的布鲁克斯（Rodney Brooks）为代表，他采取的是由下而上的方法。在这个方法之下，程序设计师把达尔文式机器人模型推广到更高的层次，并且一路添增新的想法，精研科技上的发展。到了某个时刻，人类心灵的能力很可能就会突然出现了。另一个方法是采取由上而下的做法，这是AI的祖师、同时也是布鲁克斯在麻省理学院的同僚闵斯基（Marvin Minsky）较喜欢的做法。他的做法直接集中心力探讨学习和智能的最高层次现象，因为构思和建造机器时可以直接把这些现象纳入，而不必涉及进化步骤。

尽管舆论充斥着对人类能力限度的悲观论调，人类的天分却是不可预测的：它具有产生惊人进展的潜能。在不久的未来，我们至少可能粗略地模拟人类心灵，其中大脑科学的水平，必须复杂到足以完全了解心灵的基本操作方式，而计算机科技也必须发展到足以模拟心理活动。也许某天清晨我们醒来，会发现在《纽约时报》上报道了这类战绩，同时刊登的也许还有癌症的一般疗法，以及在火星上发现的生物体。但是，我对这类事件会不会真的产生怀疑，且相信绝大部分的 AI 专家也倾向于同意我的想法。其中有两个原因，分别是功能上的障碍和进化上的障碍。

功能障碍指的是，输入和穿梭于人类心灵中的资讯极为复杂。理性思考的出现，是由身体和大脑不断借助神经放电和血液中激素的相互交流而产生的，接着再受到情绪控制的影响而调节心理状态、注意力并选择目标。要用机器复制心理活动，仅仅具备完美的大脑科学和人工智能科技并不足够，因为从事模拟工作的先驱，必须先发明并安置一个全新的计算方式——人工情感（artificial emotion，AE）。

产生人类心灵的第二个障碍是进化障碍，即人类独特的遗传史。人类的一般本性，也就是人类精神上的统一特性，是在现已多半为人所遗忘的环境中，历时数百万年进化出来的产物。如果不详加注意人类本性的遗传蓝图，即使我们模拟出来的心灵极具威力，但也可能更接近于某种外星访客，而不是人类。

就算我们知道遗传蓝图是什么，甚至能够加以遵循，它也只是一个开端。人工心灵要具有人类的特性，就必须模仿单独的个人，在记忆库中填满一生经验，包括视觉、听觉、化学感受、触觉和运动感觉，这些全都背负着情感上的细微差别。另外还有社交，一个人必定会和无数人有学识或情感上的接触。有了这些记忆之后，还必须产生意义，也就是附加在程式每一个用词和感官资讯上的广大连接网。在以上任务还没完成之前，人工心灵必然无法通过图灵测试；任何一个由人类所组成的评审团，都可以在几分钟内揭露机器的伪装，要不然，他们也必将这个机器送入精神病院。[122]

第七章

由基因到文化

CONSILIENCE

—

From

Genes

to Culture

—

遗传学家给知识分子和决策者的赠言是：
先选出你想要推扬的社会，
然后再准备与它所具有的遗传率共存；
绝对不要反过来，
只为了改变遗传率而提倡某些社会政策。
如果想要得到最佳的结果，
栽培个人，而不是团体。

自然科学已经建立起一套因果相连的解说网络，由量子物理一直延伸到大脑科学和进化生物学。这个具有未知边际的因果网络中存在着间隙，而有些部分就像蜘蛛丝那样精致脆弱。科学的最终目标，是找到具有预测能力的综合法，但此综合法目前仍然处于早期发展的阶段，在生物学尤其如此。但我认为我们所知道的，已经足以让我们相信，所有自然科学间存在一个合理普遍的融通原理；这应该是个公平的说法。

这个解说网络现在触及了文化的边缘，已经抵达自然科学与人文社会科学之间的交界地带。对大多数的学者而言，这两个一般称为“科学文化”和“文学文化”的领域，仍然具有它们持久不变的外貌。从阿波罗式的明确规律到酒神狄俄尼索斯式的创造精神、从散文到诗篇、从大脑的左半皮层到右半皮层，这些领域之间的界限可以轻易地来回跨越；但没人知道该如何把一个领域内所使用的语言转译成另一个领域可用的语言。我们该不该尝试？我确信应该，而且是为了最好的理由：我们的目标既重要又有可能达成。接着让我们重新评估这个边界地带。

尽管上述观点曾经引起纷争，而且这些纷争必将继续产生，但是没有人能够否认，区分这两种文化是误解和冲突的长久源泉。斯诺在 1959 年发表的巨作《两种文化和科学革命》(*The Two Cultures and the Scientific Revolution*)，其中提到："这种文化上的两极化，对我们所有人都是一种损失；无论是就我们人民的身份，还是就我们的社会而言。它同时也造成实用、学识和创造力上的缺失。"

这种两极化所导致的问题之一，是促使先天派与后天派之间的争论不断重复出现，并附带激发了关于男女性别、性取向、种族和人性本身极其枯燥乏味的争端。在今天看来，引起这些问题纷争的基本原因很明显，和当初斯诺在基督学院(Christ College)的讲台上反复沉思时所提出的理由一样：社会精英分子所接受的教育过于专业化。大众知识分子和紧跟在他们身后的大众传播专业人员，绝大多数都是接受过社会科学和人文学科的训练的。他们认为人性这个问题属于他们的知识领域，很难想象自然科学与社会行为或政策之间有什么关联。

自然科学家的专业被切割成狭窄的领域，又和人际关系极少关联，在这种情况之下，他们的确对探讨相同的主题欠缺准备。一位生化学家对法律理论和中国贸易又能有多少了解？"不论是自然科学家、社会科学家，还是人文学家，所有的学者都是由具有创造力的共同心灵所激发。"但是仅仅重申这个古老的口诀是不够的。学者的确都是具有创造力的同类，但缺乏共同的语言。

基因－文化协同进化

要将各大学术分支相结合，并且结束它们之间的文化战争，只有一个办法，就是不把科学文化和文学文化之间的界限看作划分地域的边界，而是看成宽阔且多半是未探究的领域，有待双方合作参与研究。我们因为对这个领域无知，才导致了双方的误解，并不是因为双方在做学问的心态上有基本的差异。这两种文化该共同分担起下述的挑战。

我们知道所有人类的行为基本上都需要经由文化来传播，我们也知道生物学在文化的起源和传播上具有重要的影响力，但是我们不明白，生物学和文化如何彼此作用，尤其是它们如何在所有社会中作用而产生共同的人性。最后要分析的是，人类总体来说长远而大半与基因有关的历史，是借由什么样的作用力才和人类广大社会最近的文化史相联结？我认为这个问题是探究两种文化关联性的核心。我们可以把它看作有待解决的问题，是社会科学和人文学科的中心问题，同时也是自然科学面对的重大问题之一。

目前，还没人能解答这个问题。但是，在1842年可没人知道进化的真正原因，在1952年也没人了解基因密码的本质，因此我们仍然有可能了解这个问题。有些研究人员甚至认为自己已经知道答案的雏形，我也是其中之一。这些人从生物学、心理学和人类学所提供的多种有利的立足点出发，构想出所谓的“基因－文化协同进化”（gene-culture coevolution）。这个观念的精华是：第一，在基因进化的同时，人类也相对应地添加了文化的进化；第二，这两种形式的进化过程互相关联。我相信，在过去20年中对这个理论有所贡献的大多数研究人员，都会同意我以下的原则概要：

> 文化由人类集体的心灵产生，其中的每一个心灵，又来自基因所架构的人类大脑。因此基因和文化是不可分割的，但是它们之间的关联具有某种弹性，而且大半还未被评估。

> 这个关联相当曲折：基因采取了外遗传法则（epigenetic rule），也就是神经元在认知发展过程中所遵行的途径和规则，个别的心灵就是借此而自我组合的。人类的心灵由生到死，都是靠着吸收既有文化中可获取的成分而成长，同时借由个人大脑天生固有的外遗传法则来进行选择。

早先为了证明完全的融通是可能的，我会以真蛇和梦中巨蛇为例；现在为了更具体地看清基因－文化协同进化，让我们再次看看这个例子。天生容易对蛇感到害怕或着迷，是一种外遗传法则；文化则是依据这种害怕和着迷的反应，创造出相关的隐喻和描述。过程如下：

> 文化身为基因－文化协同进化的一部分，在每个世代，都会在所有的个人心灵中重建。当口头文化得到文字和艺术的补充和支持时，文化的发展因而无限扩大，甚至可以隔代相传。然而外遗传法则具有特殊倾向的基本影响却持续不变，既是遗传的，也是无法根除的。

因此，由于受到与蛇相关的外遗传法则的指引，在亚马孙巫师的逸闻和艺术作品中占据卓越地位的梦中巨蛇形象，将继续不断地滋润他们世代相传的文化内容。

> 继承基因外遗传法则的人，比缺乏这些法则或具备较弱法则的人，更能在周遭的环境和文化中具有较佳的生存和繁殖状态。借由这种方法，并经过许多世代之后，较为成功的外遗传法则与造成这些法则的基因，将在族群中广为传播。

结果人类就经由遗传上的天择，在行为上发生了进化，正如大脑结构和大脑生理上的进化一样。

在人类进化过程里，毒蛇几乎在所有社会中都是致命的重要原因。借由梦中巨蛇的形象和文化里的符号来加强我们对毒蛇的注意力，无疑也会增大我们的生存机会。

我们可以在下述的文字中，更清楚地看到遗传所带来的束缚和文化所扮演的角色。某些文化规范比其他与其竞争的规范更容易生存和繁殖，这使得文化能够和基因并行进化，而且速度往往更快。文化进化的步调愈快，基因和文化之间的关联就愈松散，虽然不会完全断裂。文化借着精细调整后的适应能力，快速因应环境中的变化，但基因无法产生和传播相当的适应力。从这个层次来看，人类和其他所有动物基本上是有差别的。

最后，让我结束这个关于基因－文化协同进化的例子。在一个文化中，梦中巨蛇和其他巨蛇符号的出现频率，与环境中真实毒蛇的数量相关。然而，由于外遗传法则赋予巨蛇形象一种令人畏惧和着迷的威力，巨蛇很轻易地就具备了神话意涵。它们在不同的文化中，以医疗人员、传信使者、恶魔和神明等各种角色出现。[123]

进化与神迹

基因－文化协同进化是更广泛的天择进化过程的特殊延伸。生物学家普遍认为，在人类和其他所有有机体的进化背后，主要的推动力是天择。由于这个推动力，人类祖先脱离了类似黑猩猩的灵长类动物之后，在500万或600万年间就产生了智人。天择所推动的进化过程并不是一个松散的假设。我们对天择作用下的基因变化，已经一路了解到分子层次了。田野生物学家中有一批“进化观测者”，已经在动植物的自然族群中，观察了一个世代又一个世代的天择进化过程。这些结果往往可以在实验室内重复验证，甚至能够创造出新的品种，例如经由杂交和配种，让繁殖上原本隔离的物种交配。至于生物体如何通过结构、生理和行为上的特征来适应环境，也已经有大量的记载存在。人类从类人猿发展到现代人的化石记录虽然还欠缺许多细节，但是主要的轮廓已经相当完整，且具备极佳的年代记录。

简单地说，就像法国生物学家莫诺（Jacques Monod，1910—1976）重申德谟克利特（Democritus，公元前460—前370）的话，天择下的进化过程是借着机遇和必然性向前迈进的。[124] 相同的基因所具有的不同形式被称为“等位基因”（allele），而不同形式的产生是因为突变，也就是组成基因的DNA长序列上发生了随机变化。除了这种发生在DNA上的节点变化之外，通过有性生殖的DNA重组过程，每个世代都会杂交出新的等位基因。等位基因如果能够促进携带基因的生物体存活和繁殖，就会在族群中广为传播，如果不能，就随即消失。机遇性的突变是进化的物质基础；环境的挑战则决定哪些突变基因和哪些基因组合可以存活，想在变化无常的遗传黏土中进一步塑造出我们，就必须具备这样的条件。

只要经过足够多的世代交替，突变和重组过程就能在族群内的个体身上，产生几乎无穷尽的遗传变异。比方说，人类基因组内5万到10万的基因当中，只要有1000个基因在族群中具有两种形式，可以想象得到的基因组合就有10^{500}种之多，甚至比可观测的宇宙所含有的全部原子还要多。[125] 因此，即使是就整个人类历史来考量，除了同卵双胞胎之外，任何两个人具有相同基因的可能性微乎其微。

每一代，亲代的染色体和基因都会重组，产生新的杂交体。但是这种不断分裂和重组的过程本身，并不足以导致进化，真正具有持续引导作用的是天择。基因如果能使携带它的生物体更成功地存活并繁殖，那么通过结构、生理和行为特征，这个基因就能够一代一代增加自己在族群中的分布。同样的，具有较高存活率和繁殖力的族群，甚至整个物种，也会胜过与其竞争的其他族群或物种，而达到进化上相同的最终目标。

这种非人类所能掌握的力量，显然塑造了我们今日的形象。由组成分子到进化过程，生物学的所有面向都指出相同的结论。同时，尽管冒着带有防卫色彩的危险，我仍有义务指出，许多人宁愿采取特殊的神创论来解释生命起源，包括某些受过高等教育的人。1994 年，美国国家民意研究中心的报告指出，有百分之二十三的美国民众反对人类进化的观念，还有三分之一意见未定。这个分布模式在未来数年中，不可能发生重大的变化。我生于新教徒众多的美国南方，在强烈反对进化论的文化中成长，所以对这些想法也有同情和妥协的倾向。这么说吧，只要你相信奇迹，什么事都可能发生。也许上帝真的创造了所有的生物，包括人类在内，而且一举完成了每一件作品，而这一切也许都发生在几千年以前。但如果这是真的，上帝也同时在地球上留下了精细完美的错误证据。由南极到北极，遍布着这样的证据，致使我们得出以下的结论：第一，生命是一种进化现象；第二，这个过程花费了数十亿年的时间。当然，《圣经》告诉我们上帝不会这么做。《圣经》中的主人翁有时仁慈，有时威严，有时节制，有时暴怒如雷，也有时神秘莫测，但从来不玩把戏。

几乎所有熟悉细节的生物学家，都认为支持人类进化的证据强而有力，并且赋予天择主要的指挥角色。但是，我们在讨论进化时，还必须提到另外一个作用力。多半生物学家都同意，在相当长的一段时间内，DNA 的某些字母和它们所编码的蛋白质分子，会单单因为巧合而发生替代现象，这些变化以连续平稳的步调发生，我们可以借此测量进化中不同生物分支出现的年代。但是，这个被称为“基因漂变”（genetic drift）的现象，对细胞、生物体和社会等层次的进化却少有贡献。这是因为基因漂变所涉及的突变，已经证实是中性的，或几乎是中性的：对细胞和生物体这类较高层次的生物组织来说，它们造成的影响很小或不存在。

人类独有语言与文字能力

最可能准确描述基因－文化协同进化的说法是：天择在基因进化上，平行添加了文化进化，而且这两种进化形式互相关联。我们有时会认为，不论结局是好是坏，我们不仅受到基因的限制，同时还受到文化的局限。这个叫作“文化”的奇怪生物，到底是怎样的一样超级有机体？人类学家分析过数千个例子，应该具有优先作答的特权。对他们而言，一种文化是一个独立社会的整体生活方式，包括其中的宗教、神话、艺术、科技、运动和其他世代相传的所有系统知识。

美国人类学家克鲁伯（Alfred Kroeber，1876—1960）和克拉克洪（Clyde Kluckhohn，1905—1960）在 1952 年，把所有与文化相关的 164 种定义，融合成下述的单一定义：“文化是一种产物，具有历史性，包括观念、模式和价值，具有选择性，是学习而得的，以符号为基础，是行为和行为产物的抽象化。”正如克鲁伯早期宣称，文化同时是整体的：“它能够把隔离的单独成分（多半是输入而来的成分），结合成多多少少具有适当功能的整体。”这些成分当中有一些是人工制品，但是这些实际物品除了能在活的心灵中成为一种观念之外，毫无其他重要性。[126]

强调后天教育的重要性，是20世纪社会学极为盛行的观念。从这个角度来看，文化已经和基因分离，而且独自成形。它具有独立的生命，就像火柴点燃的野火般快速成长；它已经获得突生的特性，不再和引发它诞生的基因与心理过程相关联。因此，“所有的文化都来自文化”（omnis cultura ex cultura）。

不论采不采用这个隐喻，不可否认的真理是：每一个社会都会创造文化，同时又被文化所创造。通过不断地修饰、装扮，交换礼物，分享食物和发酵饮料，以及听音乐和讲故事等活动，象征性的心灵共同生活得以成形，并且把群体所面对的外在现实统一成属于这个群体的梦想世界；不论是在森林、绿地、沙漠、冰天雪地或城市中，这些文化活动都能产生一个道德和礼仪的网络，把族群中的每一个成员都维系在相同的命运上。

文化的建构包含了具有生产力的语言，而组成语言的随意文字和符号，则是纯粹为了传达资讯而发明的。以此来看，人类是独一无二的。虽然动物的沟通系统有时也非常复杂，但它们既不是发明者，也不会把这个系统传教给其他动物。除了少数例外，例如鸟类的“方言歌”、动物的沟通都是本能，因此会不变地世代相传。蜜蜂的摇摆舞和蚂蚁带有气味的行踪，都含有象征性的元素，但是这些表演和其中的含义都受到基因严密的控制，无法借由学习加以更改。

在动物界中，类人猿最可能具有真正的语言能力。黑猩猩和大猩猩如果接受训练，知道如何以键盘发信号，就能够学会任意符号的含义。其中的冠军是坎齐（Kanzi），它是一只倭黑猩猩（bonobo），也就是侏儒黑猩猩（Pan paniscus），为人类至今观察过的动物中最聪明的一种。我第一次见到这位灵长类天才，是在亚特兰大的埃默里大学（Emory University）的耶基斯区域性灵长类动物研究中心（Yerkes Regional Primate Center），那时它还是一只早熟的年轻猩猩。坎齐一出生就接受鲁姆博夫（Sue Savage-Rumbaugh）及其同事的密切研究。当我和它嬉戏并且共享同一杯葡萄汁时，我被它的举止迷惑了。极不可思议，我发觉它和2岁大的小孩像极了。10多年后，正当我在写本书时，长大的坎齐已经学会很多单词，可以通过画有图形符号的键盘，并利用这些词表达它的希望和意图。它造的句子虽然在文法上有欠缺，用词却是正确的。譬如，在某个情况下，它会用“冰水走”（ice water go，表示“给我一些冰水”）这样的句子要到饮料。它甚至能通过聆听人类的交谈，学会将近150个英文单词，而不需要像牧羊犬或其他聪明的狗那样，得经过特定的训练才能学会许多技巧。有一次，鲁姆博夫指着附近的一只黑猩猩，对坎齐说：“坎齐，你如果把面具给奥斯汀，我就让你尝尝奥斯汀的玉米片。”坎齐很快把面具递给奥斯汀，并用手指着装玉米片的盒子。它对文字做出的行为是如此专注、特殊，而且频繁，不可能仅是巧合。尽管如此，坎齐只会使用人类所提供的文字和符号，他的语言能力还是无法超越人类儿童早期阶段的水平。

灵长类的学习与文化

就动物的标准而言，倭黑猩猩和其他类人猿具备高度的智力，但缺乏人类发明、使用符号语言的独特能力。另外，一般黑猩猩也具有类似人类的狡诈和虚伪，他们是动物界中最具有“马基雅维利 127
式智力”的专家。瓦尔（Frans de Waal）和一起工作的灵长类动物学者，在非洲旷野与荷兰的阿纳姆（Arnhem）动物园内进行观测，看到黑猩猩会结成同盟，也会解散同盟，会利用朋友，并且智取敌人。它们通过声音、姿势、身体行动、面部表情和竖立体毛来表达意图。虽然近似人类的有效语言能够带来极多好处，但黑猩猩从来不会自己创立类似的语言，或任何其他可能的符号语言。

其实，类人猿大多数时候是完全沉默的，灵长类生物学家加德纳（Allen Gardner）描述他在坦桑尼亚的经验："在冈贝（Gombe），如果有一群包含各种年龄、不同性别的 10 只野生黑猩猩在一棵无花果树上安详地觅食，并不会发出什么声音，所以没有经验的观察者从树下经过时，完全察觉不到它们。"

相对而言，把人类称为"愚蠢聒噪的大猿"可能相当恰当。人类随时都以口头方式沟通，要他们说话比要他们闭嘴容易得多。当婴儿和成人一开始交流，成人为了鼓励他们说话，会采取一种缓慢、强调母音、在情绪上夸张而节奏单调的声调，也就是"妈妈语"（motherese）。接着，婴儿独处时会发出"婴儿语"（crib speech），由尖叫声、咕咕声和无意义的单音节组成，再过数月，他们开始以复杂的方式运用字词。早期的词汇或多或少和成人教他们的类似，但婴儿会不断改变、重组用语，再重复到叫人厌烦的程度。一般小孩在 4 岁之前就能掌握句型结构，到了 6 岁，词汇已经扩展为将近 1.4 万个单词，至少在美国是如此。相较之下，年幼的倭黑猩猩则是通过行动、声音，自由地玩游戏和试验，偶尔也会用到符号，但若想进步到坎齐的层次，目前仍然需要仰赖训练人员提供丰富的语言环境。

尽管类人猿缺乏真正的语言，但可不可能拥有文化？野外观察的证据显示，类人猿具有文化，许多观察家也得到相同的结论。野地的黑猩猩一般都会发明并使用工具，而且它们发明的种种特殊器具，通常只出现在当地的族群中，这和人类文化一样。比如，某一群黑猩猩是用石头砸开坚果，另一群则是以树干来敲开；某些群体会用树枝把蚂蚁钓出蚁巢，作为食物，其他群体则不会。而且，利用树枝钓蚂蚁的群体当中，有少数还会先剥去树皮。观察人员曾经看到一群黑猩猩，用钩状的长树枝拉下无花果树的枝条，以便摘取无花果。

根据这样的观察结果，我们很自然会认为黑猩猩也具备文化基础，只是和人类的文化相比，能力有所差别罢了。但是在采纳这个看法时，需要小心谨慎，因为黑猩猩的发明也许根本不是文化。少数证据显示，当黑猩猩看到别的黑猩猩使用工具时，也能很快学会使用相同的工具，但是它们很少准确模仿其他黑猩猩的动作，或清楚表露出它们了解这些动作的目的。有些观察者甚至宣称，这些黑猩猩只是借着观看其他黑猩猩来激发更多的活动。动物学家称此为“社群促进作用”（social facilitation），普遍出现在许多社会性动物的身上，包括蚂蚁、鸟类和哺乳类。尽管根据目前的证据仍然无法下结论，但单单是社群促进作用，加上操作手边物品时的试错过程，可能就足以引导非洲各地的黑猩猩族群发展出使用工具的行为。[128]

另一方面，人类婴儿的确能够进行准确的模仿，而且早熟的程度令人惊讶。举一个最极端的例子，刚出生 40 分钟的婴儿就会伸出舌头，随着大人的动作将头左右摆动。12 天大时，他们已经会模仿复杂的面部表情和手势。到了 2 岁大时，他们开始能够接受口头指示，使用简单的工具。[129]

总的来说，语言本能包括：准确的模仿、强迫性地喧嚣不休、对语法近乎自动地掌握，以及快速获得大量词汇的能力。这样的本能显然是人类独有的，可以用来区分人类。它是建立在一种其他任何动物都无法达到的心智能力上，也是产生真正文化的必备条件。如果能知道语言在进化过程中是如何产生的，将是一个极重要的发现。不幸的是，与行为相关的证据不会形成化石；数千年来所有营火边上的闲聊和充满表情动作的言谈，以及类似黑猩猩的祖先在语言上的进化步骤，都消失得无迹可寻。

古生物学家所具有的是骨骼化石，它们显示人类的喉部向下移动并且长度加长。同时，头颅内部构造显示，大脑语言区也可能发生了改变。在器物进化的证据上，人类也同时逐渐有所改进，由45万年前的祖先直立人（Homo erectus）对火的控制运用，到25万年前肯尼亚的早期智人建造的精良工具。16万年之后，刚果出现了精致的箭镞和短刀，最后在2万到3万年前，欧洲南部出现精巧的图画和仪式用的服装配备。

器物文化的进化步调很有趣。我们知道，智人至少在距今10万年前，解剖学上所谓的结构就已经完全形成。从那之后，物质文化的进化开始时很缓慢，后来逐渐变快，之后爆炸性增长。一开始只有屈指可数的石制和骨制器具，当进化过程进展了百分之九十时，出现了农田和农村，之后，几乎在转眼间，天才般的复杂技术就产生了（例如，单单在美国，截至我写作本书时为止，就有500万项专利）。基本上，文化进化是沿着指数曲线上升。它留给我们一个谜：符号语言是何时产生的？它究竟又如何点燃爆炸性的文化进化？[130]

寻找文化单位

很不幸，这个人类古生物学上的谜题似乎没有答案，至少到目前为止还没有。为了追踪基因－文化协同进化的过程，我们最好暂缓重建史前记录的任务，而直接前进到当代人类大脑产生文化的过程。次佳的方法，我认为是找寻文化的基本单位。我们虽然还没有确认出任何这类的元素，至少还无法让专家普遍感到满意，但可以合理推导出它的存在和它所具备的某些特征。

集中心力寻找文化的基本单位，起初也许有矫饰和虚构之嫌，但是这种做法有许多先例。就本质来看，自然科学的伟大功绩来自以下的方法：把每一个物质现象简化成组成成分，再利用组成成分重组出现象的整体性质。比方说，高分子化学知识的进展，使我们能够确切定义和鉴别基因；研究族群生物学的基因基础，则使我们对生物物种有了更细致的了解。

这么说来，文化的基本单位到底是什么？为什么我们竟然可以假设它存在？让我们首先考虑加拿大神经科学家图尔文（Endel Tulving）在 1972 年区分出来的情节记忆和语意记忆（episodic and semantic memory）。情节记忆是通过时间，唤回我们对人和其他具体事物的直接“感知”（perception），就像在电影中看到的图像。语意记忆则是通过一组物体、观念与另一组物体、观念之间的关联，来唤回其中的“含义”（meaning），这个过程可以直接利用情节记忆中的图像，或利用代表这些图像的符号来达成。当然，语意记忆源自情节，而且几乎必然会促使大脑唤回其他的情节。但是，大脑极容易把重复出现的同类情节浓缩成观念，之后再用符号代表。所以“由这个方向前进到飞机场”变成一个飞机的黑影加上一个箭头，而“这是有毒的物品”变成画在纸箱侧面的骷髅头和一对交叉的骨头。[131]

我们已经区分了两种不同的记忆形式，接下来为了寻找文化的单位，要把语意记忆中的观念看成“节点”（node）或参考点，并且终将和大脑的神经活动相关。观念和它们采用的符号，经常是通过文字来传达。因此，要组织和传递复杂的资讯，须借由文字所组成的语言来完成。观念节点几乎总是和其他节点相连，因此回想其中某一个节点的同时，也会召唤出其他节点。这种关联能够聚集起相关的所有情感色彩，也正是我们称为“含义”的基本特性。彼此相连的节点会组成有层次的层阶，加以组织整理资讯而产生更多的含义。“猎犬”、“野兔”和“追赶”三个词是节点，其中每个词都象征一组多少类似图像的集合。“一只猎犬追赶一只野兔”，可以称为一个命题（proposition），它在资讯上的复杂程度位于节点之上。比命题更高一层的则是架构（schema）。典型的架构就如古罗马诗人奥维德（Ovid，公元前43—公元17）所描述的阿波罗追求达芙妮（Daphne）的故事：阿波罗就像一只挡不住的猎犬，追求着一只攫不住的野兔。后来当达芙妮这个同时代表野兔与观念的美女变成月桂树时，其中的矛盾终于得到化解，而我们也通过新的命题触及了另一个观念。

我相信不可阻挡的神经科学家，并不会碰到类似的矛盾。一旦时机成熟，他们就能通过神经活动模式的对照，掌握心理观念的物理基础。他们已经有直接的证据指出，在记忆搜寻的过程中，不同大脑部位的活化现象会向外扩散。研究人员同时普遍认为，大脑在归类储存新资讯时，也会涉及类似的过程。新的情节和观念会在边缘系统和皮质系统内广泛搜寻，与以往产生的节点建立关联，然后才能纳入记忆库中。这里的节点并不是在空间上与其他孤立中心相连的孤立中心，它们一般是由大量的神经细胞所组成的复杂网络，散布在大脑广大而部分重叠的区域。

比方说，假如有人给你一个你不熟悉的水果，你会自动依照它的外形、气味、味道，以及得到它的状况，把它归类。数秒钟内大量的资讯就活化了，不仅因为你在比较手中的水果和其他的水果，还因为你感受到了情感，回想起以往在类似情况下的发现，以及想起与这个水果相搭配的饮食风俗。这个水果，包括它所有的特征，将以一个名字呈现。让我们考虑一下东南亚盛产的榴梿，迷恋它的人把它当作最高级的热带水果。榴梿看起来像是长刺的葡萄柚，味道很甜并且像果冻一样入口即化；如果把它放在嘴外，闻起来则像下水道发出的恶臭。我向你保证，只要你尝过一片，一辈子都会拥有“榴梿”的概念。

文化的天然成分可以合理假设为语意记忆中按层阶排列的元素，由仍待确定的个别神经线路识别编码。文化单位的主张已经存在了30多年之久，不同的作者为这个最基本的元素冠以各样的名称，比如记忆符号（mnemotype）、观念（idea）、观念因子（idene）、弥母（meme，文化基因）、社会基因（sociogene）、概念（concept）、文化因子（culturgen）和文化类型（culture type）。其中采用最广、也是我投票赞成的冠军用词是“弥母”。这是1976年道金斯（Richard Darkins）在他深具影响力的《自私的基因》（*The Selfish Gene*，中译本由中信出版社出版）一书中所引入的用词。但是我建议把弥母的定义变得更狭窄些，并且多少和道金斯的定义有所不同。1981年，理论生物学家拉姆斯登（Charles J. Lumsden）和我为了提出第一个完整的基因–文化协同进化理论，采用了这个新定义。我们提议文化的单位、现在的弥母，就是语意记忆中的节点，以及与它相对应的大脑活动。不论节点的层次是观念（最简单的可确认单位）、命题或架构，这个层次都会进一步决定人类的思想、行为或器物的复杂程度，因此节点能够一直自由地存在于文化中。[132]

我知道当神经科学和心理学向前迈进时，“节点即弥母”的概念，甚至是情节记忆和语意记忆的区分，都可能让位给更微妙复杂的分类系统。我也知道把文化单位纳入神经科学的范围，乍看之下好像是企图打击符号学（semiotics），也就是对各种沟通形式所做的正式研究。但是这种反对意见并不合理。我的阐述目的刚好相反，是想为“融通”这个中心计划建立可能性，也就是为符号学和生物学建立起因果关系。如果我们可以在经验上建立起这样的关联，那么未来关于语意记忆节点的发现，也会跟着赋予弥母更精确的定义。这样的进展将使符号学更丰富，而不是取而代之。

反应规范

我承认，采用“基因到文化”这种描述方式为观念基石，而企图在科学和人文之间搭建起桥梁，会给人一种虚无缥缈的感觉。怎可能有人敢说要用基因来设定文化？答案是，没有任何严谨的科学家曾经这么做。组成基因－文化协同进化的因果事件网络，比这复杂得多，也有趣得多。数千个基因设定了大脑、感官系统和所有其他的生理过程，而这些生理过程又与物质和社会环境发生作用，产生心灵和文化的整体性质，最后，自然环境再经由天择挑选出具有控制力的基因。

就基因－文化协同进化在生物学和社会科学上的含义来看，没有其他课题在学识上比它更重要。所有生物学家都在谈论遗传和环境之间的相互作用。除了实验室里采用的简单缩写之外，他们不会谈到基因会“引起”某种特殊行为，他们确实也没有这个想法。相反，他们的看法则认为行为是由文化产生，和大脑活动无关；但这两种看法同样没有意义。在目前为人所接受的解释当中，由基因发展到文化，也就是由基因发展到所有生命产物的原因，并不单是遗传因素，也不单是环境因素，而是两者之间的相互作用。

当然是二者相互作用，但我们需要更多的关于这类相互作用的资讯，才能了解基因－文化协同进化的现象。在身心互动学说（interactionism）中最具解说力的中心观念是“反应规范”（norm of reaction）。通过以下描述，可以轻易掌握这个观念。首先选定一个生物物种，不论是动物、植物，还是微生物，然后挑出一个或一组能够影响某一个特征的基因，接着列出这个物种能够存活的所有环境。选定的单个基因或一组基因所设定的特征，可能会因为不同环境而发生变异，也可能不会。这个特征在所有可存活的环境中的所有变异总和，就是那个或那组基因在那个物种身上的反应规范。

教科书上常以一个例子来解释反应规范：慈菇（arrowleaf）的叶形。慈菇是一种两栖植物。当它长在陆地上时，叶子就像箭头；当它在浅水中生长时，浮在水面的叶子像荷叶；当它整个沉入深水里时，叶子会发展成像鳗草（eelgrass）的缎带状，在水流中前后摆动。这个植物在不同环境下的变化如此之大，但在基因上并不存在任何已知的差别。这三种基本形态，是相同基因在不同环境中所表现出的变异，它们共同为这组决定叶形的基因设下了反应规范。换句话说，它们包含了这组基因在所有既知可存活的环境中，可能表现出的所有变异。

基因与环境造成的变异

同一个物种的变异，有些是来自不同个体的基因差别，而不仅是环境差异所引起的。在这种情况下，我们原则上仍然可以逐一为其中的每个基因或每组基因定义出反应规范。利用人类的体重，就可以说明特征差异与基因差异以及反应规范的关联。极多证据显示体形受遗传影响。一个人若因为遗传而具有容易导致肥胖的基因，仍可以经由节食而变苗条，但是当他不节食时，很容易变回原样。另一方面，天生苗条的人可能总是保持原样，只有在不断过度饮食或内分泌失调的情况下，才会变得肥胖。这两种人的基因具有不同的反应规范。在相同的环境中，包括相同的饮食和运动条件，他们会得到不同的结果。大家常听到的则是反过来的说法：那些在遗传上有差异的人需要不同的环境，尤其是不同的饮食和运动计划，才能产生相同的结果。

同一种基因和环境之间的相互作用，也出现在各种与人类相关的生物现象上，包括社会行为。美国社会历史学家萨洛韦（Frank

J. Sulloway）在 1996 年出版的重要著作《天生的叛逆者》（*Born to Rebel*）中指出，一个人在家中的排行会影响他在家庭动态关系中的角色，因此对个性形成影响极大。排行靠后的小孩儿对父母的角色和信仰最不认同，容易变得较有创造性，比老大更容易接受政治和科学上的改革。因此，在历史上，他们对文化变化的贡献平均比老大要多。他们这方面的成就，是因为他们会被独立且往往叛逆的人物吸引。一般而言，这个现象首先在家庭中出现，之后才在社会中出现。既然排行和基因差别没有任何直接的关联，那么影响发展过程的基因，可以说是在各种既存的环境区位中散布效果。萨洛韦提出的排行效应，实际上就是这些基因的反应规范。

在某些生物学范畴内，例如最基本的分子过程和大体解剖出来的结构，几乎每个人都是以相同的基因来影响特征，因此也具有共同的反应规范。在遥远的地质年代中，当这些共同的特征还在进化时，我们也许可以找到基因上的变异，但是天择让变异愈来愈小，最后几乎降到了零。比方说，所有的灵长类动物都有 10 个手指和 10 个脚趾，没有因为环境而造成差异。因此，这个基因的反应规范是确切的单一状态：10 个手指和 10 个脚趾。但是在其他大部分范畴内，人类在基因上则具有相当程度的差异，甚至包括那些足够一致而可以视为共同文化的特征。为了让这些变异做最佳的运用，来维持健康、发展天分和发挥人类潜能，我们必须了解遗传和环境所扮演的角色。

我所谓的环境，并不只是人们见到的自己所存在的当前状况；片刻的印象并不够，我们所需要的，是产生生物学家和心理学家所使用的意义，也就是在生命各个阶段中逐步塑造身心的无数影响力。

我们不能像对待其他动物那样，在控制的状态下让人类交配并加以抚育，因此很难得到有关基因和环境相互作用的资料。只有相当少数影响行为的基因，能在染色体上确定其位置（我在后面会描述其中一些），然而这些基因在发展过程中发挥影响力的确切途径，却很少有人追踪。在这段过渡期，较受喜爱的相互作用测量值是遗传率（heritability），也就是特征变异中由遗传因素所导致的百分比。遗传率并不适用于个人，只能用在族群上。我们不能说："这位马拉松选手的运动能力有百分之二十来自他的基因，百分之八十来自环境。"但是就以下的假设例子，这样的叙述是正确的："肯尼亚马拉松选手在表现上的差异，有百分之二十是因为遗传，百分之八十则由于环境。"对那些想要对遗传率和变异数（variance，统计学家和遗传学家测量变异的数值）具有更精确定义的读者，我在这里附上相关的讨论：

> 扣除数学上的精细，遗传率可以由下述方式估计。从种群（population）中抽取个体为样本，以标准化的方法测量某项特征，比方说，以个人在跑步机上的有氧运动能力代表耐力。之后，测量样本中个体的变异，并估计其中有多少来自遗传，这个数值就是遗传率，而我们测量到的变异就是变异数。要得到变异数，首先计算出样本中所有个体的平均值，然后把每个人的分数减掉平均值，再把差额平方。变异数就是所有这些差额平方的平均值。

估计变异现象有多少是来自基因（遗传率），主要方法是比较同卵和异卵双胞胎。同卵双胞胎具有完全相同的基因；异卵双胞胎只有基因数目相同，其实他们与不同时间出生的兄弟姐妹一样，所以和同卵双胞胎相比，异卵双胞胎的长相总是不那么相似。因此，异卵双胞胎和同卵双胞胎之间的差异，可以用来估计遗传对整个特征变异的贡献。如果研究那些在婴儿时期就分开、由不同家庭所领养的同卵双胞胎，这个研究方法的效果还会加强。在这种情况下，这对双胞胎具有相同的遗传因子，但是在不同的环境中成长。我们还可以进一步采用复相关性研究（multiple correlation study），加以辨认环境的主要影响力，并且估计个别影响力对变异现象的贡献。

与遗传率共存

数十年来，在植物和动物培育上，遗传率一向是标准的测量值。通过 1994 年赫恩斯坦（Richard J. Herrnstein）和默里（Charles Murray）合著的《钟形曲线》（*The Bell Curve*），以及其他有关智力和个性遗传的普及丛书，遗传率最近在人类身上的应用，因为备受争议而吸引了许多注意力。这项测量值具有相当多优点，事实上是人类行为基因学的主干。但是它本身具有一些奇异的特性，为了在遗传学和社会科学之间建立融通，我们必须密切注意这些特性。第一项特性是所谓的“基因型和环境的相关”（genotype-environment correlation），这个特性能够超越人类先天生物上的限制，而增进人类的多样性，运作方式如下。人们不仅会依照天生的才气和个性来选择自己的角色，还会被能鼓励他遗传倾向的环境所吸引。他们的双亲具有类似的天生特质，很可能创造出特定的家庭气氛，从相同的方向培养子女发展。换句话说，基因会协助创造出特殊的环境，使自己在其中能够有更大的发挥。因此借着基因和环境的相互作用，社会终将产生更多样的角色。比方说，一个具有音乐才华的小孩，在大人的鼓励下，有可能很早就开始学习乐器，并且花很长时间练习；而他的一个同学本性喜欢寻找刺激，容易冲动并具侵略性，则会被开快车所吸引。第一个小孩朝着专业音乐家的方向成长，第二个小孩则朝向成功的赛车手（如果他能躲开麻烦的话）。也许这两位同学在天分和个性上的遗传差异并不大，但是这个差异所导致的不同的途径，使得差异的效果放大了。如果要用一句话来描述基因型与环境的相关，那就是：我们在生物体上测量到的遗传率，一旦与环境发生作用，就会增强我们在行为上测量到的遗传率。

我们对基因型与环境相关的了解，澄清了基因型与环境的相关中的第二项原则：并没有任何基因能使你弹好钢琴，也就是说，根本没有一个特殊的“鲁宾斯坦[133]基因”，能使你把钢琴弹得极出色。真正存在的一组基因，只能够加强手指灵活度、创造力、情绪表达力、注意力和注意力集中的时间，以及有效控制音高、节奏和音色的能力。所有的这些能力放在一起，就组成了特殊的人类才能，也就是美国心理学家加德纳（Howard Gardner）所谓的音乐智能（musical intelligence）。这样的基因组合，使有天分的孩童能够在适当的时刻掌握良机。他一开始尝试弹奏的乐器，很可能是从具有音乐才华的父母那儿得来的，随后的鼓励使他反复弹奏，并得到更好的回馈。不久之后，他就会全身心地拥抱这个他终将投注一生心力的中心事物。

遗传率的另一个重要特性，是它的弹性。只要改变环境，遗传所引起的变异百分比就会上升或下降。美国白种人的智商和可测量的个性特征所具有的遗传率，大多数在百分之五十左右，至少，比起零或百分之一百，它更接近百分之五十。（选择美国白种人是为了方便，以及为了取得均一的样本，以增加统计的可信度。）

我们希望改变上述的数值吗？我不认为如此，至少这不是主要的目标。让我们想象一个真正平等的社会，所有的孩童都在几乎相同的环境中受教育，并且在鼓励之中选择进入自己能力范围内的职业。这样一来，环境的变异会急遽下降，而天分和个性特征将持续不变。在这种社会里，遗传率会上升。同时，任何持续存在的社会经济阶层差异，将比以往更真实地反映遗传的结果。

另外，假设所有的孩童在小时候都接受能力测试，依据测试结果进入不同的教育轨道，目的是要引导他们进入最适合个人才华的职业。在这个“美丽新大陆”中，环境的变异会上升，而个人的天分保持不变。如果测试结果和环境确实能反应基因的变异，遗传率就会上升。最后假设一个采用相反政策的社会：结果的一致性高于一切。这个社会对有天分的孩童不加以鼓励，对反应较慢的孩童则提供密集的个人训练，目的在把每个人的能力和成就都提到相同的水平上。为了达到这个目标，环境需要特别的调整，所以遗传率会下降。

我们在这里提到这些理想化的社会（这些社会都散发着集权的恶臭），目的并不在于推荐，而在于澄清目前这个阶段的遗传研究具有的社会含义。要知道基因在现存社会中所引发的变异，遗传率是极佳的衡量法。但首先要确定基因的存在，这点非常重要。例如，直到1960年代，人们仍然认为精神分裂症是父母（尤其是母亲）头三年对待小孩的方式所引起的。同时，直到1970年代，自闭症仍然被视为一种环境失调症。感谢遗传率研究，我们现在才得以知道，基因在上述两项残疾中都扮演了极重要的角色。相反，人们曾经普遍地把酗酒的原因归于遗传，以致相关的遗传率研究在1990年代之前，一直没有得到详细的探讨。我们现在知道，酗酒在男性当中只具有中等程度的遗传率，在女性当中则几乎为零。

除了少数的行为几乎完全受到遗传决定的之外，根据遗传率预测个人在既存和未来环境中所具有的能力，最多只是冒险的猜测。从我上述所举的例子中也同样可以看出，以遗传率来衡量个人或社会的价值是很危险的。遗传学家给知识分子和决策者的赠言是：先选出你想要推进的社会，然后再准备与它所具有的遗传率共存；绝对不要反着来，只为了改变遗传率而提倡某些社会政策。如果想要得到最佳的结果，栽培个人，而不是团体。[134]

找出基因图谱

我提出遗传学上的这些想法，是为了澄清后天派（nurturist）和先天派（here-ditarian）之间烦人的差别，并且尝试在它们之间建立共同的立足点。在达到这个目标之前，寻找融通性的工作将因意识形态上的无数争议而产生分歧，倡导不同政治和社会方针的对手也将互相攻击。后天派传统上强调环境对行为的影响，先天派则强调基因的重要性。[后天派有时又称环境主义者（environmentalist），但是这个头衔现在已经被环境保护者所采用；先天派不能称为自然主义者（naturist），除非他们要裸体举行会议。] 如果用较精确的遗传学观念重新定义，则后天派相信控制人类行为的基因具有范围非常宽大的反应规范，先天派则认为这个反应规范非常狭窄。从这个角度来看，这两种不同意见的差异只是程度上而不是形态上的。根据经验，如果这两个敌对流派能够采取相同的客观方法，就会彼此赞同而消弭差异。

后天派传统上也认为智力和个性的遗传率很低，先天派则认为这方面的遗传率很高。这个争议大致已经解决，至少对当今欧洲和美国的白种人而言，遗传率多半是百分之五十左右，确切值则因不同的特征而异。

后天派还认为，如果文化果真受到基因这条链条的束缚，这条链条也是很长的，因此不同社会的文化发展可以无限分歧。先天派则相信这条链条很短，因此不同的文化能够进化出共同的主要特征。在技术上，这个问题比前两个问题难掌握，但它的本质仍是经验性的，原则上可以解决。我马上会再回到这个问题上来，并举几个例子说明实际上如何获得解决方案。

但我们至少已经找到一些共同的结构基础。后天派和先天派一般都同意，文化差异可能几乎全都是历史和环境造成的。虽然特定社会中的个体具有十分不同的行为基因，但是利用统计方法比较不同社会时，行为基因的差异却被冲淡了。喀拉哈里沙漠的狩猎采集文化和巴黎文化显然不同，但这之间的差别主要来自历史和环境上的差异，并非遗传因素所造成。

我们对反应规范和遗传率的解说，虽然较偏技术性，并且有些枯燥，却是分离人类行为中遗传和环境因素的第一步，也因此对建立生物学和社会科学的融通，影响重大。逻辑上的下一步是定位出影响行为的基因。一旦找出基因在染色体上的相对位置，并且确知它们的表达途径，就可以更精确地追踪它们和环境之间的相互作用。一旦定义出许多这样的相互作用，就可以回过头来编织出整体，以尝试组成更完整的心理发展概观。

利用精神分裂症研究，可以说明人类行为遗传学的最新发展，包括其中仍然极为困难的基因图谱（gene map）。精神分裂症这个最普遍的精神病，只影响全世界人口的百分之一，症状具有极大的个人差异，但有一个共同的诊断特征：心理活动会不断地被现实所打断。在某些情况下，病人会相信自己是一位大人物（弥赛亚是很受欢迎的角色），或是狡猾、具有渗透力的阴谋集团所要打击的对象。在其他的情况下，他会产生幻听或幻觉，往往很怪异，就像完全清醒地处于梦境中。

1995 年，几个独立作业的科学小组，在探讨精神分裂症的物理起源上获得了三项突破。加利福尼亚州大学欧文分校（University of California in Irvine）的神经生物学家发现，即将成为精神分裂者的胎儿在发育过程中，额前叶皮质上的某些神经细胞，无法和大脑其他部分进行正常沟通的神经细胞搭上线。尤其，这类神经细胞无法制造信使 RNA（messenger RNA，简称 mRNA），而神经传导物质 GABA 的合成却需要信使 RNA 的指引。GABA 一旦欠缺，神经细胞尽管看起来很正常，却无法产生实际功效。由于某种未明的原因，这类的缺陷会使内部的心理架构，和外在刺激或普通的理性思考失去连接；大脑就像封闭在睡眠中，自己创造自己的世界。

同一年，康奈尔大学的另一个研究小组和英国的两个医学研究中心报告，他们首次直接观测到正处于幻觉中的精神分裂症病人的大脑活动。研究人员利用正电子发射断层成像术，在病人正常和发病时，观察大脑皮层和边缘系统的活化部位。其中一次，他们看到一位男性病人的大脑亮了起来，依照病人的自白，这时他心中出现了一颗与身体分离的头颅，大喊大叫着发号施令。大脑中引起最不寻常事件的区域是前扣带皮质，一般认为这个区域会调节大脑皮层的其他部位。前扣带皮质如果丧失功能，显然会降低大脑归纳外界资讯的能力，因而促使清醒的大脑产生非理性梦境般的虚构事件。

一个基因，一种疾病

精神分裂症的最终原因是什么？数年来，双胞胎和家族史研究的数据显示，这方面功能的丧失至少部分是因为遗传。早期尝试定位相关基因的研究并未成功；某些特殊染色体曾经短暂地被视为精神分裂症基因的所在，但是进一步的研究并不能得到同样的结果。1995 年，四个独立的研究团体利用先进的染色体图谱（chromosome map），对病人样本进行大规模的研究，至少在第六条染色体的短臂上，找到一个造成精神分裂症的基因。（为了便于参考，除了性染色体 X 和 Y 之外，人类其余的 22 对染色体都各自具有一个编码。）另两个研究小组无法确认这项成果，但是两年后当我在写这本书时，由于四个正面的测试结果所共同提供的有力证据，至少有一个精神分裂症基因存在的结论，已经获得广泛的接纳。[135]

这些最新进展和其他相关研究，已经扫清了通往最终认知的道路，不仅让我们了解了一种极重要的心理疾病，也使一项复杂的人类行为现出了眉目。虽然这类行为绝不能称为正常，但影响文化的进化。这些狂人的幻觉和远见，导致了世界上的某些暴政、宗教狂热和伟大的艺术作品的诞生。许多社会把精神分裂症看作神赐的福祉或恶魔附身的结果，这种针对极端怪异的现象所产生的既定反应，是社会文化的一部分。

不过，你当然会反驳，文化大半仍然是基于正常而不是疯狂的反应。为什么我们对爱、利他主义、竞争性和其他日常社会行为的成分，了解得这么少？答案在于遗传学研究有它因实际需要而产生的偏颇。研究遗传和发育的遗传学家，首先会观察单一突变所造成的巨大的、较易观察分析的效应。例如，在古典的孟德尔遗传学时期，学者研究的是可立即辨认的特征，例如果蝇的残翅和豌豆有皱褶的种子外皮，然而产生这些巨大的突变，恰巧也是具有伤害性的突变，正如任意大幅改造汽车发动机，会比小幅的改造容易使车子抛锚。巨大的突变几乎总会降低生存率和繁殖力。因此，具有开创性的人类遗传学研究，大半都和医学遗传学相关，就像先前例举的精神分裂症研究。

这种研究方法的实用价值是毫无疑问的。科学家对巨大效应的采用，已经多次在医学研究上带来重要的进展。超过 1200 种生理和心理失调症，已经个别与单一基因关联在一起，若按照字母的顺序排列，则是从阿尔斯可 – 史考特综合征（Aarskog-Scott syndrome）到泽尔威格综合征（Zellweger syndrome）不等。这个结果显示了 OGOD

原则，也就是“一个基因，一种疾病”（One Gene，One Disease）。OGOD 这个方法的运用非常成功，以致研究人员打趣地把科学杂志和主流媒体上报道的新发现，称为“当月疾病”。看看以下多样的例子：色盲、血友病、纤维化囊肿（cystic fibrosis）、亨廷顿氏舞蹈病（Huntington's chorea）、视网膜母细胞瘤（retinoblastoma）、高胆固醇血症（hypercholesterolemia）、镰形细胞贫血症（sickle-cell anemia）、莱施－奈恩综合征（Lesch-Nyhan syndrome）。疾病的根源来自单一基因和多基因的变异，这得到极普遍的证据支持，甚至连抽烟也有可辨认的遗传因素。难怪生物医学科学家喜欢引用一句格言：“所有的疾病都来自遗传。”

研究人员和执业医师对 OGOD 的发现特别欣喜，因为单一基因的突变必然有生化上相对应的指标，可以用来简化诊断过程。由于这个指标是一个缺陷，通常出现在突变基因转译之后的一系列分子反应中的某处，所以通常只要一个简单的生化测试，就可以加以显示。我们对采用仙丹妙药来校正遗传疾病，也抱持愈来愈高的期望，希望能以精妙、非侵入性的程序来更改生化上的缺陷，并去除疾病的症状。

基因表现因人而异

尽管 OGOD 原则在早期非常成功，但应用到人类行为上时，可能会导致严重的错误。虽然单一基因的突变确实经常引起某项特征的重大改变，但这并不表示，这个基因决定了受影响的器官或程序。一般而言，每一种复杂的生物现象，都得归因于多个基因。到底涉及多少个基因？为了得到这方面的资讯，我们必须由人类转移到小鼠。小鼠是重要的实验动物，生命短，而且在所有哺乳类动物中，我们对它具有最多的遗传知识，尽管如此，我们在这方面的知识仍然很琐碎。光是与小鼠毛皮质地有关的已知基因，就至少位于染色体上的72个位置。另外，至少有41种其他基因在发生变异时，会引起内耳平衡器官的缺陷，而导致病态的摇头和转圈圈的行为。

小鼠在遗传上所呈现的复杂程度，让我们体验到人类遗传学所面临的困难。人体内所有的器官和生化过程，以及其中定义狭窄的特征，都是由多组基因共同决定的，其中每组基因又在染色体上占据一系列不同的位置。非洲和欧洲人类祖先皮肤颜色的差异，被认定是由三到六组的此类“多基因”（polygenes）所决定。[136] 我们对这项特征和其他类似系统的基因组数的估计可能偏低，因为除了较容易探测与较具影响力的基因，对变异现象贡献较小的其他基因，可能有许多仍然未被发现。

多基因中的任何一个基因发生突变，都可能产生极大而有决定性的OGOD效应，或只引起小幅偏离平均值的现象。后一类突变现象经常出现，也因为如此，导致慢性抑郁症、躁郁症和其他失调症的基因，一直显得很深奥难懂。比方说，在爱尔兰被诊断为抑郁症的病人和在丹麦被诊断为抑郁症的病人，至少有部分的基因倾向是不同的。在这种情况之下，一个实验室在染色体上小心确认出来的基因位置，可能无法从另一个实验室同样小心的研究中求证。

环境中微妙的差异也可能歪曲经典的孟德尔遗传模式。有一个常见的效应称为“不完全外显率”（incomplete penetrance），也就是指，即使两个人具有相同的有效基因，但某种特征可能只出现在一个人身上，而不在另一个人身上出现，例如，同卵双胞胎中的一个患上精神分裂症时，另一个同时产生精神分裂的可能性只有百分之五十，尽管他们具有完全相同的基因。另一项效应则是基因表现的差异。有精神分裂症的人，在病症形式和强度上的差异也非常大。

总而言之，人类行为遗传学为基因到文化之间的途径，提供了很重要的关联。这个领域仍然处于婴儿期，在理论和技术上都面临着极大的困难。它所采用的研究方法，主要是传统的双胞胎研究，以及族谱分析、基因图谱和最近的 DNA 序列辨认法。这些研究方法目前只是粗略地结合在一起，如果它们能在心理发展研究的辅助之下继续合成新方法，比较清楚的人性基础概念，最后必将出现。

超级白蚁的伦理规范

目前，我们所知道（或更正确地说，我们认为自己所知道）的有关人性的遗传基础，可以用三个生物组织层次之间的关联来表达。我将依照由上而下的顺序加以陈述，由普遍的文化现象开始，再进到社会行为的外遗传法则，最后以重新审视行为遗传学作为终结。

美国人类学家默多克（George P. Murdock）在 1945 年的经典纲要中，列出了一系列文化的共性。当时受到研究的社会行为有数百个，全都记录在《人际关系区域档案》（*Human Relations Area Files*）中。根据默多克的定义，文化共性（cultural universals）所指的，就是其中每个社会内的社会行为和社会习俗。这个系列包括 67 种共性：年龄分级、运动、身体上的装饰、历法、清洁习惯的训练、社区组织、烹调、合作劳力、宇宙学、求偶、舞蹈、装饰艺术、占卜、劳力分工、梦的诠释、教育、末世论（eschatology）、伦理、民族植物学、礼仪、信仰疗法、家庭聚餐、取火、民间传说、食物上的禁忌、葬礼仪式、游戏、表情姿势、赠礼、政府、问候、发型、好客、住宅、卫生、乱伦禁忌、遗传法则、玩笑、亲族、亲族名称、语言、法律、运气迷信、魔术、婚姻、进餐时间、医疗、产科医学、处罚裁决、个人姓名、人口政策、产后照顾、怀孕的处理、产权、超自然现象的抚慰作用、青春期风俗、宗教仪式、居住规则、性爱限制、灵魂观念、阶层划分、外科手术、器具制造、贸易、访问、气候控制以及纺织。[137]

我们很容易排斥这些特质，认为它们和人类真正的本质无关，不是真正的遗传，只是某个具有高度智商和复杂语言的物种，在发展出复杂社会的进化过程中所必然产生的现象，和遗传倾向无关。但是这种解释方法很容易被反驳。让我们假设有一种白蚁，从物种的社会层次中进化出文明。就以非洲善于建立小丘的一种大白蚁（Macrotermes bellicosus）为例，它们在地下建立起城市般的蚁巢，每一个蚁巢中都有上百万个的居民。让我们提升它们以昆虫身份所建构的社会组织，使它们社会的基本性质变成一种由外遗传法则所引导的文化，就像人类文化一样。白蚁的这个六足昆虫文明，是建立在白蚁的本性基础上的，其本性包括始终保持单身并且不具繁殖力的工蚁、采食彼此的粪便以交换共生菌、利用化学分泌物（费洛蒙）进行沟通，以及例行的同类相食，也就是吃蜕皮和死亡或受伤的家属。我曾写过一篇符合白蚁群体精神的讲演稿，由白蚁领袖向群众发表，以增进超级白蚁的伦理规范：

> 自从我们的祖先大白蚁在第三纪后期的快速进化中，发展出10公斤重的体重和更大的脑袋，同时学会用费洛蒙来书写之后，白蚁的学术成就因此得以提高，伦理哲学也变得更加精益。现在我们可以精确地描述白蚁的道德行为规范。这些规范是不证自明而且举世皆准的。它们是白蚁的精神所在，包括：热爱黑暗，热爱土壤内部深藏的霉湿巢穴；在与其他蚁群频繁的战争和贸易中，能把本群体的生命放在中心位

值；接受生理阶级的划分；认同个人权力是一种罪恶（群体至上！）；给予拥有繁殖力的王族手足由衷的关爱；能从化学物品所编成的歌曲中获得乐趣；在蜕皮之后，能对采食蚁巢中其他巢友的粪便产生深刻的社会满足感和美学上的愉悦；对蚁食蚁的习俗感到狂喜，并且在生病或受伤时，乐意捐献自己的肉体（被吃比吃更有福）。[138]

文明来自遗传本性

支持人类文化共性的进一步证据，是来自旧大陆和新大陆的两种文明起源。这两种文明各自在隔离孤立的状况下进化，但在极广泛的细节上具有令人惊讶的共同点。这个“伟大实验”的第二阶段，发生在 1.2 万年前或更久以前，当时新大陆受到西伯利亚游牧民族的入侵，而那时的居民属于旧石器时代的狩猎采集者，极有可能形成了百人或人数更少的生活群体。之后的数个世纪中，他们朝南方扩展，穿过整个新大陆，从北极的冰原到达 1 万英里（约 1.6 万公里）外火地岛（Tierra del Fuego）的冰冷森林，沿路融入当地的土著部落，并且适应他们面临的每一种陆上环境。沿途有些社会演变出君权统治和帝国统治的制度，并具有极其类似旧大陆社会的基本架构。

1940 年，美国考古学家基德尔（Alfred V. Kidder）还只是一位对早期北美部落和玛雅城独具创见的学生，他总结出旧大陆和新大陆独立发展的文明史，用来说明人类的遗传本性。他说，在这两个不同的半球内，人类在一开始都像石器时代的原始人。他们首先栽培野生植物，使人口增加到足以形成村落，同时使社会群体复杂化，并发展出复杂的艺术和宗教，容许宗教领袖和政权统治者拥有神授的特殊权力。他们发明陶器，并且用植物纤维和羊毛编织成衣服。他们驯养当地的野生动物，作为食物和役畜。他们把金属制造成器具和装饰品，首先采用黄金和铜，接着采用青铜，也就是由铜和锡混合而成的坚硬合金。他们发明书写方法，用来记载神话、战争和贵族族谱。他们创造了世袭阶级，以便区分贵族、祭司、战士、技工和农夫。基德尔还指出："在新大陆和旧大陆中，我们都看到了神权的扩张并且与当时的权力相结合，或是自己名正言顺地成为统治者，为神灵建造巨型的神庙，并且以绘画和雕塑加以装饰。祭司和酋长都有精致的陵墓，墓中充满了为来世准备的丰富物品。同样的情形也出现在政治发展史上。在两个半球内，团体都会彼此结合，形成部族，联盟和征服会带来卓越的地位，帝国因而成长并且取得代表荣耀的物品。"[139]

尽管上述的共性给人极深的印象，但是把它当作证据来支持基因和文化的相关性，仍然有些冒险。虽然上述项目在各地极其一致地出现，不太可能仅出于巧合，但是在两个半球之间和之内的社会中，它们在细节上差异极大。同时，这些文明的特质散布得太广，并且在最近才出现，因此不太可能是经由遗传进化而产生，然后再通过狩猎采集者以某种形式携带穿越整个世界。如果认为有某类特殊基因能够产生农业、书写、神权和永垂不朽的陵墓，实在是有些荒谬。

从 1978 年出版《论人性》（*On Human Nature*）以来，我一直在著作中表示，文化的来源具有曲折磨人的历程，由基因到大脑、感觉，再到学习和社会行为。我们所继承的神经生物特征，使我们以某种特殊的方式观看这个世界，学习某些行为，而不为其他行为所吸引。这种继承自基因的特征并不是弥母，不是文化单位，而是选择、发明并传递特定记忆元素的习性。

早在 1972 年，塞利格曼（Martin Seligman）和其他心理学家就已经对发展过程中的偏见，提出了准确的定义。他们称之为"有备学习”。通过这个观念他们指出，动物和人类天生就预备好要学习某些行为，而对其他行为有加以避免的倾向。许多与“有备学习”相关的案例，组成了外遗传法则的次集合。在生物学上，已经确认的外遗传法则广泛地包括了结构、生理、认知和行为发展上的各种遗传规律。它们是关于成长和分化的规则系统，能够创造具有完整功能的有机物。[140]

第二个有用的看法来自社会生物学，认为社会行为中的“有备学习”与外遗传法则的其他次集合相同，往往具有适应性：它借着改进生物体的生存和繁殖能力，而赋予生物体达尔文适应度（Darwinian fitness）。人类行为外遗传法则所具备的适应能力，并不单是生物或文化发展的结果，而是由两者微妙的表现所共同产生。研究人类社会行为外遗传法则最有效的方法之一，是在传统心理学中纳入进化过程的原则，因此，致力于研究这个主题的科学家，往往自称进化心理学家。这是一个由许多学科混合而成的领域，包括社会生物学和心理学。前者是以各种生物体为研究对象，包括人类在内，然后对社会行为的生物基础进行系统研究；后者则是对人类行为的基础所做的系统研究。随着我们对基因－文化协同进化的了解的增加，并且为了使事情更简单明了，同时在偶尔面对敌对意识形态时能够具备学术上的勇气，我们最好把进化心理学和人类社会生物学视为相同的学科。

初级外遗传法则

正如我在早期著作中所强调的：1970 年代，动物和人类社会生物学的中心问题是利他主义（altruism）；现在，这个挑战已经多半由成功的理论和经验性的研究解决了。1990 年代，人类社会生物学的焦点开始转移到基因–文化协同进化上。在这个新的研究阶段，对外遗传法则下定义是了解人性的最佳方法。从逻辑上来看，这样的强调似乎是不可避免的，因为基因和文化的关联必将在感官和大脑的设计中出现。在我们更了解并慎重考虑这个过程之前，遗传进化和文化进化的数学模型，将只具有极其有限的价值。

我相信外遗传法则和情绪一样，会在两个不同的层次上产生效用。初级的外遗传法则是自动化的过程，从感官对外来刺激的过滤和信号的转换，一直到大脑对外来刺激的感受和解释。这整个过程几乎不受以往经验的影响，即使受到影响，程度也很小。次级外遗传法则是整合大量资讯时的规律，它利用选定的感官、记忆和情绪片断，指引心灵采取某些弥母或明显的反应，做出符合遗传倾向的决定。区分这两个层次的外遗传法则，只是一种主观的判断，为了方便而已。中等复杂的外遗传法则也同时存在，因为较复杂的初级外遗传法则可以进级为较简单的次级外遗传法则。

所有的感觉都采用了初级外遗传法则，其中最基本的性质之一，是把连续的感觉切成分离的独立单元。比方说，人类一出生，视网膜上的视锥和视丘外侧膝状核上的神经元，就会把可见光的波长划分成四种基本颜色。同样的，在听觉上，大人和小孩都会自动把语言的发音划分成音素（phoneme）。由 ba 到 ga 之间有一系列连续的发音，但我们听起来并不连续，不是听作 ba，就是 ga；由 v 到 s 的发音变化，也具有相同的现象。

婴儿一出生，就天生具有对声音的反应，这会影响将来在社会中的生存和沟通。新生儿天生能区分噪音和乐音；4 个月大的婴儿较喜爱和谐的音调，有时会对走调的音做出厌恶的表情，好像是舌头上被滴了一滴柠檬汁那样。新生儿对巨大声响的反应又称为莫罗反射（Moro reflex）：如果声响由婴儿背后发出，婴儿首先会向前伸出双臂，像拥抱般慢慢将双臂拉拢，然后哭出声，之后才逐渐放松下来。出生 4 周到 6 周期间，莫罗反射就由惊吓反应所取代。[141] 我们在前面已经描述过惊吓反应，它是所有反射动作中最复杂的一种，并且会在生命中继续存在。在听到预料之外的巨响之后不到一秒钟，眼睛会闭上，嘴巴张开，头低垂，肩膀和手臂下沉，而双膝稍微靠拢。整个身体的姿势，好像要承受即将来临的暴力打击。

味觉上对化学物品的某些偏好，也是一出生或出生后不久就形成了。新生儿喜欢含糖的溶液胜过开水，而且具有特定的喜爱顺序：蔗糖、果糖、乳糖、葡萄糖。新生儿会排斥酸、咸或苦的物质，而且会以特殊的表情反应其中的每一种味觉。这些表情将持续终生。

初级外遗传法则会引导人类的感觉系统，处理的大半是听觉和视觉资讯。这个倾向和大多数动物刚好相反，动物主要依赖嗅觉和味觉。人类对视觉和听觉的偏好，也反应在词汇中不成比例的感官用词上。由英语、日语到祖鲁语和达科他语中的提顿语[142]，在世界上的语言中，描述感官印象的用词有三分之二到四分之三与听觉和视觉相关，其余少数字眼则用于形容其他感觉，包括嗅觉、味觉、触觉和对温度、湿度及电场的敏感度。[143]

次级外遗传法则

初级外遗传法则也利用对视觉和听觉的偏好，来建立婴儿期和童年早期的社会关系。实验显示，出生后 10 分钟，婴儿的注意力较容易集中在具有正常面孔的海报上，而不是具有异常面孔的设计上。两天之后，婴儿喜欢观望自己的母亲胜过其他不认识的女性。其他实验还显示出另一个同样令人惊讶的能力，婴儿可以区分母亲和其他妇女的声音。至于母亲，只要极短暂的接触，就能辨认出自己新生儿的哭声和身上的气味。[144]

脸部是非语言性视觉沟通的主要部位，也是影响心理发展的次级外遗传法则发生作用的主要区域。有些表情在各类人种中都具有相同的含义，尽管它们在不同的文化中曾稍有改变而表现出细微差别。加利福尼亚州大学旧金山分校的艾克曼（Paul Ekman）为了测试这个现象的普遍性，做了一个极好的实验。他把美国人害怕、憎恶、惊讶和高兴时的表情拍成照片，之后又前往新几内亚高地土著的村落中，趁他们讲故事而引发类似的感觉时，把他们的表情拍摄下来。其他文化的人看到这些特写镜头时，对这些表情的诠释可以精确到百分之八十以上。

在脸上，嘴是视觉沟通的主要工具。笑容尤其是次级外遗传法则作用丰富的部位。心理学家和人类学家发现，在各种文化中人类对笑容的使用，具有极类似的既定发展过程。婴儿在 2 到 4 个月大时，首度出现这种表情，而且通过这个表情，总能从关注的成人身上吸引到极多的关爱。环境对笑容的形成影响极少。南非喀拉哈里沙漠上狩猎采集部落王国的婴儿和美洲及欧洲的婴儿，得到的抚育条件极其不同。那儿的母亲在没有任何人协助或未服麻药的情况下生产，之后婴儿几乎总在成人身边，每小时喂好几次奶。而且，他们会尽早地严格训练婴儿坐、站和走路。然而，这些婴儿的笑容和出生在美洲及欧洲的婴儿一模一样，会出现在相同的时间，也具有相同的社会功能。笑容也会准时出现在聋盲婴儿的脸上；母亲妊娠时服用镇静剂沙利度胺（thalidomide）而导致的畸形儿，不仅又聋又盲，还残障到无法触摸自己的脸部，但仍然会准时出现笑容。[145]

人类一生当中，笑容主要用来传达友好和赞同的信息，除此之外还用来表达一般的喜悦。每一种文化还会根据笑容出现的形式和场合，赋予它特有的微妙含义。笑容可以带有讽刺和轻微的嘲弄，或用来隐藏困窘的感觉。但即使在这些情况下，笑容所传达的，也只是所有面部表情信息中的一小部分。在最高层次的心理活动中，复杂的次级外遗传法则是以拟物化（reification）的程序进行：想法和复杂的现象会先缩减成较简单的观念，再与熟悉的物体和活动相比较。人类学上有无数这方面的例子，在此以婆罗洲的杜松人（Dusun of Borneo）为例，杜松人把每一幢房子都拟人化为一个“身体”，具有手臂、头、腹、腿和其他部位。一幢房子只有朝着某个方位才算是“站”得好，如果建在山坡上，就是“上下颠倒”。从其他尺度来看，房子可以归为胖或瘦、年轻、年老或年久失修。房子所有的室内细节都具有极浓厚的意义，每一个房间和每一件家具都和历法、仪式、魔术及社会信仰相关。

拟物化是一个简捷的心理程序，为一个充满变动与细节的世界创造了秩序。它的表象包括人类采用二分法的本能，这是一种将一系列重要的社会现象一分为二的倾向。社会各处都把人分成在团体内和团体外、小孩和成人、亲族和非亲族、已婚和单身，同时也把活动分成神圣和亵渎、善良和邪恶。要从分类中的一组转入另一组，则需要通过入会仪式、婚礼、祝福、任命，以及各个文化所特有的通行仪式。

协助建立结构主义的法国人类学家列维－斯特劳斯（Claude Lévi-Strauss，1908—2009）和同一学派的其他作家指出，二元的本能受到先天法则相互作用的支配。他们通过神话故事，提出种种对立关系，比如男人－女人、族内通婚－族外通婚、天－地，认为这些是人类心灵必须面对和解决的矛盾。因此，死的观念必然牵引出生的观念，借着死亡是通往永生大门的神话而得以化解。在完整的结构主义说法中，二元对立（binary opposition）会进一步联结成更复杂的组合，文化也借此融合成完整的总体。[146]

结构主义者的看法基本上吻合以下的概念：心灵和文化是在自然科学和生物人类学中出现的。但是结构主义各阶级之间对于最佳的分析方法无法达成共识，他们的看法也因而减弱。他们的问题并不在基本概念上，而在欠缺与生物学和认知心理学之间的真实关联，至少这是我阅读了大量零散的文献之后得到的了解。这些关联也许会建立，并且可能产生良好的成果。[147]

外遗传法则的遗传基础

现在进入找寻人性的下一步：寻找外遗传法则的遗传基础。这个基础是什么？设定这个基础的基因又有多大变异？为了慎重起见，在回答这个问题之前，让我再度强调人类行为遗传学的整体限制。人类行为遗传学的研究正处于婴儿时期，仍然很脆弱，无法抵抗那些只为了伸张个人的意见而对这个学科态度不友善的评论家。只有从评估遗传率这个分析层次来看，人类行为遗传学才称得上是先进的学科。遗传学家利用复杂的统计技术，计算出基因在特征形成上的贡献比例。这些特征有许多，包括感觉的生理过程、大脑功能、个性和智力。他们得到一个重要的结论：人类行为中各式特征的变异，几乎都和遗传有某种程度的关联，因此是通过某种方式，受到人类基因差异的影响。这个发现应该不令人惊讶。就目前曾经研究过的动物来看，同样的结论也适用于它们的行为。

然而，遗传率的测量值并不能用来确认特定的基因；它也无法提供暗示，让我们了解由基因到外遗传法则所必经的错综复杂的生理发育途径。当今人类行为遗传学和社会生物学的弱点，主要在于只有少数相关的基因和外遗传法则为人所确认。但这并不能否定其他基因和外遗传法则的存在，它们只是还没在基因图谱上被指认出来罢了，原因是，这个层次上的人类行为遗传学技术相当困难。

这方面的例子较少，造成了另一个重要的成果。通常影响外遗传法则的基因和这些法则本身，会分别由独立作业的不同小组进行研究。这些研究人员很少把这些基因和相关的外遗传法则互相搭配起来，我们之所以对它们之间的关联有所了解，多半是靠运气。凭揣测，假设到目前为止已经发现了百分之一的相关基因和百分之十的外遗传法则，那么它们的搭配所占的百分比，将是以上两个百分比相乘后的数值这么小，只有百分之零点一。但是，目前这样稀少的搭配并不代表一种失败，反而是等待斩获科学新发现的良机。我们可以准确地预见，在这个介于生物学和社会科学交界处的领域内，即将出现一些对人类行为研究的最重要进展。

影响复杂行为的已知基因突变中，有一种突变会造成失读症（dyslexia），这是因为诠释空间关系的能力有缺陷而造成的阅读失能。另一项基因突变，会降低三项空间能力心理测验的结果，但是不影响语言技巧、感受速度和记忆能力等其他三项测验的结果。我们也发现了影响个性的基因。有一种突变能够引发攻击行为，但到目前为止只发生在荷兰的某个家族中。这个突变的基因位于 X 染色体上，显然会造成单胺氧化酶（monoamine oxidase）的欠缺。调节“打或逃”反应的神经传导物质，需要这个酶才能分解，但突变产生的偏差造成神经传导物质的累积，以致大脑一直维持在兴奋的状态，随时准备以暴力来回应低程度的压力。另一种比较正常的个性变异，是由“追求新奇感的基因”所引起的。这个基因的突变，会改变大脑对神经传导物质多巴胺的反应。带有这个突变基因的人在接受标准测试时，会表现出较易冲动、有好奇倾向和善变的个性。比起未突变的基因，这个突变基因和它帮忙制造的蛋白质受体具有较长的分子长度。追求新奇感的基因分布很广，在以色列和美国的各类不同种族团体中都侦测得到（但并不出现在芬兰人团体中）。另外其他多种基因变异也已被发现，这些变异会改变神经传导物质的新陈代谢和活性，但对行为的影响仍有待进一步研究。[148]

提出这些例子，并不表示我认为光凭逐一找出并列出基因，就可以建立人类行为的遗传基础。找出相对应的基因只是一个开始。大多数特征都受到多基因的影响，甚至包括智力和认知的最简单元素在内，而多基因是由散布在染色体不同部位的多个基因组成，会共同发挥效应。在某些情况下，多基因的效应只是简单的加成，因此一组多基因所含有的基因数愈多，就能产生愈强的成效，例如产生更多的神经传导物质，或更高浓度的皮肤色素。这种加成遗传性（additive inheritance）造成的结果正如其名，会使某个特征在整个人口中呈现典型的钟形曲线分布。其他多基因会一直相加，直到超过某个上限值之后，特征才会首次出现，糖尿病和一些心理疾病显然属于这个类别。最后，多基因可能具有相互抑制的作用：染色体某个部位的基因会抑制染色体另一个部位的基因。脑电图（EEGs，electroencephalogram）所显示的脑波模式，就是这种遗传方式所产生的一种神经现象。

人类行为遗传学将大放异彩

最后，事情还可以更复杂，我们还发现了基因多效性（pleiotropy），这是指单一的基因可以导致多种效应。人类身上的一个典型的基因多效性的例子，是引起苯丙酮尿症（phenylketonuria，PKU）的突变基因，症状包括氨基酸苯丙氨酸（phenylalanine）过多、异常的苯丙氨酸代谢产物、酪氨酸（tyrosine）短缺、尿液颜色变深、毛发颜色变淡、中枢神经系统因中毒而受损伤以及心智的不健全。

由基因到它们所导致的特征之间，是个错综复杂到似乎不可想象的过程。但是，这些过程仍然可以理解。人类生物学未来所探求的，多半会是基因对身体和心理发展过程的影响。如果目前的研究依计划进行，在21世纪的头20年当中，我们将目睹人类基因组的完整序列，而且绝大多数基因都会被定位。尤其是，遗传形式也将是科学可掌握的。控制每一种行为特征的多基因数目是有限的，产生大多数变异现象的基因数目往往在10个以下。而单一基因所产生的多重效应也是有限的。一旦分子生物学家能够追踪基因所引发的一连串化学反应，而神经科学家也能够描绘出这些化学反应最终导致的大脑活动模式，那么从基因到特征的过程，将具备更完整的定义。

在不久的将来，人类行为遗传学将循着两个矛尖所指的方向前进。第一支矛是心理疾病遗传性的研究，第二支矛则是性别差异和性取向的研究。大众对这两类研究都具有强烈的兴趣，而且它们都具有一个优点：所涉及的过程具有明显的表征，因此很容易独立测量。它们也符合科学研究的主要原则：先找到一个可以申请到经费的主题，然后动用你能张罗到的所有方法加以分析。

尽管性别差异研究在政治上会引起纷争，却是一个特别多产的领域。心理学和人类学的文献在这方面已经有极丰富的描述；它们的生物基础也已部分为人所知，有所记录的包括：胼胝体[149]和其他大脑结构，大脑活动模式，嗅觉、味觉和其他感觉，空间和文字能力，以及儿童时期的天生嬉戏行为。激素促成性别分歧，并导致以上特征在统计上的差异和重叠，对此我们已经有相当多的了解。在胎儿和儿童发育时期诱发制造这些激素的基因，也已经在Y染色体上定位了，称为“Sry”，代表Y染色体上的性别决定区域（sex-determining region）。当个体具有两个 X 染色体，而不是具有 X 和 Y 染色体时，Sry 就不存在，而胎儿的性腺会发展成卵巢，并且相继引发内分泌和心理生理的发展。这些事实也许不能满足每一个人意识形态上的渴望，却是另一种陈述方式：不管我们喜不喜欢，人类就是一种生物。

非文字信号

到目前为止，我已经探究了基因－文化协同进化的大多数步骤，并且在证据允许的情况下，由基因绕到文化再回到基因上。这些步骤可以简短地总结如下：

> 基因指定了外遗传法则，也就是感觉和心理发展的规律，也是产生文化的动力和渠道。
>
> 文化有助于决定哪一些基因能够存活并且世代繁衍。
>
> 新生的成功基因会改变族群中的外遗传法则。
>
> 受到更改的外遗传法则会改变文化生成渠道的方向和有效程度。

以上一系列步骤中的最后一个，也是最重要最具争议性的一个问题，涉及了遗传的束缚力。经过整个史前时代，尤其到将近 1 万年前，现代人种的大脑已经进化成形，基因和文化的进化也已经密切相关。新石器时代社会的出现，尤其是文明兴起之后，文化的进化速度突然加快，使基因的进化相形之下好像暂停了。在这个文化进化以指数攀升的最后阶段，外遗传法则能够容许的不同文化分歧有多大？遗传的束缚力又有多紧密？这是非常关键的问题，而我们只可能找到部分答案。

一般而言，外遗传法则的束缚力强到足以显示出可见的约束力；即使在最复杂的社会中，它们也已经在人类行为上留下了不可磨灭的痕迹。但也许会让强硬的遗传派感到不舒服的是，在目前所知的外遗传法则控制下，文化已经进化出广泛的分歧现象。有时，文化中会出现某些降低达尔文适应度的特征，至少这种现象一度存在。的确，文化偶尔会疯狂发展，甚至摧毁那些孕育它的个体。

我们对外遗传法则转变成多样性文化的过程所知有限。要描绘这些知识，最好的办法是借由实例。我将举两个例子，一个相当简单，另一个则较复杂。

先说简单的。我们如果失去所有文字上的沟通，仍然还会有丰富的辅助语言可以沟通大多数的基本需要，包括身体的气味、脸红害羞和其他无法掩饰的反射反应、面部表情、姿势、手势和非文字的发声表达。所有的这些沟通方式会以不同的组合，且通常是无意识的意图，编成情绪和意图的真正字典。这些是我们灵长类的祖传能力，从语言产生之前一直持续至今，几乎毫无变化。虽然这些信号在细节上依文化而变，但它们具备的一些不变元素，显示出古老的遗传起源。例如：

◆雄甾烯醇（androstenol）是一种男性费洛蒙，集中在汗液和新鲜的尿液中。它们以麝香味或檀香味等名称为人所感知，在社交接触时会改变性吸引力或使气氛变得温和。

◆触摸对方是表示欢迎的方式，由下列的内在规则所调节：对同性的陌生人只触摸手臂，当熟悉感增加时才开始触摸其他的身体部位，对异性感到亲密时更是如此。

◆瞳孔放大是对别人的一种正面反应，女性尤其显著。

◆伸舌头与吐口水是表示反对的攻击姿态，以舌舔唇代表社交上的邀请，普遍用在挑逗时。

◆闭上眼睛、皱起鼻子，是一种表达反对的共同语言。

◆嘴角下垂、张开嘴、露出下排牙齿，是带有蔑视的威胁。

以上和其他的非文字信号，是了解基因-文化协同进化的理想课题。关于这些信号的解剖学和生理学知识，我们已经有许多了解；相较于文字信号，它们所对应的基因和大脑控制活动可能较为简单。通过一种信号在多个社会中的不同用法，我们可以观察到每一种信号因为文化进化而产生的意义变化。每个信号都有自己的变异程度和弹性，也因此在世界各地的文化中具有不同的微妙含义。也就是说，设定特定信号的基本结构的每一组基因，都有它自身的反应规范。

文化中的非文字信号，正等着我们从比较的观点来进行研究。眉毛的上下挑动，是一种具有中等变异程度的本能，也是德国人种学先驱艾贝斯费尔特（Irenaus Eibl-Eibesfeldt）所提供的许多例子之一。当一个人的注意力受到吸引时，他会睁大眼睛来扩大视野；当他感到惊讶，会把眼睛睁得非常大，同时明显地扬起眉毛。眉毛上扬已经普遍地仪式化成眉毛上下挑动（可能是由基因设定），成为社交上的邀请信号。这里所谓的仪式化，是指一项身体活动在某种情况下进化出特殊的功能。在上述的例子中，眼睛睁大和眉毛上扬进化成一种明显的典型形式，也就是用来沟通的眉毛上下挑动。这是基因-文化协同进化过程中的遗传部分。但是，基因-文化协同进化过程中的文化部分，也影响了眉毛上下挑动的动作，使它的含义在不同的社会中略有不同。在不同的社会和情况之下，这个动作会结合其他形式的肢体语言，以传达欢迎、挑逗、赞同、要求对方肯定、感谢，或强调文字信息等含义。在波利尼西亚（Polynesia）的文化中，它实际上是用来表达“是”的意思。[150]

颜色认知来自遗传

我想举的第二个有关基因－文化协同进化的例子，是与颜色相关的词语，因为在较复杂的例子中，这是目前研究得最透彻的一个。科学家已经由设定颜色感觉的基因，一路追踪到表达颜色感觉的词汇。

颜色在自然界中并不存在，至少，并不是以我们自认为看到的形式存在。可见光是由连续变化的波长组成，先天并不具备颜色。色觉是视网膜上感光的视锥和大脑中与其相接的神经细胞，加诸波长变化上的结果。光能首先由视锥的三种色素所接收，这是生物学家依照细胞感光色素的种类，把它们分为蓝色细胞、绿色细胞和红色细胞。这些细胞吸收光能后激发的分子反应，接着转换成电信号，传到组成视神经的视网膜神经节细胞（retinal ganglion cell），和波长相关的资讯会在这里重新组合，然后沿着两个轴向分布开来。随后，大脑把其中一个轴上的资讯解释为由绿到红的色彩，另一个轴则是由蓝到黄，而黄色的定义为绿色和红色的混合。比方说，某一个特殊的神经节细胞也许会受到红色视锥输入信息的激发，但会受到绿色视锥输入信息的抑制。之后，借着这个神经节细胞送出的电信号的强弱，大脑就会知道视网膜接收了多少红色或绿色的光。大量的视锥和中间神经节细胞所传出的集体资讯，会往后传回大脑，穿过视交叉到视丘的外侧膝状核，也就是构成大脑中央附近转接站的一团神经细胞，最后再传到大脑最后端的初级视觉皮质上的一系列神经细胞上。

在数毫秒之内，已经编码为颜色的视觉信息就散播到大脑的不同部位。大脑会如何反应，要看它们召集到的其他信息和记忆而定。比方说，这类的许多组合所产生的模式，也许会使人想到代表这个模式的文字，就像："这是美国国旗，它的颜色有红、白、蓝。"在思考看似明显的人性时，最好记住以下的比较：你眼前飞过的昆虫可能接收到不同的波长，并且把这些波长拆解成不同的颜色，甚至没有颜色，根据昆虫的种类而定；如果这只昆虫会说话，它的文字可能很难翻译成我们的语言；它的旗帜也可能会和我们的旗帜大不相同，这得感谢它的昆虫本性（相对于人性而言）。

视锥内三种色素的化学特性是已知的，包括组成氨基酸以及氨基酸长链的折叠形状。控制这些色素的基因位于 X 染色体上，对于这些基因的 DNA 化学特性，以及引起色盲的基因突变化学过程，我们也都已有所了解。

因此，经由遗传我们已经相当了解分子过程，人类的感觉系统和大脑会把连续变化的可见光波长，分解成一系列多少是各自分立的单位，也就是我们所谓的可见光谱。若从生物观点上追根究底，这一系列单位的产生是任意的，只是过去数百万年内的一种可能的进化成果。但是就文化观点而言，这个光谱并不是任意的，因为它既然是遗传上的进化结果，就无法经由学习或命令加以更改，而人类文化中与颜色相关的所有事物，都是由这个单一过程衍生出来的。就一个生物现象而言，对颜色的知觉刚好和光的另一项基本特质成对比，那就是光线强度。当我们逐渐改变光线强度时，比方利用调光器把光线连续调强或调弱，我们会看到真实的连续变化过程；但如果我们使用单一波长的单色光，并逐渐改变波长，却见不到连续性。如果由短波长的一端走到长波长那一端，我们首先会看到一道宽阔的蓝带（至少看起来多少像蓝色），之后是绿色，接着是黄色，最后才是红色。

世界各地有关颜色的词语，都同样受到这个生物限制的影响。1960 年代，加利福尼亚州大学伯克利分校进行一个著名的实验，伯林（Brent Berlin）和凯伊（Paul Kay）为了测试这个生物限制，找来分别以 20 种语言为母语的一些人，包括阿拉伯语、保加利亚语、广东话、希伯来语、泰国语、加泰罗尼亚语、伊比比奥语、策尔塔尔语和乌尔都语等[151]。这些自愿受试者必须以直接且准确的方式，描述他们的语言中有关颜色的词。他们首先观看孟塞尔阵列（Munsell array），这是一组分散的色块，由左到右随着光谱的颜色而变，由下到上则依亮度而变。之后他们再把自己语言中主要的颜色用词标在最接近这个用词含义的色块上。尽管各个语言所用的词在起源和声音上差异极大，但语言使用者所指出的位置相当密集，而且大致上与蓝、绿、黄、红等主要颜色相对应。

颜色词语因文化而异

1960 年代晚期，有关颜色认知的实验显示，基因对学习偏好的强度影响极大，真令人惊讶。这个实验是由罗希（Eleanor Rosch）执行，她当时也在加利福尼亚州大学伯克利分校。罗希在找寻认知上的“自然类别”时，发现新几内亚的达尼人（Dani）并没有代表颜色的文字，而只会谈论“mili”（大致上代表暗）和“mola”（亮）。于是罗希提出以下的问题：如果让达尼的成年人学习颜色词语，他们会不会因为颜色用词与主要的天然色彩对应，而较容易学会？换句话说，文化上的创新是不是在某种程度上，会受到天生遗传限制的引导？罗希把 68 位自愿受试者分成两组。她给阵列中主要的色彩类别（蓝、绿、黄、红）创造一系列新的颜色用词，然后教给其中一组人员；教给第二组达尼人的，则是一系列位于中心之外的新用词，远离其他语言所指出的主要聚集区。第一组自愿受试者遵守颜色感知的“自然”倾向，第二组则相反，接受较不自然的颜色用词。结果，第一组的学习速度是第二组的两倍。如果有选择的余地，他们很容易就会挑选较自然的第一组的用词。

现在，还有一个问题必须回答，才能完成由基因到文化之间的转移过程。在既有的色觉遗传基础和它对颜色词语的一般影响下，颜色词语在不同文化之间的差异有多大？我们至少可以提供部分的答案。有些社会对颜色不太在乎，只用到基本的颜色分类；有些社会则对每一个基本颜色的色彩和强度，又做了极其细微的区分，也因此词语就扩延开了。

颜色词语的扩延是不是任意产生的？显然不是。伯林和凯伊在后来的研究中发现，每一个社会所使用的基本颜色用词从2种到11种不等，这些颜色是散布在孟塞尔阵列的4种基本颜色中的各焦点。用中文来说，全套颜色包括黑、白、红、黄、绿、蓝、褐、紫、橘、灰，而达尼语只用到其中的两种颜色，英语则另加了粉红（pink）成为11种用词。从采用简单分类的社会到采用复杂分类的社会，基本颜色用词的组合会以层级的方式增加，并且遵循以下的准则：

采用2种基本颜色的语言，用它们来区分黑白。

采用3种基本颜色的语言，包含黑、白、红。

采用4种基本颜色的语言，包含黑、白、红、绿或黄。

采用5种基本颜色的语言，包含黑、白、红、绿、黄。

采用6种基本颜色的语言，包含黑、白、红、绿、黄、蓝。

采用7种基本颜色的语言，包含黑、白、红、绿、黄、蓝、褐。

当紫、橘、灰这额外的3种基本颜色加入头7种颜色时，则没有任何先后顺序。

如果基本颜色用词的组合是任意的（显然不是如此），人类的颜色词语将是从数学上的2036种可能中，手忙脚乱地抽取出来的。但是根据伯林和凯伊的研究，它们多半只来自22种选择。

由某种层面看来，颜色基本用词的这22种组合，是弥母或是文化单位的变异结果，由色觉和语意记忆的外遗传法则所产生。简单地说，我们的基因已经设定我们会以特定的方式来看待不同波长的光，同时，我们又倾向于把这个世界拆成小单位，再用文字加以标识。所以，我们会以某个特殊的顺序，累积了10种（对英语来说为11种）基本的颜色单位。

但是，这还不是整个故事的结局。人类的心灵太微妙也太多产，不会只停留在设定不同波长的10个词语上。正如英国语言学家莱昂斯（John Lyons）所指，大脑对颜色的辨认，并不一定只会产生代表光波波长的用词。颜色用词经常还包括其他性质，尤其是质感、亮度、新鲜度和持久性。在菲律宾的马来－波利尼西亚语的分支哈努诺语（Hanunóo）中，“malatuy”指的是湿润闪亮的褐色表面，就像竹子刚切开时的颜色；“marara”指的则是类似黄色且变硬的表面，就像老的竹子。说英语的人倾向把malatuy翻译成褐色，把marara翻译成黄色，但是这样的翻译只捕捉到真正含义的一部分，而且也许是比较不重要的一部分。同样的，古希腊文中的“chloros”翻译成英文时，通常只简称为“绿色”，但它当初的含义显然是指绿叶的新鲜或润湿感。

大脑不停地在找寻意义，对于刺激感官与提供外界信息的物体和特质，也不断地在找寻其间的关联。通过外遗传法则这个有限的大门，我们渗入了那个世界。正如辅助语言和颜色词语的例子所显示的，文化来自基因，并且永远带有基因的痕迹。同时，通过隐喻和新含义的发明，文化也会具有自己的生命。为了掌握人类的处境，我们必须同时了解基因和文化，但不是以划分科学和人文学科的传统方式来分别了解，而是在认知人类进化这项事实的情况下，共同来了解它们。[152]

第八章

人性的适应能力

CONSILIENCE

—

The Fitness of Human Nature

—

并没有任何证据显示，
旧石器时代的基因
在这段“开创的改革时期”消失了；
它们仍然留在原地，
继续制定人性的基本法则，
尽管它们跟不上文化的进化，
文化也无法将它们灭绝。无论好歹，
这些基因都已经把人性
带入了混乱的现代历史当中。

人性是什么？它既不是基因，也不是基因的最终产物——文化。人性是一种不同的东西，我们才刚开始寻找合适的描述方式。它是外遗传法则，也就是使文化进化朝某个方向发展、并因此联结起基因和文化的心理发展遗传规律。

人性仍然是难以捉摸的观念，因为我们对组成它的外遗传法则的了解还很粗浅。我在上一章举例说明的一些法则，只是从广大的心理境界中分割出来的片断。但是它们来自许多不同的行为类别，因此为人性的遗传基础提供了极具说服力的见证。让我们看看到目前为止曾经提到的各种例子：梦的迷幻性质、不可抗拒对蛇的畏惧、音素结构、味觉的基本偏好、母子连心的细节、基本的面部表情、观念的拟物化、无生命物质的拟人化，以及把连续变化的物体和程序划分为两种分立层级的倾向。除这一连串未刻意安排顺序的例子外，还有一个特别的例子，也就是把光线分成彩虹的颜色。这个例子使我们由基因一路进到词汇的发明，也为结合科学和人文的未来研究，奠定了基础。

有些外遗传法则是灵长类动物的特征，有数千万年的历史，包括色觉在内。其他一些外遗传法则是人类独具的特征，最多可能不过数十万年之久，譬如语言的神经机制。对人性的探寻，可以看作对外遗传法则的考古，注定会成为未来跨学科研究的主要部分。

达尔文适应度

目前生物学家和社会学家所了解的基因－文化协同进化过程中，与因果相关的事件是由基因开始，再传到细胞、组织，接下来影响大脑和行为。这个过程会与物质环境和既存文化发生相互作用，再更进一步影响文化的进化。但是，“基因通过外遗传法则对文化产生效应”这个先后过程，只是半圈，另外半圈是文化给基因带来的影响。基因－文化协同进化的第二个半圆所提出的问题是：文化如何协助挑选突变及重组的基因来作为人性的基础?

我用这么简单的方式来描述基因－文化协同进化，并不是想要提升“自私的基因”这个隐喻的地位，或贬低心灵的创造能力。基因虽然制定了大脑和行为的外遗传法则，但毕竟只是巨分子中的片断。它们没有感觉，没有牵挂，也没有目标；它们的角色是在高度结构化、内容丰富并且负责协调外遗传法则的细胞中，激起一系列化学反应；它们发号施令，可以延伸到分子、细胞和器官的层次上。在这个早期阶段，外遗传法则包括一系列连续的生理化学反应，之后是最高层次上感官系统和大脑的自我组成，也只有在生物体已经完全形成时，心理活动才会以突生的方式出现。大脑是生物最高层次的产物，受到生物体结构和生理上天生外遗传法则的限制，大脑能在充斥着混乱刺激的环境中产生功用；它能看、听、学习，并且计划自己的未来。因此，大脑也可以决定它基因的命运。在进化的时间内，大脑集体做出的许多决定，已经为人类的每一件事决定了达尔文式的命运，包括基因、外遗传法则，心灵沟通和文化。

能做出明智选择的聪明人，具有较高的达尔文适应度，也就是说，若从统计学角度来看，这些聪明人会比选择力差的聪明人活得长，也留下更多后代。若概括这个说法，就是“适者生存”，听起来好像是个同义反复——具有适应能力的能生存，能生存的则是有适应能力的。但是，其中表达的是自然界中无所不在且极具威力的繁衍过程。在旧石器时代数十万年的历史中，制定某些人类外遗传法则的基因数目增加了，并且在天择之下，以牺牲其他物种为代价而四处散播。人性就是经由这般艰辛的过程才组合而成的。

人类进化中真正独特且与黑猩猩和狼的进化都不相同的特点是：塑造人类的环境多半来自文化。因此，文化能通过建立特殊的环境来影响行为基因。在过去的世代中，能够对文化做最佳利用的人，就能享有最大的达尔文式利益，譬如在周围森林中搜索食物的采集者。这些人的基因在史前时代倍增，一点一滴地改造脑电路和行为特征，进而架构出今日的人性。在这个组合过程中，历史上的意外事件也扮演了一个角色，许多外遗传法则的特定表现也被证明具有自我摧毁性。但是概括而论，天择长期持续作用的平均效果，的确是人类进化的驱动力。人性具有适应性，至少在当初的遗传起源上是如此。

基因与文化进化相较劲

基因 – 文化协同进化听起来似乎有点矛盾：文化来自人类的行动，而人类的行动又同时来自文化。动物界中普遍存在着环境和行为的互动，若把人类的处境和这种比较简单的互动形式相比，矛盾就消失了。非洲大象食用大量的乔木和灌木，开辟了供自己生存的开放林地；白蚁消耗了残余的死亡植被之后，利用土壤和自己的分泌物建筑密封的蚁巢，并且产生一个湿润、含有高浓度二氧化碳的微气候，这正是它们生理上最能适应的环境。只要把部分的环境代换为文化，就可以想象出人类在更新世处于大象和白蚁的居住条件下时，是如何进化的。文化在严格的定义下是一种复杂的社会学习行为，而且显然只局限于人类社会，但是，基因和文化之间的互动，基本上与基因和环境之间的互动并没有什么两样。因此，文化来自人类的行动，而人类的行动又同时来自文化，这样的说法并不矛盾。

人性起源上的这个一般生物形象，使某些作家大不以为然，包括社会科学和人文学科中最具洞察力的一些学者。但我确信，他们误解了。他们误解了基因－文化协同进化的过程，而把它看成是僵硬的基因决定论。（基因决定论认为，基因支配文化形式根本是不足相信的观念。）我认为以下的论点能帮助他们消除合理的担忧。基因并没有明确指定繁复的传统，如图腾崇拜、长老议会和宗教仪式。据我所知，也从来没有任何一个严谨的科学家或人文学者，曾经提议过这种看法。建立在基因上的外遗传法则所构成的复杂组合，只是让人类倾向于发明和采用这些传统。如果外遗传法则具有足够的力量，受到影响的行为就会在各个社会中朝相同的方向进化。在文化进化过程中受外遗传法则影响而形成的传统，就是一般所说的文化共性，但在相同的情况下，也可能产生稀有的文化形态。反过来，我们也可以采用“发生遗传学”的描述方式，来表达这整个现象：制定文化共性的基因，具有极狭窄的反应规范，换句话说，只有在极少数的人类环境中，这类传统文化才不会出现。相对而言，那些会因应环境变化而产生许多稀有传统并导致文化多样性的基因，它们所具有的反应规范较宽广。

基因进化过程也可能朝另一个方向发展。我们如果完全除去外遗传法则的倾向，让制定法则的基因具有无限度扩张的反应规范，那么就会造成文化多样性的大爆炸。这在理论上的确有可能发生，但是这个现象的存在，并不代表文化和人类基因组不再相干，而只表示基因设计出的大脑，能够同样敏捷地学习并对所有的经验做出反应。这种没有倾向的学习如果真的存在，也不会抹杀基因－文化协同进化的过程，而只是此过程根据特殊的外遗传法则所形成的一种极为特殊的产物。不过这个讨论到目前为止一直是假设性的，因为我们还没有发现任何不具倾向的心智发展实例。我们对少数文化类别的测试，也显示出每一种文化类别中的外遗传法则，都具有某种程度的倾向。

历史上文化进化的速度极快，这个现象似乎暗示人类已经超出或多少压抑了基因的指示。但这个想法只是一个幻觉，古老的基因与它们所设定的行为外遗传法则仍然安然无恙。在智人和之前的能人（Homo habilis）、直立人和匠人（Homo ergaster，或译东非直立人）大半的进化过程中，文化进化的速度仍然很慢，可以和基因进化紧密相关。构成人性的基因和文化于这段时间内，在遗传方面可能是相称的。在更新世的数万年中，器物的演进几乎停止，因此使用这些器物的狩猎采集者所具有的基本社会组织，也可能是不变的。此时，当历史从上一个千年走入下一个千年时，基因和外遗传法则仍具有足够的时间与文化同步进化。但是到了旧石器时代后期，大约距今 4 万到 1 万年前，文化进化的步调加快了。在紧接而至的新石器时代，农业的发展更使文化进化的速度急遽上升。根据族群遗传学理论，大多数文化的变化已经加快到基因进化根本无法密切跟进的程度。但是并没有任何证据显示，旧石器时代的基因在这段“开创的改革时期”消失了，它们仍然留在原地，继续制定人性的基本法则。尽管它们跟不上文化的进化，文化也无法将它们灭绝。无论好歹，这些基因都已经把人性带入了混乱的现代历史当中。[153]

进化原理

因此，在评估人类行为的同时，把设定行为的基因列入考虑似乎是谨慎的做法。对于解释人性生物基础的企图，社会生物学（或达尔文式人类学、进化心理学，也可以是政治上可接受的任何名称）提供了重要的关联。它提出的都是进化理论架构内的问题，并因而迫使人类学和心理学方面的研究步入新的方向。它研究人类问题的主要方针，是从族群遗传学和生殖生物学的基本原理着手，预测具备最佳达尔文适应度的社会行为形式。接着，再根据民族学档案及历史记录中的数据，以及为了这个问题而新设计的实地测试，验证预测结果。其中有些测试是在尚未使用文字和一些极其传统的社会中进行，这些社会的保守习俗，可能和我们旧石器时代的祖先最接近。事实上，在澳洲、新几内亚和南美洲，仍有极少数社会保有石器时代的文化，因此人类学家对他们特别感兴趣。另外，有些测试采用了来自现代社会的数据。在这些社会中，快速进化的文化规范可能不再具备最佳的进化成就。这些研究全都大量采用各种分析技巧，包括具有竞争性的多重假设、数学模型、统计分析，甚至采用追踪基因和物种进化的定量程序，来重建弥母和文化传统的历史。

在过去四分之一个世纪中，人类社会生物学已经发展成庞大且技术复杂的课题。但是，其中主要的进化原理仍然可以归纳成某些基本的类别，我在下面将做简略的概述。“亲缘选择”（kin selection）是指天择在基因上发生作用时，选择标准不仅限于基因对携带者的效果，还包括基因对携带者的所有亲族的影响，包括父母、子女、手足、表亲，以及其他仍然存活并且能够繁殖或影响其他血亲繁殖的人。亲缘选择在利他行为的起源上尤其重要。以两姐妹为例，她们出自相同的父母，所以有一半的基因相同。其中一个姐妹为了帮助另一个而牺牲自己，或没有了自己的子女。结果，第二个姐妹所抚育的子女数目，是正常情况下的两倍以上。因为她的基因中有一半和她慷慨的姐妹相同，所以在基因适应性的层面上，牺牲者的利他行为得到了补偿。如果这类行为是基因引起的一种倾向，并且普遍发生，那么尽管这些基因促使个体放弃自身的利益，但依旧能够在族群中散布。

根据这个简单的前提以及我们对它的阐述，可以预测许多行为模式：利他主义、爱国主义、种族主义、遗产法规、收养方式和杀婴行为。其中许多预测是全新的，但大多数在测试之下都站得住脚。[154]

“亲代投资”（parental investment）指的是，亲代对待子代的行为能够增加某些子代的适应性，但往往牺牲亲代对其他子代的投资能力。基因会促成不同的投资模式，而不同的模式则会影响这些基因的适应性。某个选择可以让你拥有更多的子女，要不然你就只有较少的子女。这个想法已经衍生出生物上的“家庭理论”，使我们重新看待性别比率、婚姻契约、父母与子女的冲突、丧子之痛、虐待儿童和杀婴行为。我将在下一章再度探讨家庭理论，以便更充分地阐述进化分析在社会科学上的重要性。

“交配策略”（mating strategy）受到一个重要事实的影响——女性在性活动上所冒的风险比男性大。这是因为女性只在有限的年龄段内拥有生殖力，而且每怀一胎都必须投入重大的资本。用质朴的话来说：一个卵子比一个精子有价值多了，因为一个精子为了赢得一个卵子，必须和其他数百万个精子相争。当一位母亲怀孕之后，在她剩余的生殖期就有相当长的一段时间，不再有进一步生育的机会，但一位准父亲能立刻让另一位妇女怀孕。科学家已经利用这个观念的微妙之处，成功预测了择偶和求偶的模式、性开放的相对程度、父职所带来的焦虑感、视女性为资源的做法和一夫多妻制（在过去，世界上至少有四分之三的社会认为拥有数位妻子是可接受的）。套用现在大众文学中为人所熟知的公式，男性充分发挥的性冲动，在坚持自信而冲动；女性的性本能，则在含蓄妩媚而挑剔。在预测中，男性比女性更容易受色情和卖淫媒体的吸引；在求偶过程中，男性会强调垄断性的性交权，并确认自己是父亲，而女性则一贯地看重资源和物质安全感的保证。[155]

"地位"（status）在所有复杂的哺乳类动物社会中，都占据中心的位置，包括人类社会在内。光是人类对地位的追求，不论是对身份、阶级或财富，都已经涵盖了人类社会行为中的大半类别。在传统社会中，个体的基因适应（genetic fitness）虽然不全与地位相连，但大致上皆是如此。尤其是酋长和专制的君主阶级，占据优势的男性很容易拥有多位女性，因而能产生较多的子女，数目往往不成比例。历史上有许多暴君（能恣意决定被统治者生死的独裁者）曾经操纵成百甚至成千的妇女。有些统治区则实行明确的妇女分配制度，比如秘鲁的印加人：一个小酋长依法律就配有 7 位妇女，治理 100 人的统治者能得到 8 位妇女，治理 1000 人的领袖可以有 15 位妇女，而伯爵和国王所拥有的妇女则不下 700 位，一般老百姓只能在剩余者当中挑选。在抚育孩子上，他们也同样占优势。在现代工业化国家中，地位和基因适应之间的关系较为含糊。相关数据显示，具有高等地位的男性通常活得较长，而且能和较多的妇女交配，但并不一定有较多的子女。

领土与协议

在部落和与部落相当的现代国家中，“领土的扩张和防御”是文化的一个普遍现象。它对生存和未来繁殖潜力的贡献，重要得不可想象，尤其是对部落领袖而言；部落中类似战争的紧急防御措施，也具有相同的重要性。海军少将迪凯特（Stephen Decatur，1779—1820），这位在 1812 年战争中英勇作战的英雄，曾经宣称：“我们的国家！愿她永远是对的；但不论对错，她都是我们的国家。”（但是，个人的攻击性也有达尔文式的限度，如迪凯特在 1820 年的双人决斗中身亡。）

在生物学家的定论中，地域性在社会进化过程中并不是无法避免的，许多动物完全没有这种行为。进化过程会出现地域性的本能，是因为某些重要的资源变成了“密度依赖因子”（density-dependent factor）。也就是说，族群密度会因为食物、水源、筑巢地和提供这些资源的土地面积的减少，而逐步下降。死亡率随之上升，出生率随之下降，或两者同时发生，直到两者速度多少达到平衡而族群密度平稳下来为止。在这种情况下，动物有进化出地域性的倾向。理论上的解释是，个体若在遗传上倾向于保护自身和所属社会团体的私有资源，就能把更多的基因传给下一代。

相反，有些物种的增长率下降，并不是因为资源有限，而是因为迁徙、疾病或遭到捕杀。这些非传统的“密度依赖因子”一旦变得极其重要而资源控制因此不再必要时，对领土的防御往往不会进化成遗传反应。

人类绝对是具有地域性的物种。既然在数千年的进化过程中，有限资源的控制一向攸关生死，对领地的侵略也就广为流行，并且引发谋杀的反应。谈论到战争起于文化，并且是可以避免的，就会让人有种安慰的感觉。可惜，这种传统智慧只有一半是真理。比较正确也更为谨慎的说法是：战争是基因和文化共同塑造的，只有透彻了解这两种形式的遗传在不同历史状况下的相互作用，才可能避免战争。[156]

“契约协议”（Contractual agreement）在人类社会行为中非常普遍，就如我们呼吸的空气，并不会吸引人的特别的注意力——直到它出现问题。但是基于下述的原因，契约协议值得我们予以专注的科学研究。所有的哺乳类动物在形成社会时都是以个人的利益为出发点，包括人类在内。哺乳类动物并不像蚂蚁中的工蚁或其他的社会性昆虫那样，愿意为共同的利益付出自己的体力和服务。相反，它们会以全部的精力，争取自己和亲族的利益。对哺乳类动物而言，社会生活的产生是为了提高个人生存和繁殖的成功率。因此，人类以外的哺乳类动物社会和昆虫社会相比，组织远较松散。这类组织的决定因素包括优势阶级、快速转移的联盟和血亲关系。人类已经放宽了限制，通过长期契约与其他人建立类似血亲的关系，由此增进社会的组织性。

契约的形成不只是文化的普遍现象，它是人类的一项特征，就像语言和抽象思维那样是人类所特有的，并且是经由本能和高度智能的结合而产生的。感谢加利福尼亚州大学圣塔巴巴拉分校（Santa Barbara）心理学家科斯米德斯（Leda Cosmides）和图比（John Tooby）在实验上的突破，我们现在才得以知道，契约的形成并不只是协议团体在共识之下单纯理性分析的结果。相反，探测诈欺行为的能力会发展得极为敏锐，并成为快速的计算能力。比起发现单纯的错误和估计别人利他行为的动机，人类察觉诈欺的能力还要更敏锐。而且当社会契约的花费和收益一旦确立，这个能力还会进一步引发一系列的计算程序。被欺诈的可能性比犯错、善事甚至利润更引人注意，它可以使人们情绪激动，并且是恶意的闲话和道德攻击的主要源头，但也正因为如此，政治经济的完整体系才得以持续。[157]

许多证据都支持基因适应的假设：分布最广的文化特征，会让偏向它们的基因具有达尔文式的优越地位。广泛分布的文化特征一般都对环境适应得较好，它们的存在也因为天择而符合进化的首要原理。不论有没有意识到，大多数人日常生活上的多半行为也似乎多少受到这些首要原理的引导。基因适应这个假设的真正价值，在于为人性提供一个深入的看法，也为学术研究开启了一个成绩丰富的新方向。

不过，基因适应假设也有许多弱点。它多半的缺陷并不来自证据上的矛盾，而是因为欠缺相关的信息。人类行为遗传学仍然处于婴儿阶段，因此普遍文化特征之下的特定行为和基因之间，几乎还看不到直接的关联；理论和事实之间的吻合，多半只是统计上的相关。少见的一个例外是前一章的例子：颜色词语和遗传学之间的成功关联。

我们对引导行为发展的外遗传法则也多半未加以探索，因此基因－文化协同进化的真正本质，在大多数情况下只是揣测的结果。外遗传法则是不是大脑的一种固定特殊功能，并因而形成动物本能？或者它们是一般化的理性程序，可以在极多的行为类别中发挥功能？不同的答案将使世界大不相同。目前所有的证据都显示，这两种狭义的和广义的外遗传法则同时存在。比方说，笑容的使用受到一组法则的严密管控，而另一组法则对地域性反应的管制则相当松散。但是，在对这类法则有较佳的记录和解析，并更了解它们如何引导心智发展之前，我们很难解释大多数行为类别中的巨大文化差异。

行为遗传学和行为发展的这些缺陷，主要是观念与技术上的深入问题，但迟早是可以解决的。除非新的证据举出，要不然目前探讨基因和文化关联的学科，最有可能具有自然的融通性，尽管支持这类研究的证据累积得很慢，而且支离破碎。要解决这个困难还有待生物学进一步的扩展，以及与心理学、人类学的结合。[158]

近交衰退

到目前为止，能最完整地测试基因适应假设的人类行为类别，是避免乱伦的行为。我们已经从各种不同的生物和文化层次中，获得了和这个现象相关的信息。这类行为举世皆准，或者几乎是如此，而且表现得清晰明了。在所有社会中，兄弟姐妹间和父母子女间的性行为都相当不寻常，由这类行为产生的孩子也极为稀少。同时，双方为了产生这类孩子而同意长期结合的例子，则几乎不存在。

目前对避免乱伦的解释，结合了基因和文化的进化，是社会生物学上一个直截了当的训练。兄弟姐妹间与父母子女间交配所产生的下一代中，有高百分比的遗传缺陷。为了避免这样的风险，人类会下意识地倾向于服从下述的外遗传法则：如果一个男孩和一个女孩在一起，其中有一个还不到 30 个月大，后来又在亲近的家庭环境中成长，也就是所谓的使用同一个尿桶长大，那么他们后来就不会对彼此产生性兴趣，反而会对这种想法有种厌恶感。这种情绪上的反感，加上许多社会都了解近亲交配的后果，使得乱伦变成文化上的禁忌，并且通过习俗和立法加以禁止。

乱伦可能产生有缺陷的孩子，我们目前对这项遗传学家称为“近交衰退”（inbreeding depression）的风险，已经有很深的了解。平均而言，在每一个人的 23 对染色体上，会有两个部位携带隐性的致命基因。这类致命基因几乎可以在染色体的任何部位出现，而且确切的数目和部位因人而异。每一对受影响的同源染色体中，通常只有一个染色体会携带致命基因，另一个则具备正常的基因，而正常基因可以抑制致命基因的效应。近亲交配的风险就在这个致命性上。当两个染色体同时在某个特定部位携带致命基因时，胎儿不是遭遇流产，就是死于婴儿期。

如果一位女性的染色体在这样的部位带有一个致命基因，又怀了兄弟的孩子。假设他们的父母之间没有近亲关联，那么这位女性所怀的小孩有八分之一的概率会死于胎儿期或婴儿期。如果她携带两个致命基因，则小孩的死亡概率为四分之一。除此之外，还有许多其他种类的隐性基因能够导致身体上的残疾和心理不健全。总之，乱伦产生的孩子夭折的概率，将近是正常交配产生的孩子的两倍，而得以存活的孩子中具有如侏儒症、心脏畸形、重度智障、聋哑、结肠扩大和尿道异常等遗传缺陷的概率，则比普通人高出 10 倍。

韦斯特马克效应

乱伦造成损害是普遍的现象，并不只在人类身上发生，同时也出现在植物界和动物界。容易受到中等或严重近交衰退危害的物种，几乎都会利用生物编程的方法来避免乱伦。类人猿、猴子和其他非人类的灵长类动物，则采用双管齐下的方法。首先，我们在研究 19 种社会性物种的交配模式中发现，所有年轻个体实行的模式，都相当于人类的异族通婚：它们在成年之前，就离开出生的团体而加入另一个团体。马达加斯加的狐猴和大多数新大陆和旧大陆的猴类当中，雄性会迁出；非洲的红疣猴、阿拉伯狒狒、大猩猩和黑猩猩当中，则是雌性离开；中南美洲的吼猴当中，则是两者都会离开。这些种类繁多、心急气躁的年轻灵长类动物，并不是受到具有攻击性的成年长辈的驱逐才离开团体的，而显然是完全出于自愿。

姑且不论这种行为最初的进化起源是什么，会如何影响繁殖的成功率，年轻的灵长类动物在性器官未完全成熟之前就迁离，都极大降低了近亲交配的可能性。然而，对近亲交配的抵御还有第二道防线来助阵，留在出生团体内的个体用这种措施来避免交配。在被仔细研究的非人类社会性灵长类动物中，包括南美洲的狨和獠狨、亚洲猕猴、狒狒和黑猩猩，成年雄性和雌性都会显示出“韦斯特马克效应”（Westermarck effect）：蔑视和排斥早期亲密相处的个体。几乎从来没有母子交配的现象出现过，而生活在一起的兄弟姐妹交配的频率，也远比和关系较远的个体交配的频率来得低。

上述这个本能反应，首先是在人类而不是猴类和猿类身上发现的，由芬兰人类学家韦斯特马克（Edward A. Westermarck，1862—1939）在 1891 年的经典之作《人类婚姻史》（*The History of Human Marriage*）中首次提出，并且在这段时间内，得到愈来愈多资料的支持。其中最具说服力的资料，是斯坦福大学的沃尔夫（Arthur P. Wolf）对中国台湾地区童婚的研究。童婚早期在中国南部很盛行。男方家庭会收养一个没有血统关系的女婴，让两人以普通兄妹的关系一起成长，随后再让两人成婚。这种习俗的产生，似乎是当时极不平衡的性别比率和经济条件导致的极具竞争性的婚姻市场，而这是确保儿子能拥有配偶的方法。

由 1957 到 1995 年的近 40 年当中，沃尔夫研究了 19 世纪末 20 世纪初的 14200 位曾经被包办童婚的台湾妇女。统计资料还附带包括这些“小媳妇”以及她们的朋友和亲戚的个人面谈记录。

沃尔夫所进行的，是一个关于人类主要社会行为心理发展起源的控制实验，虽然控制条件并不是事先计划好的。童养媳和丈夫没有任何生物学上的关联，因此去除了遗传相似性可能引起的所有因素。但是他们在台湾人的家庭中，以兄妹般亲密的关系一起长大。

沃尔夫研究的结果毫无疑问地支持韦斯特马克的假设。这个未来新娘如果在 30 个月大前就被领养，往往会抗拒与既定的弟兄结婚。父母亲通常必须强迫这对夫妇圆房，有时还得采用体罚相威胁。这类婚姻以离婚收场的比率，是同一社区中一般正常婚姻形态的三倍；产生的子女数目比一般人少了将近百分之四十；其中三分之一的妇女承认曾有外遇，而一般正常婚姻形态中只有百分之十的妻子有外遇。

沃尔夫通过一系列仔细交叉分析，发现了主要的抑制因素，乃是生命中头30个月亲密地共同生活的经验，这可以是配偶中一方或双方的经验。在这个重要时期内，两人的关系愈亲密愈长久，后来的抵抗也就愈强。沃尔夫的数据排除或减轻了其他可想到的因素所扮演的角色，包括领养经验、领养家庭的经济状况、健康、结婚年龄、手足纠纷，以及因为误把配偶当作真正兄妹而造成的乱伦厌恶感。

另一个同样是非事先计划的实验，也出现在以色列的集体农业屯垦区内。这里的孩子会在托儿所中一起被抚养长大，就像传统家庭中的兄弟姐妹一样亲密。人类学家谢佛（Joseph Shepher）和同事在1971年调查在这种环境下长大的年轻人所组成的2769桩婚姻，发现当中没有任何一桩婚姻是来自相同社区内从小生活在一起的成员，甚至找不到任何一件已知的异性性交案例，尽管社区内的成人并不特别反对。

这些例子以及许多从其他社会收集来的逸闻证据显示，人类的大脑在设计上服从一个简单的经验法则，不要对你在生命最早期就亲密的人产生性爱的兴趣。

韦斯特马克效应也和心理学上的分级效应原理（principle of graded effect）相符合。许多社会的证据都显示，在幼年早期的敏感阶段中关系愈亲密，就愈不可能产生异性性行为。因此，儿子在婴儿期对母亲的强烈依附感，使得母子乱伦最为稀有。第二少的事例是兄弟姐妹之间的乱伦，之后是亲生父亲对女儿的性侵害（我用“性侵害”这个词，是因为女儿本身很少自愿参与这样的行为），最后才是继父对继女的性侵害。

对乱伦的禁忌与容忍

上述的证据虽然展现出简洁而具说服力的概念，但是离避免乱伦的全盘解释仍然很远。我们还没有结论性的证据，可以证明韦斯特马克效应是源自天择作用下的遗传进化，但是，所有的征兆当然都是指向那里。避免乱伦能降低近亲交配，因而能产生更多健康的下一代。即使人们对童年玩伴的性反应只具有很低的遗传变异，也已经足以造成适应性的强烈变化，至少在族群遗传学理论上，已经足以使韦斯特马克效应在 10 个世代的短短时期内，由非常低的发生率发展成普遍现象。进一步的证据来自我们从其他灵长类动物身上观测到的韦斯特马克效应，包括我们现存的动物近亲黑猩猩在内。在这些动物之中的这个效应，无疑是来自遗传，而非文化。然而，仍然没有人尝试估量这项人类反应的遗传性，或试图找出设定这些现象的基因。

这项研究的第二个缺点是，我们对韦斯特马克效应确切的心理来源并不了解。我们也无法指出引发这项抑制作用的童年刺激是什么，不能确知它们是源自嬉戏、一起饮食、无可避免的互相攻击，还是其他较隐晦也许只存在下意识的感受。这些极具影响力的刺激可能来自任何或大或小的事物，可能来自视觉、听觉或嗅觉，而且不一定是普通成人的感觉可以了解的。依照生物学家的解释，本能具有一个特性，只要是真实生活中的相关事物所提供的简单暗示，就足以引发本能。在关键时刻出现的一种气味或一个身体接触，就会触发或抑制复杂的行为。

人类避免乱伦的故事，还因为第三道防线而变得更加复杂，那就是对乱伦的禁忌，这是借由文化传递的一组规章，禁止近亲发生性行为。许多社会允许甚至鼓励表亲之间的婚姻，尤其是当这种婚姻能够促进群体团结和巩固财富的时候，但禁止亲手足间或同父异母 / 同母异父的手足间建立婚姻。

这些禁忌是有意识地创造出来的，而不再是简单的本能反应；它的细节会因社会的不同而有极大的差异。在多种文化当中，它还牵涉到严格的亲族分类和异族通婚契约。在史前社会里，一般把乱伦视为与同类相食、吸血鬼和黑巫术相关，这其中的每一项行为本身都会受到惩罚，而现代社会则以立法的形式来防止乱伦行为。英格兰在克伦威尔（Cromwell）父子主政时期，也就是从 1650 年到 1660 年王政复辟这 10 年之间，乱伦是可以处死刑的。在苏格兰，这个行为直到 1887 年在名义上仍是该当死罪，尽管实际上最多只会被终身监禁，少有更严重的处罚。在美国，一般视乱伦为重罪，会处以罚款、监禁或两者并罚。对儿童的性侵害如果额外涉及乱伦，就更是令人痛恨。

历史记载的往往是例外事件，尤其是在记载人类的一般道德标准时。仍然有些社会对近亲交配有某种容忍度，包括印加、夏威夷、泰国、古埃及、苏丹的赞德人（Zande）、西非的达荷美共和国（Dahomey），以及乌干达的恩科勒人（Nkole）、布尼奥罗人（Bunyoro）和干达人（Ganda）。其中，每一个社会的近亲交配行为（或是在现今已经终止的过往例子）都有仪式相伴，并且只局限在王族或其他的上流社会团体。男性除了在近亲交配的安排中产生“纯种”的后代之外，还会有其他的女性伴侣，而生下异姓交配下的后代。主要的家庭是父系家庭，或者说，在过去是如此。对居高位的男性而言，要达到最佳的基因适应，是与亲姐妹交配，产生具有自己百分之七十五共同血统的后代，而不是平常的百分之五十；他们也会同时和其他没有遗传关系并较可能产下正常孩子的女性交配。根据完整的记录，公元前 30 年到公元 324 年间，当埃及受到罗马帝国统治时，老百姓之间也普遍存在兄妹成婚的现象。这是比较不容易解释的。这个时代的古代文献无可置疑地显示，有些兄妹确实可以毫无顾忌地具有正式的性关系。

弗洛伊德的反辩

乱伦禁忌再度带领我们进入自然科学和社会科学的边界地带。他们提出如下的问题：生物学上的韦斯特马克效应和文化上的乱伦禁忌，到底有什么关联？

有两个对立的基本假设，都在解释人类避免乱伦的行为；比较这两个假设，可以使我们更明确地了解这个问题。第一个假设来自韦斯特马克，我在此以合乎时代的语言加以总结，人们避免乱伦，是因为人性中存在外遗传法则，而且它们已经转译成一种禁忌。与此对立的是弗洛伊德的假设。当这位伟大的理论家第一次听到韦斯特马克效应时，就坚持反对它的存在。他认为情况恰好相反：同一个家庭内的成员之间，具有原始而威力强大的异性性欲，而且不会受任何本能抑制作用的阻断。为了避免近亲交配行为的发生，以及因此对家庭维系力的严重破坏，社会才进而发明了禁忌。结果，弗洛伊德在他的伟大的心理学架构中发展出“恋母情结”。这是指儿子对母亲具有无法化解的性欲望，同时把父亲视为情敌而加以憎恨。弗洛伊德在1917年写道：“人类优先的选择通常具有乱伦的成分，男人会渴望与母亲和姐妹发生亲密关系，这个从婴儿时期持续下来的倾向，需要通过强制的禁令加以防止，才能避免不良的后果。”

弗洛伊德从一开始就占上风，把韦斯特马克效应称为荒谬之言，并且声称自己发现的精神分析理论使这个效应更站不住脚。他同时大量引用英国人类学家、古典主义者和《金枝》（*The Golden Bough*）

一书的作者弗雷泽（James G. Frazer，1854—1941）对韦斯特马克效应的反驳。弗雷泽推论道：如果韦斯特马克效应真的存在，就不需要禁忌。“我们实在很难了解，为什么深刻入骨的人类本能还会需要法律的强化。”在 20 世纪其余的大部分时间里，这个逻辑推论经常出现在教科书和学术评论中。

韦斯特马克对弗雷泽的回应很简单，也一样合乎逻辑。同时，支持他的证据也逐渐增加，但因为精神分析理论太占优势而被忽略。韦斯特马克说，任何人都会这样想：我对我的父母和兄弟姐妹一点性爱上的兴趣也没有，但偶尔还是会想想和他们发生性关系时会是什么感觉。不过，这个念头实在令人反感！乱伦是一种被迫而且不自然的行为。它可能会改变或破坏我和家人的其他关系，但这些关系对于维护我日常生活的福祉很有必要。发生在别人身上的乱伦，在我看来也同样让人反胃，而且显然也让其他人倒胃口，因此稀有的乱伦事例应该以不道德的罪名加以谴责。

尽管这个解释也许很合理，也有证据的支持，我们仍然很容易了解，为什么弗洛伊德和其他具有影响力的社会理论学家，会对韦斯特马克效应报以如此强烈的反应。因为它危及现代思想中的一个基本架构，并且质疑这个时代所推崇的一项重要的学术进展。沃尔夫很准确地描述了这个为难之处：“弗洛伊德看得很清楚，如果韦斯特马克效应成立，他自己就错了。他必须否定儿童早期的亲密关系会抑制后来性吸引力的可能性，要不然恋母情结的基础就会崩溃，随之瓦解的还将包括他的人格动力说（personality dynamics）、对精神官能症的解释，以及他对法律、艺术和文明起源的宏观看法。”

韦斯特马克效应也动摇了其他学说。其中一个问题是，一般社会规章的存在是为了压抑人性，还是彰显人性？随之而来的问题也不能说不重要：乱伦禁忌对道德的起源有什么样的启示？正统社会理论认为，道德多半是由规范和习俗建立起来的传统义务和责任；韦斯特马克在有关伦理的著作中，则偏好相反的想法，认为道德观念是天生情绪引发的。

理性的选择

关于避免乱伦行为的争议在经验上是可化解的，至少在伦理理论的冲突上是如此。事实上，韦斯特马克或弗洛伊德都是正确的。目前的证据强烈偏向韦斯特马克的看法，然而乱伦禁忌不只是转嫁到个人偏好上的一种文化传统。人们也可以直接观察到近交的后果，至少能够模糊地认识到，有残障的孩子经常来自乱伦的结合。沃尔夫在斯坦福大学的同事达勒姆（William H. Durham），在世界上任意挑选了 60 个社会，搜寻其中的民族记录，查看他们对乱伦后果有什么样的了解，结果，其中有 20 个社会显示出某种程度的理解。例如，太平洋西北部的美洲印第安人特里吉特族（Tlingit）就直接指出，残疾的孩子经常是极近亲交配所产生的。其他有些社会不仅了解到这个事实，还同时发展出加以解释的民俗理论。斯堪的纳维亚的拉普兰人（Lapp）提出“坏血”是来自乱伦。波利尼西亚的提冠皮恩人（Tikopian Polynesian）则认为，乱伦造成的“死魔”会传到后代的身上。新几内亚的卡保库人（Kapauku）也具有类似的理论，相信乱伦的行为会导致罪人身上的重要物质败坏，并且传给孩子。印度尼西亚苏拉威西岛的托拉加人（Toradja of Sulawesi）的解释更为绝妙，他们说，如果具有冲突特质的人相交配，例如近亲之间，大自然会陷入混乱。

令人好奇的是，在达勒姆研究的 60 个社会中，虽然有 56 个社会的某个或数个神话中出现了关于乱伦的故事，但其中只有 5 个产生邪恶的效应。大多数反而具有正面的效果，尤其是创造出巨人和英雄。然而，即使乱伦在这些神话中不被视为异常，却仍然是特殊的。

总而言之，从人类避免乱伦行为的研究中浮现出来的，是一个包含重重阻碍的真实情节。首先是韦斯特马克效应，这是出现在所有已知灵长类动物身上的一种古老的去性欲现象，因此对人类而言也极可能是一种普遍效应。接着是灵长类动物的另一项普通特色，新生一代在性成熟之前会离群而去。这显现在人类身上，就成了青少年的焦躁不安和异姓通婚的习俗。然而，我们仍然不知道离群行为的心理动机，以及构成这种行为的外遗传法则。最后则是文化上的乱伦禁忌，这进一步强化了韦斯特马克效应和离群行为。这个文化禁忌似乎是从韦斯特马克效应中产生的，但在少数社会中，也可能是起因于观察到近亲交配所造成的毁灭性后果。

当韦斯特马克效应转译成乱伦禁忌时，人类似乎已经由纯本能的阶段进入了理性选择的阶段。但真是如此吗？理性选择又到底是什么？我认为理性选择是在不同的心理情节中挑选出一个以便在特定情况下能够满足最强势的外遗传法则。人类之所以能够成功地生存和繁衍数十万年，就是靠着这些法则以及它们的层层节制。避免乱伦的这个例子，或许说明了基因－文化协同进化是如何把所有的（而不是部分的）人类社会行为编成一张多彩的织锦的。[159]

第九章
社会科学

CONSILIENCE

—

The

Social

Sciences

—

我已经可以想象，通过对人类事务
非理性部分的探索，我们能接续起
社会科学和自然科学的间隔。
如果这样的结合真能达成，
社会科学就能扩展时空范围，
并且获得丰富的观念；
结合是社会科学获增预测能力的最佳方式。

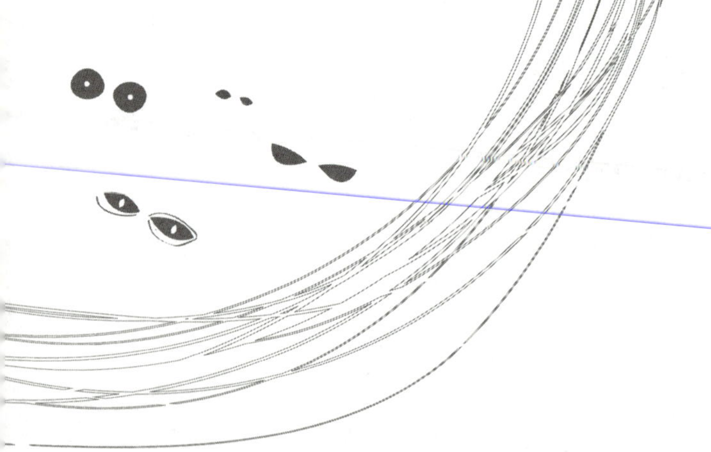

人们期望社会科学，包括人类学、社会学、经济学和政治学，能够带来一种了解生活和控制未来的知识。他们希望当社会选择某一项行动而不选择另一项时，自己能够预测出目前不存在但将来会发生的事件，而不只是等待命中注定的事件显现。

政治生活和经济的运作中心，是以假设这种预测能力存在为基础的。社会科学极其努力想达成这个目标，而且在运作上多半与自然科学不相关。它们如此独立行动的效果如何？如果把社会科学历年来的成就和可自由取用的信息相比较，成绩显然不明显。

如果把社会科学和医学相比，则很容易看清社会科学目前的地位。这两大领域都背负着重大而紧急的问题，比方说，医学科学家受到雇用，是为了治疗癌症、修正遗传上的天生缺陷，以及修补割裂的神经索。而社会科学家所背负的责任，则包括告诉我们该如何缓和种族冲突，如何把发展中国家转变成繁荣昌盛的民主社会，以及如何让世界贸易更加完善。这两个领域内的问题都极其繁复，部分是因为我们对问题的基本原因的了解非常少。

然而，医疗科学的进展却很惊人。它的基础研究已经出现许多突破，其他突破也随时可能发生，或许即将研制出愈来愈不具侵入性的仙丹妙药与疗法。数千个经费雄厚的研究团体与全球信息网相连，更是振奋人心。神经生物学家、病毒学家和分子遗传学家彼此了解，并互相鼓励，尽管他们在研究竞赛中仍为对手。

社会科学也有进展，但是相形之下极为缓慢，而且完全和医学不同，并没有受到信息交流和乐观精神的激励。即使最佳的合作也是无精打采的，甚至连独到的发现都经常被意识形态上的恶毒争议所掩盖。多半时候，人类学家、经济学家、社会学家和政治学家之间，无法互相了解和彼此鼓励。

社会科学与医学之差异

这两个领域的主要差别在于融通性：医学科学具备融通性，社会科学则不然。医学科学家具有分子和细胞生物学所建立起来的协调基础，在研究健康和疾病的因素时，会一路探讨到生物物理化学的层次。个别研究计划的成功，完全得看实验设计能够真实地反映出多少基本原理。研究人员努力保持这些基本原理在所有生物组织层次上的一致性，从整个生物体逐步降到分子的层次。

社会科学家和医学科学家一样，具备大量的真实信息，在分析上具备多样而复杂的统计技巧，也具备足够的知识。如果你询问这方面的首要思想家，他们大多会告诉你一切都很好，各种社会科学都很上轨道——大致上多少如此。但是，即使我们只是随意审视，也能明显看出社会科学家的努力因为不团结和眼光狭窄而乱成一团。而产生这种混乱的原因，已经愈来愈明显可见。对于能够统一并推动自然科学且具有等级排序的知识这个想法，社会科学家大多会加以嘲弄和排斥。社会科学划分成多个独立的团体，虽然各自强调专业上的用词必须准确，但是不同的专业很少采用相同的术语。很多社会科学家甚至对这当中产生的混乱气氛感到欣喜，错以为是一种创作的热情。有些人偏好党派性的社会激进主义，以理论协助个人的政治哲学。在过去数十年当中，社会科学家支持马克思列宁主义，或是最糟糕的社会达尔文主义——就像误入歧途的生物学家经常受到指责那样。当今各种派别所偏好的意识形态，包括自由放任的资本主义和极端的社会主义，另外一些派系所推动的后现代主义的相对主义（postmodernist relativism），则对客观知识这个观念本身提出质疑。

社会科学家很容易因为对种族的忠诚而身受束缚。许多被认为是社会理论的东西，仍然脱离不了开山鼻祖的掌控——若就科学领域的原理来看，这是一个坏征兆，因为人们遗忘创始者的速度通常是衡量科学进展速度的标准。布莱克本（Simon Blackburn）在《牛津哲学词典》（*Oxford Dictionary of Philosophy*）中提出极具启发性的例子："出自索绪尔的符号论（semiotics）传统，有时称为符号学（semiology）。令人困惑的是，在克里斯蒂娃的著作中，符号学这个用词是指自我（self）幼稚的非理性部分的流露。"[160] 接着，穿越冷僻的批评理论、功能主义（functionalism）、历史主义（historicism）、反历史主义（antihistoricism）、结构主义、后结构主义，到随后的马克思主义和精神分析论的"墓穴"（如果你不坚决反对的话），社会科学学术界中有极大一部分在 20 世纪中消失了。

上述的每一项主张对了解人类的处境都有一些贡献，而当中最佳的看法如果能够相连，就可以广泛解释社会行为，其效力至少像文字出现以前的创世神话一样，确信自己解释宇宙的方式是对的，同时具有某种内在一致性。然而，社会科学家从来无法（我不认为这个说法过于强烈）把他们的叙述建立在人类生物学和心理学的物理现实上，尽管文化必然是从这类现实中产生，而不是来自某个星际空间。

我同意任何批评家都应尽量谦虚。每个人都知道社会科学极其繁杂，在本质上，它们远比物理学和化学困难，因此它们才应该是硬科学。它们只是看起来比较容易，因为我们可以和其他人谈论社会科学，却无法谈论光子、胶子（gluon）和硫化基（sulfide radical）。也因为如此，社会科学的许多教科书都沦为平庸的劣质品。

这点正是社会科学所面临的矛盾。熟悉带来舒适，而舒适会滋养轻率的态度并且导致错误。大多数人相信自己能了解自己如何思考、别人如何思考，甚至了解制度如何发展。他们对人性的领悟来自常识，也就是基于通俗心理，若以爱因斯坦的定义来看，则是以 18 岁之前学到的所有东西为根基。然而这些领悟却充满了误解，而且只比希腊哲学家的想法高明一点点。一些先进的社会学家，包括使用复杂数学模型的专家，也同样对通俗心理感到满意，并且照例地忽视心理学和生物学上的科学新发现。这部分解释了为什么社会科学家会高估共产主义统治的威力，而低估了种族敌意的力量。当苏联"帝国"的解体犹如超强高压锅的盖子瞬间炸开，社会科学家感到震惊不已；接着，在苏联的影响力逐渐式微的状况下，这股释放出的能量竟引发种族冲突和民族主义战争，这再度让他们大感惊讶。他们也屡次错估了穆斯林原教旨主义这个由种族指引的宗教团体。在美国本土，他们不仅没有预见福利国家的瓦解，甚至也无法找出大家都认同的原因。简而言之，社会科学家整体都对人性的基础毫不关注，对它深远的起源也几乎全然不感兴趣。

关于上述的最后一点，社会科学的发展是因为历史先例强势的"遗产"而受阻。忽视自然科学，是社会科学开创者有意设计的策略，包括著名的涂尔干（Emile Durkheim，1858—1917）、马克思、博厄斯（Franz Boas，1858—1942）、弗洛伊德，以及他们的嫡系跟从者。他们的目标是把这些新生的学科，从生物学和心理学等基础科学中分离出来。无论从哪个角度看，社会科学在草创之初都还太原始，看不出会与自然科学有何关联。这种态度在一开始颇有成果，使社会学家可以不受自然科学的影响，而广泛地搜寻文化和社会组织内的模式，并且利用获得的初步证据，建立起社会行为的法规。但是在这个初创时期结束后，理论家并没把生物学和心理学纳入考虑时，便犯了错误，这时如果还回避人性的根源，就不再有好处了。

文化相对主义

社会科学特有的另一个问题也阻挠了理论家往自然科学的方向探讨，那就是政治意识形态。这个现象在美国人类学研究上尤其显而易见。博厄斯与他的两位著名学生本尼迪克特（Ruth Benedict，1887—1948）和米德（Margaret Mead，1901—1978），（正确地）认识到社会达尔文主义中隐藏着优生学和种族歧视，因而发起全面的反击。他们因为热衷于道德，所以摒弃了小心谨慎的态度，并且进一步把反对意见转向文化相对主义（cultural relativism）这个新的意识形态。大多数专业人类学家都对这个意识形态的逻辑思维有不同程度的贡献，它的内容可以表述如下：

> 我们不该假设在达尔文式的生存竞争中，“文明人”胜过“原始人”，并因而较为卓越。我们不该认为他们的差异源自基因，而不是历史环境的产物。另外，文化极其复杂，并受到它所源自的环境的影响，因此，认为文化是由较低层次进

化到较高层次的想法，有误入歧途之嫌；同时，采用生物学来解释文化多样性，也是错误的妄想。

博厄斯和其他具有影响力的人类学家宣称，所有的文化都是平等的，只是具有不同的形式，并且深信这种说法会带来好处。他们在自己的船桅上钉着文化相对主义的旗帜。1960 年代和 1970 年代，这个科学信仰极力支持美国和其他西方社会在政治上实行多元文化主义（multiculturalism），也就是所谓的“身份政治”（identity politics）。这个主义认为各种民族、妇女和同性恋的次文化与主流文化同等重要，即使这个想法贬低了要统一国家文化的想法。美国联邦的座右铭“合众为一”（E pluribus unum），扭转成了“由一生多”。希望这个理想实现的人，会问一个相当合理的问题：如果认同政治能够提高公民的个人权利，又会有什么错误呢？许多人类学家的直觉因人道目的而加强，于是习惯上对文化相对主义的支持也就愈加强烈，对生物学的反对愈加坚决。

因此，没有生物学。但是这个推理在兜一个圈子之后又回到了源头——讥讽之前必然因而微笑。文化相对主义的出现，是为了反驳“种族之间会因为遗传而有行为差异”——不可否认，这个观念的确未经证实，而且在意识形态上极危险。接着，文化相对主义转为反对人性会基于遗传而统一。人类处境因而出现了很大的难题：将人类联合在一起的如果既不是文化，也不是遗传的人性，那会是什么？这个问题不能不解决，因为如果伦理标准是依文化而决定，而文化又无穷地多元且每一样都同等重要，那什么可以取消神权统治或殖民主义？或取消童工、虐待和奴役的政策？

人类学派的纷争

人类学对上述问题的迷惑反应，导致它当今内部分裂成两个同等重要的不同文化。生物人类学家试图把文化解释为一种人类遗传史的产物，而个体在当代历史的影响下所做的决定，则会使文化在每一代都有所更新。接传博厄斯衣钵的文化人类学家则持有对比鲜明的看法，认为文化是较高层次的现象，多半不受遗传史的影响，而一个社会与另一个社会之间的文化分歧也是永无止境的。生物人类学家的看法就像电影《星球大战》（*Star Wars*）中的异族人，具有不同的身体结构，但令人难以置信地被不可磨灭的人性所统一。文化人类学家的看法则比较像《天外夺命花》（*Invasion of the Body Snatchers*）这部电影的主角，虽具有人类的外形，却保有异族人的本性。[看法较正确的电影是《独立日》（*Independence Day*，又称 ID4），它正确指出，不属于人类的都是异族。]

现代人类学派系分立的状态，可以从美国人类学协会（American Anthropological Association）在 1994 年通过的决议看出来。他们一方面肯定“继续支持生物和文化上的差异”的理论，另一方面又坚持“抗拒把多样性生物化或同质化”的观点。他们对如何使这两个矛盾的目标互相妥协，并没有提出具体的方法。[161]

那么，人类学如何探讨多样性？我们要是找不到融通的解释，这个问题就没有解答，而两个派别之间的分裂也会继续加深。生物人类学家的注意力，会逐渐集中在遗传学和人类进化过程的重建上。文化人类学家则和自然科学愈离愈远，他们的学术研究已经进一步和人文学科相结合，把每一种文化看作一个独特的实体来分析，例如夸扣特尔人（Kwakiutl）、雅诺马米（Yanomamo）、新几内亚的卡保库人以及日本。他们认为自然科学推导出来的定律，不能预测或定义文化整体。有些人甚至离谱地采取极端的后现代主义观点，认为科学只是一种思维方式，是许多次文化中，一种受人尊重的、知性的次文化。[162]

标准社会科学模型

当今的社会学比起人类学来，距离自然科学更远。一般来说，社会学可以被定义成研究较复杂社会的人类学，尤其是指社会学家自身所属的那些社会；相反，人类学可以被定义成研究较简单、较偏远社会的社会学，也就是人类学家本身不属于的那些社会。美国家庭收入和离婚率的关系，是一个具代表性的社会学主题；人类学上的一个典型问题，则是苏丹新娘的财富有多少。

现代的社会学多半强调明确的测量和统计分析，但除了散布各地的异端分子，像华盛顿大学的范登伯格（Pierre L. van den Berghe）、迈诺特州立大学（Minot State University）的埃利斯（Lee Ellis）、德克萨斯州大学的罗伯瑞亚图（Joseph Lopreato）和普林斯顿大学的华莱士（Walter L. Wallace），其他学术界的社会学家在文化研究中，大都一直聚集在附件非生物化的一端。照埃利斯的说法，许多社会学家具有生物学恐惧症，也就是害怕生物学，并决定避开它。他们甚至也小心提防心理学。芝加哥大学的柯尔曼（James S. Coleman）是出色而有影响力的主流理论学家，善于采用自然科学的分析法，他在 1990 年表示："社会科学的主要任务是解释社会现象，而不是个人行为。在一些特例中，社会现象可能是个人行为的直接总和，但是多半情况下则不然。因此，我们应该把心力放在解释社会系统的行为上。这个系统可以小到只包含一对个体，或大到像社会，甚至是一个世界系统。最重要的基本要求，是把解说的重心放在系统这个单元上，而不是其中的个体或组成成分。”

如果我们以生物体取代上述的系统，细胞取代个人，而分子代替其他成分，就可以清楚看出柯尔曼的研究策略其实离自然科学多么遥远。他上述的文字变成：“最重要的基本要求，是把解说的重心放在生物体这个单元上，而不是其中的细胞或分子。”生物学如果采用这样断然的看法，就会一直停留在1850年代。相反，生物学是一种在许多不同的组织层次上找寻因果关系的科学，上至大脑和生态系统，下及原子。我实在想不出为什么社会学不该具有类似的方针，建立一个由社会一脉相通到神经元的远大目标。

涂尔干在1894年发表的宣言《社会学研究方法规则》（*The Rules of Sociological Method*），对建立社会学研究的基础规则极有助益。但是在一个世纪之后，这个用来研究工业化社会而且层面狭窄的方法，几乎仍没有任何改变。哥伦比亚大学的尼斯贝特（Robert Nisbet）在诠释古典社会学时，看出这个领域的创始想法尽管极为辉煌，但其根源比较接近艺术而不是科学。尼斯贝特引用英国诗人里德（Herbert Read，1893—1968）的话，认为伟大艺术的理想目标并不只在满足个人需求，或代表哲学、宗教上的观念，而是通过一些“能够告诉我们关于宇宙、大自然、人类或艺术家本人”的影像，创造一个内部一致的合成世界。[163]

尼斯贝特认为社会学并不是自然科学的逻辑延伸，它的发展途径和启蒙运动后期的预言家所预期的不同。相反，社会学是西方社会思潮的主干创造出来的，其中包括个人主义、自由、社会秩序和变革。尼斯贝特观察到，许多社会学古典文献内所涵盖的，是为19和20世纪早期西欧的社会、经济和政治生活所精心规划的远景。“托克维尔（Alexis Tocqueville，1805—1859）和马克思，以及之后的滕尼斯

（Ferdinand Toennies，1855—1936）、韦伯（Max Weber，1864—1920）、涂尔干和齐美尔（Georg Simmel，1858—1918）留给我们伟大的著作，包括《美国的民主》（*Democracy in America*）、《资本论》（*Capital*）、滕尼斯的《共同体与社会》（*Gemeinschaft und Gesellschaft*）和齐美尔的《城市论》（*Metropolis*）。其中一系列精彩的景致，就和当代更伟大的小说或绘画所描摹的一样独到感人。”现代社会学的主题，由社区和权威到地位和圣礼，最后再到异化，这些都是在人文主义的土壤上繁茂生长而成的。

社会学由科学和人文的片断组合而成，正因为这样荒谬的起源，今天它仍然保有“标准社会科学模型”（Standard Social Science Model，以下简称 SSSM）这个重要的思想据点，这是 20 世纪社会学理论的至高教条。SSSM 认为，文化是由能够塑造个人心智和社会机构的符号与意义所组成的复杂系统。这显然是正确的。但是，SSSM 同时也把文化看作独立的现象，无法化约成生物学和心理学元素，因此是环境和历史事件的产物。[164]

SSSM 以最单纯的形式，把直觉上很明显的因果关系上下颠倒了：人类心灵并不创造文化，它本身就是文化的产物。这种思维方式再度轻视或全然否定了人性的生物基础。与这个想法成极端对立的学说则是基因决定论的教条，相信基因决定了人类行为，因此最具摧毁性的人类特征是不可避免的，如种族歧视、战争和阶级划分。我们必须抵抗这种与 SSSM 成强烈对比的基因决定论，不仅因为它在事实上不正确，更因为它在道德上是错误的。

凭良心说，我从来没有碰到一位生物学家会相信上述定义中的基因决定论。相形之下，虽然在 20 年前，社会科学的严肃学者广泛接受 SSSM 这个极端论调，但是当今仍然持有这种看法的人已经很少了。然而，这两种相反意见的冲突，却成了大众文化感兴趣的话题，并不幸地因为新闻报道和大学教授的强调而持续不变。当这个话题以这种方式出现时，学者会立刻摆出旧有的防御姿态。混乱的状态继续支配着学术界，而气愤的情绪也持续燃烧。[165]

用不同的角度来诠释

够了！一个世纪以来的误解、西方学术史上有如第一次世界大战中凡尔登战役与索姆河战役的持久对峙状态，已经无路可走了；这项古老的文化战争游戏已经陈腐，现在正是停止敌对、形成联盟的时候了。在介于标准社会科学模型和基因决定论这两个强势理论之间的宽广中间地带中，社会科学和自然科学在本质上其实是兼容的。这两大学术分支将因联盟而受益，它们的因果解释模式将因此变得一致。

要达成这样的融通，我们必须首先确认，社会科学在描述和分析上都称得上是真正的科学，但仍不是真正的理论。社会科学在发展早期属于博物学或多半采用描述法的时候，具有和自然科学相同的特征。社会科学家从丰富的数据库中，整理归类出社会现象，在无意中发现了社区行为的模式，并且成功地追溯到历史和文化进化之间的相互作用。但是他们还无法建立因果解释的网络，来成功地贯穿不同的组织层次，由社会进到人类的心灵和大脑。正因为他们无法做这样深入的探索，所以仍然缺乏真正的科学理论。因此，尽管社会科学家经常提到“理论”，同时不停探索相同的物种和相同的组织层次，但仍然无法统一。

社会科学在探讨博物学时，经常使用“诠释学”（hermeneutics）这个词。这个用途局限的词源自希腊文“hermēneutikós”，意思是“精于解释”，也就是对文本的精密分析和诠释，尤其是针对《新约》

而言。社会科学和人文学科的作者已经扩展了这个用词，把对社会关系和文化现象的系统化探讨也包含在内。对于其中的每一个议题，许多学者会从不同的观点和文化角度加以审视，理想的诠释通常需要很长的时间，甚至是整个世代的学术研究。人际关系很少能够拿来实验，所以社会科学家在鉴定这类研究的好坏时，一部分要看描述和分析的完整度，另一部分则有赖于研究这个主题的专家所具有的名声，以及专家之间达成共识的程度。最近数年来，他们也逐渐希望在情况允许的条件下，能采用自然科学的标准程序，也就是精确测量重复的样本，并对数据进行统计分析。[166]

上述的论点也是博物学研究中的最佳方法，这些方法仍然被生物学、地质学和其他自然科学分支广泛地采用。社会科学和自然科学具有一个共同的特征：尊重专家对真实信息的详细分析。从这个角度看来，巴厘岛宗教的诠释学，就类似于巴厘岛鸟类区系的博物学。

如果说博物学是所有科学的基础，那它为什么还称不上理论？主要原因是，少有人在解释现象时，会通过贯通相邻组织层次的因果网络。我们的分析是侧向进行而不是垂直进行的。在巴厘岛的例子中，博物学跨越广泛的文化内涵，但不是由大脑进到心灵再到文化，它也涉及许多不同的鸟类，但不是由单独的鸟类个体进到物种再到生态系统。只有当博物学跨越各组织层次、把既存的最佳知识串联之后，才可能产生科学理论。一旦学者能够提出具有竞争性并且可验证的假设来解释跨越不同层次的所有可能现象时，才可能创造出严谨的科学理论。

如果社会科学家和自然科学家一样，选定以严谨的理论作为终极目标，那么他们的成功，就要视他们能穿越多大的时空范围而定。这表示他们的诠释必须和自然科学的诠释联盟；这也同时告诫我们，除了喝鸡尾酒的嬉闹时刻之外，最好尽量避免著名哲学家罗蒂（Richard

Rorty）所说的戏言。罗蒂把诠释学和认识论做对比，认识论是关于知识的系统性理论。他说："当我们对正在发生的事情具有全盘的了解但又希望以符号来延伸、强化、教导或'巩固'这个事件时，这是认识论。但是当我们对正在发生的事件不明了但老实承认时，这是诠释学……"[167] 就我所知，罗蒂的诠释学并不代表一种学科或研究计划，"而只是在表达一种希望：希望认识论让位而空出来的文化空间不会被占满，并期望我们的文化可以不再感到需要约束和对抗"。简而言之，学者之间的讨论可以在不担心是否融通的情况下进行；大概也无须在乎严谨度。虽然这种让步受到后现代主义学者的欢迎，却是过早的投降，将使我们大量丧失学术调查研究所带来的力量和喜悦。学术研究的创造力可以借由任何调查方式，在出乎意料的情况下产生，但如果抗拒用因果解释把研究发现连在一起，研究发现的可信度也就下降了。这种做法显然是放弃了人类心灵到目前为止所发展出来的最有力工具——科学综合法。这种怠惰的态度贬低了知性的价值。

跨越学科的鸿沟

社会科学和自然科学的结合，到底会以什么样的形式出现？让我们考虑以下四种学科，它们的时空范围逐次扩大，而其中的实践者各自做出以下的描述。

社会学家以适度的傲慢说："我们感兴趣的是此时此地，尤其喜欢仔细分析特别复杂的社会生活和最近历史中的因果关系。我们与细节密切相关，自己也经常成为其中的一部分，沉浸于细节之中。以我们的经验看来，人类社会行为的变异似乎极大，也许具备了无穷的可塑性。"

人类学家回应道："是的，从你们的角度看来确实如此。但是让我们后退一步再看。想想，我们人类学家研究了成千种文化，其中许多是尚未使用文字和非工业化的，我们记录到的变异比社会学家经历过的还要大。但是我确信，人类行为的变异的可能范围还称不上是无限的。我们在其中清楚看到某些限制和模式。我们从文化进化的许多个别实验中获得了信息，包括数个世纪以来分别进行的实验，而这些信息也许可以让我们建立起人类社会行为的规律。"

没有耐心的灵长类动物学家插话道："没错，把简单社会和复杂社会相互比较后所得的信息，是社会科学的骨架和关键。但是，你们的构想需要用更广博的看法来表述。人类行为的变异的确极大，但还无法涵盖我们在类人猿、猴子和其他灵长类动物社会中发现的规律。这些规律是 5000 万年的进化过程所创造完成的，而不只是数千年。如果我们想要了解文化的起源，就应该观察这 100 多种在遗传上和人类最接近的物种，从中找到社会进化的原理。"

社会生物学家追加道："是的，真正的关键在观察者的视野。那么，为什么不把它极尽放大？我这个学科是由生物学家和社会学家联手发展而成，探讨各种生物体之社会行为的生物基础。我晓得，主张生物会对人类行为影响的观念，已经引起极多争议，尤其是在政治领域。但是想想看，人类也许有独特的行为可塑性，并且可能是具备语言、自觉和远见的唯一物种，但即使把所有已知的人类系统合在一起，也只是数千种高度社会化的既存昆虫和脊椎动物系统的一部分。我们如果希望开创真正的社会行为科学，就必须跟踪这些生物体在数亿年中不同的进化，同时，若能体认到人类的社会行为终究源自生物进化，也会有所帮助。"[168]

社会科学中的每一个学科，只要能在大多数时候把其他学科置之脑后，就可以自在地掌握自己选定的时空范围。但由于缺乏真正的社会理论，导致社会科学和自然科学的沟通失败，甚至连自己内部也无法交流。社会科学和自然科学如果要结合，就不能如以往那般，按内容来划分学科，而必须根据学科各自涵盖的时空范围来定义。之后，还必须把各学科关联起来。

这种收敛的过程其实已经开始了。自然科学在过去数十年当中，借着自身内容的快速扩张，已经向社会科学靠拢，在分离的学科之间，也已经搭起了四座桥梁：第一座是认知神经科学，或称大脑科学，其中具备认知心理学的成分，而工作人员则是分析心理活动的物理基础，目标在解决意识思考之谜。第二座是人类行为遗传学，目前正处于早期阶段，寻找行为程序的遗传基础，包括探讨基因对心理发展取向的影响。第三座桥梁是进化生物学，包括研究杂交后代的社会生物学，其中的研究人员已经开始试着解释社会行为的遗传起源。第四座是环境科学。最后这个领域和社会理论的关联，也许乍看之下极微弱，但其实不然。人类的进化过程发生在自然环境这个剧场之中，而人类生理和行为也已经对自然环境适应得很好。因此不论是人类生物学或社会科学，都必须先把人类与自然之间这个坚固的基本架构纳入世界观，才可能获得圆满的解释。

拥有高明的预测能力

我们不难想象该如何在自然科学和社会科学之间安放踏脚石，并加以跨越。让我们就特殊的宏观社会事件来思考，例如美国市中心贫民区内家庭的瓦解、乡村人口大量涌入墨西哥市，或是法国中产阶级对欧元的抗拒。社会科学家对这类问题的探讨，一般会由传统的分析层次开始。他们会整理事实，利用图表和统计解释加以定量，并审视事件的历史背景。他们把特定的事件与其他地方的类似事件相比较，审视所在文化的限制和倾向，并由此决定事件是一般性的，还是当时当地的独特现象。根据这些信息，他们会凭直觉导出事件的发生原因，并且问：这个事件有什么含义？会不会继续发生？会不会再度出现？

现今大多数的社会科学家会就此罢手，开始写报告。但是未来的分析人员若能拥有融通的理论，就可以进行更深入的探讨，得到更丰富的了解，并具备更强的预测能力。在未来的数十年当中，最理想的情况是，社会科学家也把心理学的原理列入考虑，尤其是社会心理学。我所指的社会心理学，并不是单一个人或一个团队所产生的直觉，即使他们具有很高的天分，也不是与人类行为相关的民间信仰，即使这个信仰能满足人们情绪上的需求；我指的是，成熟、明确的心理学原理所产生的完整知识，简而言之，也就是常常受到社会科学家忽视的课题。

让我从这个点开始，为融通的研究提出一个完整的情节。未来的分析人员将充分了解，社会行为如何在既定的环境中，从个人情绪和意向的总和中衍生出来。他们也会知道，个人行为如何源自生物和环境的交互作用。他们对文化变迁的了解，会因为进化生物学观点的影响而有所增进；这个观点是把人类的行为看作遗传进化的产物。但他们在提出这个观点时也会很谨慎，避免假设基因是以简单的一对一方式来制约行为。相反，分析人员会采用较精微的公式更正确地传达同样的含义：行为受到外遗传法则的指引。

外遗传法则起初是一个生物学的观念，指生物体在遗传和环境的共同影响下发展。简单概括我在前两章中的论点，外遗传法则是感官系统和大脑天生的运作方式。它们是一种经验法则，可以让生物体在环境中面临问题时，迅速找到解决方法；使个体倾向于以天生的特殊方式来观看世界，并能够自动做出某些选择，而摒弃其他。在外遗传法则的影响下，我们看到的彩虹具有四种基本颜色，而不再是连续光谱。我们会避免与自己的兄弟姐妹发生性行为，能说出符合文法的句子，对朋友微笑，并在独处时对第一次见面的陌生人感到畏惧。典型的外遗传法则都是由情绪所激发，而且在所有的行为类型中，它们都能快速而正确地指引个体，产生有利于生存和繁殖的行为。但是，它们仍然可能导致各种不同的文化变异和组合。有时候，尤其是在复杂的社会中，它们不再促成个体的健康和福祉；它们所指引的行为也会出差错，而对个人和社会的最佳福祉造成伤害。

我已经可以想象，分析人员通过对人类事务非理性部分的探索，而沿着类似阿里阿德涅的线的因果解释路径，由历史现象步入大脑科学和遗传学。因此，他们即将能够接续起社会科学和自然科学的间隔。目前在这两个领域中，只有少数学者的预测是乐观的。但至少有相当数量的评论家，抱持反对看法。他们认为这种预测具有哲学上的缺陷，即使没有，至少在技术上也极难达成。然而，我所有的直觉都告诉我，它必将发生。如果这样的结合真能达成，社会科学就能扩展时空范围，并且获得丰富的新观念；结合是社会科学增获预测能力的最佳方式。

合作与冲突

社会科学的时空范围如何扩展？包罗万象的人类行为类别中，有许多都具有扩展这个范围的潜能，包括我在后面几章将会讨论的艺术和伦理行为。现在先考虑一个与社会科学紧密相关的例子：进化生物学家和心理学家在过去 30 年间（本书初版于 1997 年。——编者）发展出来的家庭基础理论。1995 年，康奈尔大学的埃姆伦（Stephen

T. Emlen）重新建立了这个家庭理论，其中特别考虑了父母和长大成人的子女之间的合作与冲突关系。他的基本假设是基于天择的进化过程：合作和冲突是进化造成的本能，因为它们可以使具有这些态度的个体生存和繁殖得更好。埃姆伦在扩展假设和测试假设所架构出的理论时，采用了多位独立作业的研究人员所提供的数据，而这些人的研究对象包括世界各地的 100 多种鸟类和哺乳类动物。

埃姆伦的理论所预测的模式，与证据密切吻合。尽管证据中的数据全是关于动物的本能行为，但这些模式与社会科学和人文学科核心主干的相关性，很快就明显浮现出来：

> 对鸟类和人类以外的哺乳类动物而言，家庭基本上是不稳定的。但是，这个不稳定性在那些控制了高质量资源的动物身上，表现得最轻微。王朝只有在资源恒久丰富的地区才会兴起，而在其中，一个遗传谱系可以持续数个世代不衰。
>
> 家庭成员之间的遗传关系愈亲密，比方说父子相对于叔侄，则成员之间的合作程度就愈高。
>
> 借着这种合作关系，以及避免乱伦的一般本能，家庭成员的遗传关系会更加亲密，发生性冲突的频率也就愈低。
>
> 家庭成员之间的亲密度，也会影响冲突和义务的形式。正值生育期的男性如果不确定自己是父亲，就不会在下一代身上投入太多心力。如果一对配偶组成了家庭并成为父母，但后来父母中有一人死亡，那么相反性别的子女与存活的一方，就会因为自己配偶的地位而竞争。例如，父亲死后，生殖力仍然旺盛的母亲，可能因为儿子配偶的地位而与儿子发生冲突；儿子也可能阻挠母亲建立新的性关系。
>
> 这个与冲突和义务相关的模式，使具有继父或继母的家

> 庭，比生物上完整无缺的家庭不稳定。继父母对继子女的投资比亲生父母少，许多物种甚至会杀害当前年轻的继子女，如果这样做可以促进其自身繁殖成功的话。尤其，当继父母属于主导地位的性别时，这样的做法更可能发生。
>
> 如果能带来比较大的好处，那么同一个家庭内共享生殖资源（使用来自家庭外的配偶）的可能就会增高，而家庭里的下层成员就不必离开去自组家庭。当家庭成员在遗传上的关系非常接近，而且合作者是兄弟姐妹而不是父母子女时，这种容忍现象最容易发生。

这个已有文献记录的理论应用在人类身上时，当然必须对文化变化的巨大影响格外谨慎小心。文化变化所导致的传统差异，有时会大到足以包含特异乖戾的行为——除了特异乖戾，我们还能怎么样形容新几内亚的福尔人（Fore）食用过世亲人大脑的行为？这种行为使他们吃进了库鲁病（kuru，类似疯牛病）的致命物质，而在无知中死亡。但是，根据对避免乱伦行为的研究经验，动物的强势本能的确可以直接转译成人类行为的外遗传法则。幼发拉底河平原上的古代部落区，正等待着考古学家的挖掘，那里也是寻找文化古老历史最有效的地方；进化理论所扮演的实际角色，则是指出外遗传法则最可能的所在。[169]

经济学观点

社会科学当中，经济学在形式和自信上最类似自然科学，也最适合当作桥梁，来跨越社会科学与自然科学间的间隔。这个学科配备了数学模型，每年都受到诺贝尔经济科学奖的加冕，商业界和政府机关也赋予它强大的权力，使它的确合乎“社会科学皇后”的尊号。但是，它和“真实”科学之间的相似性经常只是表面的，并且是以极高的学识代价收买过来的。

透过历史背景，可以最清楚地了解经济学理论的潜力和代价。尼汉斯（Jürg Niehans）在其权威著作《经济学理论史》（*A History of Economic Theory*）一书中，确认了主流经济的三个进化阶段。在18世纪和19世纪初的古典时期，经济学创始人亚当·斯密（Adam Smith，1723—1790）、李嘉图（David Ricardo，1772—1823）和马尔萨斯（Thomas Malthus。1766—1834）等人所设想的经济，是一个收入循环的封闭系统。经济系统在供需刺激的推动下，控制了世界的资源，并把资源转变成有利的结果。利伯维尔场经济学的中心主张，是在这个时期由亚当·斯密引入的。根据他的“看不见的手”的观念，当生产个体和消费个体能够自由追求自我的最佳利益时，经济状况就会向前推动，因而为整个社会带来最高的利益。

“边际主义时代”（Marginalist Era）从1830年开始，大约在40年之后达到高峰。在这个时代，经济学转为注意这只“看不见的手”的性质。在想象中，经济内部的活动可以划分成代理者所做的每一项决定，而代理者包括个人、公司和政府。在数学模型的协助下，我们可以检视代理者的活动；利用抽象、类似物理理论的架构，分析人员可以在虚拟的世界中，估计并预测生产和消费变化所造成的效应；利用微分方法，可以计算生产和消费极细微的“边际”变化所造成的经济变动。随着货源短缺情形和需求量的上升或下降，每一单位的新产品，例如金、油或住宅，价格也会随之上涨或下跌。整体而言，这些变化会通过复杂的交易网络，使经济走向或远离供需平衡的状态。

边际主义建立起微观经济学（microeconomics）的基础，而微观经济学的要义，则是利用精确的度量来表示经济变动。这些度量包括："边际成本"，为生产额外一单位产品时，成本总额的增加量；"边际产量"，为额外一单位原料所带来的总生产量的增长量；"边际收益"，为卖出额外一单位产品时，总收入的增长量；"边际效用"，为消费额外一单位产品时所添增的满足感。边际经济学模型就像自然科学模型一样，容许其中的变量以单独或组合的形式发生改变，而其他变量则保持不变。如果很有技巧地玩弄这些变量，这类经济学模型可以呈现清晰的图像。然后古典时期的宏观分析进一步和边际主义时代的微观分析相结合，多是受到英国经济学家马歇尔（Alfred Marshall，1842—1924）在 1890 年撰写的《经济学原理》（*Prirciples of Economics*）的重大影响。依照凡勃伦（Thorstein Veblen，1857—1929）在 1900 年发明的用词，这个结合的产物就是"新古典经济学"（neoclassical economics）。

我们今日正处在这个新古典经济学时期，但同时存在的"模型建造时代"（era of Model Building），则把它带入完成的阶段。从 1930 年代开始，理论学家添加了线性规划（linear programming）、博弈论（game theory）和其他有力的数学与统计技巧，希望更精密地模拟经济世界。他们因为要求准确度，所以不停地重返有关平衡与失衡的主题，并尽可能忠实而明确地说明供需、工厂与消费者的动机、竞争条件、市场的变动和失败，以及劳力和资源的最佳利用方式。

经济模型的缺失

当今最先进的经济学理论，仍然是新古典理论的供需平衡模型。重点一直是严谨的。分析人员都会由衷地同意萨缪尔森的看法，这位极具影响力的20世纪经济学家认为："经济学集中心力探讨的，是那些可以实际测量的观念。"

这句话涵盖了现今经济学理论的长处和短处。既然它的长处已经受到教科书作者和记者的大力赞扬，我在此只想讨论短处。两个标签就足以总结这些短处——牛顿式（Newtonian）和封闭性（hermetic）。之所以称之为牛顿式，是因为经济理论学家希望找到一般性的单纯定律来涵盖所有可能的经济状况。一般性是一个既合逻辑又值得追求的目标，只可惜，由于人类行为的天生特征，只有极少数的状况可能符合条件。正如单凭物理基本定律无法制造飞机一样，单凭一般性的平衡理论架构，也无法预见最佳甚至只是稳定的经济秩序。这个模型不成功的另一个原因是封闭性，也就是说，没有考虑人类行为的复杂程度和环境附加的限制。结果，虽然许多经济理论学家无疑是天才，但在预测未来经济时只得到一点点成功，并且还身受失败之困窘。

其中的成功事例包括：部分有效地稳定某些国家的经济。美国的联邦储备委员会现在已经具有足够的知识和权力，可以调节资金的流动，以防经济陷入悲惨的通货膨胀和萧条境地（我们如此相信）。另一项成就是，我们已经相当了解科技创新的原动力对经济增长的影响，至少回头看来大致如此。再一项成就是资本资产定价模型（capital-asset pricing model）的使用，这对华尔街有着重大的影响。

经济学家发表言论比保持沉默对我们更有利。但是，这些理论家并不能确切回答关于社会总体经济的主要问题，包括最佳的国家岁入额度，国内收入和外汇收入的分布，最佳的人口增长与分布，每一个公民财务的长期保障，土壤、水、生物多样性和其他逐渐减少中的消耗性资源所扮演的角色，以及"外部性"（externality）的影响，例如全球环境质量的下降。世界经济就像一艘船，快速穿越一片地图上未标明又遍布危险浅滩的水域。没有一个大家都能接受的理论可以解释它的运作方式。经济学家所享有的尊荣，多半并不来自他们的成功记录，而是因为商业界和政府别无其他选择。

这并不是说经济学家最好放弃数学模型，改用直觉和描述的方法。使用模型具有极佳的优点，至少对自然科学而言是如此：它能迫使研究人员清楚定义出自己所采用的单位，譬如原子和基因，同时也能定义过程，例如运动和变化。一个模型如果构思良好，所采用的假设就没有被质疑的余地，而且它会列出重要的因素，并对其中的相互作用提出具有启发性的猜测。研究人员在自己设定的这个架构中，预测真实世界的现象，预测愈准确，结果愈理想。他随后会把自己思考的结果呈现出来，接受证据的验证或反驳。在科学研究中，没有什么比一个定义清晰又具有惊人预测力的模型更让人兴奋的了，同时，也没有什么比一个能够在细节上获得肯定的预测，获得更高的评价。

哈迪-温伯格原理

为了达成前述的目标，科学家一般会在理论中寻找四项特质，尤其是在数学模型中。第一项特质是精简：能用愈少的单元和程序来解释现象愈好。物理科学因为成功具备了精简性，所以我们今天不需要用燃素（phlogiston）这种虚构物质来解释木材的燃烧，或用不存在的以太（ether）来充填空间。第二项特质是普遍性：一个模型能涵盖愈多的现象，就愈可能是真的。在化学试剂中，由于周期表的存在，所以不必有每一种元素和化合物的个别理论，只要一个理论就可以精确地应用到所有的元素上。

下一项特质便是融通。一个学科中的单元和程序，如果能够和其他学科中已确认的知识相互验证，在理论上和应用上都会比较卓越。正因为如此，从DNA化学到化石定年，生物学各层次的每一项数据都显示，天择下的有机进化过程胜于神创论。上帝也许真的存在，也许对我们在这个小行星上所做的事感到欣喜，但是我们并不需要借用他精致的手来解释生物圈里的现象。最后，从上述所有的理论特质中推导出来的，是一个好理论必定要具备的另一个特质——预测性。那些持续存在的理论，能够准确预测许多现象，而这些预测又最容易通过观测和实验来验证。

在用这些标准来评估经济学理论之前，我认为必须先用这些标准来评估生物学的一个分支，而且这个分支所面临的技术困难必须和经济学一样，如此才算公平。族群遗传学所探讨的，是整个族群的基因和其他遗传单位的出现频率与分布。（比方说，一个族群可以是生活在一个湖中的某一种鱼的所有成员。）族群遗传学和经济学理论一样，累积了百科全书般大量的模型和方程式，它无疑是进化生物学中最受尊重的学科。族群遗传学的原始模型来自哈迪－温伯格原理（Hardy-Weinberg principle）或“定律”，也就是以基本孟德尔遗传学为基础的简单概率公式。哈迪－温伯格原理告诉我们，进行有性生殖的族群中，如果同一个基因具有两种形式或以等位基因的形式存在，例如控制不同血型或耳朵外形的等位基因，而且我们知道这两个形式在族群中所占的百分比，就可以精确预测出具有不同等位基因配对的个体的百分比。反过来，只要知道其中一种等位基因配对的百分比，我们就可以立即说出等位基因在整个族群中所占的百分比。下面的例子会解释这是如何运作的。不同人的耳垂不是与头侧分离，就是紧贴头侧，这项差别是由相同基因的两种不同形式引发产生的。让我们称耳垂分离的等位基因为A，耳垂紧贴的为a。耳垂分离是显性，耳垂紧贴是隐性。那么，族群中所有个体的基因组合都会属于下述三种情况之一：

AA：耳垂分离

Aa：耳垂分离

aa：耳垂紧贴

根据遗传学的传统，A 的出现频率定为 p（介于 0 和 1 之间，也就是零到百分之百之间）；a 的出现频率为 q。哈迪－温伯格原理的基础是孟德尔遗传学，以及卵子内等位基因与精子内等位基因在配对时的随机性。这个原理可以写成如下简单的二项展开式：

$$p + q = 1.0$$

$$(p + q)^2 = (1.0)^2 = 1.0$$

根据定义：$p + q = (p + q)^2 = p^2 + 2pq + q^2 = 1.0$

其中，p^2 是 AA 的出现频率，2pq 是 Aa 的，而 q^2 则是 aa 的。这个公式背后的基本原理如下：一个卵子含有 A 的概率是 p，进入卵子内的精子也一样，所以个体含有 AA 的概率（也就是出现频率）就是 p^2，同理也可以推出 pq 和 p^2。假设族群中有百分之十六（频率是 0.16）的成员耳垂紧贴，也就是说他们的等位基因对是 aa，那么根据哈迪－温伯格公式的预测，族群中有百分之四十的等位基因为 a（因为 0.4 为 0.16 的平方根），而百分之六十为 A；同时，百分之三十六（$0.36 = 0.60 \times 0.60$）的个体具有 A 的组合，百分之四十八（$0.48 = 2 \times 0.4 \times 0.6$）具备 Aa 的组合。

哈迪－温伯格公式应用到真实世界时，有一些重要的附加条件。但这些条件并不会造成任何阻碍，反而使哈迪－温伯格公式变得更加有趣并有用：如果天择不偏爱特定类型的基因组合，如果族群中所有成员的交配都是随机的，以及如果族群无限大，那么，简单的哈迪－温伯格公式所做出的预测，就会完全正确。但是头两个条件的可能性不大，第三个条件则不可能发生。为了符合现实状况，生物理论学家“放宽”了这些条件，一次一个，并采取不同的组合方式。例如，他们把想象中的生物数目，由无穷大降到真实族群中实际存在的个体数目。一般而言，这个数目在 10 万到 100 万之间，依物种而定。之后，他们又把世代之间基因出现频率的概率变化纳入考虑。族群愈小，概率的变异就愈大。同样的原理也会支配丢铜板时出现正面或反面的概率，如果不作弊，重复一次丢 100 万个铜板，每次的结果几乎总是有一半为正面，一半为反面。然而如果一次只丢 10 个铜板，正反面各占一半的情况只会偶尔出现，而且平均每 512 次丢掷中，所有的铜板全部都是正面或全部是反面的情况会发生一次。

模型的变异性

现在把有性生殖当作掷铜板，每产生一个世代就如重新掷一次铜板。上一代到下一代之间随机的基因出现频率的变化，就是基因漂变所引起的进化。个体数目为 100 或更少的族群中，基因漂变的效力可能相当重要。统计测量值可以精确描述出基因漂变速度，并告诉我们大小相同的族群的大型样本会具有什么样的命运。这些测量值显示，基因漂变的主要效用是借由排除某些基因形式来降低变异性，这个效用再加上变化的随机性，使得基因漂变过程的创造力远不如天择。

模型一旦加入天择过程，就会降低基因漂变的效应，并使基因出现频率以可预期的速度，朝某个方向进行。族群遗传学家还利用了其他的方式使模型更复杂，并更近似大自然。例如，他们把交配设定为非随机的；把族群划分成不同部分，而且其中的个体会迁移、交流；或者，把性格特征安排成由一组基因而不是单一基因来决定。

族群遗传学家选定估算的假设之后，可以利用模型在虚拟世界中做出确切的预测。这些模型产生的结果，往往符合实验室小心操控下的动植物族群所具有的分布模式；但是，它们对大自然进化过程的预测结果极差。这个缺陷并不源自理论内部的逻辑，而是自然界本身的不可预测性所造成的。环境随时都在变化，所以遗传学家输入模型的参数数值，也随时都在改变。气候变化和天气造成的灾祸，一方面导致了某些族群瓦解，另一方面却使其他族群能够自由扩展和结合。旧有的掠食者和竞争者一旦消退，新的就会继而兴起；疾病侵扰栖息地；传统的食物资源消失，新的资源继而出现。

进化生物学家就像气象播报人员，对现实世界中的动荡不知所措。他们在预测小组基因和特征在数代之间的变化方面取得了某些成功，也能根据化石记录和理性重建的现存物种家谱，回头解释在长期进化过程中的许多重大改变和转折。但是对于未来的事件，他们极少能做出精确的预测。在回头预测过去的事件时，他们也面临同样的困难；也就是说，在找寻过去事件的遗迹和重建事件本身之前，他们也很难预测过去的事件，而必须等到生态学和其他环境科学充分成熟，并且拥有预测力、能够提供进化发生时完整而明确的背景之后，才可能达成目标。

社会科学尖端的经济学所面临的困难，也和族群遗传学与环境科学类似。它屡次遭受“外来冲击”，包括迫使模型参数上下变动的所有无法解释的历史事件和环境变迁，仅仅这些因素，就能牵制经济预测的精确度。除了最一般性的统计项目，经济模型无法预测市场行情什么时候会上涨或下跌，也无法预知战争和技术革新所引起的数十年一次经济周期的变化。它们既无法告诉我们，到底是减少税收还是降低国债能比较有效地提升个人所得，也无法解释经济增长会如何影响收入的分布。

经济学理论还受到第二个同样根本的困难的阻挠。与族群遗传学和环境科学不同，它欠缺了一致的基础单位和过程。另外，它还没有取得和自然科学之间的融通，甚至没有尝试取得。所有的分析人员都了解，总体的经济过程模式，是人类庞大数量的决策借由某种方式所引起的，无论这些决策是出自个人、公司成员还是政府机关。最精细的经济学理论模型，试图把这类个体经济行为转释为尺度较大的集体性测量值和模式，也就是广泛定义中的“经济体系”。在经济学和其他社会科学中，把个体行为转释为总体行为的做法，是分析上的主要问题。但是，这些学科对个人行为的真正本质和来源很少考虑。相反，这些模型架构者采用的知识大半来自民俗心理学，多半以人们的共同看法和赤裸裸的直觉为基础，而民俗心理学的使用，早已远远超出了适用范围。

这个缺陷并不是致命伤。经济学理论并不像地心说那样在架构上有缺憾，需要由观念进行改革。把个体行为转释为总体行为的最先进模型，所具有的方向是正确的，但是经济理论学家没有必要画地为牢，把自己的理论与严谨的生物学和心理学隔绝开来，包括其中经由详细的描述、实验和统计分析所导出的原理。我相信，经济学家这么做，是为了避免受到这些基础科学中极度复杂的现象的牵累。他们的策略是采用最少个体层次的可能假设来解决由个体过渡到总体的问题。换句话说，他们对精简性的要求过头了。经济学理论的目标也在产生能最广泛应用的模型，并且往往极端抽象，比应用数学练习题好不了多少；它把普遍性推演得太远了。这样严格的学术态度造成的结果，除了一组内在协调一致的理论之外，别无其他。虽然我认为经济学正朝着正确的方向发展，并且提供了一个楔子，可以让社会学理论明智地跟进，但是它的多半内容仍然是不恰当的。

理性选择原则

从芝加哥大学贝克尔（Gary S. Becker）的研究工作中，可以看出经济学理论的长处和短处。贝克尔因自己的研究工作而获得1992年的诺贝尔经济科学奖，因为“他把经济理论的范围延伸到人类行为的其他方面，这些方面即使在以前已被研究，也是属于其他的社会科学领域，如社会学、人口统计学和犯罪学”。贝克尔的成就在于，他比以往的经济学家更深入地探测人类好恶的来源。他看到大多数的经济学的推理都是建立在固有的假设上，也就是：人类会受到食物、居所和娱乐等基本生理需求的驱使。但是，贝克尔指出了其他的驱动力，例如住宅和家具的种类、餐厅种类，以及个人喜欢的娱乐形式，这些都在基本需求之外。对这些事物和更多其他事物的选择，会随着个人经验和超乎个人控制的社会影响力而改变。我们如果想对人类的行为提出完整的解释，这些选择的效用（也就是消费者所看到的价值）就必须纳入经济模型当中。

贝克尔的想法具有一个无可背逆的假设，那就是理性选择原则。这是早期经济学家引入的想法，是定量模型的基石。理性选择原则简单指出，人们会经由计算而采取能够为自己带来最大满足的行动。采用这个概念的经济学模型，多半只能探讨与个人狭窄利益相关的效用。贝克尔极力主张同僚应该把视野放宽，要包含其他社会科学所探讨的主题。他认为，经济学者应该考虑各种不同的欲望，譬如利他主义、忠诚、恶意和自虐。他主张，这些也是支配理性选择的影响力。

贝克尔和其他具有类似看法的经济学家，努力扩大正式模型的涵盖范围，并且对工业社会一些最令人烦恼的问题，提出了极具信心的看法。在犯罪学上，他们对不同等级的犯罪行动，提供了最佳的制止方法（当然是经济学上的方法）；这些犯罪行为包括死罪、持械抢劫、盗窃、逃税，以及违反商业管理和环境保护的法律的行为。在社会学上，他们评估种族歧视在生产和失业上所造成的影响，以及经济等级对婚姻选择的影响。在公共卫生上，他们也已经能分析香烟和管制药品的使用，因合法化和征税而受到的影响。

这些经济学家的模型具有精密的图表，为有关平衡的理论问题提供了分析性的解答。但是通过行为科学中既定的原理来判断问题则太过简化了，并且经常会让人误解。个人行为的选择归纳为少数选项，例如是否抽烟，是否与相同社会经济地位的人士成婚，是否冒险犯罪，或是否搬到相同种族的社区内。这些预测大多是“这种情况多些，那种情况少些”，且它们接近一些门槛，过此门槛，某些趋势便开始、逐渐消退或朝反向进行。预测一般来自模型建立者的常识直觉，也就是民俗心理学，随后再通过一系列正式的分析步骤，进一步肯定这个常识性的信仰。他们用斩钉截铁的技术语言告诉我们：香烟价格长期的上涨会比短期的抬高价钱，在一开始时更能有效地降低消费量；有钱人为了保有自己的财富，会想尽办法避免和穷人相遇并坠入爱河；能够到极受欢迎的餐厅进食会带给人们满足感，尽管竞争对手提供的价格和烹调技术也同样好。这类模型的前提很少受到仔细验证，结论也很少受到定量的实地数据的测试。它们的吸引力在于引擎颜色和巨大声响，而不是速度和目的地。

倾向心理学目标的分析家，例如贝克尔、谢林、赫舒拉发（Jack Hirshleifer）、阿马蒂亚·森（Amartya Sen）、斯蒂格勒（George Stigler）

和其他具有类似兴趣的学者，研究目标是在强化微观经济学理论，并且从中预测出更正确的总体经济行为。这个目标显然令人钦佩，但如果想向前更进一步，他们和其他社会科学家就必须跨越社会科学和自然科学的分界，与生物学家和心理学家交流。正如贝克尔在诺贝尔奖获奖感言中提到的，他的贡献只是“诱导经济学家脱离有关自我利益的狭隘假设”，接下来，经济学家迟早必须从行为的标准社会科学模型（SSSM）中完全解放出来，并且慎重考虑人性的生物学和心理学基础。令人震惊的是，尽管反证堆积如山，大多数人仍然对以下的想法紧抓不放：照贝克尔的讲法，除了满足基本的生理需求之外，现代社会的人做决定时会“依据童年经验、社会互动和文化影响”，而显然不会受人性中外遗传法则的左右。这个看法导致了可悲的后果：即使是最富创意的模型，也会采纳民俗心理学。[170]

效用观念的普遍性

把心理学和生物学融入经济学和其他社会学理论，对后者只会带来好处。借由询问人们为什么最后会偏好某类选择，为什么事先就有如此的倾向，以及询问为什么、在什么情况之下，他们会依据这样的选择采取行动，研究人员就可以从个体的层面来审查并分析“效用”（utility）这个微妙的观念。除此之外，还有如何从个体转为总体的问题，这是指大量的个人决定转换成社会模式的整套程序。在这个问题之外，还有更广大的时空尺度架构下的共同进化问题，也就是生物进化会以某种方式影响文化发展，而文化也会反过来影响生物进化。人性、由个体转为总体、基因-文化协同进化，这些领域总体而言需要我们全力以赴地从社会科学跨越到心理学，然后再进到大脑科学和遗传学。

心理学和生物学的零散研究已经提供了证据，对效用观念的普遍性提出建言：

◆选择的类别，即思考和行为上时时都存在的主要活动，是显性的：同一个类别的需求和机会选择，会改变其他选择类别的强度。性爱、地位维护和嬉戏等类别的重要性排列次序，则似乎由遗传所决定。

◆有些需求和机会不仅具有抑制力，还具有先发制人的优先权。例如毒瘾和性占有欲能够绑架情绪，使注意力集中于单一目标，威力之大足以排除许多其他类别的活动。

◆相互竞争的情绪波动是理性计算的基础，而情绪之间的互动，则由遗传和环境因素的相互作用而得以化解。例如，避免乱伦行为的基础是强而有力的外遗传法则，同时因为文化禁忌而强化，或因为对个人经验渐增的特殊了解而受到抑制。

◆理性算计往往并不自私。比方说，为了某种复杂而且极不为人所了解的原因，一些最具威力的情绪，包括爱国主义和利他主义。另外，一直让人惊讶的事实是，百分比极高的人在注意到陌生人有危险的瞬间，愿意冒生命的危险伸出援手。

◆我们的选择会受到团体的影响，这是很明显的事实。但我们不太知道的是，同侪影响力对不同行为类别的作用差异极大。例如，着装样式几乎完全受同侪影响力的支配，而避免乱伦则大多不受影响。这样的差异是否具有遗传上的基础，并因而和进化历史相关？答案是很有可能。我们应该着手小心检验这个可能性。

◆外遗传法则会依照不同的行为类别来塑造决策过程，这种天生倾向会让人类在一开始学习时就偏好某些选择，之后再从中挑选出特殊的选项。平均而言，许多倾向是因年龄和性别而异。

关于决策的微妙心理生理因素，可以用生殖策略“r–K 连续模型”来阐示。当资源稀少而不稳定时，人们倾向采取 r 策略，偏好生许多小孩来确保其中至少有一些会存活；当资源丰富而稳定时，他们就倾向 K 策略，只生少数“高质量”的后代，并且给予保护和教育，使后代能够具有较高的社会经济地位。[r 这个符号在人口统计学中代表人口增长率（rate of population growth），当采用 r 策略时会变大；K 这个符号代表生态容纳量（carrying capacity），为人口停止成长时的人口值。] 在 r–K 连续模型之上还有一个一般倾向：具有社会权威的男性会拥有许多处于生殖期的女性，以借此提高自己达尔文式的竞争力。

凭借经验法则的错误

如果想全盘了解效用观念，就必须先把人类行为分解为生物学和心理学的基本元素，然后由下向上合成，而不是采取社会科学由上向下的推演或凭直觉知识的猜测。经济学家和其他社会科学家将在生物学与心理学中找到所需要的前提，以创造更具预测力的模型，正如研究人员当初也是在物理学和化学中，找到了提高生物学水平的前提一样。

社会学理论未来的发展，有赖于我们从心理生理学的角度来了解理性思维的过程。目前，主流的解释方式是上述的理性选择理论。这个理论来自经济学，随后才散播到政治学和其他学科。中心概念是：人类行为的最高指导原理为理性思考。人类会尽力检验所有的相关因素，并且逐一权衡每个选择可能带来的后果。他们会把投资、风险、情绪和物质报偿等成本与收益相加后才做决定，而他们所偏好的选择会带来最大的效用。[171]

但是这种写照并不足以描绘人类的思维过程。人类大脑并不是运算快速的计算器，但大多数决定必须在复杂的情节和不完全的信息下快速完成。因此，理性选择理论涉及了一个重要问题：多少信息才算足够？换句话说，在什么情况之下，人们才会停止思考而拿定主意？提供分界点的简单策略叫作“足够满意”（satisfice），这是苏格兰用词，由“满意”（satisfy）和“足够”（suffice）组合而成。这个用词在1957年由卡内基梅隆大学（Carnegie Mellon University）的西蒙（Herbert Simon，1916—2001）引入心理学。“足够满意”是指，由短期中可以想到并可获得的机遇中，挑选出最令人满意的选择，而不是事先想出最佳的选择，然后再于其中寻找，直到找到为止。一个到了婚龄的男性，比较可能在已认识的未婚女性当中，因为“足够满意”而向其中最有吸引力的女性求婚，而不会为了一位想象中的理想伴侣而长期寻觅。

在“足够满意”和其他传统的理性选择观念之外，另外的策略是服从经验法则，技术上又称为“启发法”（heuristics）。这个观念首先由美国心理学家卡内曼（Daniel Kahneman）和特沃斯基（Amos Tversky）在1974年提出。他们认为人们并不会在得失上精打细算，而是根据简单的线索，以及大多行得通的探索经验来行动。通过启发法，复杂的概率评估与预测结果的工作，就会化简为几项判断操作。

启发法通常很有用，也能节省大量的时间和精力，但是在许多情况下，可能导致系统上的大错误。比如，把启发法用在快速的代数运算时，就会发生所谓的“基点”（anchoring）。你可以比较下面两组相乘的数字，并且在5秒钟内猜出它们的乘积，就会了解什么是“基点”了。

$$8 \times 7 \times 6 \times 5 \times 4 \times 3 \times 2 \times 1$$

$$1 \times 2 \times 3 \times 4 \times 5 \times 6 \times 7 \times 8$$

尽管这两列数字完全相同，但大多数人会认为第一列的乘积比较大，因为他们从左往右读时，会以碰到的第一个数字为凭据来猜测。同时，他们也低估了两列数字的乘积。在卡内曼和特沃斯基的测试中，高中生对上列乘积的估计值平均是 2250，下列则是 512，然而两者的正确答案都是 40320。

这里，我再举一个启发法在统计领域内造成的系统错误的例子。大多数人在观察铜板的扔掷时，相信“正—反—正—反—反—正”这种正反面交替出现的顺序，会比“正—正—正—反—反—反”这种具有相同组成但整组重复出现的顺序，更可能发生。但实际上，两者具有相同的可能性。

为什么接受训练后可以了解微积分和统计学的心智，竟会犯下这么一致的错误？正确的答案可能来自遗传进化：数千个世代的进化是为了让大脑处理简单的数字和比例问题，而不是运用抽象、数量的理性思考来解决复杂的问题。由上述两个例子来看，启发法只是一种通俗数学。虽然这种通俗数学在解决正式的复杂计算时，无法得出正确的结果，但是在实际生活中很可能奏效，因为第一印象往往可以正确预告即将发生的事件。

原始思考的基础

相同的理由也可以解释启发法所造成的其他奇特错误。例如，你所熟悉的一道菜如果味道变了，你很可能不愿意食用，尽管其中的食材显然新鲜又营养。另外，在坠机事件发生之后，往来于城市间的旅客通常会改乘汽车，虽然他们知道陆上每英里路程的死亡人数，比空中的高出很多。这的确是非理性的选择，但也许是在遵守超高层次的启发法以避免危险。这两个实例也许可以这么翻译：不管数学概率定律告诉你什么，不要冒任何食物中毒的危险，并且远离其他人最近死亡的地点。[172]

进一步的研究或许会显示，大脑的运作有时类似计算机，企图使事物达到最佳状态，有时则受到启发法天生威力的支配，而快速下决定。不论这两种角色以什么样的方式混合，理性选择理论对许多社会理论学家而言，仍然是一条光明大道，但在心理学领域，它却是一个引起争论的话题。批评者认为，理性选择理论太依赖于以计算机算法和抽象的最佳解答为模拟，而不花心思了解真实大脑的特质。大脑是石器时代产生的器官，经过数十万年的进化，最近才投身于工业化社会的怪异环境中。证据显示了人类在文字使用前的文化中如何思考，以及人类在整个进化过程中可能采取的思维方式，但理性选择理论与这些思维方式并不一致。霍尔帕克（C. R. Hallpike）在《原始思维的基础》（*The Foundations of Primitive Thought*）一书中，总结出大脑的一些特质：凭直觉而遵从教条；受特殊情绪而不是物质因果关系的束缚；全神贯注于事物的精髓和蜕变，难以理解逻辑的抽象思维或各种可能的假设；倾向于使用语言来社交，而不是把语言当作一种观念上的工具；具备有限的定量能力，大多只能形成关于事物出现频率和稀有性的粗略印象；倾向于认为心灵有一部分源自环境，而且能够反过来把环境投射在心灵上，这使文字本身成为具有独特威力的实体。

现代工业社会的人们身上，也普遍具有文字出现以前人类所具有的相同特征，这点将立即可见，也应该是经济学家和其他社会学家的研究前提。这些特征在宗教信仰极虔诚且极少受教育的秘教成员身上，尤其明显。这些特征也散布在人文隐喻中，并使隐喻的含义更加丰富。不论你赞不赞同，它们都是现代文明的一部分。然而，系统化的逻辑演绎思维方式大多是西方文化的特殊产物，得来不易，且仍然罕见。我认为，当我们试着让逻辑演绎思维系统更加完美的同时，若能继续锻炼但永不舍弃旧有的思维方式，才是比较明智的做法。别忘了，它们是人性适应能力的一部分，使人类能够存活，并且生生不息，直到现在。[173]

全留给哲学家！

我必须承认，社会理论学家所面对的技术问题特别大，困难得令人震惊。有些科学哲学家已经举手投降，宣称介于自然科学和社会科学之间的边界地带太过复杂，不是当今的想象力所能掌握的，也可能是人类永远无法理解的一个领域。当他们质疑从生物学一路到文化层次的融通是否存在时，也把箭头指向可能成立的公式中所出现的非线性关系、各种因子之间呈二次方和三次方关系的交互作用以及随机性（stochasticity），并指向藏匿在挪威迈尔海峡（Great Maelstrom Sea）大漩涡中的其他种种怪兽。他们因而叹息：没有希望！没有希望了！然而，这正是哲学家应该做的工作。他们的任务是在更大的事物架构中，定义并解释科学的限制，而且在这个架构中，理性思考的所有维度，最好都留给——嗯，哲学家。对他们而言，承认科学没有学识界限是不适宜的，而且也不够专业。愈来愈少的社会学家会画地为牢，希望自己的文化研究能够躲过生物学之梦的侵扰，但是哲学家的疑虑，恰好又给了这些社会学家一股助力。

科学家本身很幸运，没有这种限制。以往的科学家在面对未知时，如果也是如此深思熟虑和谦虚，我们对宇宙的认识早在16世纪就停止了。哲学家吐露的警戒之言虽然必要，但我们应该自信能够与之抗衡，绝不能因它而毁灭。科学和技术能够进入现代化的阶段，正是借助这种对抗信念的支持，当然如果你喜欢，也可以称这种信念为一种盲目信念。我们必须记住，当初启蒙运动是死于哲学之手而不是科学之手。当然，哲学家对社会科学的悲观看法也可能是成立的，但我们应该视他们为错误的，加紧向前进步，这是发现事实的唯一方法。任务愈艰难，勇于承担任务的人也将获得愈大的奖赏。[174]

第十章

艺术和艺术的诠释

CONSILIENCE

—

The

Arts and Their

Interpretation

—

流传久远的艺术作品都极具人性，
尽管它们是来自个人的想象力，
甚至当创作者的幻想中
出现不可能存在的世界时，
他们所凭借的仍然是人类的根源。
正如幻想大师冯内古特所说的：
“艺术把人性置于宇宙的中心，
不论我们属不属于这个中心。”

从许多层面来看，要获得融通的解释，最有趣的挑战是如何由科学过渡到艺术。“艺术”在此所指的是艺术创作、个人产生的文学、视觉艺术、戏剧、音乐和舞蹈，其中的特质只能用真和美来形容，这已经是最好的用词了（而且也许永远不会有更好的用词）。

“艺术”有时也代表所有的人文学科，不仅仅包括艺术创作。根据1979—1980年度人文学科委员会（Commission on the Humanities）的建议，艺术还包括历史、哲学、语言和比较文学等主要科目，另外也包括法律学、比较宗教学，以及“社会科学中具备人文内涵并且采用人文研究方法的课题”[175]。尽管如此，艺术所具有的基本而直觉的创作含义，即“为艺术而艺术”（ars gratia artis），仍然是最广泛、最有用的定义。

沉思之后，我们对艺术产生了两个问题：历史中的艺术和个人体验到的艺术来自哪儿？又如何用普通语言来描述其中真与美的本质？这些问题是在对艺术进行诠释、学术分析和评论时的中心课题。诠释本身有一部分也是艺术，因为它不仅传达了评论者所具有的真实专业才能，同时也表达了他的个性和审美观。一个高水平的评论和它所批评的作品一样，能够启发灵感并具备其自身的特点。而且，就像我现在希望指出的一样，艺术也可以是科学的一部分，而科学亦为艺术的一部分。我们如果能够把历史、自传、个人自白和科学相互编织起来，就能对艺术做出更具权威的诠释。

上述这些冒犯的文字，根基仍然相当空泛，理所当然会受到反驳。虽然科学的进步是借由把一般现象归纳成可研究的成分，例如把大脑解剖成神经元，再把神经元分解成分子；但是，科学的目标并不在于降低总体的完整性。相反，科学程序的另一半，是整合元素以重新创造原始的整体。实际上，这也正是科学的终极目标。

我们也没有理由假设，艺术会因为科学的兴盛而衰退。正如杰出的文学批评家史坦纳（George Steiner）最近提出的：艺术并不如想象中那样，已经历西方文明的正午全盛时期而进入黄昏后的晦暗时期，并因而不再可能出现但丁、米开朗基罗或莫扎特这类的天才。[176]我无法想象，艺术未来的原创力和光彩，会因为我们对艺术和科学创作过程的化约式了解，而产生本质上的极限。相反，科学和艺术的结合已经逾期了，但以诠释为媒介就可以达成结合的目标。科学和艺术在结合彼此的优点之前，都无法圆满尽善；科学需要艺术的直觉和隐喻力，艺术则需要科学提供新鲜血液。

人文学者应该去除对化约主义的厌恶感。科学家并不是只知道熔化印加黄金的16世纪的西班牙征服者。科学是自由的，艺术也是自由的。然而正如我先前讨论心理活动时所提出的，这两个领域尽管在创作精神上类似，但是各自的目标和方法极为不同。它们之间的互换，重点并不在混合并产生某种令人不舒服且不自然的形式，如科学艺术或艺术科学，而是通过科学知识和科学对未来特有的想法，来重新激发对艺术的诠释。诠释是科学和艺术之间产生融通解释的逻辑渠道。

艺术的张力

可选的好例子很多，但让我们考虑《失乐园》（*Paradise Lost*）第四卷中的情节：英国盲人诗人弥尔顿（John Milton，1608—1674）以一连串令人昏眩的文字，把撒旦送入了天堂。这位首要恶犯和大窃贼跳过了无法穿越的荆棘丛和高墙，“化作一只鸬鹚”蹲在生命树的枝条上。他等待夜晚的降临，到时候就可以进入天真无邪的夏娃的梦中。弥尔顿在这里充分发挥了想象力，告诉我们人类即将失去的东西。这位栖息枝头的阴谋者，四周环绕着神所设计的完美环境：“水波荡漾的河流，滚滚流过满布珍珠和金沙的河床”，汇聚到“一湖中，湖岸周围盛饰着桃金娘，如同捧着一面晶莹的明镜”。这块神所赐福的绿洲里，到处长着“各色的花朵，还有无刺的玫瑰”。

弥尔顿创作《失乐园》时尽管已经失明，却仍然保有热爱生命的天性与细腻的感受，天生对丰富多彩的生活充满喜悦。从他以花园来模拟大自然的人性冲动中，就可以清楚看到这一点。但是，弥尔顿完全无法只靠想象大自然的和谐，就能得到满足。他试图以惊人的交响乐力量般的八行文字，描述天堂的神秘本质：

不公平的原野

传说古时候有个美丽的恩纳原野，
比花更美丽的普洛塞尔皮娜在那儿采花，
她自己却被幽暗的冥王狄斯采摘而去，
害得刻瑞斯历尽千辛万苦，
找遍全世界，
还有个甘美的达芙妮丛林，
在奥伦特斯河畔，

卡斯塔利亚灵泉之滨，
都无法与伊甸园相媲美。

怎可能有人期望自己能表达出混沌之初的创世心灵？但弥尔顿尝试这么做了。他把古希腊和古罗马的神话角色，原封不动地召唤到他的时代，随后再传到我们的时代。我在后面会提到，这些角色也反映了人类天生的心理过程。弥尔顿在美丽之中掺杂了悲剧的色彩，给我们一个无止境、富饶但同时即将腐败的世界。他把花园的美丽转变成普洛塞尔皮娜（Proserpine），而这位年轻女子终将被冥王狄斯（Dis）绑架到地府。普洛塞尔皮娜象征大自然的美丽，却因为神祇之间的冲突而被封锁在黑暗之中。她的母亲谷神刻瑞斯（Ceres），因为哀痛而无法履行义务，世界因此陷入饥荒。同时，阿波罗对貌美的达芙妮的眷爱，也没有得到回报；她为了躲避，把自己变成了花园中的一棵月桂树。

弥尔顿的用意在挑动他那个时代（17 世纪）读者的情绪。当时，有教养的人都受过希腊神话的熏陶。他利用情绪的对比来增加威力，比如相对立的美丽和黑暗、自由和命运、热情和拒绝。借着建立这种紧张的对比，弥尔顿带领我们穿越次等的天堂，在骤然间抵达神秘的伊甸园原型。弥尔顿的另一个扎实的技巧，与当权者有关；他不采用当代背景，也就是不以克伦威尔（Oliver Cromwell，1599—1658，英国革命家）、查理二世（1630—1685）和 1660 年的王政复辟为例，因他曾拥护革命及克伦威尔统治下的共和国，差点儿丢掉性命。他采用了描写另一个文明的古老文本，也就是在人们的记忆中历经数个世纪而不灭的古希腊和古罗马神话。他利用这些文献，传达了我们尚未被告知但必须了解其真实性的信息。

艺术创造力之挥洒

艺术在定义上的特质，是以情绪和感觉来表达人类处境，召唤出所有的感官知觉，并激发出秩序和混乱。然而，艺术创作能力从何而来？它并不是基于事实的冰冷逻辑，也不如诗人弥尔顿所相信的那样，是神指引下得来的思绪。没有任何明确的证据显示，撰写出像《失乐园》这种作品的天才，是由独特的火花所触发。以大脑显影技术测试音乐天才的实验，并没有找到任何奇异的神经生理特征；与其他没有音乐天赋的人相比，音乐天才所使用的大脑部位其实没有什么不同，只是涵盖的面积较广。[177] 历史也支持这个渐进的假设。在莎士比亚、达·芬奇、莫扎特和其他优秀的人才之下，是大批的部队，愈往下的部队所拥有的理解力也愈低，一直连续下降到只能勉强胜任的人。西方历史中的大师以及和其他高水平文化中的名家，全都具有卓越的知识、科学技术、原创力、对细节的敏感、野心、大胆和冲劲。

这些大师名家深深着迷于自己的工作，并且从内心深处为之燃烧。但他们也对天生的人性有直觉的了解，这使他们能够从所有人心中都会流过的平凡思绪中，挑选出具有威力的影像。他们的才华可能只比凡人高一些，但他们的创意对其他人而言是全新的。他们具备足够大的影响力和足够长的生命，所以能获得持久的名声；这不是魔术，也不是神的善行，只不过因为他们的潜力比较大，而其他天分较低的人所分享到的同样潜力比较小。这些大师名家累积了足够的起飞速度，于是才能够高飞于其他人之上。

每个人都具备艺术灵感，它会从人性这口井中自然流出，只是程度不一。艺术创作的目标是直接诉诸接受者的感觉，而不须经过分析和解释，因此，创造力是最圆满的人文表现。有长久价值的作品则是最忠于创造源泉的作品。由此来看，甚至连最伟大的艺术作品，也可以通过基本的层次来了解，那便是指引作品产生的生物进化外遗传法则。

历史性振荡的极端

然而，这种看待艺术的方式并不盛行。学术界的理论家对生物学不太注意，而融通也不是他们所使用的辞藻。在某种程度上，后现代主义对理论家的影响更大，这个具有竞争性的假设否定人类的共性。后现代主义如果被应用到文学批评上，最极端的方式就是解构主义哲学。解构主义哲学多半由德里达与德曼（Paul de Man，1919—1983）提出，认为真实是相反，也是依个人而定的。每一个人在面对不停变化的语言符号时，可以接受或拒绝，并由此产生自己的内在世界。世上不存在什么特权，也没有指导原则，来引导文学智慧的发展，而且，既然科学只是另一种观看世界的方法，我们便无法以科学来架构人性的地图，并且从中衍生出深奥的意义。读者所具有的只是无穷的机会，能够在自己建立起来的世界中，发表新的诠释和评论。解构主义者的一句名言是："作者已死。"（The author is dead.）

解构主义者追寻的是矛盾和模棱两可。他们所思考和分析的，是作者所忽略不提的部分。这些受作者忽略的元素容许他们从后现代主义的角度，提出个人的评论。具有政治意识的后现代主义者，则认为传统的文学经典只不过是认同统治者世界观的文集，尤其是认同西方男性白种人。

后现代主义者的假设并不符合实际证据，但他们乐于对心智运作研究的现有成果视而不见。然而，后现代主义之所以这么受欢迎，除了因为人们喜爱混乱之外，必然还有其他原因。要是与之竞争的生物学方法正确无误，那么后现代主义的广受欢迎，必定有其人性上的根基。艺术的后现代主义，无论说它只是一个“憎恨学派”（School of Resentment）[178]——如布鲁姆（Harold Bloom）在《西方正典》（*The Western Canon*）一书中所控诉的，或说它只是“阉人的诅咒”（eunuch's spite）——如诗人蒲柏（Alexander Pope，1688—1744）所写过的，都是低估了它，它还有其他的东西。而单单只靠着美国学界对法国蒙昧主义（obscurantism）的病态式崇拜，并不足以维持这个艺术后现代主义的热潮。后现代主义也涌现出一种革命精神，这股精神是来自一个真正的而不是解构后的事实：许多人（其中最明显的是女性）所具备的独特天分和情感生命，在过去数世纪中一直都被忽略，但现在已经开始在主流文化中充分表达出来。

我们如果相信过去25年（本书初版于1992年。——编者）中收集到的生物学和行为科学证据，那么女性与男性之间的遗传差异，就不仅在生殖器官的结构上。总的来说，女性和男性在许多社会经验立场上，会采取不同的意见，尽管在统计上，两性就整体而言具有相当大的相同部分。今天，女性发出了不同的声音，但是我并不把女权主义在社会、经济和创作改革层面上受人欢迎的胜利，看作后现代主义的单纯胜利。这个进展为人类开展了新的表达方式，并且解放了许多浅藏的天分，但是人性并不会因此爆炸成小碎片。我们反而具备了一个舞台，能够更完满地探讨一统人类的普遍特征。

从不同的角度来看，后现代主义也可以被视为文学世界观中历史性振荡的一个极端。美国伟大的文学批评家威尔逊（Edmund Wilson，1895—1972）在1926年指出，西方文学似乎有“义务”在新古典主义和浪漫主义这两个极端之间“振荡”。这个观念受到广泛的接纳。振荡周期始于启蒙时代的蒲柏、拉辛（Jean Baptiste Racine，1639—1699）和其他诗人，他们相信科学家眼中的规律世界。到了

19 世纪，反叛的浪漫诗人取得了上述诗人在群众中享有的尊望；浪漫诗人随后让位给福楼拜（Gustave Flaubert，1821—1880）和其他重返理性秩序的文人；这些文人接着又承让给反向的潮流，而这股反向潮流的具体表现则是法国象征主义者（French Symbolist）的现代主义作品，其中人物包括法国的马拉美（Stephane Mallarme，1842—1898）、瓦莱里（Paul Valery，1871—1945）以及他们在英国的同僚叶芝（Wiiliam Yeats，1865—1939）、乔伊斯和艾略特。威尔逊说，每一个极端迟早会成为“令人无法容忍”的支配形态，因此必然会回头走向另一个极端。

相同的振荡现象，也可以在继威尔逊之后最近才兴起的文学批评上看到。20 世纪初期，学者们强调作者个人的经历和他们当代的历史。到了 1950 年代，新批评派（New Critics）则坚持把文本的意义完整牵引出来，而对作者的个人生平不太关注。他们同意康拉德（Joseph Conrad，1857—1924）的名言：“一件文学作品中的每一句话，应该都有它存在的理由。”1980 年代，新批评派突然屈让于采用相反态度的后现代主义者。后现代主义者提出，要搜寻文本未掌握的部分，并且把文本整体解释为作者本身所建立的社会结构。诗人兼评论家特纳（Frederick Turner，1861—1932）以极敏锐的态度，总结出后现代主义者的立场：即使处在生态危机的时代里，艺术家和诗人仍应该摒弃大自然的限制，并且忽视科学，抛弃艺术的形式和训练，以及他们自身文化中的巫师传统；不要再相信普遍一致的人性，而一旦从这种令人窒息的拘束中解放出来时，要转向探讨虚伪和愤怒，而不仅是探讨希望与其他令人振奋的情绪。根据特纳的看法，与后现代主义相反的潮流已经开始，“荷马、但丁、达·芬奇、莎士比亚、贝多芬和歌德的传统并没有灭亡，它正由后现代主义这块混凝土的隙缝中冒出头来”[179]。

威尔逊认为这个永不遏止的艺术周期，是现代心灵所承担的特殊痛苦，并希望这种振荡能够逐渐平缓。原则上，威尔逊比较偏爱综合，并钦羡罗素（Bertrand Russell, 1872—1970）和怀德海这两位出现于 20 世纪前半期的伟大文化统一者。他写道：我们嫉妒古典文学，因为它似乎达到了平衡，“古希腊悲剧诗人索福克勒斯（Sophocles，公元前 495—前 405）文本中的规律和逻辑，并未排除温和与暴力；同样的，古罗马诗人维吉尔（Virgil，公元前 70—前 19）的文字也未排除福楼拜所期望达成的目标。完全客观地重述事件的发生过程，并未使华兹华斯和雪莱摒弃他们想表达的神秘感、流动感、悲剧感和朦胧之美”。我猜想，威尔逊也会喜欢融通这个概念。[180]

创新是一种生物过程

阿波罗式和狄俄尼索斯式的冲动、冷静的理智相对于热情的放纵，这两种相反而驱使艺术和评论来回振荡的动力，能不能彼此妥协？我相信这是一个经验上的问题。它的解答要看天生的人性是否存在而定。由累积至今的证据来看，人性的存在不容置疑，而且既深奥又高度结构化。

我们如果接受这样的想法，科学和艺术诠释的关系就可以澄清如下：艺术诠释包含许多的层面，也即历史、自传、语言和美学判断，而这些层面的基础全都建立在人类心灵的物质过程上。在过去，许多具有理论倾向的评论家，已经借由许多不同的途径，试图进入这个隐秘的领域，包括最显著的精神分析法和后现代主义的唯我论（solipsism）。但这些方法大多是以无助的直觉来猜测大脑的运作方式，所以效果很差。在缺乏良好的物质知识作为罗盘指引下，这些人转了许多弯，进入了死胡同。想要勾画出大脑的运作图，并同时创造出持久的艺术理论，必定有赖于大脑科学、心理学和进化生物学所逐步形成的融通。在这个过程中，如果想要了解具有创造力的心灵，就需要科学家和人文学家联手合作。

这个合作目前尚处于早期阶段，很可能得到一个推论：创新过程是一种具体的生物过程，以繁复的神经线路和神经传导物质的释放为基础。它并不是某种万能的生产机器向外倾倒符号的过程，也不是来自非人为因素的任何魔咒。我们对艺术创造起源的了解，将大大改变我们对艺术创作的诠释。自然科学已经开始描绘心灵，包括创作过程本身的某些元素。虽然自然科学离最终目标仍然很遥远，但是不可避免，最终还是能够强化艺术的诠释。

1980 年代早期，当我和拉姆斯登在发展基因 - 文化协同进化的完整理论时，就已经得到相同的结论，我早先已经描述过了。人数渐增的一小群艺术家和艺术理论家，从不同的出发点获得相同的看法，其中较出名的包括卡罗尔（Joseph Carroll）、库克（Brett Cooke）、迪萨纳亚克（Ellen Dissanayake）、科赫（Walter Koch）、斯托里（Robert Storey）和特纳。其中有些学者称自己的想法为生物诗学（biopoetics）或生物美学（bioaesthetics）。这些分析在独立的条件下，又得到德国动物行为学家艾贝斯费尔特（Eibl-Eibesfeldt）对人类本能所做的全球性研究的支持；其他方面的支持还包括美国人类学家福克斯（Robin Fox）和泰格（Lionel Tiger）对仪式和民俗的研究报道，以及人工智能领域中许多研究人员的成果。这些人对艺术创作的研究报告，集结在伯顿（Margaret Boden）的《创意心灵》（*Creative Mind*）一书中（这是一本极佳的导览书）。

目前所有的研究结果集合起来之后，可以用下列与基因 - 文化协同进化相关的陈述来表达：

◆在人类进化过程中，有足够长的时间容许天择塑造创新的过程。数千个世代的进化，足以让基因产生影响人类大脑、感官、内分泌系统和人类思想及行为的变异，并且导致个人在生存和繁殖成功上的差异。

◆在某种程度上，这其中的变异是具有遗传性的。正如当今所见，个人差别不仅表现在对文化的学习上，也表现在学习或回应特定事物的天生倾向上。这些倾向在统计上会表现出特殊的优势。

◆遗传进化的进行是不可避免的。天择偏好某些基因组合，由此塑造出外遗传法则，也就是组成人性的心理发展遗传规律。对于古老的外遗传法则，我目前已经描述过禁止乱伦的韦斯特马克效应，以及人类对蛇天生的厌恶感。另外还有一些起源较近的外遗传法则，出现时间也许距今不超过10万年，其中包括事先设定好而且进步快速的儿童语言能力发展步骤，以及某些艺术创作过程（这或许是合理的假设）。

◆普遍性或几乎具有普遍性的现象，会在文化进化的过程中出现。各种基本的外遗传法则具有不同的强度，所以某些思想和行为会比其他的更能有效地引发情绪反应，而且涉及幻想和创造性思考的频率也比较高。这些思想和行为使文化倾向于进化、发明出某些原型，也就是广泛重复出现的抽象观念和核心叙述，成为艺术上最常出现的主题。先前我已经提到过关于这种原型的例子，包括违反韦斯特马克效应的恋母情结悲剧，以及神话和宗教中的巨蛇形象。

◆艺术创作会自然地聚焦于某些形式和主题，架构过程却是自由的。原型所产生的大批隐喻，不仅构成艺术的一大部分，也构成了日常沟通的内容。隐喻是学习过程中大脑活化部位扩大的结果，是创造性思维的架构材料。隐喻会连接并协力增强不同领域的记忆。[181]

艺术把人性置于宇宙的中心

我相信，基因－文化协同进化是导致大脑进化和艺术源起的基本过程。这样的想法最吻合大脑科学、心理学及进化生物学的共同研究结果。但是，与艺术直接相关的证据仍然很缺乏。大脑和进化方面的新发现可能彻底改变我们的基本看法。这正是科学的本质，而这种不确定性，也使寻找科学和人文相关联的工作，具有更令人感兴趣的远景。

不过，我们可以满怀自信地说：日益增加的证据显示出一个具有整体结构并且极具威力的人性，而这样的人性管控了心灵的发展，并偏好较为传统的艺术观。艺术并不只是天才从历史情境和个人的特异经验中塑造出来的，这些天才的灵感源自人类大脑遗传起源的久远历史中，而且是恒久不变的。

虽然生物学在学术诠释上分量极重，但艺术创作本身永远无法被锁在生物学或任何其他科学之中，因为艺术扮演了一个独一无二的角色：借由巧妙手法增强美感和情绪反应，以传达人类经验中精微复杂的细节。艺术创作通过心灵直接沟通感情，并不试图解释这种影响力为什么发生。就这个特定的性质而论，艺术和科学恰好相反。

在讨论人类的行为时，科学是粗略而无所不包的，但艺术刚好相反，是细微而间质的。也就是说，科学的目标在于创造原理，把原理用到人类生物学上，以定义物种的独特性质；艺术则采用精密的细节来充实作品，并把物种的独特性质蕴含并彻底表现在作品之中。流传久远的艺术作品都极具人性，尽管它们是来自个人的想象力，却触及了人类进化过程所赋予人类的共性。甚至当创作者的幻想中出现了不可能存在的世界时，他们所凭借的仍然是人类的根源。正如美国幻想大师冯内古特（Kurt Vonnegut，Jr.）曾经指出的：艺术把人性置于宇宙的中心，不论我们属不属于这个中心。

大脑的遗传进化，赋予艺术数种特殊的能力。第一是能够轻松产生隐喻，并且自如地把隐喻由一个情节带入另一个情节。让我们看一下艺术本身的术语。英语中的“plot”一开始是代表“一个真实的地点”以及“建筑平面图”；之后变成导演的“情节安排”或“舞台布局”；随后又成为“行动”或“故事大纲”。在16世纪，“frontispiece”代表建筑物正面的装饰；之后成为书的扉页，而且通常装饰着代表某建筑物的人物；最后，则成为标题页之前的卷头插画。“stanza”在意大利文中代表公共的房间或休息场所，在英文中则借用来代表一节诗文，由四行或更多行文字组成，在排版印刷时每一节诗文之间会有间隔，就像一个个房间似的。[182]

毕加索效应

经过设计的大脑，在科学和艺术上都追求简洁，也就是从混乱的细节中，描绘出简约有力的模式。罗特斯坦（Edward Rothstein）这位受过数学和音乐训练的评论家，把科学和艺术的创作过程相比如下：

> 我们会从看似不同的物体开始，然后比较、寻找模式，并与已知的物体模拟。我们会把自己和物体之间的距离拉远，并且采用变换、投射和隐喻的方式，来产生抽象观念、定律和系统。正因为如此，数学愈来愈抽象而且有力，音乐也由微小的细节发展出巨大的结构，并从中获得威力。这种理解方式是西方思想的根基。我们所追求的知识，在远景上都具有普遍的一致性，但这些知识的威力则来自特殊的事

件。我们采用的原理是可以分享的，但我们显露的细节则是独特的。[183]

现在我把上述的洞见和下述有关物理学创造力的独立报道相比。这段文字来自汤川秀树（Hideki Yukawa，1907—1981），他的专业是研究原子核的结合力，这使他成为第一位获得诺贝尔物理奖的日本人。

假设一个人不能理解某种事物，但他恰巧发现，这种事物和他较为了解的其他事物具有类似的性质，那么，通过比较这两种事物，他或许能够对以往无法了解的事物有所理解。如果他的理解是恰当的，而且没有别人曾经有过的相同的理解，那他就可以声称自己的想法具有真实的原创性。[184]

艺术和科学相似，都是从真实世界出发，随后向外触及所有可能的世界，最后才进入所有的想象世界。在这个过程中，艺术会把人类的存在投射在宇宙的每一件事物上。就隐喻的威力来推想，艺术创作也许是从所谓的"毕加索效应"开始的。毕加索的摄影师兼记录者布拉萨尔（Brassaï）的报道指出，毕加索在1943年曾经说过："如果有人想要创造自己的形象，那是因为他发现这些形象在他四周出现，并且几乎已经成形，而且就在伸手可及之处。他会在骨骼上、在洞穴墙壁不均匀的表面上、在木头上，都能看到这些形象。其中，一个形象也许像一位妇女，一个可能像美洲野牛，另外一个可能像恶魔的头。"[185] 这些形象也可能来自贝特森（Gregory Bateson）和沃尔克（Tyler Volk）所谓的元模式（metapattern），这些圆圈、球形、边缘与中心、二元性、层次、周期、断裂和其他重复出现在自然界中的几何结构，为我们提供了容易辨认的线索，使我们可以辨认出较复杂的物体。[186]

单纯地看，进展是在石墙上用炭笔画线，或用蚀刻法在石头、骨头和木头上重新创造出能见的图像，是向前迈进了一小步。这蹒跚的第一步所尝试完成的，是模拟外在的自然界并赋予自然以人性。艺术史学家斯库利（Vincent Scully）观察到，在早期历史中，人们会建立神圣的建筑物来模仿山川和动物。这么做是希望能够从环境中吸取大自然的力量。斯库利认为，哥伦布发现新大陆之前，美洲最壮观的仪式场地是墨西哥中部的古城特奥蒂瓦坎（Teotihuacán）。“在那里，死者大道直通月神庙基部，月神庙之后则耸立着称为‘特南’（Tenan，我们的石头圣女）的高山。这座高山，泉水潺潺，具有金字塔的基本造型，中间凹陷。月神庙在造型上则模仿高山，但形状更强化、更清晰，也更几何化，这使月神庙看来更具威力，就好像能把山中的泉水引入山下的平原。”[187]

仍遵从遗传基本法则

模仿、几何化、强化：这是相当不错的三段公式，也是推动整个艺术发展的脉搏。不知为何，创新者就是知道该如何完成任务。他们从大自然中挑选出极具情感和美学威力的影像。随着历史的开展，艺术技巧地变得更加复杂，艺术家也能够把自己的感受投射到自然中。建筑设计者和视觉艺术者，在设计中采用理想化的人体特征，以及模仿人体而想象出来的神的影像。谦虚、敬仰、爱、忧愁、胜利和堂皇壮观，由人心激发出的所有情绪，都为抽象的影像所捕捉，并强加在活的和死的景观中。

艺术家虽然在选择细节时有很大的自由，但一般而言仍然忠实于美学的内在共性。蒙德里安（Piet Mondrian，1872—1944）在1905—1908年所画的《德伊芬德雷赫特的威尔特夫瑞登农场》（*The Farm Weltevreden at Duivendrecht*）系列中，在一栋幽暗的房屋面前，描绘了一排高而纤细的树木。树干之间的距离直觉上似乎是正确的，树冠上重复出现的镶边图案，很接近于现代脑电图监测表明的最能刺激大脑的图形。（我马上会进一步叙述。）画中的空间和水面的安排，也和最近心理学研究揭示天生最具吸引力的安排相符合。蒙德里安对这些神经生物方面的关联性一无所知（就算被告知，也可能不在乎），却以树列为主题，在10年中重复画了许多画，他感觉自己是朝着新的表达方式前进。他把弗美尔（Jan Vermeer，1632—1675）和凡·高（Vincent van Gogh，1853—1890）的影响置之脑后，发现并尝试使用立体主义（cubism）。他在1922年画的《树的第二习作》（*Study of Trees II*）中，把几棵树的树顶引入前景，俯视着围墙和其他只有骨架而不聚焦的结构。然而，所有的物体仍然形成平衡的组合，若以对大脑的吸引力来判断，这样的组合已经达到接近完美的标准。

蒙德里安同一时期内的其他树木系列作品，则愈加抽象，整体化成了迷宫似的交错线条，线条之间的空间捕捉到光和颜色的图案，由一个空间变化到下一个空间。整幅画的效果就像在树林里面朝上所看到的斑驳天空。画中的其他物体，包括建筑物、沙丘、堤防和海洋，也经过同样的转换。蒙德里安最后获得了纯粹抽象的设计，他为此庆贺道："不再与人类相关，不再具有任何特殊性。"从这个角度来看，蒙德里安在艺术上得到了解放。但这并不是真正的自由，而且我也怀疑他是否真的曾经希望获得这样的自由。他的解放仍然符合古老的遗传基本法则，那定义了人类审美观。[188]

我们从蒙德里安作品的演变看到的，并不是一个局限于西方文化中的产品。类似的过程也出现在亚洲的艺术和文字上。中国3000年前发明出来的象形文字，酷似于文字所代表的物体。今天，我们可以立刻在中国古文中辨认出日月、山川、人和动物、住宅和器具。就脑电图的标准而言，这些文字的复杂程度也已经趋向于最佳水平。象形文字经过数个世纪的演变后，形成了标准书写体中优雅的中式书法（karayo，唐样）。中式书法的早期版本传入日本之后，又产生新的形体，包括日本独具的和式书法（wayo，和样）。正如西方书法和中世纪手抄稿中装饰性的首字母，艺术赋予了书写文字独特的审美标准。[189]

不见斧凿痕，才是真艺术

艺术家和作家只凭直觉和无法轻易用公式来描述的敏感度，就知道该如何激发情绪和美感上的反应。他们运用了一个又一个的技巧，完全遵照“不见斧凿痕，才是真艺术”（ars est celare artem）的格言，把我们从诠释作品的欲望中引开。正如阿姆斯特朗（Louis Armstrong）谈及爵士乐时所提到的：如果你必须问，你就永远不会知道。相反，科学家则尝试着去了解。他们迫切想要告诉你所有的事情，并且要把每一件事情都搞清楚。但是，他们必须满怀敬意地等待着，直到帷幕落下或书本合上。

艺术变化无穷，总在找寻能够发挥最大效用的全新影像；而这些影像会深深烙在接受者的记忆之中，所以回头想起时，才能重温当初所受的冲击。在许多的例子中，我尤其喜爱纳博科夫（Vladimir Nabokov，1899—1977）的恋童癖小说《洛丽塔》（*Lolita*）的完美开场。洛—丽—塔：舌尖以三个步骤游走至上颚，在牙齿上敲三下，洛、丽、塔。纳博科夫以结构上的精确描述、押头韵的技法和诗一般的韵律，把人名、书名和小说情节一并沉浸于声色之中。

惊喜、机智和原创，刻画出令人难以忘怀的隐喻。诗人斯拜尔斯（Elizabeth Spires）也以另一种文学表达方式，叙述了俄亥俄州瑟科维镇（Circleville）圣何塞小学的一位修女，在某个下雪的冬天的早晨教神学课程的情景。课堂的主题是向初学者介绍末世论：

> 那些迷失的灵魂要花多长时间来赎罪？永恒般长久。永恒！她心中必定想着，我们如何以11岁的年龄，来想象永恒到底有多久？想象世界上最大的一座山，由坚硬的岩石组成，而每隔百年才会有一只小鸟飞过。小鸟翅膀的尖端会轻轻扫过山头，那么，永恒就像小鸟的翅膀把整座山磨平所需要的时间那么长。从此之后，我不再把地狱、永恒与火焰相连，它们转而与冰冷不变的影像共存。我想象蛮荒的冻原里出现了一座巨大的花岗岩山岭，山岭的阴影为自然景观披上一件外衣。[190]

神话中的原型

我们对人类心灵的创造力能有什么了解？我们可以在科学和人文的交界点上，找到方法来解释人类心灵的物质基础。科学提出的第一个前提是：人类是一种生物，诞生在天择支配下万物滋长的环境中。引申定理是：在遗传进化过程中，旧石器时代的人类在这种环境下的需求，会塑造出影响人类大脑功能的外遗传法则。

上述的前提和引申定理导出了下述的结果：文化是许多心灵在无数的世代中彼此交错、相互支持而产生的，它就像有机物般扩张，形成一个似乎具有无穷可能性的宇宙。但是，这样的扩张并不是在所有方向上都具有相同的可能性。在科学革命之前，每一种文化内经验知识的原始状态，都会强烈限制住那个文化本身，而文化进化也受到当地气候、水源分布和食物资源的影响。较不明显的是，文化的成长深受人性的影响。

说到人性的影响，就又把我们带回到艺术上。人性的外遗传法则会影响人类的创新、学习和选择过程，就像一个重心，会把心灵的发展拉往某个特定方向。在这个重心上，艺术家、作曲家和作家数个世纪以来已经建立起许多原型，也就是在预料中最可能表现在原始艺术作品中的主题。

由于原型出现的次数频繁，所以容易被确认，但不易通过简单的基本特征组合来定义。通过一组具有相同特征的例子，比较容易了解什么是原型。这种借由具体指明而得到定义的方法，在基本的生物分类上很有用，即使当某一类物种的基本特性仍然有争议时，也能提供相当的帮助。在神话和小说故事中，这类主观的范例组合大约只有两打，涵盖了绝大多数的原型，以下是其中最常被引用的：

> 肇始之初，人类是由神创造的，或由巨人交配产生的，或由泰坦神族（Titan）互撞而造成的。无论如何，他们都以特殊的形象出现在世界的中心。
>
> 族人迁居应许之地（或是世外桃源、神秘谷或新大陆）。
>
> 族人遭遇恶势力，为求生而陷入激烈的战斗，并在极恶劣的形势下获得了胜利。
>
> 英雄会下地狱，或被放逐于荒野，或在远方经历伊利亚特式危难。他的回程旅途是困难重重的长征，沿路经过许多令人畏惧的障碍，目的是完成他的命运。

世界会以悲惨的结局收场，比如洪水、大火、外星人的征服或神的报复，接着再由一群存活的英雄加以重建。

强大威力的源泉来自生命树、生命之河、贤者之石、圣赞、禁忌仪式和神秘配方。

具有滋养能力的女性被神化为大女神、伟大的母亲、圣女、圣后、大地之母和盖亚。

先知具有特殊的知识和心灵能力，只有具有接收力的人才能获得这样的能力。先知可能是年老的善男信女、圣人、魔术师或伟大的巫师。

处女具有纯洁的威力，是圣洁力量的使者，必须受到全力保护，然而有时或许为了讨好神灵或恶势力，而必须牺牲。

女性的性觉醒来自独角兽、温柔的野兽、极具威力的陌生人和魔术般的吻。

恶作剧之人（Trickster）能瓦解既有的秩序，从而解放热情，例如酒神、狂欢节的国王、永恒的少年、小丑、弄臣和聪明的傻瓜。

恶魔则会危害人类，以巨蛇状的魔鬼（盘踞在地狱底层的撒旦、龙、蛇发女妖）、有生命的泥人和吸血鬼的形象出现。[191]

艺术忠实地表达人性

如果艺术的发展受到天生的心理发展法则的引导，那么，艺术就不仅是传统历史的产物，也同时是遗传进化的结果。剩下来的问题是：遗传的影响力只是进化过程的副产品，是一种次要现象，或是能直接增进生存和繁殖的适应能力？如果这是一种适应能力，那又到底带来了什么样的好处？有些学者认为，艺术初创时期留下来的器物，会提供解答，而且借由现存狩猎采集文化中的器物和习俗，还可以进一步验证解答。

艺术的起源似乎就要出现了。人类最特殊的性质，包括极高的智力、语言、文化和对长期社会契约的仰赖，这些特质的组合，使早期人类在所有的竞争物种之中，具备了决定性的优越地位。但这些特质也要我们继续付出代价，包括惊奇地认识到自我、认识到自我存在的有限，以及认识到环境的混乱。

把人类从天堂驱逐出来的是这些启示，而不是对神的违背。人类是唯一必须承受心灵放逐之苦的物种。其他的所有动物虽然具有某种程度的特殊学习能力，仍是由本能所驱使，并因为环境中简单事件的引导而产生复杂的行为模式。类人猿也能自我认识，但没有任何证据显示它们能够沉思自我的诞生和最终的死亡命运，或是思考存在的意义——宇宙的复杂性对它们而言完全没有意义。类人猿和其他动物只会精巧地适应环境中它们赖以生存的部分，对其余部分则很少留意或毫不关心。

推动艺术诞生的主要影响力，是人类需要在智力所产生的混乱状态中添加一些秩序。人类心灵活动开始扩展之前，身为祖先的前人类也和其他动物一样地进化，借着本能反应来维持生命，并确保繁殖成功。当前人类具备了“人”的智力时，就能够在征兆出现之前先处理信息，而获得更大的利益。这些能力使他们能够采取较有弹性的反应，并且创造出有关遥远地区和遥远未来的心理情节。但是进化中的大脑无法靠一己之力转变成一般的智慧，它无法变成万能的计算机。因此在进化的过程中，动物的生存繁殖本能就转变成人性的外遗传演算法。人类必须先安置好这些天生的程序，才能快速产生语言、性行为和其他心理发展过程。这些演算法如果消失，人类将面临灭绝的命运；它们必须存在，因为人的生命并不够长，不足以通过一般化与未管控的学习途径来了解生命中的经验。然而，这些演算法却像果冻般软弱——它们能够发挥适度的功能，但并不理想。原因是天择的步调很缓慢，需要经过数十或数百个世代，才能把旧基因替换成新基因，因此人类的遗传性没有足够的时间，可以处理高智力所发现的大量、新而特异的可能性。演算法是可能建立的，但不够多、不够精准，无法对所有的可能事件做出最理想的自动反应。

艺术能够弥补这个隔阂。早期人类发明艺术，是试图通过巫术来表达并控制环境中丰沛的资源，形成统一的力量，并且控制生命中其他与生存繁殖最密切相关的影响力。通过艺术，这些影响力可以变成仪式，并且以一种新鲜、仿效现实的方式来表现。艺术的一致性，来自它们能忠实地表达人性和表达心理发展过程中受情绪支配的外遗传法则与演算法。方法是挑选出最具刺激性的文字、影像和节奏，在正确的取舍下，忠实地表达出符合外遗传法则的情绪反应。当前的艺术仍然具备这种原始的功能，并且采用了相同古老的方法。至于质量的高低，则依作品带有多少人性、能够多准确地表达人性而定。我们极为相信，这正是我们所谓的艺术的真和美。

艺术是巫术！

大约在3万年前，人类利用视觉艺术把大型动物的形象带入了避难所。这类作品中最古老最复杂的，包括欧洲南半部洞穴里发现冰河期的壁画、雕刻和塑像。在过去一个世纪中，人们在意大利、瑞士、法国和西班牙等地发现了200多处这类洞穴，其中含有数千个图像。最近在法国肖维（Chauvet）发现的充满美丽壁画的洞穴，是所有洞穴中最古老的一处，位于罗讷河（Rhône）的支流阿尔代什河（Ardèche R.）的河谷。根据化学测试，这些壁画大约存在了32410年，正负误差是720年。最年轻的洞穴画廊是马格达林时期（Magdalenian Period）的壁画、雕刻和雕塑，出现于距今约10万年前，接近新石器时代早期。

洞穴壁画中最佳的动物素描，就是以现代的标准来看，也都非常精确美丽。这些素描具有简洁流畅的线条，有些甚至在某个方向上带有阴影，似乎是为了传达三维空间的感觉。这些素描好比当时当地的野外大型哺乳类动物指南，从狮子到猛犸（俗称长毛象）、从熊到马、从犀牛到野牛，大多数都已经绝种了。同时，这些素描并不只是抽象的形象，有的显然是雄性或雌性，或具有不同的年龄，其中少数雌性的腹部还因为怀孕而隆起。有些动物的毛皮可看出是冬季或夏季的，而肖维洞穴内的壁画上，两只性情暴烈的雄犀牛正抵角搏斗。

肖维洞穴的壁画年代古老，比它更古老的写实艺术很少见，在这种情况下，我们很容易轻率地推论，洞穴艺术家的技术可能是在几代之间快速发展形成的，但是这个想法可能不够成熟。根据遗传和化石证据，现代智人的结构在大约20万年前才进化出现，而在大约5万年前进入了欧洲。在随后的这段时间内，直到肖维洞穴的壁画出现为止，现代智人慢慢取代了某些人类学家眼中的特殊人种——尼安德特人（Neanderthal）。我们可以很合理地假设，在这段时期，当艺术家还没占据洞穴而画出现今发现的最古老的作品时，会先在其他表面上练习技巧和风格，只不过这些作品并没有留下来。许多早期的绘画可能是在户外的岩壁上进行的，这种做法仍然可以在当今澳洲和南非的狩猎采集部落中看到。结果，这些绘画在欧洲冰河期严酷气候的摧残下，并没有存留下来。

我们也许永远不会知道，欧洲岩洞中的艺术作品是在突然间变得成熟，还是经由数千年的点点滴滴的改进而趋于完美，但至少有许多强大的线索，暗示着这些作品“为什么”会产生。在许多作品中，动物四周有箭矛四处飞散，比如法国马赛附近的寇斯各（Cosques），就有百分之二十八的壁画是如此。在拉斯科（Lascaux）的壁画中，一支矛从一只野牛的肛门穿入，再由生殖器穿出。欧洲旧石器时代艺术探险和诠释的先驱步日耶（Abbe Breuil），在20世纪初对这种洞穴壁画，发表了最简单也最具说服力的解说。他说这些绘画是一种狩猎巫术，当时的人相信只要重创动物的形象、再杀害这些形象，那么当狩猎者实际到达野外，真正追捕猎杀动物时，就会具有更好的心理准备。

艺术是巫术，这让我们想到现代经常出现的一句话：艺术的目的是让人迷惑。步日耶的假设还受到另一个有趣的证据支持：同一块岩石表面会重复描绘着相同的动物。化学定年显示，在其中一个例子中，素描与素描之间相隔了数个世纪。原始画作之上也经常再画上相同的复制画作，在某些情况下，则是雕刻在骨片上。犀牛有重复出现的角，猛犸有多个头顶，狮子也有两三个完整的头部。我们永远无法得知当时艺术家的想法，但可以合理地揣测，重新复制相同的图像是为了符合新仪式的目的。这些仪式也许只是完整礼仪的一部分，并伴随音乐和舞蹈的早期形式。洞穴中还发现了许多骨头做成的笛子，仍然处于良好的状态，洗清后就可以立刻吹响。同时，洞穴中的壁画总是坐落在音响效果极佳的部位。

图腾动物的象征

狩猎巫术以不同的形式继续存在于今日的狩猎采集社会中，它是一种交感巫术（sympathetic magic），是科学出现前存在于人群中的一种几乎是全球性的信仰。人们相信通过对符号和图像的控制，可以影响这些图像所代表的物体。把针插入布娃娃的身体，或其他类似的邪恶巫术，是流行文化中最为人所熟知的例子。大多数的宗教礼仪也包含交感巫术的成分。阿兹特克人在祭祀主管雨和闪电的特拉洛克神（Tlaloc）时，当作牺牲品的孩童必须被迫流下眼泪，才能为墨西哥山谷带来雨水。基督教的受洗仪式可以驱除世上的恶，但为了净身、为了再生，人必须在羔羊的血中被清洗。

占星和超感知觉，尤其是意志力（psychokinesis），也是由巫师工具箱中的类似元素所架构起来的。对于交感巫术几乎是全球性的信仰，很容易解读。人类处在这样一个令人晕眩而充满威胁的世界中，当然会想尽办法获得力量，而艺术和交感巫术的结合，是相当自然的尝试。

和狩猎巫术相反的假设，则认为岩洞里的艺术图像所具有的目标简单多了：是为了教育年轻一代。也许这些图像真的只是彼得森的《史前旧石器时代欧洲的巨型哺乳类动物野外探寻手册》，然而，从这些图像学习到的动物种类不到一打，我们实在不了解，为什么这些动物形象会在同一块岩壁上重复描绘多次。让年轻学徒陪伴年长者到野地实地学习，不是会学得更好的狩猎技巧吗？这是现今狩猎采集部落所采用的方法。

动物艺术具有巫术性质的假设，也受到现存石器时代人类的行为方式的支持。其中的狩猎者对环境中大型动物的生活也极感兴趣，尤其是那些只能靠着追捕和突袭才能杀害的哺乳类动物。他们对小如野兔和豪猪、可以用陷阱或挖掘洞穴来捕获的物种，并不那么在乎，但往往会赋予巨型猎物特殊的心灵和能力，把人类自身凶暴的欲望归罪于并投射在这些动物身上。他们有时也会为自己杀害的动物举行安息礼。许多文化中的猎人会收集动物的头颅、爪掌和皮毛，当作纪念勇敢事迹的战利品。另外，图腾动物被赋予超自然的特质，并以艺术作品表示尊敬和推崇。图腾动物是团结族内成员的象征符号。它们的魂魄会驾临胜利庆典，同时目睹人们经历失败的黑暗时刻；它们提醒每一个人，世上存在高于个人并且永垂不朽的事物，而它们只是其中一部分。

图腾能够缓和争执，使部族中的不和与不满情绪因而平息，是真正权力的来源。因此，当我们发现冰河时期艺术中描绘精细的少数人类图像大多是头带雄鹿角、鸟头或狮头的巫师时，一点儿也不感到惊讶。神以动物化身来统治肥沃的新月地带（Fertile Crescent）[192]和中美洲的古老文明，似乎很合逻辑。这类交感巫术的效应还向外扩散，不管是狩猎采集部落，还是高等文明的团体或国家，都很容易采用图腾动物来反映自身最尊崇的价值。美式橄榄球的球迷最后也找到方法，组成自己的旧石器时代式部落，比如为底特律狮队、迈阿密海豚队和芝加哥熊队加油助阵。[193]

美感本能

艺术具有生物起源，这是一个可供验证的假设，与外遗传法则的真实性和由它而生的原型有关。这个假设具有自然科学的精神，也就是说，它是可测试、可推翻的，并且和生物学的其他部分融通。

那么，该如何测试这个假设？其中的一个方法是，从进化理论来推测艺术作品中最可能出现的主题和其背后的外遗传法则。这类几乎是举世皆准的主题确实存在，并且是大多数小说和视觉艺术的主要架构。也正因为这种普遍性，好莱坞的电影在新加坡也有很好的票房，而诺贝尔文学奖不仅会颁发给欧洲人，也会颁发给非洲和亚洲的作家。我们还不很清楚的是，为什么会这样，为什么心理发展过程会那么一致地把注意力集中到某些形象和叙述上。进化理论是预测其背后的外遗传法则一个极具潜力的方法，并能了解外遗传法则在遗传历史上的起源。

我早先已经举了一个重要的例子，说明如何把进化方法应用到避免乱伦和禁忌的研究中。导致这些现象的天生抑制反应，与历史记录中的神话和艺术共鸣。另一些反应可以把生物理论和艺术相连，包括父母和婴儿之间的亲密关系、家庭成员之间的合作与冲突，以及对领土的侵占和防御。

另一种全然不同的方法，也可以发掘影响艺术的外遗传法则。这种方法是使用神经科学和认知心理学的技术，直接找寻和艺术作品相关的外遗传法则。比利时心理学家斯梅茨（Gerda Smets）在 1973 年发表了一篇和“生物美学”相关的原创研究。研究中，她要求受试者观看各种不同复杂程度的抽象设计，同时记录下他们脑电图的变化。斯梅茨采用 α 波的去同步化（desynchronization）来测量受试者的清醒程度。α 波去同步化是神经生物学的标准测量值。一般而言，α 波去同步化的程度愈大，客观报告中受试者的心理兴奋程度愈高。斯梅茨发现，当设计中出现近百分之二十的重复性时，大脑反应会达到明显的高峰。这种设计相当于简单的迷宫、两个完整的对数螺线（logarithmic spiral），以及不对称的十字架所具有的规律性。百分之二十的重复效应似乎是天生的，新生儿也花最长的时间，盯着那些差不多含有相同规律性的图画。[194]

这个外遗传法则与美学和艺术有什么关联？它们之间的关联可能比表面上看起来更加密切。斯梅茨的测试中最能引发大脑注意的图案，虽然是由计算机产生的，看起来却相当类似于世界各地的中楣、格子形图案、徽标、出版社商标和标示设计上的抽象设计。它们的规律性和复杂程度，也很接近中文、日文、泰文、孟加拉文、泰米尔文（Tamil）和其他来源分歧的亚洲语言，同时还包括古埃及和玛雅的象形文字。最后，一些最受尊重的现代抽象艺术作品，也可能具有相同的最佳秩序的程度，好比蒙德里安的杰作。虽然神经生物学和艺术之间的关联很微弱，却为美感本能提供了有希望的线索。就我所知，目前还没有任何科学家或艺术诠释者，曾经对美感本能进行过任何系统性的探讨。

爱美乃天性

分析年轻貌美的女性面孔，是直接寻找美感外遗传法则的另一个方法。一个多世纪以来，我们已经知道许多面孔所混成的综合照片，比大多数的单一面孔看来更具吸引力。这个现象使人相信，理想上最美的面孔是所有人的平均，然而这个完全合理的结论只有一半是正确的。1994 年的新研究显示，较具吸引力的个别面孔混合产生的综合面孔，比事先未经挑选而加以混合的面孔更为美丽。换句话说，所有人平均后所得的面孔虽然美丽，但不是最美丽的。面孔上的某些比例大小，显然在美感上更为重要。这方面的分析随后产生了真正让人惊讶的结果。我们一旦找出主要的比例，再以人为方式夸大组合，结果会更进一步增加面孔的吸引力。如果把这个方法应用在欧洲白人和日本女性的面孔上，则对于英国和日本的年轻受试者来说，不论男女，都会产生相同的效果。其中最吸引人的特征包括相当高耸的颧骨、窄下巴、比例偏大的眼睛，另外，嘴到下巴和鼻到下巴之间的距离偏短比偏长更吸引人。[195]

只有小部分的年轻女性面孔会接近平均值。我们可预期这种现象会出现在极具遗传多样性的物种中，因为在每一个世代的家庭内和家庭间，面孔特征的精确组合都会更新。令人迷惑不解的倒是理想值和平均值之间的差异。只有少数（实际上极少）妇女能够达到理想值。如果较美丽的面孔可以导致更高的存活率和繁殖成功率，那么最美丽的面孔应该位于或接近于所有人的平均值。这是具有平衡效果的天择过程理当产生的结果，因为如果偏离了理想值，不论是朝哪个方向，都不讨好，因此理想值会一直是进化过程中的标准。

要解释美丽的面孔为什么稀少，也许要用到所谓的超常刺激（supernormal stimulus）的行为现象。这是广泛出现在各类动物身上的现象，动物在沟通时喜欢比平均值夸张的信号，尽管夸张的信号在自然界中很少有。其中一个深具启发性的例子，是雌性银色豹纹蝶的吸引力。这是一种橙色带银斑的蝴蝶，从西欧到日本的树林空地中都可以找到。在交配季节，雄蝶会本能地借由独特的颜色和飞翔姿势来辨认同类的雌蝶。雄蝶虽然追着雌蝶飞，但并不是真正喜欢这些雌蝶。研究人员发现，具有机械翅膀的塑料蝴蝶复制品也可以吸引雄蝶。更令人惊讶的是，雄蝶会舍弃真正的雌蝶，飞向具有最大、最明亮且移动最快的雌蝶模型，然而这类雌蝶并不存在于自然环境中。

这些雄性豹纹蝶在进化上，似乎会偏好最强的刺激，而且没有上限可言。这种现象在动物界中很普遍。数年前，我在西印度群岛以变色龙做实验，发现雄性变色龙会对着照片中的同类热情地展现自己，尽管照片中的图像和小汽车一样大。其他研究人员也发现，银鸥（herring gull）看到画好的巨大木制模型卵时，会忽视自己的卵，尽管它们根本爬不上这些大木卵。

超常反应在真实世界中能够发生功用，是因为实验者创造的巨型怪物并不真的存在，所以动物可以安全地服从以下的外遗传法则：“接受你所能找到的最大（或是最明亮、移动最明显的）个体。”雌性的豹纹蝶不可能是具有明亮发声翅膀的巨大昆虫，因为这样的昆虫无法找到足够的食物来渡过幼虫时期，在欧亚的林地中存活。同样的，大眼睛和身材苗条的女性可能比一般女性脆弱，尤其在怀孕生产的艰苦时期。但是，她们的体格特征可能代表年轻、纯洁和可能具有较长的生殖期，而这也许具有适应上的重要性。

女性最理想的吸引力并不落在分布曲线的中间位置，这跟人类其他的大多数社会行为来比并不奇特。全球的美容企业可说是在制造超常刺激。眼影和睫毛膏具有放大眼睛的效果，唇膏能使嘴唇丰满而明亮，胭脂在面颊上留下永恒的红润，粉饼则使皮肤光滑，使脸形改变得更接近于天生的理想状况，指甲油为手指添加血色，膨松染色的头发显得更为丰厚和青春。这些额外的功夫不仅在模仿自然的生理现象，以表现出青春和旺盛的生产力，还超出了正常的平均值。

同样的原理也可以解释男女身上的各种装饰。服装和其他饰品可以显示出穿戴者的精力，并且可以表现身份。比起艺术家在洞穴墙壁上描绘动物和穿戴艳丽的巫师，人们还要早数千年就已经把珠子钉在衣服上，把野兽的牙齿穿在皮带和头带上。这些证据指出，视觉艺术最初的画布是人体本身。

美国美学历史学家迪萨纳亚克提议，艺术的主要角色向来都在强调人类、动物和无生命环境中的某些特征。就如上述女性美的例子，人类在生物学上，天生就倾向于注意这些特征。这些特征是寻找心理发展外遗传法则的最佳着手点之一。

未知的秘密

艺术除了从看似混乱的日常生活中创造出秩序和意义外，同时还培养我们对神秘感的渴望。我们被那些在潜意识中漂进漂出的阴暗造型所吸引。我们梦想那些没有解答的问题、那些无法抵达的遥远时空。我们为什么如此深爱未知？答案也许存在于大脑开始进化的旧石器时代环境中。就人类情绪而论，我相信我们仍然处在那个时期。身为一位博物学家，我想以清晰的地理形象来思考世界的成形。

> 我们世界的中心是家园，而这个中心的中心是背靠岩壁的避难所。由避难所往外延伸，四方的道路上人来人往，路上的每一棵树、每一块岩石都为人所熟知。在这之外，还有许多向外扩张的机会。沿着河流向下走，穿过对岸的丛林走廊，可以在草地上搭建营地，那儿的野生动物和可食用植物四季生生不息。但这些良机和风险共存。我们可能在过于遥远的征讨中迷失了方向，风暴或许会降临。邻近的犯人、食人族、未完全发展出人形的动物等，可能会过来进行交易或发动攻击，而我们只能揣测他们的用意。无论如何，他们都是不可避免的困扰。另一边则是世界的边缘，看起来也许是一座山的正面，或是直落大海的悬崖峭壁。在那里任何事物都可能存在：龙、恶魔、神、天堂或永生。我们的祖先是由那里来的。我们所认识的精灵就住在附近，入夜后会出来活动。这么多让人无法了解的奇怪现象！我们所知道的只有一丁点儿，足以让我们存活，世界的所有其他部分却是秘密。

这个如此吸引我们的秘密到底是什么？它并不只是个有待解决的谜题，还远超出谜题的层次，那是一些我们仍然没法定形、仍然了解太少而无法将其分解成谜题来解决的现象。我们的心灵轻而易举而且极渴望地穿越可理解的熟悉现象，进入神秘的领域中。当今，整个地球已经变成我们的家园，全球信息网则成了由家园向外延伸的途径。但是，神秘的领域并没有消失，只不过撤退得更加遥远，首先从近景中淡出，接着再由远方山脉撤出。我们现在要到外星球上、到不可知的未来、到仍然受到嘲讽的超自然现象中，去找寻神秘感。我们祖先的已知与未知世界，继续不断地滋养人类的心灵。他们的创造女神——科学和艺术，悄悄说着：跟我们一起去探索，一起去发现吧！

现代部落的生活纪实

要试图了解古人的思考特质，我们并不需要完全依赖内省和幻想。人类学家仔细研究现代的狩猎采集部落，发现他们的生活方式和旧石器时代的祖先似乎很相似。研究人员记录了他们的语言、日常活动和对话，并对他们的思维过程做出合理的推论。

其中一项研究来自利本伯格（Louis Liebenberg），他对喀拉哈里沙漠中部说桑语（San）的狩猎采集者布须曼（Bushman）部落进行研究，尤其是非洲小国博茨瓦纳（Botswana）和纳米比亚（Namibia）的 Ju/wasi（!Kung）、/Gwi 和 !Xo 部族。利本伯格从自己和其他人类学家的研究中，尤其是李（Richard B. Lee）和西尔伯鲍尔（George B. Silberbauer）的研究，摘录出这些特殊民族即将消失的文化。

喀拉哈里的部落为了在资源稀少的沙漠中生存，必须小心地计划和行动。与当地地势和季节性生态现象相关的知识尤其重要，这些部落知道，领域内水源的分布是最重要的。利本伯格提到：

> 雨季时期，他们生活在坚果树林中临时出现的水塘边上，只采集离水源最近、最好吃又最丰盛的食物。随着时间的推进，他们就必须到较远的地方采集食物。他们通常在一个营地上停留数星期到数月，以营地为中心向外采集食物。旱季时期，这些族群则以长期的水源为根据地，愈来愈往远处采集食物。随着水源和食物之间距离的增加，维持生计所需的努力也跟着增加。

喀拉哈里的部落对于当地地理和生活所需的许多动植物十分专精。采集植物的通常是女性，但若男性狩猎不成功返家时也会顺便采集些植物。他们利用自己对植物的知识，辨认可食的种类，而且只采食必需的分量，所以环境中的自然资源因而得到保护。利本伯格继续说道：

> 他们避免把一个区域内的某一品种完全消耗殆尽，总是留下一小部分，才不至于破坏再生的可能。如果采集时发现了当地的稀有品种，他们也不会采食。

狩猎者对动物的生活细节，也有同等程度的专业了解。这些知识提供给他们捕捉大型动物的技巧：

> 当猎人发现新的动物行踪时，会估计动物的年龄和行动速度，并决定是不是值得跟踪。但是，茂密的丛林中可能找不到清楚的脚印，或者只能在结实的地面上找到拖行痕迹，追踪者就可能无法辨认动物的种类。在这种情况下，他们得沿着动物留下的踪迹前进，找寻其他的迹象，譬如遭受破坏

> 的植被和拖行痕迹，直到找到清楚的脚印为止。他们可以重建动物当时正在做什么，并预测动物正往哪儿去。

正如无数个千年内的所有狩猎采集世界，喀拉哈里部落群的社会生活中心也是狩猎：

> 在夜晚围绕着营火讲故事的时间里，男人绘声绘色地描述最近和很久以前发生的狩猎经历。要找到动物，必须先收集有关动物活动的所有信息，这可以来自其他人的观察，也可以来自狩猎者本人对信号的诠释。猎人总会花好几个钟头讨论动物的习性和动作。

最理想的喀拉哈里部落群是由 50 到 70 个成员组成，生活中极为强调群体合作。由于团体中的每个人都必须背着私有物品，每年搬动好几次，因此个人很少累积生存上不需要的物品：

> 私有物品只限于个人衣服、男性的武器和工具，以及女性的居家用品。部落的领土和资产并不属于个人，而是由整个部落共同拥有。

为了维持团体的整合，所有人必须严格遵从礼仪和互惠原则：

> 虽然狩猎是狩猎采集部落维生的重要活动，但是成功的狩猎者必须表现出谦虚温和的态度，即使他很自然地会对自己感到满意。例如，在 Ju/wasi 族中，宣告自己捕杀到动物是自傲的表现，会受到强烈的劝阻。许多优秀的猎人可能长达

数星期或数月不狩猎，这是因为猎人每一回成功之后都会停止狩猎，好让其他人也有表现的机会。

喀拉哈里的狩猎者在学习动物行为时是好学生，对于诠释动物行为却完全是拟人化的。他们强迫自己进入被跟踪动物的心灵，他们会想象，把想法投射在四周的环境中，同时也会类推：

> 他们认为动物的行为是理性的，并且受到以价值为基础（或反价值）的动机的支配。但其实，这些都是狩猎采集者本身和他们认识的人所具备的价值观。/Gwi族人认为动物行为是受到“神”（N!adima）的自然规律的限制。他们认为每种动物都有行为上的特征，并受到习俗（kxodzi）的支配，而且具有特殊的语言文字（kxwisa）。他们相信，动物已经通过理性思考获得了特殊的能力。

既然我们知道使用文字前的人类对物质和非物质世界，以及对理性和非理性的诠释，都采取同等的态度，那么我们很容易就可以了解，他们如何创造出充满神话和图腾的叙事形式。接受神秘现象是他们的生活重心：

> /Gwi族人相信某些动物具有超乎人类的知识。他们相信秃鹰知道狩猎者什么时候会成功，而且会在狩猎者的上空盘旋，因此被当作保证成功的好兆头。他们相信有些石羚（steenbok）具有神奇的力量，能够自我保护而不受猎人弓箭的伤害。他们也相信遁羚（duiker）能够施行巫术，抵抗动物中的敌人，甚至同类中的竞争者。另外，因为传说中的狒狒

喜欢耍把戏和互相嘲弄，人们便相信狒狒能偷听猎人的谈话，并且设计捕捉猎物。[196]

生物尺度下的科学与艺术

文字产生前的人类所观察到的世界，事实上只是整个自然世界中很小的一部分。因此原始的人类心灵必须与神秘现象共处。对喀拉哈里和其他当代的狩猎采集者而言，日常的生活经验在不知不觉中就混成了神奇的环境。精灵住在树上和岩石间，动物会思考，而人类的想法也曾经由肉体的力量向外投射。

相对于我们以后可能具有的模样，现在的我们仍然很原始。狩猎采集者和受过大学教育的城市人一样，对维持四周生态环境的植物、动物和微生物等物种所知少于千分之一。他们对产生空气、水源和土壤的真正生物和物理作用力所知也极有限。即使是能力最强的博物学家，终其一生努力奉献于生态系统研究，最多也只能粗略地摸索出这个生态系统的模糊轮廓。

然而，知识中的大空隙已经开始被填补了，这是累积性的科学在文字世界中所具有的力量。人类学会之后会忘记，人类会死亡，甚至连人类建立起的最强而有力的学术机构也会日渐腐朽。但是，知识能代代相传，向全球扩散。任何一个受过训练的人，都能从知识中抽取出任何部分来扩充。借由这个方法，生态系统中的所有物种终将为人所探知，例如喀拉哈里沙漠生态系统，这些物种都会有学名，确认它们在食物链上的位置，而细胞和分子层次上的结构和生物现象也会得到进一步的分析。动物的本能行为会被简化成神经网络，然后再与神经传导物质和离子交换过程关联起来。如果生物学的历史是指导方针，那么所有的事实都会证明融通的存在。于是，在空间上，我们可以从分子一路解释到生态系统的层次；在时间上，则可以从微秒一直解释到千年的尺度。

一旦有了融通的解释，生物组织内不同层次的单元就可以重组出我们一般所看到的植物和动物整体，不是生化时间尺度下的一群极小、变化又快得让人看不到的分子，也不是生态时间尺度下缓慢变动的整个族群，而是局限在窄窄的生物时间尺度内的个别植物和动物，这也是身为生物体的人类所能意识到的时间尺度。

当我们在科学的引导之下，经历了壮观的时空旅程而再度回到这窄窄的生物时间尺度时，我们也回到了世界中的家园，那是大脑在进化过程中为我们准备好的。现在，如果能把科学和艺术组合起来，我们就什么都有了。

我心中的诗人，和我一起跨越神秘的地域。我们仍然可以是百万年幻想中的狩猎者。我们的心中充满了盘算和情绪；我们是满怀焦虑的唯美主义者。秃鹰再度盘旋头顶，尝试提醒我们所忽略和忘记的事情。我们如何能够确知秃鹰从不曾说话？又如何确定自己能了解这块土地上的每一件事？我们在附近发现了到处闪躲隐藏的小羚羊朝着树丛走去的行踪，我们该不该跟过去？充满诱惑力的神奇力量潜入心灵，就像血管中的药物。我们一旦接受它对情绪的力量，就会了解关于人性的一些重要因素，以及关于知识的重点：科学和艺术这两个火一般热烈的圈子，将在展开的时空中结合。

在较大的时空尺度中，通过所有的因果关联，古代世界的神话和热情能够以真面目出现。所有的地形轮廓、生长于其中的任何植物和动物，以及能够掌握这一切的人类智能，都可以视为物质实体，并因而能了解得更完整。但是这么做，并不表示我们抛弃了祖先的本能世界。在这个千变万化的世界中，我们如果能够把注意力集中在人类的特殊本性上，那么只要我们想要（其实我们迫不及待地期望着），就可以通过肇始之初就紧抓住我们的相同美感和神秘感，来参与艺术创作。科学的物质世界与狩猎者、诗人的感性之间，并不存在任何障碍。[197]

第十一章

伦理和宗教

CONSILIENCE

—

Ethics

and

Religion

—

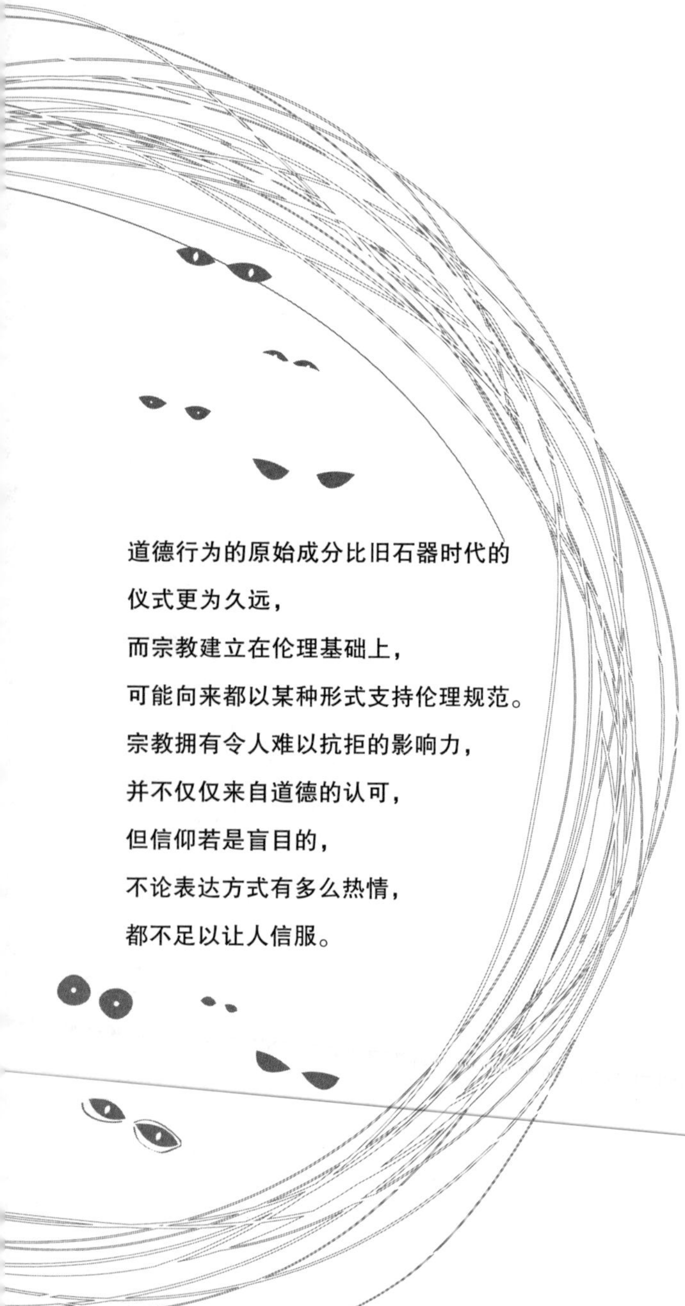

道德行为的原始成分比旧石器时代的仪式更为久远，

而宗教建立在伦理基础上，

可能向来都以某种形式支持伦理规范。

宗教拥有令人难以抗拒的影响力，

并不仅仅来自道德的认可，

但信仰若是盲目的，

不论表达方式有多么热情，

都不足以让人信服。

伦理从哪里起源？数个世纪以来的争辩可以总结如下：人类的伦理观念，如正义感和人权，不是独立存在于人类经验之外，就是由人类创造出来的。这两种想法之间的差异，并不只是学术界哲学家的研究课题。我们对这两个假设的抉择，可以完全改变我们对自己这个物种的看法，同时评估宗教的权威，并决定道德推论的方针。

这两种相互竞争的假设就像混沌汪洋中的两个岛屿，坚毅不动摇，也如生与死、物质和真空般不同。我们目前并不能凭纯逻辑来推论哪一种假设是正确的，只能靠信仰在两者之中选择。但是通过客观证据的累积，我们终将获得真正的解答。我认为不论从哪个层次来看，道德推论在本质上都和自然科学相通。

对于这两个前提中哪一个是对的，每一个有思想的人都有自己的意见。但两者之间的分野并不如一般所认为的那样，是区分信徒和世俗者的界限，而是介于先验主义者和经验主义者之间的差异。先验主义者认为，道德指导原则存在于人类心灵之外，经验主义者则认为，这些指导原则是人类心灵的精巧创作。选择信仰或不信仰宗教以及选择在伦理上相信先验主义或相信经验主义，是形而上思想中截然不同的两种决定。伦理上的先验主义者相信伦理独立存在，他们本身可以是无神论者，也可以假设神灵存在。同样的，相信伦理只是人类创作的经验主义者，也可以是无神论者，或相信有一个创世的神（但并不是传统上犹太教和基督教中制定律法的神）。我在下面用最简单的文字，总结伦理基础上的两个选择：

> 我相信道德价值独立存在，不论是否由神所创造。
>
> 我相信道德价值仅是人类所创造，至于神存不存在，则是另外一个问题。

神学家和哲学家几乎总是强调先验主义，由此确认伦理的正当性。他们追求自然律法中的神圣指导原则，这是由道德行为中不容置疑、不容妥协的独立原则组成的。基督教神学家跟随意大利神学家阿奎那（St. Thomas Aquinas，1226—1274）在《神学大全》（*Summa Theologiae*）中的推理，普遍认为自然律是神的意志之表现。在这样的看法之下，人类有义务通过理性分析发现自然律，并且把自然律纳入日常生活的例行事件中。具有先验倾向的世俗哲学家也许看起来和神学家极为不同，但实际上相当类似，至少在道德推论上是如此。他们倾向于认为自然律极具威力，所以对任何理性的人而言都是不证自明的，不论它最终的起源是什么。简而言之，先验主义不论是否把神列入考虑，基本立场都是相同的。

比方说，当杰斐逊依照洛克的想法从自然律中推导出自然人权法则时，他比较在乎自己采用的先验式说辞有没有说服力，而不在乎它们具有神圣还是世俗的起源。他在《独立宣言》中以一个先验式的句子融合了世俗和宗教的假设，也因此巧妙地做到了面面俱到：“我们相信下面的真理是不言而喻的：人人生而平等，上天赋予每个人一些不可转让的权利，包括生存、自由和追求幸福的权利。”这一主张成为美国公民信仰的主要前提，成为林肯和金（Martin Luther King，1929—1968）[198]所挥舞的正义之剑，同时继续作为核心伦理，使美国境内的各民族团结在一起。

在先验主义与经验主义中抉择

自然律理论产生了如此令人信服的结果，尤其是当它们把神权列入考虑时，几乎把先验假设提升到无可置疑的地位。但是在这样高贵的成功中，也出现过令人震惊的失败。自然律理论曾经无数次被滥用，例如用来热烈拥护帝国的殖民政策、奴役制度和集体大屠杀的计划。在任何大规模战争中，总是有一方会认为自己挑起战端的理由，在某种形式上具有先验式的神圣意义。枢机主教纽曼曾经观察道：“噢，我们因为热爱上帝而憎恨彼此。”

因此，我们如果能够更严肃地面对经验主义，后果也许会比较好。在经验主义者眼中，伦理是社会整体一致推崇的品行，并以道义规范的方式表现出来。这些规范由心理发展的遗传倾向所促成，也就是启蒙哲学家所说的“道德情操”（moral sentiment）；因此，这些法规在各种文化中相当一致，但同时又因为每种文化不同的历史背景，而发展出各自的明确形式。不论局外人对这些法规的评价是好是坏，它们都在文化的兴旺或衰退上，扮演了决定性的角色。

经验主义者的看法的重要性，在于它强调客观的知识。伦理规范能否成功，得看它对道德情操的诠释能有多么明智；因此，规范的构建者应该知道大脑如何运作，以及心灵如何发展。伦理的成功与否，也要看它是否能正确预测出特定行动与相反行动所造成的后果，尤其是当道德标准显得模棱两可时。这个条件需要大量知识，而且这些知识必须与自然科学和社会科学相融通。

因此，经验主义者认为，经由探索道德行为的生物基础，以及诠释它们的物质起源和倾向，就应该可以塑造出一个比以往更明智也更持久的伦理共识。目前科学已经扩展到开始探究深入的人类思维过程，这使得经验主义者提出的观点更有可能实现。

在先验主义和经验主义之间做抉择，将是下个世纪人类心灵挣扎的主题。道德的论据可能和目前一样，仍然集中在神学和哲学的特殊用词上，也可能转移到以科学为基准的物质分析上。至于最后会停留在哪里，就要看哪一个世界观被证明是正确的——至少，它会停留在较多人所接受的世界观。

先验主义和经验主义之争辩

现在到了掀底牌的时候。专精于道德论据的伦理学家在发表言论时，并不倾向于提出自己所依据的伦理基础，或是承认他们的基础有可能是错的。你很少看到论据过程以下面的简单陈述为开场白：这是我的前提，它有可能是错的。相反，伦理学家偏爱使用令人困扰的推演过程，由特殊到模糊，或反过来，由模糊到确凿的事件。我猜想，全部的伦理学家在内心可能都是先验主义者，只是很少以简单的宣告式语句如此表白。但我们也不能过于责怪他们，因为要解释难以名状的事物并不容易，他们显然也不希望自身的信仰被人清楚了解而有伤尊严。因此，他们一般都会对伦理的基础避重就轻。

说了这些之后，接着当然是试着表明我自己的立场：我是一位经验主义者。在宗教上我偏向于自然神论，但认为证明方面的问题多半属于天文物理。创造宇宙的宇宙神有可能存在（按照自然神论的看法），也许最终会以目前还没法想象的物质形式来证明，但这也可能是人类永远无法了解的事情。相反，对人类影响更大的事实是，能够指导生命进化、干涉人类事件的生物神（按照一神论的看法），正逐渐为生物学和大脑科学所击溃。

我相信，同样的证据会比较支持伦理具有纯粹的物质起源这样的说法，如此也符合融通的要求：关于大脑活动和进化过程的因果解释虽然不完美，但已经能以最少的独立假设和最高的精确度，涵盖最多关于道德行为的已知事实。这个观念虽然是相反，也就是说它是依个人观点而定，但未必不负责任。如果小心推演，经验主义可能比先验主义更直接且安全地把我们带往稳定的道德规范。你如果仔细想想，先验主义最终也是相对的。

当然，我唯恐忘记，我也许是错的。

为了使先验主义和经验主义的差别更鲜明，我为这两种世界观的支持者架构了一场辩论。为了加强两者的信仰，我把这位先验主义者设定为一神论者，而经验主义者则为怀疑论者。另外，为了尽可能公平起见，我会尽量就自己所知，从最严谨的神学和哲学论据中，摘录出两者的辩词。

先验主义者

在谈论伦理之前，让我先确认一神论者的逻辑思考，因为我们如果承认有一位制定律法的上帝存在，伦理的起源问题就立刻解决了。因此请大家小心考虑下述赞成一神论的观点。

我用你们自己提出的经验主义来攻击你们对一神论的反对。你们怎么能期望可以证明具有位格的神（personal God）并不存在？你们如何能解释，犹太教、基督教信徒和穆斯林 3000 年来的心灵见证？数亿的群众，包括 工业化国家中高比例受教育的公民，都知道有一股看不见而感觉得到的力量在引导他们的生命。这方面的见证极其普遍。根据最近的民意测验，10 位美国人中就有 9 位相信位格神，相信它会答复人类的祈求，并且展现奇迹；而且 5 个人当中就有 1 个人，在测验前一年中至少体验到一次神的显现和指引。科学这个支持伦理经验主义的学科，如何能忽略普遍出现的见证？

经常有人提醒我们，科学方法的核心在于严格依据具有事实基础的逻辑，来推翻某些假设并赞同其他假设。有哪些事实证据可以否定位格神？光说我们不需要用神的观念来解释物质世界（至少是科学家所了解的物质世界），理由并不充分。科学家不能只是挥手打发掉一神论，这样所冒的风险太大了。证明神不存在是你们的责任，而不是相信神存在的人的责任。

恰当地说，神包含科学，但科学并不包含神。科学家会搜集数据并建立假设来解释特定的课题。为了尽可能扩展客观知识所涵盖的范围，他们会暂时接受某些假设而抛弃其他。但是这样的知识只包含真实的一部分，尤其，科学研究并不是为了探究人类心理经验中各种奇异现象。相对而言，神这个观念可以解释任何事情，不仅是可测量的现象，还有个人通过感觉和潜意识所感受到的现象，包括只能由心灵渠道进行沟通的神的启示。所有的心灵经验为什么都该在 PET 扫描下一目了然？神这个观念和科学不同，它所涉及的比我们所能探究的物质世界更丰盛。这个观念开启我们的心灵来接受物质世界以外的现象，教导我们如何触及那些只有借着信仰才能了解的神秘现象。

你们大可把自己的思想局限在物质世界中，其他人则晓得神包含了创世的最根本成因。如果不存在一个比自然律本身更具权威的制定者，那些定律又从何而来？对于神学所提出的至高无上的力量，科学并无法提供任何解答。换句话说，世界上为什么存在某些东西，而不是一无所有？存在的最高意义超乎人类的理解力，因此也在科学的研究范畴之外。

你也是一位实用主义者吗？我们之所以相信有超越一切的神在制定伦理规范也是出于极实用的原因。否定神这个起源，而假设道德规范完全由人类所制定，是很危险的主张。正如陀思妥耶夫斯基（Fyodor M. Dostoyevsky, 1821—1881）[199] 在书中对宗教法庭大法官（Great Inquisitor）的观察：如果没有神的统治，所有事情都可能发生，自由反而成了悲惨的事。支持这个警告的权威人士，至少包括当初启蒙运动时的思想家。他们实际上都相信神创造了宇宙，其中还有许多人是虔诚的基督徒，几乎没有人愿意让伦理落入世俗的唯物论之中。洛克曾说："对于否定神存在的人，我们丝毫不能容忍。对无神论者而言，维系人类社会的诺言、契约和誓词，并没有任何约束力和神圣价值。神的存在一旦被排除，尽管只是思想上的排除，所有的事物都将瓦解。"[200]17世纪的伟大物理学家胡克（Robert Hooke，1635—1703）在为新成立的皇家学会撰写概要文字时，很明智地警诫人们，这个极其精要的启蒙运动组织的目标，应该是"增进人们对自然事物、所有有用的艺术、产品、机械操作、引擎和实验发明的知识（而不是去探讨圣灵、形而上学、道德、政治、文法、修辞和逻辑）"[201]。

这种看法在现代的思想领袖和从事科学研究的小社群中，也颇为流行，而且因为人们对达尔文的生命进化论感到不安而相对加强。经验主义的基本假设，是把创世过程化约成随机突变和环境机遇的产物。就连萧伯纳这位公开宣誓的无神论者，也对达尔文主义感到绝望；他指责它的宿命论，它对美丽、智慧和荣耀的贬损，以及它对“物质是盲目组合而成的”这个抽象观念的推崇。许多作家甚至暗示，这种贫乏的生命观贬低人类不过是一种有智慧的动物，为纳粹的种族灭绝行为提供了知识上的支持；在我看来，这样的说法并非不公平。

因此，具有领导地位的进化理论在某些观点上必然犯了错误。虽然某些物种的基因变化形式，符合新达尔文主义所提出的机制，但是极其复杂的现代生物体，不可能只是由盲目的概率产生的。在科学发展史中，新的证据屡屡推翻流行的理论。科学家为什么要这般迫切支持自然进化的理论，而否定人类可能是一种充满巧思的设计？这真是令人不解。比起随机组合的方式，设计似乎更容易解释数百万种生物体的出现。

最后，若就人类心灵和不朽的灵魂来看（我不会害怕提起灵魂的），一神论更能带来无可抗拒的力量。难怪有四分之一或更多的美国人，会彻底反对任何形式的人类进化概念，即使是在解剖学和生理学上也是如此。科学若过度伸张，就成了一种傲慢。让科学留在适当的领域内，当作神赋予我们的礼物，以了解神的物质领域。[202]

经验主义者

一开始，我先坦承宗教对人类具有难以抗拒的吸引力，而且宗教信仰多半是有益的。宗教来自人类心灵最内部的核心，它培育爱、信心和至上的希望，而人类渴望从宗教获得保证。我想不出有任何事会比基督教的教义更震撼人心：为了让人类见证到所有的人类生命都是神圣的（甚至包括奴隶），神以人的形象显现，在死后又复活，并承诺授予每一个人永生。

但是宗教信仰的另外一面具有摧毁性，和最极端的唯物论相当。历史中曾经存在大约10万种信仰系统[203]，其中有许多引发了种族和部落之间的战争。尤其是西方三大宗教中的每一种，都曾在历史的某一刻与军事侵略行动共生，并因而扩展。伊斯兰教代表“屈从”（归顺），借由武力扩及大部分的中东地区、地中海周遭和亚洲南部。基督教以相同程度的心灵感召和殖民扩张手段，征服了新大陆。历史上的意外事件帮助了基督教：由于欧洲势力受到伊斯兰教阿拉伯势力的阻挡，无法东行，因而转向西行，占据了美洲，以十字架伴随刀剑，一次又一次地展开奴役和种族灭绝的行动。

基督教的统治者可以从犹太教早期的历史中，找到仿效的启发范例。如果我们决定相信《旧约》，那么以色列人就是因为神的指示，而彻底驱逐了应许之地上的异教者。“耶和华你　神既赐你为业，其中凡有气息的，一个不可存留。只要照耶和华你　神所吩咐的将这赫人、亚摩利人、迦南人、比利洗人、希未人、耶布斯人都灭绝净尽。”（见《申命记》第20章第16—18节）从约书亚攻陷耶利哥城（Jericho），到大卫攻打古代耶布斯人（Jebusite）的重镇耶路撒冷为止，超过100个城市为大火和死亡所吞噬。

我提出这些历史事实，并不是为了中伤当今的宗教信仰，而是想明确指出它们所支持的伦理系统与它们的物质起源。所有伟大的文明都借由征战向外扩张，其中受益最多的，是使这些征战正当化的宗教信仰。无疑，受政府支持的宗教信徒，在许多心理层面上总是感到十分满足，也能从征战时所遵守的野蛮教条中，进化出更具灵性的智慧。但是当今的每一支主要宗教，都是各种文化经过达尔文式竞争后的赢家，没有一支是因为容忍对手的存在而得以兴盛。通往成功的捷径，一向有征服国的支持。

为了公平起见，我先把事情的因果关系讲清楚。宗教的排外和偏执来自部落主义，也就是相信族内的人具有天生的优势和特殊地位。部落主义的存在并不是宗教的责任。相同的因素也可能产生集权的意识形态。纳粹主义中排斥异教徒的奥秘之体（corpus mysticum），基本上都是没有神的宗教教条，都是因为部落主义而出现，而并非是相反的因果关系。如果这种意识形态的信奉者不认为自己是精选的民族，不认为自己是在执行任务、是受邪恶敌人的包围并且是因为血统与命运上的权利而必须成为征服者，那么这种意识形态不可能受到如此热烈的拥护。沃斯通克拉夫特（Mary Wollstonecraft，1797—1851）[204]曾经正确地描述过男性优势："没有人会因为它是罪恶的而加以选择，只不过把它错认为喜悦，而以为那是他所追求的良善。"[205]这个说法也可以广推到所有的人类行为上。

一个部落如果想征战胜利，就需要成员为团体的利益牺牲，尤其是和竞争团体发生冲突时。这只是动物社会生活中的一个主要规则的表现。这个现象之所以会产生，是由于个人因为团体需求所承受的损失，会因为团体得胜而得到更多的个人利益补偿。符合人性的推论则是，信仰胜利的宗教和意识形态的无私穷人，会取代信仰失败的宗教和意识形态的自私富人。为了使人们在社会中有理由服从命令，人类文化创造了较理想的未来生活，保证给人们的报酬，可能是现世的乐园，或者是在天堂里复活。重复了一代又一代之后，对团体的服从和团体中的道德法规，成为牢不可破的官方教条和个人信仰。但这并不是上帝的旨意，也不是平白无故地从天上掉下来、不证自明的真理。它是社会化生物进化出来的求生必备工具。

就我看来，最危险的一种信念出于基督教精神："我的诞生并非为了这个世界。"（I was not born to be of this world.）一旦有了等在一旁的第二生命，患难就变得较容易承担，尤其是加在别人身上的。自然资源可以耗尽，信仰的敌人可以猛烈抨击，而自杀式的殉道者更为人所赞扬。

这全都只是幻想吗？嗯，我迟疑着是要称之为“幻想”，或者更糟地采用怀疑论者的刻薄用词，称之为“高贵的谎言”。无论如何，我们必须承认，支持宗教的客观证据并不强。没有统计证据显示祈祷能够减少疾病和死亡，除了它也许能通过心理作用增强免疫力之外，要不然，整个世界早就不停地祈祷了。对阵的两批军队都有牧师祈祷保佑时，仍然会有一队被打败；当殉道者充满正义的脑袋被刽子手的子弹炸开时，他的心灵也将随之瓦解，那么接下来呢？我们能有把握地假设，数百万个神经线路会在非物质的状态下重新组合起来，好让有意识的心灵能够继续存在吗？

对末世的赌注应该像帕斯卡尔一样聪明：好好生活，但是接受宗教信仰。这位17世纪的法国哲学家分析得出，死后如果真有来生，信徒将具有进入天堂的门票，并且在两个世界中都活得最好。帕斯卡尔写道：“如果我输了，我会输得很少，但是如果我赢了，我将获得永生。”现在让我们暂时以一位经验主义者的立场来思考，用智慧把赌注转变如下：如果恐惧、希望和理性强迫你必须接受信仰，那么就接受吧，但是在对待这个真实世界时，要好像另一世界并不存在。

我知道真正的信徒会因为上述言论而感到受辱。他们的愤怒会降到那些直言不讳的异教徒身上，在最温和的状况下视他们为捣乱者，在最极端的情况下视他们为社会秩序的叛逆者。但是没有任何证据显示，具有相同社会经济地位的非信徒会比信徒不遵守法律，或成为生产力较低的公民，或较没有勇气面对死亡。根据1996年针对美国科学家所做的调查（科学家是社会中相当受敬重的一部分），其中百分之四十六的人是无神论者，百分之十四是怀疑论和不可知论者。只有百分之三十六的人希望获得永生，而且大多数人的希望都很温和。百分之六十四的人宣称完全不会希望获得永生。[206]

人类真正的性格，是从比宗教更深的源泉中产生的。它是社会道德准则的内化，外加个人所选择的信条，而且强韧得足以承担孤独和逆境的磨炼。这些原则凝聚成我们所谓的完整，照字面意思为综合的自我，这个自我可以做出让人感到满意和诚实的个人决定。性格又是德行的持久源泉。它独自存在，并激发其他人的景仰之情。它不是对权威的顺服，而且尽管它经常和宗教信仰一致，或受宗教信仰的影响，但并不是一种虔敬。

科学不是我们的敌人。它是人类所累积的有组织而客观的知识，它是为了联合具有共同见解的各地人们而设计出来的第一个媒介。它不偏向任何部落或宗教。它是建立一个真正民主的全球文化的基础。

你说科学无法解释心灵现象。为什么不可以？大脑科学对复杂心灵运作现象的分析，正不断地出现重要的进展。没有任何明显的理由指出，大脑科学不能适时地为组成精神思考的情感和理性分析，提供有形的解释。

你质问伦理戒律如果不是神的启示，那又从何而来？试着考虑经验主义者的另一种假设，他们认为伦理戒律和宗教信仰完全是人类心灵的物质产物。一千多个世代以来，这些戒律和信仰为那些服从部落信仰的人，带来更佳的生存和繁殖成功率。这段时间足够让外遗传法则（心理发展的遗传倾向）经由进化产生道德和宗教的情操。接受教条因此变成一种本能。

伦理规范是在心理发展的天生常规指引下，由人类共同达成的戒律。宗教则是神秘故事的组合，解释着人类起源、人类命运，以及人类为什么有义务服从某些特殊礼仪和道德规范。伦理和宗教信仰的生成是由下而上、由个人到文化，而不是由上而下、由神或其他非物质来源通过文化而加在人类身上。

先验主义与经验主义，哪一个比较符合客观证据？经验主义者以绝对的优势取胜。这个看法如果能被接受，道德论据就会更着重于社会选择，而不那么偏向于分析具有权威的宗教和意识形态。

其实在西方文化的启蒙运动中，这种转移就已经出现了，但是步调非常慢。部分是因为普遍缺乏足够的知识，无法判断道德上的抉择将会引起什么样的全面影响，尤其是长期的后果，譬如10年或更长的时间。对于我们自己和生存的世界，我们已经学到了许多相关知识，但仍然需要更多的知识才能变得完全明智。我们面临极大的危机时，总是禁不住要屈服于先验主义权威的诱惑，也许在短时间内这会带来较多的好处。我们仍然很容易接受教条，仍然很容易为神所着迷。

人们之所以抗拒经验主义，也因为它所采用的推论方式具有情绪上的弱点：很冷血。人们需要的不仅是理性，也需要能够提供见证的诗篇，而且在生命出现变化或其他极其重要的时刻，会渴望有一位优于自己的权威。大部分人都迫切期盼宗教仪式许诺的永生。

伟大的仪式能唤醒一个民族对历史的庄重回忆，并展示宗教的象征符号，这也正是仪式的持久价值。历史上所有高度发展的文明中，大多宗教形式都会出现在仪式里。宗教的象征符号则遍布文化的每一个角落，它们要经过数个世纪才可能被取代——如果真的被取代的话。

所以，你们也许会因为我以下所说的话而大感惊讶：如果有一天我们抛弃了我们所尊重的神圣传统，那将是令人感到悲哀的一天。若把美国公民忠贞誓词中的“在神的见证下”删去，将造成历史上悲剧性的错误。无论是无神论者，还是真正的信徒，让他们把手放在《圣经》上宣誓吧。我们也希望能继续听到“请神帮助我”这句话，并且请牧师、神父和犹太长老继续在仪式中为民众祈福。不管怎样，让我们仍然低头以示共同的敬意。当圣歌和祷文掠过我们全身，看清楚，与我们同在的是诗篇和部族精神。当各派宗教信仰的特质消失时，诗篇和部族精神将继续存在，或许存在得比对神本身的信仰更为持久。

但是，分享尊严并不需要放弃宝贵的自我，或遮蔽人类的真实本性。我们不应该忘记自己是谁。无论我们所举的是什么旗帜，我们的力量都来自真理、知识和人格。《圣经》告诉犹太基督教徒：骄傲带来毁灭。我不赞成，应该反过来说才对：毁灭带来骄傲。经验主义彻底颠覆了原来的话，并摧毁了令人晕眩的理论：我们是神放在宇宙中心的特殊生物，是为了显示神的荣耀而存在的创世绝作。身为一个物种，我们可以感到骄傲，因为当我们发现自己是单独存在时，对众神的亏欠就极少。谦逊最好展现给人类同伴和地球上的其他生命，因为真正的希望全寄托在这些生命身上。如果真有神在关注，我们的发现以及独自倾全力取得的成就，必然已经赢得神的钦佩。

先验主义的谬误

我要再度坦承，上述经验主义者的论点其实也是我自己的。但这些意见并不新，可以追溯到亚里士多德的《伦理学》（*Nicomachean Ethics*）和现代时代的初期苏格兰哲学家休谟（David Hume，1711—1776）的《人性论》（*A Treatise of Human Nature*，1739—1740）。达尔文的《人类起源》（*The Descent of Man*，1871）则是首次用进化的观点阐释这个看法的著作。

至于宗教上的先验主义论点，则是我从小时候的基督教信仰中首次学到。从那时开始，我就一直不停地反省这些看法，而依据我的学术倾向和个性，我也不得不尊重这个古老的传统。

宗教上的先验主义，也受到具有基本相似性的世俗先验主义的支持。康德是历史上最伟大的世俗哲学家，他对道德的推论很像一位神学家。他争辩道，人类是独立的道德行为者，具有服从或违背道德律法的完全自由意志："人类具有自我决定的能力，不受任何感官刺激左右。"他说，我们的心灵在决定如何行动时，会受到绝对命令（categorical imperative）的影响。若摒除其他顾虑，这个绝对命令本身是好的，可以借由下述规则辨认出来："只根据那些你希望成为普遍律法（universal law）的准则来行动。"最重要也最超乎经验的想法是，自然界中并不存在"该不该"这个问题。康德说，自然是一个由因果关系组成的系统，而道德的选择则属于自由意志的范畴，其中并没有任何因果关系。人类在进行道德选择时，已经超越了本能的局限，超越了自然的范畴，而进入一种只属于理性动物的自由领域。

康德简明的陈述给人一种舒服的感觉，但若以物质实体或可想象的实体来看，却完全不合理。正因为如此，即使康德的文笔不那么曲折，他的文章仍旧很难理解。康德的观念有时很令人苦恼，但并不是因为很深奥，而是因为它是错的。我们现在知道，他的论点和大脑运转的证据不一致。

现代伦理哲学创始人摩尔（G. E. Moore，1873—1958）在《伦理学原理》（*Principia Ethica*，1903）一书中，基本上也赞同康德的看法。他认为，为了确立伦理原则，道德推论不能涉及心理学和社会科学，因为它们只描述因果，无法阐述道德正当性的基础。因此，当我们由提供事实的"是不是"直接推论到确立规范的"该不该"时，就犯了逻辑上的基本错误，摩尔称之为自然主义的谬误。罗尔斯（John Rawls，1921—2002）在《正义论》（*A Theory of Justice*，1971）一书中，再度走上了相同的先验主义道路，他提出一个看似非常合理的前提："正义"的定义为"公平"，而"公平"则被视为一种内在本有的善。如果我们对自己在生命中所处的地位一无所知，就会遵从绝对命令。但是罗尔斯完全不考虑人脑由何而来或如何产生功用。他并未提出任何证据，来证明“正义就是公平”，和人性相符，因而可以当作无所不包的前提。这个前提也许确实和人性相符，但除了盲目地试错来学习外，我们又如何能获知？

来自共同意志

我很难相信，如果康德、摩尔和罗尔斯知道现代的生物学和实验心理学，仍会以相同的方式思考。然而，我进行创作的这个世纪即将结束时，先验主义不仅在宗教信徒心中占据坚固的地位，同时还为无数的社会和人文学者所深信。这些人和之前的摩尔和罗尔斯一样，已经决定把自己的思想和自然科学隔绝。

许多哲学家会反应道：但是，等一下，你在说什么？伦理学家不需要那类的资讯。你们真的不能由“是不是”进到“该不该”。你们不能在描述了遗传倾向之后，就假设它是人性的一部分，并假设它可以转换成伦理规范。我们必须把道德论据列入特殊的范畴，并且在必要时以先验主义为指导方针。

不，我们不必把道德论据列入特殊的范畴，也不必采用先验的前提，因为把自然主义视为谬误，本身就是谬误，如果“该不该”不等于“是不是”，那还会是什么？如果我们能够专心研究伦理规范的客观含义，把“是不是”翻译成“该不该”就变得很合理。伦理规范极不可能是人类之外的一些行踪缥缈、等人揭发的信息，也极不可能是在心灵的非物质空间中振荡的独立真理，它们比较可能是大脑和文化的具体产物。从自然科学的融通观点来看，它们只是社会契约中的原则在强化后所形成的规定和命令，是社会成员热切希望其他成员能够遵守而自己也愿意为了大众利益而遵守的行为规范。人类的协议具有不同的尺度，从非正式的同意到公众的情绪，到法律，再到不可更改的神圣准则，而道德规则是其中较极端的一种。用不同尺度的协议来看“通奸”，可能出现下述的看法：

> 我们不要再继续下去了；我觉得不太对劲，这么做会带来麻烦。（我们也许不该这么做。）
>
> 通奸不仅会产生罪恶感，也是社会一般不赞同的行为，这是避免这么做的其他原因。（我们不该这么做。）
>
> 通奸不仅不受赞同，还违法。（我们几乎可以肯定自己不该这么做。）
>
> 神命令我们不可以犯这种道德上的罪。（我们绝对不该这么做。）

在先验主义的想法中，因果关系是由上向下的，由宗教上的“该不该”或自然律，借法律的途径下行到教育，最后才到个人的选择。先验主义的论点一般具备下述的形式：在自然的规律中，存在着神圣的或是本质上至高无上的原则，而我们比较明智的做法是学习它，并找出服从它的方法。罗尔斯因此在《正义论》中，开宗明义地提出了他认为无法变更的主张：“在一个正义的社会中，平等的公民必然是自由的。正义所保障的权利不受政治协商或社会利益计算的影响。”许多评论家清楚指出，这个前提应用到真实世界时，可能导致许多令人不愉快的结果，包括社会控制的加强和个人动机的低落。诺齐克（Robert Nozick，1938—2002）在《无政府、政府和乌托邦》（*Anarchy, State, and Utopia*，1974）中提出另一个非常不同的假设：“个人具有权利，而有些事情是任何人或团体（在不侵犯这个权利的状况下）所不能强加在个人身上的。这些权利强而有力，并可以伸展得很远，所以个人能够质询政府和政府官员可能做的事（如果有什么的话）。”罗尔斯的想法指引我们走向政府调节下的平等主义，而诺齐克的想法则指向政府极小化之下的自由主义。

在经验主义者的想法中，以上的因果关系则是相反，他们追寻的是可以客观研究的伦理推理的起源。他们认为个人具有的某些生物倾向，会导致某些选择。文化进化的过程使其中的某些选择强化成规则，进而成为律法，而且当这种倾向或趋势变得足够强烈时，就会成为神或宇宙自然规律中的命令。一般经验主义者所采取的原则具有下述的形式：强烈的天生感受与历史经验，会使人们偏好某类行为；我们曾经体验到这些感受，在权衡后果的轻重之后，同意遵守某些规章来表达这个经验。让我们对这个规章宣誓，投入个人的尊重，并且在违背规章时接受惩罚。经验主义者承认，道德规范的设计是为了服从人性中的某些欲望而压抑其他欲望。“该不该”并不是直接由人性翻译而成，而是一种共同意志，如果我们能对人性的需求和缺陷有更多了解，就可以让共同意志变得更明智、更稳定。经验主义同时体认到，新知识和新经验可能使承诺的力量消退，使某些信条不再神圣，旧律法因而废除，曾经受禁止的行为却得到解放。另一个体验是，基于相同的理由，我们必须设计新的道德规章，而且新规章可能随着时间的推移而变得神圣。[207]

囚徒困境

如果经验主义者的世界观是正确的，“该不该”就只是某种事实陈述的缩写，代表社会首先选择（或被迫挑选）某些行为，随后才将其列入规章。自然主义的谬误也因而化简为自然主义的困境。对这个困境的解答并不困难："该不该"是物质过程的产物。这个解答指出了一个客观了解伦理起源的方向。

一些研究人员现在已经开始探讨这类基本问题。大多数人赞成伦理法规源自生物和文化之间相互影响的进化过程。从某个角度来看，这样的想法复兴了 18 世纪英国经验主义者哈奇森（Francis Hutcheson）、休谟和亚当·斯密对道德情操的观念。

在现代行为科学的定义下，道德情操代表道德本能，依其所造成的后果而接受批判。因此，道德情操来自外遗传法则，也就是心理发展的遗传倾向。它们往往受到情绪的限制，并且影响人们的观念，以及由此做出的决定。道德本能的原始起源是合作和背叛之间的互动关系。任何物种在遗传进化的过程中，基本上需要有足够高的智能来判断和操纵这种互动关系所引起的紧张状况，才可能进一步塑造出道德本能。这种高层次的智能，正如我在前几章所描述的人类心灵，使我们可以为遥远的未来建立复杂的心理情节。根据目前所知，这种现象只出现在人类身上，或许也出现在人类近亲较高等的类人猿身上。

我们可以根据博弈论，假设早期的道德进化阶段，尤其是著名的"囚徒困境"（Prisoner's Dilemma）的解答。想想下面这个典型的两难困境。两位帮派成员因为谋杀罪名而被逮捕，并且分别受审。相当有力的证据显示他们有罪，但还不足以定罪。第一位成员相信自己如果坦白认罪，变成官方证人，将因此获释，而同伴则受到终身监禁。但他晓得同伴也有相同的选择，于是选择就成了难题。这两位帮派成员会不会同时背叛对方，因而都遭受严重的惩罚？他们不会，因为他们事先已经协商好了，如果被捕将保持沉默。他们这么做的原因，是希望受到较轻的惩罚，或一起避免惩罚。犯罪集团早已把这种计算原则变成了伦理规范：绝不能陷害其他成员，总是要做个男子汉。窃贼也有荣誉感。我们如果把帮派视为某种社会团体，它们的法规就像战时被俘的士兵所遵守的一样。他们的义务是，只能提供姓名、军阶和兵籍号码。

通过彼此合作解决难题的例子，不断在日常生活的各个角落以不同的形式出现。人们从中获取的各种利益，包括金钱、地位、权力、性、使用权、舒适和健康，这类较易获得的报偿，大多可以转译成达尔文式基因适应的一般底线：较长的寿命以及安全成长的家庭。

这种现象可能向来如此。设想一下，旧石器时代的一个狩猎团体，由五位男性组成，其中一位想要脱离其他人，独自去寻找羚羊。如果成功，他就能获得大量的肉食和兽皮，是留在团体内一起狩猎所获得的五倍。但是根据经验，他知道单独行动的成功机会很低，比五人一起小组行动的成功机会低很多。而且，不论他单独行动能不能成功，其他人都会因为成功机会降低而对他产生敌意。习惯上，团体内的成员总会待在一起，平均分享猎物。因此，这位有异念的成员决定继续留在团体内，同时保持良好的态度，尤其是当他成功捕杀到动物时。傲慢的自我夸耀会受人谴责，因为它摧毁了微妙的互惠关系。

道德本能的进化

现在假设，人类合作或背叛的倾向是可遗传的：某些成员天生就较易合作，其他人则不然。在这样的情况之下，道德倾向和到目前为止曾被人研究的心理特征，几乎都是一样的。被证明具有遗传性的特征中，和道德倾向最接近的是，别人受苦时所产生的同情心，以及婴儿和照顾人员之间的情感。[208] 关于道德倾向的遗传性，许多历史上的证据也显示出，团结合作的个体一般存活得较久，也能产生较多的后代。我们可以想到，在进化的历史过程中，促使人类产生合作行为的基因，将在人类族群整体中占优势。

当这类过程重复出现了数千个世代之后，道德情操将不可避免地从中产生。除了少数心如铁石的变态者（如果这种人真的存在），每个人都会鲜明地体验到各种道德本能，比如良心、自尊、后悔、同情、羞耻和道德义愤。这些本能使文化进化倾向于表现一般道德法则的常规，比如荣耀、爱国心、利他主义、正义、同情心、仁慈和赎罪。

天生的道德行为倾向的黑暗面，是对异族的恐惧和排斥。人与人之间的熟悉感和共同利益，在社会交易中扮演了极重要的角色，因此道德情操进化的结果是产生选择性。这一向如此，也将继续如此。人类很难信任陌生人，真正的同情心是长期缺货的商品，只有借由小心定义的契约和其他传统，部落之间才有可能合作。任何部落都很容易把自己想象成牺牲者，受竞争团体的阴谋陷害，而且当严重冲突发生时，也倾向于不把对手视为人而加以杀害。他们采用神圣的象征符号和仪式来巩固团体内的忠诚，而他们的神话中，则充满了战胜恶敌的史迹。

道德和部落主义这两种互补的本能，很容易被人利用，而文明进展使它们更是如此。一万年前（这只是地质年代中的一小段时光）农业改革在中东、中国和中美洲展开，人口密度比狩猎时期增加了十倍。家庭聚集成许多小小的村落，而因为族群中少数人口渐渐变成专业的工匠、商人和军人，所以劳动力开始细分。新兴的农业社会一开始是平等的，但后来就产生了阶级。当部落酋长和之后的政府因为农业盈余而兴旺起来时，代代相传的统治者和宗教阶级也因此夺得权力。旧的伦理规范转变成高压规定，而获得利益的总是统治阶级。大约就在这个时候，神制定律法的观念首次出现。神谕赋予伦理规范过高的权威，并且毫不令人惊讶地再度偏袒统治者的利益。

要客观分析这类现象，有技术上的困难，而人们打从一开始就抗拒从生物学的角度解释自己较高层次的大脑皮层功能，因此，对道德情操的生物学探讨只有一点点进展。尽管如此，19 世纪以后伦理学上的进展之小，仍是让人震惊不已。在科学的解说图上，人类最出色也最重要的特性竟然一片空白。我认为伦理方面的讨论，不应该环绕着当代哲学家所提出的独立假设；这些哲学家显然从不曾思考过进化的起源和人类大脑的物质运作。没有任何人文学科领域，比伦理学更迫切需要和自然科学相结合。

当人性的伦理维度终于能够接受生物学的全面探讨时，我们或许能证实，天生的道德论据的外遗传法则实际上并不会被凝聚成简单的本能，比如亲密关系、团结合作或利他主义。相反，这些外遗传法则极可能是由许多程式组合而成，其中连锁活动会带领心灵穿越各种具有微妙差异的情绪和选择。

上述这个尚未组织完全的心灵世界，乍看之下似乎过于复杂，不可能只是由自动的遗传进化过程所产生。然而所有的生物学证据都显示，单凭这个程序就足以产生围绕在我们四周的数百万种生命。每一种动物在一生中，还会进一步受到特殊且复杂的本能程序的指引；遗传学和神经生物学已经开始分析其中的许多本能程序。当这些例子全摆在我们面前时，推论人类行为也具有相同的起源，并非不合理。[209]

道德情操的生物学

现代社会目前所使用的混合道德推论方式，简单地说是一团混乱：它们是希腊神话中由各种怪异部位拼凑在一起的吐火兽（狮头、羊身、蛇尾)。旧石器时代的平等制度和部落本能，仍然稳固地继续存在。作为人性遗传基础的一部分，它们不能被取代。在某些情况下，比方说对陌生人和竞争团体快速产生敌意时，这些本能一般会变得不协调而且危险。在基本的本能之上，则是论证和规律所组成的上层建筑（superstructure），其中包含文化进化所产生的新制度。这些新制度反映出人类维系秩序和增进部落利益的尝试，它们太过变化无常，不容易为遗传进化的过程所掌握，因此还未出现在基因中。

这么说来，伦理学成为哲学领域中最常出现公开争论的学科，也就不足为奇了。同样的，以应用伦理学为基础的政治学，问题也层出不穷。这两个学科所包含的内容，都不足以称作真正的自然科学理论。伦理学和政治学缺乏能够验证人性的基础知识，因此不能从中产生因果预测和可靠的判断。当然，仔细关注伦理行为的深入来源，是谨慎的做法。这方面的知识中最大的空白，就是关于道德情操的生物学。我相信随着时间的推移，这个课题将为人所了解，只要我们能留意下列的主题：

◆道德情操的定义：首先借由实验心理学上的准确描述，接着再对基础的神经和内分泌反应进行分析。

◆道德情操的遗传学：最简单的方法是测量与伦理行为相关的心理和生理过程的遗传率，最后较困难的任务则是辨认出产生这些过程的基因。

◆道德情操的发展是基因和环境相互作用的产物。从两个层面进行这方面的研究最具有效益；以不同的文化以及各文化中个体的认知发展过程为背景，研究伦理系统的历史。这类研究在人类学和心理学上已经有所进展，在未来还会因为生物学的参与而进一步扩增。

◆道德情操的深远历史：它们一开始为什么会存在？可能是因

为它在史前时期长久的遗传进化过程中，对人类的生存和繁殖的成功有所贡献。

综合上述几个研究路线，我们或许可以清楚地看到伦理行为的真正起源和含义，这么一来，我们就可以更确定地测量出，组成各种伦理情操的外遗传法则所具有的强度和弹性。有了这些知识，我们应该可以用更有智慧的方式调节古代的道德情操，并应用到快速变化的现代生活中。对于这样的生活，我们往往是在毫无选择且大都在不知不觉的状态下身陷其中。

接着，我们就可能为真正重要的道德论据问题找到新的答案。我们如何赋予道德本能以相对的重要性？哪一些道德本能需要受压抑？又压抑到什么程度？哪些需要法律和符号来合理化？道德规则又如何在极特殊的情况下，留待大众公开讨论，诉请裁决？我们可以从对道德的最新了解中，找出达成共识的最有效方法。没有人能够事先预测共识会具有什么形式，但可以明确预知达成共识的过程。它必然是民主的，并且能够减轻宗教和意识形态上的敌对冲突。历史必然会朝这个方向迈进，而人类天生过于聪敏，又具有太多意见，除了遵从历史的大方向之外，很难再遵从其他。关于变化的速度，我们可以很肯定地预测：变化会很缓慢，跨越数个世代，因为即使旧信仰被证明是错误的，仍然很难完全泯灭。

宗教力量

把伦理哲学和科学结合在一起的推理过程，也可以应用到宗教研究上。宗教就像一个超级生物体，具有生命周期，由出生、成长、竞争、繁殖到最圆满的时刻，最后大多数必定灭亡。在当中的每一个阶段，宗教会反映出对它们加以滋养培育的人类。它们表达了人类生存的基本规则：维持生命的必需品，最终必然是具有生物特质的。

典型的成功宗教往往是以秘教起家，随后威望和涵盖力会渐增，直到信仰圈子之外的人也能包容它。每个宗教的核心都存在一个创世的神话，解释世界如何开始和支持信仰系统的信众如何抵达宗教的中心。经常是自修到高层领悟境界的宗教大师，才能了解其中的谜、秘密指示和信条。欧洲中古世纪的犹太神秘哲学，亦即共济会（Freemasonry）的三级系统（trigradal system）和澳洲土著（Australian aboriginal）神柱上的雕刻，都是这类“天机”泄露的例子。宗教威力会由宗教中心向外扩散，聚集起改变宗教信仰的信徒，并把追随者与宗教团体绑到一起。同时也会设立圣地，让信徒可以在此对神祈求、举行仪式和目睹奇迹的出现。

不同宗教的虔诚信徒会以类似部落的形式相互竞争，极力抗拒敌对者对自己宗教的蔑视，并且推崇为了保卫宗教而自我牺牲的信念。

宗教的部落性根源和道德论据的根源很类似，而且可能完全相同。根据有关葬礼的证据，宗教仪式历史深远。在旧石器时代后期的欧洲和中东地区，人们似乎会把死者放在浅坟内，再撒上赭土或花，我们不难想象，在那里举行的仪式是为了召唤灵魂和神。但是根据理论推理和事实证据，道德行为的原始成分比旧石器时代的仪式还更为久远。宗教建立在伦理基础上，也可能向来都以某种形式支持伦理规范。

宗教令人难以抗拒的影响力，并不仅仅来自道德的认可。心灵这条潜伏的大河，是由广布的情绪支流聚集起力量，其中最重要的是求生本能，正如罗马诗人卢克莱修（Lucretius，公元前94—前50）所说的：“地球上出现的第一件促使神产生的事，便是‘畏惧’。”（Fear was the first thing on earth to make gods.）我们有意识的心灵渴望永恒存在，如果不能拥有不朽的肉体，那么，能够被纳入某个永生的整体也可以。任何事情都可以，只要能赋予个人生命意义，并以某种方式，让心与灵魂的短暂旅程，也就是圣奥古斯丁（St. Augustine，354—430）[210]所悲叹的短暂一天，延续到永远。

宗教力量的另一个来源，是对生命的理解和控制。信条与科学、艺术具有相同的创造源泉，目标是从神秘的物质世界中萃取出规律。为了解释生命的意义，宗教编造出部落历史中的神话，让宇宙中充满保护人类的神灵。超自然如果存在（我们如果接受它存在），就验证了我们所迫切渴望的另一个世界也同时存在。

宗教的重要同盟——部落主义，也赋予宗教极大的权威。祭司和牧师以沉重的声调恳求我们：相信神圣的仪式，成为永生力量的一部分，你也是我们当中的一个，你的人生展开之后，每一步都具有神秘的重要性，而我们这些深爱你的人，会举行庄重的仪式来纪念你的每一个阶段；最后一个仪式，将在你进入免于痛苦和畏惧的另一个世界时举行。

假设有一种文化没有宗教神话，那么也会很快被发明出来。事实上，宗教神话在历史上出现了数千次，这种不可避免性，是任何物种本能行为的指标。也就是说，尽管宗教是学习的结果，但仍是受情绪驱动的心理发展法则所指引进入的某些状态。称宗教为一种本能，并不表示宗教神话中有任何特殊的部分是不真实的，而只是认定宗教的来源比普通的习惯更为深入，而且一出生就由基因所设定的心理发展倾向所决定了。

我在前几章中已经讨论过，这类倾向是大脑遗传进化过程中预期会出现的一般后果。同样的逻辑也可以应用到宗教行为上，只是添加了部落主义这个曲折的想法。虔诚的信仰和目标所凝聚成的团体，在遗传选择上占有优势。即使其中个人为了维护共同的利益，有必要屈就自己并且冒生命的危险，但是比起采用其他方法的竞争团体，他们的基因更可能遗传给下一代。

族群遗传学的数学模型给这种利他主义的进化起源，提供了下列规则：如果利他主义的基因降低个人生存和繁殖成功的程度，低于团体因利他主义而提高的存活率，那么利他主义基因在竞争团体的整个族群中，就会出现得更频繁。用最简捷的方式来说：如果个人的牺牲能使个人的基因和团体受益，利他主义就会广为散播。

优越与屈服

现在让我进一步指出，关于伦理和宗教起源的经验主义理论，还有更深层的重要性。证据如果不支持经验主义，而强烈支持先验主义，将是人类历史上影响最深远的新发现，这对于愈来愈接近人文学科的生物学而言，将是一种负担。如果生物学上累积的客观证据支持的是经验主义，那么问题最多的人类行为学领域也会达成融通，其他各个领域也是。如果证据和经验主义的任何一部分矛盾，普遍性的融通则不成立，科学和人文基础上的分野，也将永远存在。

这个问题离解决之日还很遥远，但我说过，就伦理学而言，经验主义目前已经有很多的支持；但就宗教而言，支持或反对经验主义的客观证据较弱，不过至少仍然和生物学相符合。例如，伴随宗教幻境产生的情绪，显然具有神经生物学上的根源，至少，宗教狂热和某种大脑异常是相关的，这种人对于任何事情几乎都会附加上宇宙级的重要性，包括日常生活的琐事。总而言之，我们可以为一个具有宗教信仰的心灵想象出生物架构，然而单凭这些并不能推翻先验主义，也不能证明宗教本身不真实。

同样重要的是，大多数（如果不是全部）宗教行为可能是天择下进化的结果。这个理论大致上说得通，宗教行为中至少有某些方面是对神的信仰。赎价和牺牲就几乎是普遍存在于全球的宗教行为，是向占主导地位的生物屈服的表示。它们代表一种统治上的阶级制度，是有组织的哺乳类社会中普遍出现的特征。动物和人类一样利用复杂的信号，来宣传和维持自己在阶级制度中的地位，至于做法上的细节则随物种而异，但是我们仍然可以在各种物种之间看到一致的相似性。以下两个例子将说明这一点。

在狼群中，最具优势的狼走路会抬头挺胸，表现出一种“傲慢”的态度。它会打直腿，脚步不慌不忙，而且仰着头，竖着尾巴和双耳，并且顾盼自如地观望其他狼。这匹优势的狼若见到对手，会竖起毛发，掀起上唇，露出牙齿；对于食物和住所，它也具有最优先选择的权力。身为下属的狼则采用相反的信号。当它见到优势者时，会转身避免直接面对，垂下头、耳和尾，并使毛发服帖，也不会龇牙咧嘴。它的行动谦卑而小心谨慎，在受到挑战时会自动让出食物和空间。

恒河猴群中阿尔法雄性的行为态度，和最具优势的狼极类似。它会抬头竖尾，以一种从容而“尊贵”的风范行走，并且自在地观望其他猴子。它会爬到附近的物体上，处于比对手高的位置，受到挑战时则死瞪着对手，张开嘴巴以示侵略性（而不是惊讶），有时会以脚掌拍地表示自己已准备好要攻击。次等阶级的雄猴或母猴则以小心谨慎的方式行走，头和尾巴下垂，并避免直接面对阿尔法雄性或其他阶级地位较高的个体。除了扮出痛苦的表情外，这些猴子总是闭着嘴，受到挑战时会很快逃退，并且屈让空间和食物。而且如果是雄猴，还会拱手让出发情中的母猴。

我想指出的是下列的想法。来自另一个星球的行为科学家会立刻发现，动物的屈让行为和人类对宗教与官方权威的服从，具有非常类似的意义。他们同时会指出，表示服从的最复杂仪式是对神的信奉，神是人群中不可见又极具权威的成员。他们将正确推论道，智人不仅仅是在结构上刚由非人类的灵长类动物中进化分离出来，在社会行为基线上也如此。

无数的动物研究显示，本能行为并不因为文化变得复杂而模糊，取得优势地位的成员比较容易生存，而且终生的繁殖率也会比较高，这不仅适用于优势的个体，也适用于地位次等的成员。比起独立生存，这样的阶级划分可以让群体内的成员在敌人侵犯时获得较好的保护，同时取得较理想的食物、居所和伴侣。尤其是一个团体中的主从关系并不必然是永久不变的。优势个体会变弱而死亡，结果有些下属会因而升迁，并获得更多的资源。[211]

为神的爱所沉醉

倘若有人发现现代人类已经去除哺乳类动物旧有的遗传程式，而设计出分配权力的其他方法，将让人十分惊讶。所有的证据都显示人类并没有这么做；人类仍然带有灵长类动物的遗传因子，容易被自信而有魅力的领袖人物（尤其是男性）所吸引。这种天生倾向在宗教组织中特别强烈，所以这类领袖人物特别容易组织出秘教。他们如果能够说服别人，自己可以和最高权威的神（通常是男性）沟通，那么威望就会增加。当秘教演变形成宗教时，最高力量的形象会因为神话和礼拜仪式而强化。随着时日推移，当权的创教者和继承者被铭记在圣文中，不守教规的属下，则被称为亵渎者，同时被击溃。

但是，善于产生符号的人类心灵在任何情绪领域中，都不会满足地停留于类似猿猴的原始感觉，而会尽全力架构起一个在各方面都能带来最大回报的文化。在宗教上，我们有仪式和祈祷可以直接和神沟通，有其他教徒的安慰可以缓和无法忍受的痛苦，对不可解释的现象也有了解释，并且能与更广大而不可知的整体产生大海般的共鸣和交流。

最重要的是心灵的交流，由此可以产生对永恒的渴望；处于黑夜中的灵魂也可以展望一个通往光明的心灵历程。少数特殊的人在世期间，就可以进行这个历程。他们以某种方式在心中沉思，以达到更高层次的领悟境界，直到最后不可能再有任何进展时，就神秘地和整体融合在一起。许多伟大的宗教都有这种领悟境界，比如印度教的入定、佛教禅宗的顿悟、伊斯兰教神秘的苏菲派（Sufi）的归真、道家的无为和圣灵降临教派基督徒的重生。尚未使用文字前的文化中的巫师，在进入幻觉时也会有类似的体验。这些人明显感觉到的事情很难用文字描述（当我成为重生的福音教徒时，或多或少也有相同的感受），但美国女小说家凯瑟（Willa Cather，1873—1947）以一句话做了最接近的描述。凯瑟的《我的安东尼亚》（*My Antonia*）中的虚构人物说："那是一种沉浸在完满和伟大中的喜悦。"

那当然是一种喜悦，因为找到了神，或是进入大自然的整体，以及体会并捉住某些无法形容的美丽和永恒都会令人喜悦。数百万人都在找寻这种喜悦，要不然就觉得迷失，而且觉得自己在没有意义的人生中漂流。他们的困境可以用 1997 年的一个保险广告词来概括："到了 1999 年，你会死去，那么你现在要做什么？"他们会信仰既有的宗教，听任秘教的指挥，并且尝试新时代的流行药方。他们会把《赛莱斯预言》（*The Celestine Prophecy*）[212] 和其他有关如何获得参悟的无聊尝试，推入畅销书排行榜。

也许正如我所相信的，这些现象全都可以用大脑回路和悠远的遗传历史来解释。然而，这种神秘地与大自然融合在一起的观念，却是人类心灵中非常真实的一部分，就连最笃信的经验主义者也不该轻易加以蔑视。这个观念已经在人类历史中存在了数千年，为先验主义者和科学家提出了最严肃的问题。我们质问：历史中的神秘主义者所历经的是什么样的道路？所抵达的又是什么样的目的地？

西班牙阿维拉（Avila）的神秘主义者圣特蕾莎（St. Teresa，1515—1582）在1563—1565年的回忆录中，细述了自己经由祈祷一步一步与圣灵结合的过程，没有其他人能把这个真实历程叙述得更清晰了。在叙述一开始，她就已经超越了一般祷词中的献身和祈求，而进入第二个阶段：宁静的祈祷。她聚集所有的心力，只求“让自己变成神的囚徒”。当神赐予她“伟大的祝福和恩惠之水时”，一种深刻的安慰和平安感受就降临到她身上，她的心灵从此不再过问世俗之事。

在祈祷的第三个阶段，圣特蕾莎的心灵“为爱所沉醉”，一心只惦记着这个掌握心灵并赋予心灵生命的神。

> 喔，我的主宰，看呀，现在的我就连写这段文字，都逃不出这种天堂似的疯狂状态……我恳求您，让那些必须与我交谈的人都因您的爱而疯狂，要不然就叫我不和任何人交谈，或命令我与世隔绝，或将我从这个世界中带走。

到了祈祷的第四个阶段，阿维拉的圣特蕾莎与圣灵神秘结合了：

> 我对任何事都没有了感觉，只有满足感……所有的感官都为这官能所占满，以致没有任何感官是自由的……努力追求神的灵魂，意识到一种极端甜美的喜悦，就好像它本身在

冥思中完全消失了；即使尽力呼吸，穷尽身上所有力量，也无法将其唤回。灵魂已经溶解在神的灵魂之中，经由这个结合，我终于体会到神所赐予的恩惠。[213]

最终理论之梦

对许多人而言，相信永生和先验主义存在的渴望极其强烈。先验主义能带来心理上的充实感和富足感，尤其是受到宗教信仰支持时，它感觉起来似乎是正确的；经验主义相形之下就显得枯燥而有所不足。在追求终极意义这件事上，先验主义会容易得多。正因为如此，即使经验主义在理性上已经胜利，先验主义却继续赢得人们的情感。当科学和宗教发生冲突时，科学往往能逐一击退教条的论点；但是效果并不明显。在美国，南方浸信会教徒就有 1500 万人，是偏向从字面解释《圣经》的最大教派，而美国人文主义学会（American Humanist Association）这个致力于世俗人文活动并相信自然神学的主要组织，却只有 5000 名会员。

如果历史和科学曾经给了我们任何教导，那就是热情和欲望与真理不尽相同。人类心灵进化的结果是信仰神，而不是相信生物学。在大脑进行进化的史前时代，接受超自然物体的存在为人类带来极多的好处，这与生物学成了强烈的对比，生物学是现代发展的产物，不受遗传程序的制约。不太令人舒畅的真理是，这两种信仰事实上并不相容。因此，那些渴望拥有知性真理和宗教真理的人，永远无法同时从两者中得到完全的满足。

神学为了解决这个难题，也像科学一样朝着抽象的领域演进。我们祖先所信仰的神，是神圣的人类。正如希腊历史学家希罗多德

（Herodotus，约公元前 484—约前 425）所指出的，埃及人以埃及人代表神（而且经常具有尼罗河流域动物身体的一部分），而希腊人则以希腊人代表神。希伯来人的重要贡献在于把众神集中为单一个体耶和华——对沙漠部落而言，那是相当合适的一名长老，并且理性地阐述耶和华的存在。上帝是不容许被刻画成任何形象的，借此他们使得圣灵的存在变得更不可触知。因此《圣经》中提到，没有人可以见着耶和华的面孔，甚至是在燃烧的树丛中接近过耶和华的摩西。犹太人在某个时期甚至禁止读出它的真实全名。无论如何，这个一神论中的神无所不知，无所不在，和人间事物密切相关，这样的观念一直持续到今天，成为西方文化中主要的宗教形象。

在启蒙时代，愈来愈多的自由派犹太基督教神学家，希望把神学纳入更理性的现实世界，他们离开了神而成为一般的学者。17 世纪卓越的荷籍犹太哲学家斯宾诺沙（Baruch Spinoza，1632—1677）认为，神是一种遍存于宇宙中的超实体（transcendent substance），他宣称，神即自然（Deus sive natura）。由于在哲学上产生困扰，斯宾诺沙后来被逐出了阿姆斯特丹，犹太教将他开除教籍，附上一份写满各种诅咒的文件。尽管宗教异端可能招致危险，但是这种把神去除位格化（depersonalization）的做法平稳地一直持续到现今。对 20 世纪最具影响力的新教神学家之一的田立克（Paul Tillich）而言，具位格化的神（God-as-person）之存在并不是一种错误的主张，只是没有意义。当代最开放的思想家当中，许多人以“历程神学”（process theology）的观点来否认具体的神。这个最极端的本体论（ontology）认为，任何事物都只是整个天衣无缝、永无止境的复杂关系网络中的一部分，而神显现在每一件事物当中。

科学家是在经验主义运动下漫游的童子军，他们也无法逃避神的观念。赞成神这个想法的人，往往偏向“历程神学”的观点。他们提出这样的问题：当我们对时空和物质所构成的真实世界有足够的了解之后，这些知识会不会显示出创造者的存在？他们把希望放在追求最终理论的理论物理学家身上，这个最终理论称为“万有理论”（Theory of Everything，TOE），是由相关公式所组成的一个系统，可以用来描述物质宇宙中所有可测得的作用力。万有理论是一个“美丽”的理论，正如1979诺贝尔物理奖得主温伯格（Steven Weinberg）在他重要的著作《终极理论之梦》（*Dreams of a Final Theory*）中指出的，这个理论之所以美丽，是因为它的简洁，可以用最少的定律来表达可能存在的无穷复杂性；这个理论也具有匀称性，因为它在所有时空中都一成不变；它同时是必然的，一旦确定，没有任何一部分可以不动摇全局而更改。所有既存的次要理论都可以永久纳入万有理论当中，正如爱因斯坦在描述广义相对论时所说的：“这个理论真正吸引人的地方，在于逻辑上的完整性。如果从这个理论得出的任何结论都被证明是错误的，理论就必须被整个抛弃。只是修改而不摧毁整个理论架构，似乎是不可能的。”

最有数学头脑的科学家将能产生最终理论这个想法，似乎象征一种新的宗教欲望的兴起。霍金在1988年的《时间简史》（*A Brief History of Time*）[214]中，禁不住诱惑而宣称，这类科学成就将是人类理性的最终胜利，“因为到那个时候，我们就可以了解神的心灵了”。

嗯，也许吧！但是我心存疑虑。物理学家已经安置好了大半的终极理论。我们可以知道这个理论的行踪，我们大致上看得出它前进的方向。但是它不会具有宗教的显灵现象，至少撰写《圣经》的作者无法辨认出来。科学已经带领我们远离了一度笼罩西方文明的位格化的神，但科学无法满足我们本能上的饥渴，正如圣歌作者极其悲痛地形容：

人类像影子般过日子，徒然以傲慢的幻想自扰；他的宝藏，不知道有谁能够采集。主啊！现在什么能使我心安呢？我将希望放在你身上。

进化的诗篇

人类精神上的两难困境，本质上是因为遗传进化让我们准备好接受某种真理，我们发现的却是另一种。有没有方法可以解除这个难题，解决先验主义者和经验主义者在世界观上的冲突？

不幸的是，并没有解决的方法。再说，我们不能永远凭自己的喜好，在这两种意识形态之间任意抉择。从原子到大脑再到星系，宇宙是如何运作？这些知识是可累积也可验证的，而先验主义和经验主义世界观的假设，正接受这些知识的严格考验。历史上的残酷教训也让我们清楚地看到，某一组伦理规范其实比不上另一组——至少较不持久，宗教也是如此。某些宇宙观事实上比其他宇宙观不正确，而某些伦理规范也比较难奏效。

人性有它的生物基础，这和伦理、宗教相关。证据显示，因为这种生物基础的影响，人们能接受的伦理规范教育相当狭窄。人类在某种信仰系统中能够成长繁盛，在其他系统中则会凋谢死亡。我们必须确实了解其中的原因。

为了达到目的，我将冒昧地建议，如何解决不同世界观之间的冲突。生物学对复杂的人类行为所进行的研究，将继续测试道德和宗教信仰所具有的遗传进化起源。只要感官和神经系统是借由天择进化而成，或至少是来自另一种纯物质过程，那么经验主义者的解释就有所根据。如果我们在前几章所描述的基因－文化协同进化得到验证，也能进一步支持经验主义者的想法。

现在让我们考虑另一种可能。如果伦理和宗教现象的进化过程与生物学主张的方式不同，尤其是，如果这类复杂行为无法与感官和神经系统的物质事件相关，我们就必须舍弃经验主义的立场，而接受先验主义的诠释。

数个世纪以来，经验主义的主张已经扩及先验主义信仰中的古老领域。这个过程一开始进展得很慢，但是到了科学时代脚步就加快了。我们祖先亲身经历的神灵，首先逃离岩石和灌木，接着离开了远山。这些神灵现在住在星星上，最后也可能从中消失。但是失去了神灵，我们就无法生活了！无论人类变得多么理性，都需要一个神圣的故事，也必须感受某种较远大的生活目标。他们拒绝屈服于动物必死的绝望中，他们将继续在唱诗班的伴随下恳求："主啊！现在什么能使我心安呢？"他们必定会找一个方法，让祖宗的灵魂继续存活。

如果这个神圣的故事，不能以宗教宇宙学的形式出现，那么它将采用宇宙和人类的物质历史作为题材。这种趋势一点也不会贬损故事的神圣性。以诗篇重述真实的进化史诗，在本质上会和宗教史诗一样高贵。科学所发现的物质事实上比所有的宗教宇宙学综合起来，还具有更多的内容和更大的荣耀。人类的血脉可以追溯到久远的历史阶段，比西方宗教所想象的还要古老数千倍。这方面的研究带来了关于道德含义的重大启示，使我们认识到人类不仅仅是部落和种族的组合，还组成了单一的基因库，每一代的个体都从中而生，并融回其中以产生下一代。我们通过遗传和共有的未来目标，永久结合成一个物种，这是有事实基础的观念，我们可以从中得到关于不朽的提示，并且衍生出新的神话。

哪一种世界观能被大众接受？是宗教的先验主义，还是科学的经验主义？不同的结果将使人类对未来采取不同的主张。当我们还在深思这件事的时候，如果能够认清下述压倒一切的事实，将有助于达成某种程度的和解。从一方面来说，伦理和宗教仍然过于复杂，无法用当今的科学进行深入解释；从另一方面来说，它们远比大多数神学家迄今所愿意承认的，更接近于自然进化的产物。伦理和宗教是科学所面临的最有趣也可能是最让人感到谦虚的挑战，而宗教若想维持信誉，就必须找到某种方法来包含科学发现。宗教能具有多少权威，要看它能把多少符合经验知识的人类崇高价值编成法规，并变成持久的诗篇。这是提供令人信服的道德指引的唯一方法。信仰若是盲目的，不论表达方式有多么热情，都不足以令人信服。科学的角色是毫无保留地测试每一个和人类处境相关的假设，并且及时地揭示道德和宗教情操的坚固基础。

我相信这两个世界观相互竞争的最终结果，会使人类历史和宗教本身变得更世俗化。[215] 不论这个过程如何进展，都需要彼此尊重且开诚布公的讨论，以及坚定不移而严谨的治学态度。[216]

第十二章

为的是什么？

CONSILIENCE

—

To

What

End?

—

我们如果依赖人工替代品来维持
自身和生物圈的活力，
所有的事物终将变得脆弱；
我们如果抛弃其他生命，
必定使我们人类变得永远贫乏；
我们如果放弃遗传天性，
接受仪器辅助下的理性，
并且以进步为名，
将伦理、艺术和生命意义
屈服于散漫不经的习惯之下，
幻想自己如神一般尊贵，
而不受古老传承的束缚，
那么我们将变得什么也不是。

学者在讨论行为和文化时，习惯从他本行的角度谈论各种来自人类学、心理学和生物学的解释。但我一直主张，从本质上来讲，只存在一种解释。这个解释可以跨越时空和复杂程度的各种尺度，利用“融通”观念所具有的天衣无缝的因果网络，结合各学科中的不同事实。

数个世纪以来，融通这个想法一向都是哺育自然科学的乳汁，现在也完全被大脑科学和进化生物学所接受。这两个学科是结合自然科学与社会科学、人文学科的最佳桥梁。丰富的证据显示，融通的解释和学术各大分支的总体想法相符合，也没有任何证据能笃定地反驳这个主张。

融通世界观的中心思想认为，从恒星的诞生到社会机构的运作等所有可理解的现象，不论涉及的程序有多么冗长和曲折，都是基于最终可以化约成物理定律的物质过程。这个中心想法同时得到生物学家的支持，他们认为人类和其他所有的生命形式具有共同的祖先，因此彼此很类似。[217] 我们基本上具有相同的 DNA 遗传密码，可以转录成 RNA，再转译成具有相同氨基酸序列的蛋白质。我们的结构与旧大陆的猿猴类似。化石记录显示，与现代人最接近的人类祖先是匠人或直立人。[218] 由此看来，我们人类大约在 20 万年前源自非洲。在这之前和之后的数十万年间，我们所遗传的人性都在进化，而且现在仍然深刻影响着人类文化的演进。

这些想法并不会贬低历史偶发事件所扮演的决定性角色。小的意外事件可以造成大的变动。领导人物的性格可能导致战争或和平。一项科技发明可能改变经济状况。融通世界观的主要动力来自以下的想法：文化和文化所造成的人类独一无二的品质，只有与在自然科学的因果解释关联时，才能完全被理解。生物学尤其是科学中与文化最接近也最相关的一门学科。

跨越各领域间的空白

我知道这种化约主义在自然科学之外并不受欢迎，许多社会科学和人文学科的学者认为它是躲藏在圣坛后的吸血鬼。现在，让我赶快消除引起这类反应的亵渎形象吧！ 20 世纪即将结束，自然科学的注意力已经由找寻新的基本定律，转移到建立新的综合论（你也可以称之为“整体论”），以便了解复杂的系统。这也正是宇宙起源、气候史、细胞功能、生态系统的组合和心灵的物质基础等各类研究的目标。最有效的研究策略，是在各个组织层次间建立起一致的因果解释。因此，细胞生物学家要朝内朝下观看分子的组合，而认知心理学家则必须观测神经细胞的集体活动模式。如此一来，意外事件便是可以理解的。

没有人能反驳为何不能以相同的策略来将自然科学与社会科学、

人文学科相结合。这两个领域之间的差别主要在问题所涉及的层面，而不在解决问题所采用的原理。人类处境是自然科学最重要的未知领域；相对而言，自然科学所揭示的物质世界，则是社会科学和人文学科最重要的未知领域。简单地说，融通的主张就是：这两个未知领域其实是相同的。

包含人类心理活动在内的物质世界地图，可以想象成由零散的地域组成，而地域之间则隔着大块空白；这些空白是未知的，但可以通过跨学科的研究加以探知。我在前面几章提到的想法，多半可称之为“空白分析”（gap analysis），也就是画出知识空白区域的位置、同时描绘出学者在探讨空白时所做的努力。[219] 这些空白最具潜力的是物理学最终的统一、活细胞的重建、生态系统的组合、基因－文化的协同进化、心灵的物质基础，以及伦理宗教的根源。

如果融通的世界观是正确的，跨越空白就像麦哲伦（Ferdinand Magellan，1480—1521）的环球航行，终得在整个现实世界环绕一周。但是这个看法也可能是错误的，这个探险行动可能是航行在无边无际的汪洋大海上。依照目前的研究进度，我们在数十年内就可以决定哪一个景象是正确的，但即使这个探险历程是麦哲伦式的，即使探索世界边缘的勇敢探险会渐渐走向终点，而物质存在的大致轮廓也得到相当好的定义，我们仍然只了解物质世界内部细节极小的一部分。各个学术领域仍会继续进行大量的探险行动。除此之外还有艺术，它不仅拥抱所有可能存在的物质世界，还涉及所有可想象的世界；这些可想象的世界不仅本质有趣，而且和神经系统相符，所以就人类独特的感觉而言也是真实的。

如果把自然科学的野心放在较广的架构上来看，也就是具有足够的一致性可以由单一的解释系统来了解那些多半仍未探究过的架构，那么科学家以外的人可能比较容易接受。当今的民意调查屡次显示，大多数人尊重科学，但也对它感到困惑不解——至少在美国是如此。他们不了解科学，反而较喜欢科幻小说，把幻想和伪科学当作刺激物，用来激发大脑的愉悦中心。我们毕竟还是旧石器时代追求刺激的原始人，喜欢《侏罗纪公园》胜过侏罗纪本身，偏爱 UFO 胜过天文物理学。

是冒险，也是机会

除了医学上的突破和太空探索中偶尔产生的高潮外，一般认为科学的生产力相当贫乏。身为一种在肉体和灵魂上对达尔文基本法则适应良好的灵长类动物，人类真正在乎的是性爱、家庭、工作、安全感、个人情感的表达、娱乐和心灵上的满足（不按特别顺序排列）。我相信大多数人误以为科学和这些必要需求几乎完全无关，他们假设社会科学和人文学科可以独立存在于自然科学之外，而且和人类比较相关；除了技术人员，谁会需要定义染色体？或了解混沌理论？

然而，科学并不贫乏。正如艺术，科学也是人类的一种宇宙资产，科学知识已经成为人类宝库中极重要的一部分。科学相当有把握地包含我们所知的物质世界。

自然科学如果能够成功与社会科学、人文学科相结合，高等教育中的大学文科将注入新的生命，即使只为了尝试完成这个计划，仍是值得努力的目标。我们应该帮助有专业倾向的学生了解，21 世纪的世界不会被那些只拥有资讯的人控制。感谢科学和技术的发展，人们才能以愈来愈低的单位成本，接触到愈来愈多的各种真实知识。知识的取得必然会变成全球性且民主的，而且不久后将在各处的电视和计算机荧屏上出现。之后呢？答案很清楚：综合。在快被资讯淹死的同时，我们迫切需要的是智慧。因此，能够在恰当时刻把正确资讯组合起来并进行严谨思考后做出明智的重要决定的综合者，将是未来主宰世界的人。

这一切都关乎智慧：长远来看，文明国家会依道德感和人类所有的需求和渴望，来比较和判断不同的文化，并尝试在这个全球化的部落中，建立起人类最高贵、最持久的目标。在尝试为大学文科注入新生命的努力中，最重要的问题是，人类特有的狂热行为具有什么意义和目标：我们是什么？我们从哪儿来？又如何决定往哪里去？为什么辛劳、渴望、诚实、美学、欣喜、爱恨、欺骗、卓越、高傲、谦虚、羞辱和愚蠢等特征统合起来，就可以定义出人类？神学长久以来一直霸占着这些问题，却给出了极糟的答案。神学概念的基础仍然局限于铁器时代的民俗知识，无法吸收现今真实世界中接受公开验证的大量知识。西方哲学也不能提供有效而可信的替代品；哲学曲折的方式和专业上的胆怯作风，已经使现代文化的意义破产。

因此，唯有毫不困窘和毫不畏惧地探讨人类存在的基本问题，由上到下以平实的语言分析陈述，并且逐次把问题重组成不同的探讨领域，使每一个组织层次的领域都能最有效地结合科学和人文，那么大学文科才会有未来。当然，这是非常困难的任务。但是心脏手术和搭建太空船也同样困难，有能力的人会着手工作，因为工作必须完成。那么，为什么我们对负责教育的专业，就该降低期望？大学文科成功与否，得看内容有多扎实，而各学科在证据允许之下又能有多一致。我发现自己很难想象，学院和大学可以不谈论学术各大分支之间的因果关联，就制定出合适的主要课程——这里的因果关系并不是一种隐喻，也不是一般解释不同学科的学者为什么会这样或那样想的二流揣测，而是实际物质的因果关系。前方等着后代的，是人们经常悲叹得不到的高度冒险，但也是个大好的机会。

与魔鬼进行交易

当然，融通世界观里仍存有一点地狱之火，而致力于其中人文核心想法的人，外表也似乎带有一点浮士德的影子。这些现象必须接受仔细的审视。魔鬼提供给了浮士德什么？而浮士德这位野心勃勃的医生又得到什么报偿？从英国剧作家马洛（Christopher Marlowe，1564—1593）的戏剧到歌德的史诗，魔鬼与浮士德的交易基本上相同：用世俗的权力和愉悦来交换你的灵魂。然而其中还是有所差异。马洛的浮士德因为错误的选择而遭受无可救赎的惩罚；歌德的浮士德却被拯救了，因为他不能从魔鬼许诺的物质享受中感到任何喜悦。马洛探讨的是新教徒对神的虔敬，歌德关心的则是人道主义的理想。

从我们对人类处境的观点来看，我们已经超越了马洛和歌德。今天与魔鬼进行的交易不止一项，而是两项。在这两项交易中，我们都必须做出坚决的选择，就像浮士德与魔鬼当初的交易一样。这两项交易同时阐释了对融通看法的价值。

第一项交易是浮士德式的选择。其实早在数个世纪前、当人类接受"进步棘轮"（Ratchet of Progress）时，这个选择就已经决定了：人类如果获得了更多的知识，就能增加人口并且改变环境，也因此他们需要更多的新知识来维持生存。在这个受人类控制的世界中，自然环境正逐渐萎缩，单位面积所能提供的能量和资源也相对降低，先进的技术已经成了人类最终的义肢。澳洲土著如果失去电力，几乎不受影响，但失去电力的如果是加利福尼亚州居民，将导致数百万人死亡。因此，人类和环境的关系为什么会发展成现今这样，并不只是口头上的问题。贪婪需要一个解释；"进步棘轮"也应该经常重新检视，并且同时考虑新的选择。

第二项是魔鬼的承诺，来自第一项交易，同时奇妙地与启蒙运动当初的想法相呼应。魔鬼的承诺将在数十年后实现，内容是：你可以依照自己希望的方式改变人类的生物本性，但也可以不做任何变更。不论你选择哪一条路，遗传进化都会变成一个有意识、有选择力的过程，并把生命历史推入新的纪元。

不同族群的遗传差异

现在让我们审视一下这两项交易，同时考虑这两项交易所暗示的命运。为了保持逻辑上的一致，我们先看第二项交易。

在展望未来之前，先了解目前的处境会很有助益。遗传变化是不是仍然依照旧有的形式继续发生？或是文明已经使它完全停止了？更明确的问法是：天择是不是仍然驱动进化过程？是不是强迫我们的结构和行为必须为了满足生存和繁殖的需求，而朝着特定的方向改变？

正如对许多极复杂课题的回应，问题的答案既是肯定的，也是否定的。就我所知，没有证据显示人类的基因组正朝着新的大方向改变。或许你立刻会想到，使人类受难最多的人口过剩、战争、传染疾病的蔓延和环境污染等作用力，必然会以某种有方向性的形式推进物种进化。但是这些生存压力已经在世上存在了数千年，导致人口周期性下降，甚至摧毁和取代整个族群。我们期望看到的适应过程可能早已经发生了。因此，现代人类的基因，可能正反映着过去这些负面作用力所造成的必然后果。

比方说，我们这个物种并没有继续获取新的基因来增加或减少脑容量，或产生更有效率的肾脏、较小的牙齿、更多或更少的怜悯心，或者在身心上做重要的调整。一项毋庸置疑的全球性变化所造成的后果，影响并不太大：全世界种族特征出现频率的变化，比如肤色、头发的生长形式、淋巴球蛋白和免疫球蛋白等特征。这是发展中国家的人口快速成长的结果。1950 年的世界人口中，有百分之六十八分布于发展中国家；到了 2000 年，这个比例上升到百分之七十八。这么大的变化将影响既存基因的出现频率，但是就我们所知，其中的任何特征都无法重新塑造世界，也无法影响智力或人性的基础。

我们同时发现了局部地区的一些奇怪变化，例如圆形头颅的趋势。在过去一万年中，欧洲、印度、波利尼西亚到北美洲的广大地区，人类的头颅有变圆的倾向。人类学家记录了喀尔巴阡山和波罗的海之间波兰乡村地区人类头颅的变化，时间由 1300 年左右到 20 世纪早期，大约涵盖 30 个世代。这种变化主要是因为圆头的人具有稍高的存活率，而不是因为有圆头特征的种族大量流入波兰。这个特征具有部分的遗传基础，但其原因是它的更大的达尔文式成功，若有的话，是未知的。[220]

人们已经发现，不同局部地区的族群所具有的遗传差异，出现在血型、疾病抵抗力、携氧力，以及消化牛奶与其他食物的能力上。这些差异多半可以和局部环境中、已知条件下、较高的存活率和繁殖率关联在一起，至少暂时可以。可以消化牛奶的成人比率，是研究得最彻底的族群特征之一，在世世代代都依赖乳制品为生的族群中，这个比率也最高。另一篇有关局部适应倾向的报告，由一组苏俄遗传学家在 1994 年提出。他们发现，中亚炽热沙漠中说土库曼语（Turkmen）的民族，比世代居住在附近温带地区的民族，皮肤上的纤维母细胞（fibroblast，构成部分疏松性结缔组织的细胞）能产生较多热休克蛋白质（heat shock protein）。这项差异具有遗传基础，代表高热压力下较高的存活力。[221]

这些区域性的倾向当中，没有任何一项导致结构或行为的重大变化。如果开发程度较低的国家（好比当今的泰国）出生率下降到北美、欧洲和日本的一般水平，人口成长差异所造成的变化，甚至可能被证明是短暂的。

意向决定进化

人类最近的进化故事完全和天择无关，不是具有方向性的改变，而是通过移民和人种之间的交配所造成的人口均质化。人口一向具有流动性；部落和国家会侵占敌人的领土或周遭的土地，并经常吸纳附近的居民，偶尔也可能把他们完全消灭。如果按照时间顺序，翻阅欧洲和亚洲 5000 年来的历史地图，就是在翻阅种族领土变化的影片胶卷。当胶卷由某个时期转到下一个时期时，我们可以看到部落和国家的诞生，就像饥饿的阿米巴变形虫（amoebae）在二维空间中的扩张，之后当其他团体入侵时，原来的部落和国家又会被取代而消亡。

欧洲征服新大陆，把非洲黑奴运上岸之后，人种的混合显著加快。相较之下，19 世纪欧洲在澳洲和非洲的殖民政策，只促进了小幅的人口均质化。到了最近，这个现象则因为工业化和民主制度的扩散而再度加快脚步。这两项现代化使人们焦躁不安，也使国际界限松弛了。虽然大多数种族仍然可以依地理差异而被区分开来，而城市中少数民族的居住地也可能继续存在数个世纪，但是反方向的发展趋势无疑是更强大的，同时也是无法逆转的。

人口均质化并不是一种全球性趋势，它往往能快速改变局部地区的人口，但不能把人类整体的进化一致推往某个方向。它主要的影响是逐渐消除以往的种族差异，也就是消除统计上用来区分种族的遗传特征差异，同时它也增加了个人特征在族群和整个物种内的变异。和以往相比，人类目前具有更多种肤色、面容、才能和其他受基因影响的特征，但是，世界不同地区民族的一般特征差异正逐渐缩小，而这些差异在一开始就不太大。

而遗传的均质化就像将溶液搅拌混合，液体内容剧烈变化，个体的基因重组出许多新产物，于是变异增加了，变异的极限向外延伸，新型的遗传天才和病症更可能出现。但是，基因这个最基本的单位大都不受干扰，它们的种类和相对数目几乎维持不变。

如果目前向外移民和种族通婚的速度持续数十或数百个世代，理论上可以消弭世界上各族群间的差异。北京的居民与阿姆斯特丹或葡萄牙拉各斯（Lagos）的居民就会在统计上没有什么不同。但是，这不是未来遗传趋势的关键问题，因为进化的规则即将发生重大的根本变化。多亏遗传学与分子生物学的进展，人类的遗传变化（进化）很快就不再受天择的引导，社会选择成为主要动力。人类掌握了自己基因组的完整知识后，不出几十年，只要有共识，就能选择进化的新方向，大步向前迈进。当然，未来的世代要是偏好过去那种遗传多样性的自由市场（维持族群间的遗传多样性）的话，也可以决定不采取任何行动，放任百万年来的遗产继续流传。

这个“意向决定进化”（volitional evolution）的前景——物种可以决定自己的遗传前途（或进化前途）——使人类必须面对重大的理性与伦理选择问题，这是空前的挑战。这个困境的核心绝非科学狂想。医学研究人员为了了解疾病的遗传基础，已经开始认真绘制人类的 5 万到 10 万个基因图谱。[222] 生物学家已经利用无性繁殖的方式克隆出羊，若状况许可，同样的程序也必然可以应用在人类身上。感谢人类基因组解读计划（Human Genome Project）的推展，遗传学家才可能在未来 10 年或 20 年中，解读出我们 36 亿个 DNA 密码的完整序列。科学家同时也利用有限的分子工程技术进行实验，以替换 DNA 片断的方式，让基因朝我们所渴望的方向改变。另一项快速发展的生物科学事业，是对个体发展过程的追踪，由基因到蛋白质合成，之后到解剖学、生理学和行为上的最终成果。在 50 年内，我们不仅能相当仔细地了解自身的遗传特征，还可以了解基因如何与环境相互作用而产生人类，这是完全可能的。之后，我们更可以在任何组织层次修改创作，可能只是暂时更改而不变更遗传性，也可能是通过基因和染色体的突变而引起永久的变化。

这些知识只要有一半的进展（这似乎是不可避免的结果，除非大量的遗传和医学研究受到遏止）并且得到普及（这个问题较大），人类就可以登上如神的地位，控制自己的最终命运。人类如果这样选择，不仅能改变物种的结构和智能，还能更改组成人性核心的情绪和创造力。

人类进化三阶段

人类进化史可以明显划分成三个阶段，而基因组工程将属于最后一个阶段。在人属（智人是其中的最高表现）存在的 200 万年历史中，人类几乎都不知道有一种超微观的遗传密码在塑造自己。在过去 1 万年的历史中，人类仍然继续经历种族的分化，这多半是对局部气候条件的反应，正如人类在更遥远的过往中所经历的。

在第一阶段，当人类和其他生物体一起进化时，人类族群因为受到稳定选择（stabilizing selection）的控制，每个世代中导致疾病或不孕的突变基因都被去除了。这些有缺陷的等位基因只能以隐性的状态存在，也就是说，它们的效果会由配对的显性基因所取代。但是，等位基因若同为隐性就会导致遗传疾病，比如纤维化囊肿、泰－萨综合征（Tay-Sachs disease）与镰形细胞贫血症。这些带有两个隐性基因的人，年轻时就会死亡。稳定选择不停利用夭折的方式，把这类基因由族群中排除，使它们极少出现。

随着现代医学的进展，人类的进化已经进入第二阶段。愈来愈多的遗传缺陷可以被刻意修正或更改，即使基因本身维持不变，并以两个隐性等位基因的方式继续存在。例如，一直到最近，每一万个婴儿中还有一个会因为苯丙酮尿症（Phenylketonuria）而产生严重的心智障碍。研究人员发现，苯丙酮尿症由某个隐性基因所引起，当这对基因中的两个都是隐性时，就会阻碍常见氨基酸苯丙氨酸的正常代谢。这个氨基酸不正常代谢的产物会在血液中累积，并对大脑造成损害。医生从参考资料中获知这项基本事实后，现在已经能够通过让苯丙酮尿症婴儿食用不含苯丙氨酸的食物的方法，来完全消除病症。

类似苯丙酮尿症预防方法的例子愈来愈普遍，而且在未来数年内很快就会增加许多倍。这是人类第一次利用科学知识，有意识地掌握自己的遗传性，一次改进一个基因。这类进化效果会以愈来愈快的速度，使稳定选择对遗传的控制日益松绑，并增加人类整体的遗传变异。进化的第二阶段，也就是抑制稳定选择的阶段，才刚起步。有害基因的影响如果持续减缓，许多世代之后，族群层次上的人类遗传性将会发生明显的变化。当然，这种利益的出现，也会使我们愈加依赖准确而往往昂贵的医学疗程。智取基因的时代，也是医学义肢的时代。

但我们不用担心这种“去稳定选择”（destabilizing of selection）会发展得太远，因为人类进化的第二阶段是很短暂的。它不会延续足够多的世代，对人类整体的遗传性产生重要的冲击。这是因为带领我们进入第二阶段的知识，很快就会把我们引往第三阶段：意向决定进化。我们如果能够了解特定的缺陷是由什么样的基因变化所引起，并且一路了解到 DNA 密码核苷酸的变化，那么原则上，缺陷就可以永久修复。遗传学家正在努力实践这个称为基因疗法（gene therapy）的目标。以目前最先进的纤维化囊肿治疗计划来看，他们希望在把完好的基因引入病人的肺部组织之后，至少能恢复部分的肺功能。另一类在数年内可能被治愈的遗传缺陷，则包括血友病、镰形细胞贫血症和其他某些遗传性血液疾病。

人类存在的意义

基因疗法的早期进展的确很慢，但是它必然会加快脚步。人们已经对基因疗法投入太多希望，且投入太多资金，一定不会允许它失败。基因疗法一旦成为实际可用的技术，也将成为一种骇人的商业力量。已知的基因缺陷已有数千种，其中有许多会致死，而且每年还陆续发现更多。这类基因都存在于单一或成对的基因上，由世界上数千到数百万人所携带，平均每个人都会在染色体的某处，至少携带数个有不同缺陷的基因。大多数情况下，这类基因属于隐性，并且只在单一的基因上出现。基因携带者即使没有任何缺陷，他的小孩还是可能遗传到一对隐性基因，并引起显著的症状。基因修复一旦成为安全且负担得起的方法，人们对它的需求显然也会快速增加。

这个趋势在21世纪的某个时刻，将会出现一个完全受人类意志控制的进化时期。这个进展将产生新的伦理问题，也就是我曾经提到的浮士德式的选择：人们可以对自己和后代做多大的修改？想想看，你也许希望对后代做某些有益的修改，但是你的后代也可能是我的后代（如果你我在未来结婚生子的话）。在这种情况下，我们能否商讨出多大的DNA修改幅度才是合乎道德标准的？做决定之前，我们必须先在“修补明显的基因缺陷”和“改进正常的健康特征”之间画出一条重要的界线。以失读症这个缺陷为例（1994 年，科学家发现这个疾病是由第六条染色体的某个基因区造成的），在科学的想象中，严重的失读症只需要一小步的修正就可以变得轻微，再经过一个短程跳跃，学习能力就可以变得毫无缺陷，最后再一步就变成卓越的学习力。我患有轻微的失读症，称为视序障碍（visual sequencing disability），会习惯地颠倒数字的顺序（8652 很容易看成 8562），而且当别人拼读出一个个字母时，我总是很难了解（我会道歉，并请求对方把单词写下来）。我当然不想患有这个轻微但不便利的毛病。如果它是源自基因的缺陷，我也会希望当我还是个胚胎时它就已经被修正了。我的父母倘若知道，而且有能力改变，可能也早已同意并解决了这个问题。

上述的情况很合理，但如果改变基因是为了增进数学和语言能力呢？或是为了具有绝对的音感？成为运动天才？变成异性恋？以及适应计算机世界呢？用另一个全然不同的尺度来看，国家公民和所有人类可能选择让彼此变得更相似，以增加彼此的相容性。或者相反，他们也许会选择多样的才能和气质，使个人成为具有不同卓越表现的专家，从而彼此合作，变成高产能的社区。最重要的是，他们必然会追求更长的寿命；即使延长生命的工程只能发挥部分效用，都足以在社会和经济上造成巨大的变动。

根据科学目前的发展方向，未来的人类后代必将具有做这些选择的技术能力。目前我们还没有抵达意向决定进化的阶段，但是已经相当靠近了，值得好好思考一下未来的发展。智人是第一个真正自由的物种，即将摒弃创作人类的天择过程，而在我们的自由意志之外并不存在遗传命运，我们不再有指引行程的北极星了。从现在开始，进化在科学技术领域将逐渐受到伦理和政治抉择的影响，包括人性和人类潜能的遗传进展。经过长期的痛苦和自欺之后，我们终于抵达了这个关头，再不久，我们就必须深入地自我探讨，决定我们到底想要变成什么样。我们已经走过童年，即将听到魔鬼真正的声音。

我们也即将了解保守主义（conservatism）的真正含义。我采用的这个过度滥用的混淆用词，并不是指美国最近大多数保护运动所堕入的虔诚而自私的自由意志主义，而是指一种珍惜和维护资源的伦理、一种最佳的社区制度。换句话说，真正的保守主义是可以运用在人性和社会制度上的观念。

我预测未来的世代会对遗传采取保守的态度，除了补修残缺的基因之外，他们将抗拒其他的遗传变更。这么做是为了保有情绪和心理发展的外遗传法则，因为这些元素组成了人类的物质灵魂。其中的道理如下：情绪和外遗传法则的更改如果够大，人类就某方面而言也许会变得“更好”，但不再是人类了。取消人性的某些成分，而强调纯粹的理性，结果将形成一个以蛋白质为基础但结构糟糕的计算机。一个物种经过数百万年反复的试错，才定义出自身的存在，那又为什么要放弃？

这个问题已经超乎了未来主义（futurism）的范畴，因为它清楚显示出，我们打从一开始就对人类存在的意义一无所知。它也同时阐示，我们需要知道得更多，才能解答终极问题：为了哪个目的？或哪些目的？如果真有目的，人类这个天才又是否应该自我引导？[223]

双重智人特征

这个有关人类整体的意义和目标的问题，既紧急又迫切，即使不为别的，也得为了决定环境伦理。人类已经为自己创造出一个全球性问题，很少有人会质疑这点。没有人希望如此，但是我们的确是第一个能对地球产生物理作用、能改变地球气候的物种。这样的角色以往是保留给地质构造运动、太阳耀斑和冰河周期扮演的。我们人类也是从6500万年前、一个宽10公里大小的陨石掉落在尤卡坦（Yucatan）附近而导致爬行类时代结束以来，最大的生命摧残者。因为人口过多，我们已经陷入食物和水源短缺的危机中，也因此面临了和浮士德非常类似的选择：是把我们腐败的冒险行为当作人口和经济增长不可避免的代价，还是进一步掌控自己，并找出新的环境伦理。

这个难题已经隐藏在目前的环境论辩中，它之所以出现，是因为人类相反的两个自我形象发生了冲突。第一个自我形象是自然主义者，认为我们局限在刀片般薄的生物圈内，其中可能出现一千个可想象的地狱，但只有一个天堂。我们想要重建的理想的自然，是一个能够孕育人类的特殊物质环境和生物环境。尽管这个世界有许多灾难和危险，但人类的身心已经适应了，这也是我们认为它很美丽的原因。从这个角度来看，智人确实遵从有机进化的基本原则：所有物种都喜爱和受吸引的环境，正是物种的基因当初组合时所在的环境；这称为“栖息地选择”（habitat selection）。在那个环境中，我们的基因设计让我们存活，并且心平气和。我们不可能找得到任何其他地方，或构想出任何其他家园，会比在被我们变更前的蓝色星球更美丽。

另一个是竞争的自我形象，持有豁免主义者（exemptionalist）的观念，这恰好也是西方文明的指导前提。这个观念认为人类存在于自然之外，并且能够主宰自然，控制其他物种的生态铁律并不会限制我们。没有什么限制是我们的特殊地位和才干无法克服而能够遏止人类扩张的，我们可以恣意改变地球，产生一个比我们祖先所认识的还要更好的世界。

对认真的豁免主义者而言，智人其实已经变成一个新的物种，我现在就可以给它一个新的名称：Homo proteus，也就是“善变人”。

（Proteus，为希腊神话中的海神普洛透斯，善变容貌；另一个意思是生物学上的变形杆菌属。）在地球生命的分类中，这个假设的“善变人”具有下述的辨认特征：

有文化、有不可确知的弹性、极具潜能。具备求取资讯的渠道并受资讯驱动。几乎可以在所有的地方旅行，能适应任何环境。焦躁不安，人口愈来愈多。会考虑太空殖民。虽然对大自然目前的损失和所有消失中的物种感到懊悔，但认为这是进步的代价，并且和我们的未来不大相干。

下面是自然主义者对旧有的智人所列出的辨认特征，而我认为这是正确的：

有文化、具有不可确知的智能潜力，然而受到生物学的限制。从体型和情绪反应来看，基本上是一种灵长类物种（灵长目、狭鼻亚目、人属）。和其他动物比起来体型巨大、双足、多孔、湿软、多半由水组成。身体由数百万种相互调节的精细生化反应所控制。容易被少量的毒物和豌豆般大小的子弹所摧毁。生命期很短，情绪很脆弱。身心依赖其他地球生物。若想殖民太空则需要大量的补给线。正开始深深为大自然和所有其他物种的损失感到懊悔。

生物圈二号实验

人类想要从地球的自然环境中解放出来的梦想，在 1990 年代初就接受了现实的考验。他们在亚利桑那州奥拉克尔（Oracle）沙漠地带，建立了一个3.15英亩（约1.27公顷）大的封闭生态系统——生物圈二号（Biosphere 2）。这个生态系统用大块玻璃建成，里面有土壤、空气、水分、植物和动物。它被设计成一个自动运转的小型地球，与母行星无关。计划人员合成雨林、热带草原、荆棘灌丛、沙漠、池塘、沼泽、珊瑚礁和海洋来模拟地球上的自然栖息地。这个生态实验室与外界的唯一联系是电力和信息沟通，对一个原始生态系统来说，这两项联系是合理的妥协。生物圈二号的设计和建造花费了2亿美元，囊括了最先进的科学知识与最尖端的工程设计。这个实验如果成功，就有希望证明在太阳系的任何地方，人类生命都可以独立存在于密封的透明圆形罩中，只要这个地方没有致命的高热或强辐射。

1991年9月26日，8位生物圈工作人员自愿步入了这个完全封闭的空间，把自己和外界隔离。在起初的一段时间内，事情都很顺利，但随后出现了一连串令人惊讶的问题。5个月后，生物圈二号内的氧气浓度开始下降，由当初的百分之二十一，下降到百分之十四。这通常是17500英尺（约5334千米）高度时的氧气浓度，低到不足以维持人体的健康。这个时候，为了让实验继续进行，他们只好由外界输入氧气。同一段时期内，二氧化碳的浓度遽升，尽管他们采用了人工循环措施；一氧化氮的浓度也增加到危害大脑组织的程度。

组成这个生态系统的物种也受到极大的影响，许多物种以惊人的速度减少，以至灭绝。25种脊椎动物中就有19种完全消失，所有能够传播花粉的动物也不见了。几种蟑螂、螽斯和蚂蚁的数目爆炸性剧增；设计来吸收碳元素的牵牛花、西番莲和其他攀藤植物也变得异常茂盛，威胁到其他植物的生存，包括作物，而需要人极辛劳地用手除去这些攀藤。

生物圈二号内的工作人员很英勇地面对难题，勉强在这个密闭空间内待足了当初预计的整整两年时间。就一个实验而言，生物圈二号一点也不算失败，它给我们许多教训，其中最重要的莫过于，我们这个物种和我们所赖以生存的环境，是很脆弱的。洛克菲勒大学的柯恩（Joel E. Cohen）和明尼苏达大学的蒂尔曼（David Tilman）是隶属另一个独立小组的资深生物学家，他们在审视这个计划的资料时，很感慨地写下这样一段话："还没有人知道该如何设计出一个系统，能像自然生态系统那样免费支持人类生命。尽管地球充满了神秘和危机，它仍然是维持生命的唯一家园。"[224]

迫切的危机

豁免主义者因为忽视生命的脆弱，所以必然是错的。他们向前迈进的方式，就好像科学天才和企业天才能够解决一次又一次的危机，由此看来，他们也应相信全球性的生物圈衰退问题同样可以解决。这也许在未来的数十年内可能实现（较可能是数世纪），但是目前还看不出有任何可行的方法。生命世界极其复杂，不可能变成一个密封在人工空间中的地球花园里。没有任何一个已知的生物平衡系统（biological homeostat）是人类能够维持的。如果你不肯相信，就冒了把地球化为废墟、把人类变成受威胁物种的危险。

这样的危机到底有多么迫切？我想，它迫切得足以促使我们重新思考人类的自我保护的根本。我们目前的环境状况，可以总结如下：

> 全球的人口总数之大已经成了危机，并且将继续增加，直到在 2050 年以后达到高峰为止。从每人的生产力、健康状况和寿命来看，人类的整体状况是改善了，但是这样的改善

> 消耗了地球的资产，包括自然资源和数百万年以来的生物多样性。人类的食物和水源供给，已经接近极限。人类和以往存在的任何物种都不同，它改变了地球的大气层和气候、降低并污染了地下水、使森林缩减而沙漠扩大。这些变化大多直接或间接地源自少数工业化国家，然而工业化被证明能够创造繁荣，且正得到世界其余地区的采用。这种仿效无法永久持续，至少不可能创造相同程度的消费和浪费。发展中国家的工业化即使只有部分成功，对环境的打击，已经足以使人口爆炸显得不足为道。

当然，有些人会把上述有关环境的概论称作大惊小怪。我衷心希望这个罪名是正当的，但不幸的是，绝大多数有地位的环境科学家，也认为这是有事实根据的观点。我所谓有地位的科学家，是指那些收集、分析数据并建立理论模型、解释结果的人，这些人发表在专业期刊上的论文，还得接受其他专家的审核，包括他们的对手；我所谓有地位的科学家，并不是记者、脱口秀节目的主持人，也不是思绪蓬勃的辩论家，即使这些人也讨论环境问题，而他们的意见甚至具有更广大的听众。这么说并不是想贬低他们的专业，他们也有独立的一套高标准，我只是在建议，如果人们想获得有关环境的真实资讯，有其他品质更好的资源可供商议。从这个角度来看，环境问题并不像媒体惯常报道的那般充满矛盾。

接着，让我们看看这些有地位的科学家在1990年代中期所做的评估。他们的定量估计按照数学假设和程序而有所不同，但是大多落在某个范围之内。根据这个范围，我们可以有信心地预测未来的环境趋势。

1997年，全球人口已经达到58亿，并以每年9000万人的速度继续增长。1600 年，地球上只有将近 5 亿的人口；1940 年则有 20 亿人。光是 1990 年代所增加的人口，预计就会超过 1600 年的人口总数。全球人口增长率在 1960 年代达到高峰之后，就一直下降。比方说，在 1963 年，每一位妇女平均生产 4.1 个小孩，到了 1996 年，这个数字下降为 2.6。为了达到世界人口的平衡，每位妇女只能有 2.1 个小孩（多出来的 0.1 是为了包含儿童的死亡）。长期的人口总数对这个置换值（replacement number）极端敏感，从下述的预测就可以看出来。如果置换值是 2.1，2050 年地球上就有 77 亿人，并且会在 2150 年达到 85 亿人口的平衡点。如果是 2.0，人口会在某一年达到 78 亿的高峰，然后在 2150 年降到 56 亿，也就是 1990 年代中期的人口总数。如果是 2.2，人口在 2050 年会高达 125 亿，在 2150 年达到 208 亿。如果 2.2 这个数值能够神奇地持续下去，人类的生物量终将和地球的重量相等，再经过数千年后，将以光速向外扩张，超过可见宇宙的总质量。尽管全球的出生率能够立即急遽下降，例如中国的独生子女政策，但人口并不会在一两个世代内就达到高峰。人口过度增长是必然的，因为我们已经有数目多得不成比例的年轻人，而他们都期望能够长生不老。[225]

地球能承载多少人？

这个世界能够无限期支持的人口是多少？专家的意见不一，但大多数人认为在 40 亿到 160 亿之间，真正的数目要看未来人类愿意接受的生活品质而定。如果所有人都同意成为素食者，不考虑牲畜所需的食物，目前所有的 14 亿公顷（约 35 亿英亩）可耕地，大约能养活 100 亿人。如果植物光合作用所吸取的将近 40 万亿瓦特的能量，能够全部转化为人类的食物，地球大约可以支持160亿人。在这样脆弱的世界中，其他的生命形态几乎全都必须排除。

即使在21世纪中期之前，人口能够达到100亿的平衡点，但由于不可抗拒的力量，世界其余地区大多仍然无法拥有目前北美、西欧和日本的中产阶级所享受的奢华生活。这是因为每个国家对环境的冲击是“乘积性”的。人类对环境的冲击具有复杂的形式，依赖复杂的PAT公式：人口数“乘上”每个人的富裕度（affluence，相当于消费额），再“乘上”用来支撑这个消费额的技术。[226] PAT值的大小可以从“生态足迹”（ecological footprint）看出来，也就是让一个社会成员具有现存技术所需的有产土地的大小。[227]这个“足迹”在欧洲是3.5公顷（1公顷约等于2.5英亩），在加拿大是4.3公顷，在美国是5公顷，在大多数发展中国家则少于0.5公顷。在现存的科技下，若想把全球的生活水平提高到和美国一样，就需要再拥有两个地球。

即使美国北达科他州和蒙古多半都很空旷，也发挥不了什么作用，而今天世界上的58亿人口如果全被塞到大峡谷的一个看不见的角落里，也不会造成任何差别。我们感兴趣的是有产土地上“足迹”的平均大小，如果希望让较多的人享有还不错的生活水平，这个数值就必须降低。

假设世界其他地区的生活水平，可以提高到和最富裕的国家相当，并拥有现存的科技和目前的消费与浪费水平；这是在追求一个数学上不可实现的梦想。甚至，即使只是要拉平目前不平等的所得，也需要先缩小富裕国家的“生态足迹”。但这是全球市场经济的一个难题，因为市场中的主角也同时具有最大的军事力量，而他们在美丽的说辞背后，大多对其他人的苦难毫不关心。工业化国家中只有极少数人能完全认识到世界上穷人的处境有多么糟糕。

大致而言，世界上五分之一强的人口，约13亿，每天的收入低于1美元。另外16亿人每天只赚1到3美元。大约有10亿人的生活，在联合国的分类中属于绝对贫穷，他们连明天是不是能有食物都无法确定。每年有1300万到1800万人死于饥饿、营养不良所引起的并发症或其他贫穷因素，数目超过瑞典的人口总数，且多数是儿童。为了对这个问题有更清晰的看法，假设一下美国人和欧洲人听到下述事实时的反应：在未来的一年当中，整个瑞典人口，或苏格兰和威尔士加起来，或是新英格兰地区的人口，都将死于贫穷。[228]

耕地与水源的耗尽

当然，豁免主义者会说，新技术和自由市场经济景气的上升，可以解决这个问题。他们认为解决方法很直截了当：只要使用更多的土地、肥料和生产率较高的作物，并且更努力地改进分配过程就行了。当然，他们也鼓励更多的教育、更多的技术转移和自由贸易，并且不允许种族冲突和政治腐败。

这些当然都有帮助，而且应该优先考虑，但并不能解决地球资源有限这个主要问题。不错，世界上只有百分之十一的地表被人耕种，但已经包括了大多数的可耕地，剩余的百分之八十九多半用处有限，或毫无用处。格陵兰、南极、广大的北方针叶林地中的大部分和同样广大而极其干燥的沙漠，都是无法耕种的。残存的热带森林和热带草原可以开发种植，但会导致世界上大多数植物和动物的灭绝，而农业上的所得却很小。将近一半的未开发土地上的自然土壤并不肥沃，例如非洲撒哈拉沙漠附近百分之四十二的未开发土地和拉丁美洲百分之四十六的未开发土地。同时，已耕种的森林开发地因为侵蚀作用而流失地表土的速度，是永续经营下可允许速度的10倍。1989

年，土壤学家把世界上百分之十一的作物产地评列为品质严重下降。从1950年代到1990年代中期，每人可分得的作物产地面积降低了一半，由0.23公顷下降到0.12公顷，比四分之一个足球场还要小。相同的40年间，绿色革命以新改良的稻米和其他作物品种、较好的杀虫剂和更多的肥料和灌溉，使每公顷土地的产量剧增，并避免了饥饿所造成的广泛死亡。但是，这些科技也有极限。到了1985年，产量的增长率开始下降；再加上人口数无情地上升，导致了每人生产量的下降。下降趋势首先明显出现在发展中国家，在1969至1971年绿色革命的高峰期，这些国家百分之九十六的谷物需求可以自给自足，但1993至1995年下降为百分之八十八。到了1996年，预备人类紧急食物需求的谷物储存量，已经由1987年的空前最高值下降了百分之五十。1990年代初期，屈指可数的少数国家，就耗去了大于四分之三的世界谷物资源，其中包括加拿大、美国、阿根廷、欧盟和澳洲。

也许这些征兆全都会神奇地消失，要不然，这个世界要如何调适？也许沙漠和不可耕作的干燥草原，可以经由灌溉增加农业生产力，但是这个办法也有限度，已经有太多人在为太少的水源竞争。世界上许多干燥地区赖以维持农业的地下含水层，耗水的速度比雨水和径流渗入水层的速度还要快。奥加拉拉（Ogallala）的地下含水层是美国中部的主要水源，光在1980年代，其中就有五分之一的面积地下水位下降了3米。现在，堪萨斯州、德克萨斯州和新墨西哥州，有100万公顷的地下水一半都枯竭了。其他国家的情况更糟，而且这些国家往往是最负担不起缺水的地方。北京的地下水位在1965到1995年之间下降了37米；阿拉伯半岛的地下水储量将在2050年之前耗竭，那里的一些油产丰富的国家正以淡化的海水补偿不足的水源——以珍贵的石油来交换。就全球而言，人类正在压迫极限；蒸发作用和植物蒸散作用释放到大气中的可用水分，有四分之一被用尽；河川和其他径流管道中的水量，则有半数以上被耗尽。2025 年之前，世界百分之四十的人口会住在长期缺水的国度。在未来的 30 年中，新建立的水坝所保留的水源会增加百分之十，但困难并不会因此终止，因为在相同的时期中，人类人口预期会增加三分之一。

鱼资源短缺与气候变化

当人类耗尽土地之后，我们是不是要转向地球的最后一个未开发疆域——无边无际的大海？很不幸，我们无法这么做。大海不再是无边无际的，它已经为人类提供了大半资源。世界上的 17 个海洋渔场全都已经过度捕捞，只有印度洋的渔场产量还继续上升，但这个趋势注定会终止，因为我们无法永远维持目前的捕捞速度。包括著名的北大西洋鱼库和黑海在内的几个渔场，也惨遭商业暴跌的命运。世界的年捕鱼量在 1950 到 1990 年间上升了 5 倍之后，一直停留在 9000 万顿左右。

海洋渔业史里所讲的，是愈来愈大的捕获量和愈来愈有效率的现场处理技术，以及借着开发更深层的鱼群而增加的渔获量。到了 1990 年代，产量丰富的鱼池也加入了这个阵容，为总收获量添加了 2000 万顿。但是这种称为“鱼贝类革命”的养殖业，也有它的限度。海洋鱼池的扩张侵占了红树林沼泽地，以及供近海食用鱼产卵的沿海湿地。淡水渔场有较大的成长潜力，但必须和传统农业竞争逐渐萎缩的河川和地下水源。

同时，依照生命的一般原理，所有的巨大干扰都是不利的；地球支撑不断扩张的人类生物量（biomass）的能力，也因为气候加速改变而变得更微弱。在过去 130 年当中，全球平均温度已经上升了 1

摄氏度。

目前有强烈的迹象显示，多半的气候变化源自二氧化碳污染，有些大气科学家甚至表示这是十分明确的迹象。关联在于温室效应：二氧化碳、甲烷和其他某些气体的效应，就像园丁所用的玻璃密室。这些气体容许太阳光透入，但把太阳产生的热能封闭在地表。我们对古老冰块中的气泡进行分析后得知，在过去 16 万年中，大气中二氧化碳的浓度和全球平均温度密切相关。因为目前燃烧石化燃料和摧毁热带森林，二氧化碳浓度更进一步提高到百万分之三百六十（360 ppm），成为 16 万年以来的最高值。

对于“人类活动导致气候变暖”的想法，几派科学家一直以合理的理由相互争辩。大气化学和气候变化是两个极其复杂的课题，而这两个课题的结合更使正确的预测变得几乎不可能达成。但是放宽限度之后，我们还是可以估计出气候的变化趋势与速度；这正是政府间气候变化特别委员会（Intergovernmental Panel on Climate Change，IPCC）的目标。这个组织由 2000 多位科学家组成，他们在世界各地评估输入的资料，并且利用超级计算机建立未来气候变化的模型。这个模型必须考虑到一些较困难的变数，包括工业排放的硫酸盐气溶胶（sulfate areosol），因为它会抵消二氧化碳的温室效应；另一个困难变数则是海洋长期吸收的二氧化碳，这可能会使大气变化的计算无效，也可能导致局部气候变化难以掌握。

IPCC 科学家已经做出下列的整体评估。在 2100 年之前，全球平均温度会再上升摄氏 1.0 至 3.5 摄氏度（1.8 到 6.3 华氏度），这可能造成多种后果，但不太可能有任何人对这后果感到愉悦。海水的热膨胀以及南极和格陵兰冰块的溶化，将使海平面上升多达 30 厘米（约 12 英寸），为沿海国家带来困难；基里巴斯（Kiribati）和马绍尔群岛（Marshall Islands）这两个位于西大西洋的环状珊瑚礁岛屿国家，将面临部分消失的危机。降雨的分布也将有所改变，极可能如下所述：北非降雨量会大增，欧亚、北美、东南亚和南美太平洋沿岸的降雨量稍有增加，澳洲、南美大部分地区和南非的降雨量则相对降低。

终有池塘半满的一天

局部气候将变化多端，热浪出现的频率也会上升。平均温度即使只是些微上升，极端高温的例子也会增加许多，这纯粹是统计效应。如果常态分布曲线朝一个方向移动一点点，原来接近零的极端值的出现频率会相应地增高许多。(举另一个例子，如果人类的平均数学能力增高了百分之十，群众数学能力的变化可能并不显著，但是爱因斯坦就变得相当平凡了。)

既然云和暴风中心在海水温度上升到 26 摄氏度以上时才会在海洋上空产生，那么当全球平均气温增高时，发生热带气旋的平均频率也会上升。因此，美国东海岸这个人口密集的地区，将在春季遭受更多热浪，在夏季遭遇更多飓风。我们也可以预期，较热的气候区会朝南北极延伸，而且纬度最高的地区所发生的变化会最大。冻原生态系统可能缩小，甚至完全消失。农业也会受到影响，某些地区的变化可能是有利的，但其他地区则被摧毁。一般而言，发展中国家遭受的打击将比北方的工业化国家来得更大。许多自然生态系统可能消失，而其中的微生物和动植物在不能适应当地气候变动或不能快速迁徙到新栖息地的情况下，也将灭绝。[229]

我们如果对未来的资源和气候做总结，就会发现，人类正明显撞上的一堵墙，并不是矿物和能源的短缺，而是食物和水源的耗竭。由于愈来愈令人不快的气候变化，人类也将提早抵达这堵墙。人类就像是一个以逐渐消失的资本为生的家庭。豁免主义者给我们的忠告是："我们的生活很好，并且愈来愈好。因为你如果看看四周，就会发现我们仍然在扩张，而且预算的增长也愈来愈快。不用担心明年，像我们这么聪明的人，总会找到方法的。一向如此。"然而，这个想法事实上带有很大的风险。

豁免主义者和我们当中大部分人一样，必须学习一个有关荷花池的数学谜题。把一片荷叶放入池塘，这片荷叶和它的所有后代每天都会由一片变两片。如果到了第30天，池塘就被荷叶完全铺满了，荷叶不能继续增长，那么，池塘只有半满的日子是哪一天？答案是第29天！

我们该不该赌一下？假设人类避开这堵环境之墙的机会，与撞上的机会相当，或者再好一点，平安过关的机会是正面冲撞的两倍，即使如此，把赌注压在平安过关上仍然是极糟糕的选择，因为赌桌上的赌注几乎包括了所有的事物。现在你只选择而不采取任何行动，也许可以节省一些时间和精力，但是你如果赌输了，代价将是毁灭。生态学和医学一样，误诊为有病只会引起一些不便，误诊为没病却会造成极大的危害。正因为如此，生态学家和医生一点也不喜欢赌博，即使他们必须赌，也总会站在小心谨慎的一边。我们不能错把忧心的生态学家或医生，当作拉警报的人而完全不理会。

即使是最佳的情况，21世纪仍会面临环境上的瓶颈。结果，环境的改变所造成的冲击将引发新的历史，或许也可能导致全球性的历史重演。回到最早的历史阶段，我们可以看到地域性文明的瓦解，首先是美索不达米亚，之后是埃及，然后是玛雅，以及散布在各大陆上的其他文明，只有澳洲除外。人们大量死亡，而且往往死得极其悲惨。有时，他们也能够成功移民而取代其他民族，却使这些民族遭遇惨死的命运。

当容纳量饱和时

考古学家和历史学家努力发掘文明瓦解的理由。他们找到旱灾、土壤耗竭、人口过多和战争等因素，这些原因可以单独或以某种组合方式来解释文明的瓦解，且这些分析颇具说服力。生态学家又添加了另一个看法：当人口达到当地容纳量的上限时，既存的科技就无法再支持更多的人口增长。在这个时刻，人民的生活通常相当优裕，尤其是统治阶级，但是很脆弱。只要一场旱灾、地下水源耗尽或战争的爆发，就会使容纳量降低，死亡率继而上升、出生率下降（因为营养不良和疾病），直到人口降低到可维持的水平为止。[230]

卢旺达（Rwanda）最近的历史，正好可以说明这个容纳量原理。卢旺达是一块小而美丽的山区，一度还可媲美中非之珠乌干达。直到20世纪之前，卢旺达的人口密度一直相当有节制。图西（Tutsi）王朝统治胡图（Hutu）这个多数族群将近500年，胡图族在1959年革命时，许多图西人因此逃往邻近国家。1994年冲突剧增，卢旺达陆军部队屠杀了50万以上的图西人和温和派的胡图人。图西军队“卢旺达爱国阵线”（Rwandan Patriotic Front）随后回击，占领首府基加利（Kigali），当图西人越过卢旺达乡间时，200万难民先行逃往萨伊、坦桑尼亚和中非一共和国布隆迪（Burundi）。1997年，重新被命名为刚果共和国的萨伊，强迫遣返大量胡图难民，在这样的动荡不安之中，成千人死于饥饿和疾病。

表面上看来，卢旺达的惨剧是因为种族敌对所激发的暴力造成的，媒体也是这么报道的。但这只有一部分是真实的，另外更深层的原因则来自环境和人口数量。从1950到1994年间，卢旺达因为较好的健康政策和暂时改善的食物供给，人口增加了3倍以上，由250万人增加到850万人。在1992年，这个国家的人口增长率世界第一，平均每位妇人拥有 8 个小孩。妇女生育得早，两胎之间间隔也很短。虽然这段时间的食物总供应量急遽上升，但很快就被人口增长给抵消和超越了。另外，土地面积代代分割，每人平均的耕地面积也因而下降，从 1960 年代到 1990 年代早期，单位人口的作物产量下降了一半。水源也被过度地使用，以致水文学家宣布卢旺达是世界上 27 个水源短缺国之一。为了解决人口问题，胡图族和图西族的少年士兵采取了最直接的可行办法。

卢旺达是世界的缩影。战争和民间冲突发生的原因许多，大多数和环境压力没有直接关系。但是一般而言，人口过多和由此造成的可用资源下降，却是在人们身边慢慢累积的易燃物。逐渐增强的焦虑和困难可以转变为敌意，而敌意可以再转换成道德侵犯，代罪羔羊有时是其他的政治或种族团体，有时则是邻邦。易燃物累积愈来愈多，只等待一个偶然的暗杀、领土侵占、残酷暴行或其他挑衅事件的引发。卢旺达是非洲人口过剩最严重的国家，它那身受战争残害的邻邦布隆迪，则是第二严重的国家。而海地和萨尔瓦多长期以来一直是西半球麻烦最多的两个国家，也被列入人口最密集的名单（世界上只有加勒比海五小岛国，能超越它们）。这两个国家的环境，也被认为是衰退最快的。

仰赖环境义肢

人口成长可以合理地称为地上的猛兽。我们要是能驯服这头猛兽，就能比较容易地通过环境的瓶颈。让我们假设，最后的几项古老的生殖禁忌能逐渐消逝，而家庭计划能随之普及，再进一步假设政府能采用相当于经济和军事政策上的诚意来制定人口政策，那么，全球人口的高峰值就可以低于 100 亿，并且由此下降。一旦人口开始负增长，人们的希望才有基础；如果这个目标无法达成，人类即使尽了最大的努力，仍会遭受挫败，而瓶颈也会密封成一面结实的墙。

人类最大的努力，将会包括许多天才为了修正过度拥挤的地球所设计出来的每一项新技术。目前已经有无数的技术正在研发。利用固氮酶（nitrogenase）把石油转换成食物，是其中一个遥远的可能；浅海地区的藻类农场则是另一个。借由控制下的核聚变反应或燃料电池（full cell）技术所产生的能量淡化海水，可能会减轻水源危机。也许当两极的陆架冰（shelf ice）因为全球增温而碎裂时，我们可以把这些冰山赶到干燥的海岸，从中取得更多的淡水，有了额外的能量和淡水，干旱的荒地就可能重新栽培农作。这种复耕地上如果种植“木草”（wood grass），可以进一步提升农作物产量；“木草”是一种生长快速、又能固氮的树种，可以用巨型的割草机来收割，新芽随后又会由割断的茎秆上冒出来。当实际需求增加时，许多的设计都会被尝试，而且有一些会成功。在风险资本和政府补助的刺激下，这些设计也会出现在全球的自由市场经济中，每一项发展都能降低短期经济灾难的危机。

但是要当心！每一项进展同时也是一种“义肢”，是一种人工设计，必须依赖进步的专业知识和持续密切的管理。它虽然替代了地球自然环境中的一部分，但也同时添增了自身的长期危机。透过生态学这个镜头来看，人类历史就像是由环境义肢所累积出来的；当这些人为程序愈来愈多并且互相衔接上之后，地球的容纳量将扩大，人类也会产生典型的生殖反应，继续扩张以填满增加的容纳量。这个交互上升的过程将不断发生。为了满足新的需求，人类以愈来愈多的方式操弄并支持环境，但环境也因此变得更加脆弱，需要日益复杂的技术不断地“关照”。

“进步棘轮”似乎无法回转。对于梦想旧石器时代宁静生活之自然平衡的尚古主义者（primitivist）而言，信息是：已经太晚了。放下你的弓和箭，也别再梦想采集野莓了，野地已经成了受威胁的自然保护区。对于环保人士和豁免主义者而言，信息则是：来合作吧。我们必须向前冲，尽力达成最佳的成果，心中可以有所顾虑，但对成功要有信心，我们对未来的希望可以用《亨利四世》（*Henry IV*）中霍兹伯（Hotspur）的话来表达：我愚蠢的主人，让我告诉你，这些荨麻中将生出危险，但我们如果摘下这朵花就会获得安全。

我们共同的目标，必然是为地球上恣意增长的人口扩充资源和改进生活品质，并且尽量不仰赖环境义肢。这个想法的本质，就是永续发展的伦理。永续发展的梦想在地球高峰会议（Earth Summit）上获得广泛的支持。这个具有历史意义的联合国环境与发展会议（United Nations Conference on Environment and Development，UNCED），在 1992 年 6 月于巴西里约热内卢举行，与会者包括 172 个国家的代表，其中 106 位是政府首脑。他们为了建立一个永久维系世界秩序的指导方案，签署了一份有关气候变化和保护生物多样性的官方协定。他们也同意了第 21 号议程中的 40 项不具约束力的章程，为一般的环境问题提供了务实的讨论程序（尽管不能解决问题）。

然而，由于各国对自身利益的考虑，会中大多数的提议都因为政治争论而被破坏了。在这之后，全球合作只是国际场合上的修辞训练罢了。另外，会中提议筹措额外的 6000 亿美元来实践第 21 号议程，而其中由工业化国家捐赠 1250 亿美元给发展中国家的提议，也一直未曾实现。然而，原来只是环境保护精英分子梦想的永续发展原则，已经普遍为人所接受。到了 1996 年，至少有 117 个政府已经指派委员会去发展第 21 号议程中的策略。[231]

有欠考虑环境因素

地球高峰会议和其他全球性提议的成功与否，最终还是得看生态足迹下降了多少。在 2020 年前后人口高达 80 亿时，中心问题将是：我们需要多少具有生产力的土地，才能让世界上的每个人都拥有令人满意的生活水平。因此，凌驾于一切之上的环境目标将是缩小生态足迹，使脆弱的地球环境可以承受。

达成目标所需的科技，大多可以用两个观念来总结：第一个观念是“去碳化”（decarbonization），也就是把煤、石油和木料的燃烧，转换成对环境影响很小且基本上无穷尽的能源，比如燃料电池、核聚变、太阳能和风力。第二个观念是“去材料化”（dematerialization），也就是降低硬体体积和硬体所消耗的能量。以一个最令人振奋的当代例子来说，世界上所有的微芯片，可以全部放入资讯革命之初储放哈佛马克一号电磁计算机的房间内。[232]

除了实际的困难之外，环境实在论（environmental realism）还面临了一个最大的知识障碍：大多数经济学家的短视。第九章已经描述了新古典经济理论的褊狭本质，它的模型虽然是优雅地应用数学橱窗样本，但忽略了当代心理学和生物学所理解的人类行为。缺乏这些基础，他们的结论往往是在描述不存在的抽象世界。在处理消费个体的选择模式的微观经济学中，这种缺陷尤其显著。

但是，这个经济学弱点最令人担心的，是它通常不会将环境因素纳入考虑。地球高峰会议结束之后，许多科学家和资源专家收集了百科全书般众多的可验证数据，清楚指出人口过多和地球不健康的危险趋势，但最具影响力的经济学家所做的提议，仍然无视于环境的存在。他们的评估读起来就像成功经纪公司的年报。例如，以下是世界经济论坛（World Economic Forum）竞争力研究小组的领导人弗雷德里克·胡（Frederick Hu），针对深具影响力的《1996年全球竞争力报告》（*Global Competitiveness Report 1996*）一书中的结论所做的解释：

> 在军事征服不被允许的情况下，国家继续增加财富和提高生活水平的唯一可行办法，就是经济增长……一个经济体系如果在下列三个领域内表现卓越，就是具有国际竞争力：丰富多产的输入资源，例如资金、劳动力、基础建设和技术；理想的经济政策，例如低税、少量的干涉和自由贸易；以及健全的市场制度，例如法律规章、对产权的保护。[233]

这个指示和经济期刊中可望出现的强硬派实用主义相互共鸣，适用于中度成长的独立国家。在未来20年当中，俄国（竞争力指数−2.36）和巴西（−1.73）如果想追上美国（+1.34）和新加坡（+2.19），弗雷德里克·胡的指示肯定是最佳的推荐政策。人类普遍的目标是在为每一个人创造更高品质的生活，对于这个无可指摘的目标，没有人能够质疑。法治的自由贸易与健全的市场运作，已经被证明是达成目标的方法。但是在未来的20年当中，全球人口会由60亿上升到80亿，而且多半会发生在贫穷国家，且在这段时间内，我们还会经历水源和可耕土壤的耗竭、森林的铲除，以及沿海栖息地的耗尽。地球目前已经处于一种危机的状态。如果中国大陆（竞争力指数−0.68）努力追上中国台湾地区（+0.96）和其他的亚洲小龙，会产生什么后果？我们很容易忘记而经济学家也不愿意过分强调：经济奇迹往往不是由内产生的。创造经济奇迹的国家，往往不仅消耗自己的物资，还消耗其他国家的，包括石油、木材、水源和农产品。科技和纸币的流通使商业加速全球化，并使物资变得更容易大量转移。日本的木制产品来自被摧毁的亚洲热带森林，而欧洲的石油，则来自中东日益减少的石油储存量。

国家的资产负债表（balance sheet）很少采用全成本核算（full-cost accounting），所以也不会包括自然资源的损失。一个国家可以砍光国境内的树木，采尽最有营利价值的矿源，竭尽渔业，侵蚀大部分土壤，用尽地下水，而把所有的收益算作收入，但不把任何损失当为成本。一个国家也可以污染环境，鼓励把多出的民众纳入城市贫民区的政策，但不需要把后果列入经常费用当中。

全成本核算已经取得经济学家委员会和财政部长的一些信任。生态经济学这个新兴的学科分支，也为推动经济的无形之手装上了绿色的大拇指。但是，这些影响力仍然微不足道。竞争力指数和国内生产总值 GDP 仍然具有吸引力，不会因为添加了环境和社会成本这类难以处理的复杂项目，就混淆了传统的经济理论。对于自以为是真实世界主人的自傲经济学家和商业领袖而言，现在该是承认“真的”真实世界存在的时刻了。我们需要采用新的增长指标来监测经济体系，必须充分测度自然世界和人类福祉，而不仅是经济生产。[234]

新地质年代——“荒生代”

为了达到这个目标，我认为新的计算中一定要包含有效的保护伦理，也觉得自己有义务恳求大家如此思考。我们希望（当然我们也必须相信）人类这个物种能够走出环境瓶颈，并且以更好的状况再度出现。然而，当我们通过瓶颈时，还需要负起另一项责任：保护万物，尽可能保有与我们同行的其他生命。

生物多样性正面临困难，包括生态系统和生态系统中的物种，以及物种的基因。物种大量灭绝（mass extinction）已经相当普遍，尤其是包含绝大多数生物多样性的热带地区。最近灭绝的物种包括亚洲地区半岛上超过半数的淡水鱼种、菲律宾宿务岛（Cebu）14 种鸟类中的半数，以及厄瓜多尔一个山脊上超过 90 种的植物。在美国的所有物种当中，估计有百分之一已经灭绝，另外百分之三十二则濒临危险。

环保专家因为看到危机，在过去30年（本书初版于1997年。——编者）当中，已经把注意力从熊猫、老虎和其他有魅力的动物身上扩大到整个栖息地，因为栖息地的损毁会危及其中许多物种的生存。

美国人所熟知的这类“热门地点”，包括夏威夷山区的森林、加利福尼亚州南部海岸的石南（heath）灌丛，以及佛罗里达州中部的沙质高地。世界上具有最多“热门地点”的国家可说是厄瓜多尔、马达加斯加和菲律宾，其中每一个国家内生物相当丰富的雨林，已经丧失了三分之二或更多，其余的地区也继续遭受打击。环保专家处理这个问题的逻辑很简单：只要把保护力量集中在这类地区，就可以用最低的经济成本保存最大的生物多样性。如果在区域计划中，保护力量能够介入政治程序，拯救生物多样性的努力就能获得最广泛的群众支持。

全面的灭绝速度极难估计，但是生物学家借由多种间接的分析方法，已经获得普遍的共识：至少在陆地上，目前物种消失的速度是人类出现以前的 100 到 1000 倍。大多数已知的伤害发生在热带雨林区。热带雨林虽然只占地球表面的百分之六，但包含了整个世界半数以上的植物和动物种类。由 1980 年代到 1990 年代，人类每年砍伐和燃烧既存雨林的速度，平均是百分之一，总面积相当于整个爱尔兰。栖息地如此大量地丧失，代表每年有百分之二十五或更多的森林物种会面临即刻或提前灭绝的厄运。这样的速度可以转换成多大的绝对数目？如果在大半未探索的森林中还存有 1000 万种物种（有些科学家认为这是可能的），那么每年的损失量就有数万种；要是“只存有”100 万种，每年的损失仍然有数千种。

一块已知自然栖息地的面积，和其中可无限期生存的物种数目具有特定的关系；上述的推测值就是来自这个已知关系，但这个推测其实有可能偏低。毫无保留地消除自然栖息地是最容易测量的因素，也是灭绝的主要原因；引进具有侵略性的外来物种和外来物种所携入的疾病，是紧随其后的摧毁因素；对原生物种的过度收采则是最后的原因。

所有的这些因素以极复杂的方式一起发生作用。当你质问生物学家，某一个物种是因为哪一个因素而灭绝时，生物学家很可能给你一个“东方快车谋杀案式”的回答：它们全都参与了一把。[235] 一般出现在热带国家的摧毁过程，一开始是修筑通往野地的道路，例如在 1970 年代和 1980 年代穿越巴西亚马孙州隆多尼亚（Rondonia）的道路；随后，寻找土地的垦荒者蜂拥而入，砍尽道路两旁的森林，污染河川，引进外来植物和动物，并且猎食野生动物。许多原生物种因而变得稀少，有些则完全消失了。土壤在几年内就消耗殆尽，于是垦荒者往森林更深处一路砍伐、燃烧。

目前不断丧失的生物多样性，是 6500 万年前中生代结束以来最大的损失。现代科学普遍认为，地球在那个时候受到一个或更多个巨型陨石的撞击，使得大气层变暗而大大改变了地球气候，并且造成恐龙灭绝，进化过程也由此进入下一个阶段——新生代，或哺乳类时代。我们目前所承受的灭绝之苦可以缓和（如果选择让它缓和的话），否则新生代将在 21 世纪终止，代之而起的新地质年代不会具有新的生物形态，而是以生物种类贫乏为其特征。这个新时代可以恰如其分地称为“荒生代”（Eremozoic Era），也就是孤独时代（Age of Loneliness）。

生物多样性维持不易

我从许多年来的生物多样性研究中发现，当人们面对物种灭绝的证据时，普遍会进入三个阶段的否认反应：第一阶段是为什么要担心？物种灭绝是自然的现象。在30亿年的生命历史当中，一直有物种在消失，但对生物圈并没有造成永久的伤害；进化的过程总是会产生新物种来取代灭绝物种。

这些说法都正确，但其中有个可怕的曲解。在中生代的剧变，以及之前的3亿5000万年中依次出现的四次剧变之后，进化过程需要将近1000万年的时间，才能恢复灾害前的生物多样性水平。当我们的后代面临这么长久的等待，并认识到我们只用了一生就造成了这么多的破坏时，一定会感到……该怎么说好呢？愤愤不平！

人们进入第二阶段的否认反应时，一般会质问，我们究竟为什么需要这么多物种？为什么要那么在乎？尤其大多数物种是臭虫、野草和蘑菇？我们很容易轻视地面上的爬行世界，忘记在不到一个世纪之前，当现代保护运动还没有开始时，世界各地的原生鸟类和哺乳类也遭受同样粗浅不成熟的忽视。现在，自然世界中小东西的存在价值已经极为清楚。最近对生态系统整体的实验研究，支持生态学家长久以来的猜想：生态系统存在的物种愈多，生产力就愈大，也就更能承担旱灾和其他环境压力。既然我们需要依赖有效的生态系统来澄清水源，滋养土壤，并且制造可呼吸的空气，显然就不能轻易抛弃生物多样性。

每一个物种都是进化的杰作，也是大量科学知识的来源，因为每个物种都能非常彻底地适应它的生活环境。目前的既存物种已经有几千到几百万年的岁数，它们的基因经过许多世代逆境的测试，已经设计出极其复杂的一系列生化工具，来帮助携带基因的生物体生存和繁殖。

正因为如此，野生物种除了能为人类创造出可居住的环境之外，它们的产物还能帮助我们维持生命。这些用途中少不了药品。美国药房销售的所有药物中，多于百分之四十的物质是从植物、动物、霉菌和微生物中提取出来的。比如阿司匹林这种全世界最爱用的药物，是由水杨酸（salicylic acid）衍生出来的，而水杨酸又是从一种绣线菊（meadowsweet）中发现的。然而，只有一部分物种的自然产物曾接受医疗效果方面的测试，大概少于百分之一的比例。这方面的研究亟待加强，以寻找新的抗生素和抗疟疾药物。目前最常使用的药物已经愈来愈缺乏效用，因为致病生物体的基因已经产生了抗药性，例如，普遍存在的葡萄球菌最近成了潜在的致命病原，导致肺炎的微生物也变得愈来愈危险。医学研究人员和快速进化的病原之间的军备竞赛，必将变得更加严重，他们必须求助于更多的野生物种，以便获取21世纪的医药军备。

尽管上述的事实都得到认可，第三阶段的否认仍然会出现：为什么现在就要赶快保存所有的物种？为什么不能把活标本先存放在动物园和植物园，以后再放回野地？严酷的现实是，对于已知既存的2.4万种哺乳类、鸟类、爬行类和两栖类，今天世界上所有的动物园最多只能维持2000种；面对25万种植物，植物园就更加感到无能为力了。就保存少数濒临灭绝的物种来说，这些避难所无疑具有相当的价值，把胚胎冻结在液态氮中也很有帮助，但是这些措施很难解决整体问题。更困难的是，还没有人设计出一个安全的避风港，以收容昆虫、菌类和其他生态上极重要的小型生物。[236]

就算这些措施都能圆满完成任务，而科学家也准备好让物种重返独立生活，但是到时候，许多物种所需的生态系统可能已不复存在。光有光秃秃的土地并不足够，例如熊猫和老虎就无法在废弃的稻田里生存。只将所有的物种放在一起，是不是就能重新组合出自然生态系统？目前还做不到，至少以雨林这样复杂的群集来说还不可能。正如我在第五章的描述，这种困难度就好比以分子组成活细胞或以活细胞组成生物体一般。

未知的组合规则

为了更具体看清楚问题的范围，让我们假设热带地区的一个小国家，其中仅剩的雨林区即将被水力发电计划中的人工湖所淹没。不知道将有多少种世界上其他地方找不到的植物和动物，即将在水面下消失。束手无策！当地政治领导人下定决心认为需要电力，人民第一！到了最后紧急的数月，一组生物学家到处想办法拯救动物群和植物群。他们的任务是：在水坝完成前赶快收集所有的物种样本，并且把这些物种保存在动物园、植物园和实验室的培养液里，或是先把胚胎冷冻在液态氮中，然后再把所有物种放到另外的土地上，重组出新的群集。

这是如此先进的技术，即使有数千位生物学家，同时拥有 10 亿美元的预算，仍然无法完成。这些科学家甚至无法想象从何着手。每一小块森林都存有大量的生命：罗列在冗长名单上的主要生物群，也许包含 300 种鸟类、500 种蝴蝶、200 种蚂蚁、5 万种甲虫、1000 种树木、5000 种真菌类、数万种细菌等。在许多生物群中，大量的稀有物种仍然是科学上的新发现，性质完全不为人所知，其中每个物种都具有特定的生物区位，需要处于特定的地点、特定的微气候，也需要特殊的营养、温度和湿度，才能确保生命周期中的每个阶段适时地依序发生。有许多物种与其他物种共生（symbiosis），除非彼此能够正确地组合在一起，否则无法存活。

即使生物学家能列出相当于曼哈顿计划[237]的动植物名单，也能把所有物种的培养组织分类保存，仍然无法重新组合出整个群集。想在世界上某个地区完成这样的任务，就像想用一对汤匙把打散的蛋重新组合起来一样。也许在数十年之后，这个任务终究可以达成，但是目前我们对于重新活化土壤的微生物学大多仍然一无所知，为花朵传播花粉的大多数动物和它们出现的正确时刻，也多半只能凭猜想来预料。物种必须依照顺序进驻栖息地，才能无限期地相互共存，但这个"组合规则"多半仍然属于理论范畴。

由这点来看，生物学家和保护学家基本上一致同意：以目前现有的知识保存万物的唯一方法，是在自然生态系统中维护万物。但自然栖息地是多么快速地缩减，连这么直截了当的解答也将成为负担沉重的任务。无论如何，人类必须找到办法挤过瓶颈，且不摧毁其他生命所仰赖的环境。[238]

我们为的是什么？

启蒙运动的精神在于相信我们可以完全凭自己的能力来认识事物，并且由认识中获得理解，由理解中做出明智的选择。这样的自信随着科学知识的成长而上升，这些科学知识也被包含在逐渐完备的因果诠释网络里。在这样的过程中，我们学到了许多关于我们人类的知识。我们已经比较了解人类从何而来，也比较知道人类是什么了。智人就和其余生命一样，也是自我组合而成的，因此，我们目前的处境并不是在任何人的指引、任何人的监督下造成的，而我们的未来也必须完全由自己决定。我们既然对人类结构有这样的了解，现在应该更有能力反省，决定前进的方向。

在这样的努力中，我们不能光说历史的过程太复杂，不适合采用化约法来分析。那只是世俗知识分子所举的白旗，相当于懒惰的现代主义者所提出的“神的意旨”。但就另一方面而言，现在若认真谈论终极目标，比如完美的绿化城市，以及用机器人远征最近的星球，也言之过早。只要能让人类在摧毁地球之前，快乐地安顿下来就够了。要度过眼前的数十年，仍需要进行许多严肃的思考。在不同的政治经济选择中，我们愈来愈能够确认出哪些可能具有摧毁性，我们也已经开始探讨人性的基础，并发掘出人类内在的最大的需求和需求的原因。我们正跨入一个新的存在主义纪元，但不是克尔凯郭尔和萨特[239]荒谬的旧存在主义。旧有的存在主义赋予个人完全的自主权，但新的存在主义则相信，只有通过全球分享的统一知识，才可能产生正确的远见和明智的选择。

在这所有的过程当中，我们将学到一个基本原则：伦理是最重要的。人类社会的存在和动物社会不同，它的基础是人类形成长期契约的遗传倾向，而这长期契约又通过文化进化出道德规章和法律。[240]契约形成的规则并不是上天赋予人类的，也不是由大脑机制中任意出现的，这些规则是经过数万或数十万年的进化而产生的，因为它们能使设定规则的基因存活，并且有机会在后代身上继续出现。我们并不是误入歧途的小孩，不是因为不遵守来自人类之外的指示而偶尔犯罪，我们是一群成人，能够发现哪些契约是生存必需的，而且也已经宣誓承认捍卫这些契约的必要。

追求知识上的融通，一开始看来似乎对创造力有所限制，然而事实刚好相反；利用统一的知识系统辨识未探索的真实领域，是最踏实的方法。它为已知的事物提供了清楚的地图，也为未来研究中最可能出现成果的问题，提供了一个架构。科学史学家在观察中往往看到，提出正确的问题比给出正确的答案更为重要。一个不足为道的问题，答案也同样不足为道；然而一个正确的问题即使没有明确的答案，仍会导致重要的发现。因此，这类问题将永远存在于未来的科学探索和艺术想象的历程中。

我相信在寻找创新思想之路的过程中，我们也会同时得到关于生存的保护主义。值得我们反复询问的是，我们最深的根源在哪里？我们似乎是旧大陆中的狭鼻灵长类，是一种突然出现的聪明动物，在遗传上具有独特的起源，并且受惠于自己新发现的生物天分；同时，如果我们愿意的话，也可以拥有一个安全的家园。这一切又有什么意义？这就是全部的含义：我们如果依赖人工替代品来维持自身和生物圈的活力，所有的事物终将变得脆弱；我们如果抛弃其他生命，必定使我们人类变得永远贫乏；我们如果放弃遗传天性，接受机器辅助下的理性，并且以进步为名，让伦理、艺术和生命意义屈服于散漫不经的习惯之下，幻想自己如神一般尊贵，而不受古老传承的束缚，那么我们将变得什么也不是。

注 释

1 由宗教经验进入科学合成思想的自传细节，我已在自传《大自然的猎人》[*Naturalist*（Washington, DC: Island Press/Shearwater Books, 1994），繁体中译本由天下文化出版，杨玉龄译] 中描述。

2 爱奥尼亚式迷情这个观念以及爱因斯坦对它的看法，都来自 Gerald Holton, *Einstein, History, and Other Passions* (Woodbury, NY: American Institute of Physics Press, 1995)。

3 坦塔罗斯（Tantalus）是希腊神话中，宙斯在凡间的儿子。由于触怒众神，被罚站在地狱的水池中。每当他口渴弯腰想喝水时，水就退去，让他够不着水面；等他站起来，水位又恢复正常。池边果树果实累累，但他每次伸手去摘，风就把树枝吹到他够不着的地方。他永远就这样站着，终年口渴肚饿，周围有许多食物，却永远不能吃喝。——译注

4 玻色（Satyendra Nath Bose，1894—1974），孟加拉国物理学家，与爱因斯坦发展出不朽的“玻色 - 爱因斯坦统计法”。——译注

5 雪莱（Percy Bysshe Shelley，1792—1822），英国诗人，玛丽 · 雪莱（Mary

Shelley）之夫。柏拉图（Plato，公元前427—前347），古希腊哲学家，提出理念论和灵魂不朽说，其哲学思想对西方唯心主义哲学的发展影响较大。培根（Francis Bacon，1561—1626），英国哲学家，主张自己动手做实验，勿被动观察；“知识就是力量”即语出培根。巴莱（William Paley，1743—1805），英国神学家、自然哲学家，曾任圣公会牧师，反对奴隶贩卖，主要著作有《论道德和政治哲学原理》、《自然神学》。马尔萨斯（Thomas Robert Malthus，1766—1834），英国经济学家，著有《人口论》。——译注

6 钱德拉塞卡（Subrahmanyan Chandrasekhar，1910—1995），原籍印度的美国天文学家，为人谦和。在1932年因为阐明白矮星的构造一举成名，为世界上数一数二的数学天文物理学家，获得1983年诺贝尔物理学奖。埃丁顿（Arthur Stanley Eddington，1882—1944），英国天文物理学家、数学家。——译注

7 埃丁顿公爵为了提倡科学研究中大胆冒险的精神，在1920年大英学会演讲中，叙述了代达罗斯与伊卡洛斯的故事。这个隐喻后来被钱德拉塞卡用在*Eddington: The Most Distinguished Astrophysicist of His Time* (New York: Cambridge University Press, 1983）一书中，以描述其师埃丁顿公爵的研究风格。

8 休厄尔（William Whewell，1794—1866），英国剑桥大学三一学院科学家及哲学家。——译注

9 有关罗森博格对科学与哲学的看法，参见*The Philosophy of Social Science*, 1st ed. (Oxford: Oxford University Press, 1988），p. 1。

10 有关“科学哲学的本质”这个意见分歧、争论不休的领域，在Werner Callebaut所记载的访问和谈话*Taking the Naturalistic Turn, or, How Real Philosophy of Science is Done* (Chicago: University of Chicago Press,

1993）中有很生动的描述。

11 谢林顿（Charles Scott Sherrington，1857—1952），1932 年诺贝尔生理医学奖得主，研究神经元功能。——译注

12 谢林顿谈到“施了魔法的纺织机”时说：“人类的大脑很快就变成了一台令人着魔的纺织机，由数百万个闪烁而过的梭，交织成瞬即消失的图案，每个图案都有它的含义，却从来不遵守任何规则，它们是由许多变化中的次级图案组合而成的和谐状态。”参见 *Man On His Nature*, the Gifford Lectures, Edinburgh, 1937-1938(New York: Macmillan, 1941), p. 225。

13 我首次谈论“长远的历史”这个介于史前史和传统历史之间的连续阶段，是在“Deep history,” *Chronicles,* 14:16-18(1990) 中。

14 有关美国境内对科学的无知，参见 Morris H. Shamos, *The Myth of Scientific Literacy* (New Brunswick, NJ: Rutgers University Press, 1995），以及 David L. Goodstein, “After the big crunch,” The Wilson Quarterly, 19: 53-60 (1995)。有关美国通识教育史的资料，来自 Stephen H. Balch et al., *The Dissolution of General Education: 1914-1993,* a report prepared by the National Association of Scholars (Princeton, NJ: The Association, 1996)。

15 孔多塞（Marquis de Condorcet，1743—1794），法国数学家及哲学家，法国大革命时期立法会议中的吉伦特派。主要著作为《人类精神进步史表纲要》。——译注

16 杰斐逊（Thomas Jefferson，1743—1826），美国第三任总统，政治思想家。——译注

17 卢梭（Jean-Jacque Rousseau，1712—1778），法国思想家、文学家，其思想与著作对 18 世纪政治思想有极大的影响。法国大革命与 19 世纪的欧洲浪漫主义文学都受到他巨大的影响。他的第一本著作《论科学与艺

术》，强调人性和社会的冲突，认为礼貌隐藏了人类的残忍、无情及心机，认为科学和艺术都没有表现出人类基本的需要，认为物质方面的进步实际上破坏了人与人之间的真正关系。在社会观方面，主张人们经协议订立契约，建成公民的社会。在教育观方面，提出“回归自然”，让儿童的身心自由发展。著有《社会契约论》（*The Social Contract*）、小说《爱弥儿》（*Émile*）和自传《忏悔录》（*Confessions*）等。——译注

18 恐怖统治（Reign of Terror）时期从1793年9月5日到翌年7月27日。罗伯斯庇尔，法国大革命时期雅各宾派领袖，领导雅各宾派专政的公共安全委员会（1793—1794），平定反革命叛乱，镇压其他党派，在热月政变时被逮捕并处死。——译注

19 柏拉图（Plato，公元前427—前347），古希腊哲学家和科学家。亚里士多德（Aristotle，公元前384—前322），古希腊哲学家和科学家，柏拉图的学生。

20 伯林对启蒙运动成就的赞扬，出现于 *The Age of Enlightenment, The Eighteenth-Century Philosophers* (New York: Oxford University Press, 1979)。

21 伏尔泰（Voltaire，1694—1778），本名Francois Marie Arouet，法国启蒙哲学家、哲学家、文学家、戏剧家。主张开明君主制，两次被捕入狱，后被驱逐出国。著有《老实人》（*Candide*）、《哲学通信》（*Lettres Philosophiques*）等。孟德斯鸠（Baron de la Bréde et de Montesquieu，1689—1755），法国启蒙哲学家、法学家、哲学家。反对神权思想和封建专制，提出立法、行政和司法三权分立学说。主要著作有《论法的精神》（*The Spirit of Laws*）、《波斯人信札》（*Persian Letters*）。达朗贝尔（Jean Le Rond d’Alembert，1717—1783），法国数学家、哲学家。狄德罗（Denis Diderot，1713—1784），法国启蒙哲学家、唯物主义哲学家、文学家。与达朗贝尔合作了启蒙运动的伟大集体巨作：法国的《百科全书》。爱尔维修（Claude Adrien Helvétius，1715—1771），法国启蒙哲

学家、哲学家。否定上帝的存在，强调世界物质性，主张教育万能。主要著作有《论精神》(*De L'Esprit*)、《论人的理智能力和教育》等。——译注

22 杜尔哥（Anne-Robert-Jacques Turgot, Baron de Laune，1727—1781），法国经济学家，为法王路易十五、路易十六时的主计、财政大臣。——译注

23 欧拉（Leonhard Euler，1707—1783），瑞士数学家，在几何学、微积分、理论流体力学和数论等方面，都有开创性的贡献。著有《无穷小分析引论》、《微分学原理》和《积分学原理》。拉普拉斯（Pierre-Simon de Laplace，1749—1827），法国天文学家、数学家、物理学家，发展出概率理论、天体力学、毛细现象等。——译注

24 孔德（Auguste Comte，1798—1857），法国哲学家，实证主义和社会学创始人。凯特莱（Adolphe Quételet，1796—1874），19 世纪比利时数学家、天文学家，研究人类行为和寿命期望值的统计。著有《社会物理学》。——译注

25 马拉（Jean-Paul Marat，1743—1793），法国大革命时期雅各宾派领导人之一、国民公会代表。——译注

26 拉斐特（Marquis de Lafayette，1757—1843），法国大革命时期君主立宪派将军。米拉波（Comte Mirabeau，1749—1791），法国大革命时期君主立宪派领袖之一。——译注

27 洛克（John Locke，1632—1704），英国哲学家、感觉论者、经验主义者。贬低本能。坚称经验是知识唯一的来源。著有《人类理解论》(*Essay Concerning Human Understanding*)。——译注

28 康德（Immanuel Kant，1724—1804），德国哲学家，启蒙时代初期的思想家，他将笛卡儿的理性主义与培根的实验主义两趋势纳入，为哲学思

想发展揭开一个新纪元。——译注

29 潘恩（Thomas Paine，1737—1809），英裔美籍作家、政治科学家、宗教思想家，亦为美国独立战争时期的政论家。——译注

30 帕斯卡尔（Blaise Pascal，1623—1662），法国哲学家、数学及物理学家。——译注

31 莱布尼茨（Gottfried Wilhelm von Leibniz，1646—1716），德国数学家、哲学家、历史学家、物理学家，微积分发明人之一。——译注

32 我对孔多塞的描述来自 *Sketch for a Historical Picture of the Progress of the Human Mind*, by Jean-Antoine-Nicolas de Caritat, the Marquis de Condorcet 1743-1794; *The Centenary of Condorcet*, by Henry Ellis (London: William Reeves, 1894); *The Noble Philosopher: Condorcet and the Enlightenment*, by Edward Goodell (Buffalo, NY: Prometheus Books, 1994)。

33 霍布斯（Thomas Hobbes，1588—1679），英国政治哲学家。休谟（David Hume，1711—1776），苏格兰哲学家、无神论者，著有《自然宗教对话录》。牛顿（Issac Newton，1642—1727），英国物理学家、数学家，对近代重力学、力学、光学、微积分等科学均有极重要的贡献。笛卡儿（René Descartes，1596—1650），法国哲学家及数学家，是西方世界中最重要的以及最有影响力的哲学思想家之一，被称为现代哲学及科学方法之父。创立解析几何。最著名的言论是："我思故我在。"(I think, therefore I am.）其中的"我"是"思想"，因此他认为思想可以延伸，即死后还能存在，可以说是站在唯心论这一边。著有《方法论》、《沉思录》、《渴望灵魂》。格劳秀斯（Hugo Grotius，1583—1645），荷兰法学家和诗人，曾任荷兰省检察长，出使英王詹姆斯一世宫廷，著有《战争与和平法》，并确立国际法标准。伽利略（Galileo Galilei，1564—1642），意大利天文物理学家及数学家，现代力学和实验物理学创始人，最早用

自制望远镜观察天体，证明地球绕太阳旋转，否定地球中心说，因而遭到罗马教廷宗教法庭审判。——译注

34 德雷克（Sir Francis Drake，1540—1596），英国航海家、第一位作环球航行的英国船长，曾任舰队司令，击败来犯的西班牙无敌舰队，战功卓著。罗利（Sir Walter Raleigh，1554?—1618），英国探险家、作家，女王伊丽莎白一世的宠臣，早期美洲殖民者，因被指控阴谋推翻詹姆斯一世而被监禁在伦敦塔，后被处死。——译注

35 奥布里（John Aubrey，1626—1697），英国收藏家、作家，以生动、深入地刻画当代人物而闻名。——译注

36 哈维（William Harvey，1578—1657），英国生理学家，进行动物和人体的解剖，发现了心脏、血管和血液的功能。——译注

37 我在这里所描述的培根生平，来自他本人的著作以及许多的二手数据，其中最重要的是 James Stephens, *Francis Bacon and the Style of Science* (Chicago: University of Chicago Press, 1975); Benjamin Farrington, *Francis Bacon: Philosopher of Industrial Science* (New York: Octagon Books, 1979); Peter Urbach, Francis Bacon's Philosophy of Science: An Account and a Reappraisal (La Salle, IL: Open Court, 1987); Catherine Drinker Bowen, *Francis Bacon: The Temper of a Man* (New York: Fordham University Press, 1993)。其中，Urbach 在一次颇受重视的分析中主张，培根提倡要在研究的所有阶段形成想象性的假设，而无须在研究开始时致力于收集资料。因此，Urbach 认为，相较于根据培根文本所做的传统诠释，培根其实更加现代。

38 我把启蒙运动的创始者比拟为历史探险中的神秘角色，是因为受到两本书的启发：其一为 Joseph Campbell, *The Hero with a Thousand Faces* (New York: Pantheon Books, 1949)，其二为这本书在大众文化上的应用，

Christopher Vogler, *The Writer's Journey: Mythic Structures for Screenwriters and Storytellers* (Studio City, CA: Michael Wiese Productions, 1992)。

39 有关笛卡儿的生平和成就，最近出版了一份极佳的报道，为 Stephen Gaukroger, *Descartes: An Intellectual Biography* (New York: Oxford University Press, 1995)。

40 赫歇尔（William Herschel，1738—1822），原籍德国的英国天文学家，1781 年发现天王星，1800 年发现红外辐射。——译注

41 蒲柏（Alexander Pope，1688—1744），英国诗人、小说家。——译注

42 李约瑟对中国科学的诠释来自 *The Shorter Science and Civilisation in China: An Abridgement of Joseph Needham's Original Text*, Volume I, prepared by Colin A. Ronan (New York: Cambridge University Press, 1978)。

43 爱因斯坦（Albert Einstein，1879—1955），1921 年诺贝尔物理奖得主。普朗克（Max Planck，1858—1947），1918 年诺贝尔物理奖得主。——译注

44 爱因斯坦对助手斯特劳斯说的话，引自 Gerald Holton, *Thematic Origins of Scientific Thought* (Cambridge, MA: Harvard University Press, 1988)。

45 普罗米修斯（Prometheus），希腊神话中的人物，因盗取天火给世人，而被宙斯锁在高加索山崖上，白天神鹰啄食其肝脏，夜间伤口愈合，第二天神鹰复来，但他始终坚强不屈。——译注

46 哈德良长城（Hadrian's Wall），罗马人保卫不列颠北疆的屏障，西起索尔威湾（Solway Firth），东至泰恩河（Tyne River）河口。于公元 2 世纪上半叶，奉罗马皇帝哈德良（Hadrian，76—138）之命建造。——译注

47 浮士德（Faust），德国中世纪传说中的人物，为获得青春、知识和魔力，

向恶魔出卖自己的灵魂。——译注

48 华兹华斯（William Wordsworth，1770—1850），英国浪漫主义诗人，主张用平民化的口吻写诗，他的主题是自然界对人的思想及感觉的影响。1843 年被封为桂冠诗人。——译注

49 歌德（Johann W. von Goethe，1749—1832），德国诗人、作家，著有诗剧《浮士德》、小说《少年维特的烦恼》。黑格尔（Georg W. F. Hegel，1770—1831），德国古典唯心主义哲学家，提出系统的辩证法理论，其哲学成为马克思主义哲学的理论来源之一，主要著作有《哲学全书》、《逻辑学》等。赫尔德（Johann Gottfried von Herder，1744—1803），德国思想家、作家。谢林（Friedrich Wilhelm Joseph von Schelling，1775—1854），德国古典唯心主义哲学家，理想主义重要代表。——译注

50 歌德对无所不见的大自然所发的议论，引自 *Gesammte Werke, Goethe*, volume XXX (Stuttgart: Cotta, 1858), p. 313。英译本见 Sir Charles Scott Sherrington, *Goethe On Nature and On Science, second edition* (New York: Cambridge University Press, 1949)。

51 爱默生（Ralph Waldo Emerson，1830—1882），美国哲学思想家。梭罗（Henry David Thoreau，1817—1862），美国作家、诗人及实用哲学家，曾以先验主义原则生活过，以 1854 年出版的《瓦尔登湖》（*Walden*）一书成名。梭罗主张公民权利，反对黑奴制度，创立不抵抗主义，受爱默生影响极大。他在 1855 年决定去瓦尔登湖过自给自足的生活。梭罗住在爱默生拥有的湖边的一片土地上，自己搭了一间木屋，靠地上的产物及自己种的豆为生。《瓦尔登湖》一书含 18 篇散文，写出他对工作及闲暇的看法，极带有自然主义的色彩。另著有《种子的信仰》。——译注

52 杰克逊（Andrew Jackson，1767—1845），为美国第七任总统，任期为 1829—1837 年。——译注

53 阿加西（Louis Agassiz，1807—1873），“渐变论”倡导者、瑞士自然科学协会主席、哈佛大学著名古生物学家。——译注

54 米兰多拉（Giovanni Pico della Mirandola，1463—1494），意大利学者、柏拉图学派信徒。——译注

55 米兰多拉祈祷文的翻译，是相当令人喜欢的诗篇，出现于 *The Renaissance Philosophy of Man*, edited by Ernst Cassirer, Paul O. Kristeller, and John H. Randall, Jr. (Chicago: University of Chicago Press, 1948), p. 225。

56 边沁（Jeremy Bentham，1748—1832），英国哲学家和法学家，功利主义伦理学的代表，认为利益是行为的唯一标准和目的，每个人只关心自己的利益，就会达到“最大多数人的最大幸福”。主要著作有《道德与立法原理》、《道德义务论》等。穆勒（John Stuart Mill，1806—1873），英国哲学家、经济学家和逻辑学家、实证论者和功利主义者。主要著作有《逻辑体系》、《政治经济学原理》和《论自由》、《功利主义》。马克思（Karl Marx，1818—1883），第一国际的组织者和领袖，科学共产主义奠基者，生于德国，重要著作有《共产党宣言》，并与恩格斯合著有《资本论》。恩格斯（Friedrich Engels，1820—1895），德国社会主义哲学家，科学共产主义奠基人之一，与马克思合著有《资本论》。皮尔士（Charles Peirce，1839—1914），美国哲学家、逻辑学家、自然科学家，实用主义创始人，首次使用“实用主义”一词。詹姆斯（William James，1842—1910），美国哲学家、心理学家、实用主义者，为作家亨利·詹姆斯（Henry James）之兄。杜威（John Dewey，1859—1952），美国哲学家、教育家和心理学家，实用主义创始者之一。——译注

57 自 1700 年以来的科学进展，见 David L. Goodstein, “After the Big Crunch,” *The Wilson Quarterly*, 19:53-60(1995)。

58 弦论（string theory），一种新的高能物理理论，其中物质的基石为高维时空（高于三维的空间加一维时间）中的“弦”（string）。虽然它是万有理论（解释一切基本作用力与物质基石之统一理论）的候选者，但是至今未有任何实验或观测证据。——译注

59 布拉克（Georges Braque，1882—1963），法国画家，立体主义画派代表之一，曾参加野兽派绘画运动，后又创作“拼贴画”。代表作有《弹吉他的男人》、《圆桌》等。毕加索（Pablo Picasso，1881—1973），西班牙艺术家。斯特拉文斯基（Igor Fyodorovich Stravinsky，1882—1971），俄国作曲家。艾略特（T. S. Eliot，1888—965），1948 年诺贝尔文学奖得主。乔伊斯（James Joyce，1882—1941），爱尔兰著名小说家，作品揭露西方社会腐朽的一面，多用“意识流”手法，著有《尤里西斯》。葛兰姆（Martha Graham，1895—1991），美国著名女舞蹈家、编导和教师，创造富有表现力的现代舞形体训练体系，主张用舞蹈动作揭示人的内心世界。格罗皮乌斯（Walter Gropius，1883—1969），德裔美籍建筑师、教育家，首创金属构架玻璃帷幕建筑。赖特（Frank Lloyd Wright，1867—1959），美国建筑师，重要作品有东京帝国饭店、古根海姆博物馆等。——译注

60 关于现代主义，请见 Carl E. Schorske, *Fin-de-Siècle Vienna: Politics and Culture*。Howard Gardner 以心理学家的角度检视现代主义，参见 *Creating Minds: An Anatomy of Creativity Seen Through the Lives of Freud Einstein, Picasso, Stravinsky, Eliot, Graham, and Gandhi* (New York: BasicBooks, 1993), p. 397。

61 斯诺（Charles Percy Snow，1905—1980），英国物理学家、小说作家。著有《两种文化与科学革命》。——译注

62 斯诺在著名的 *The Two Cultures and the Scientific Revolution* (New York: Cambridge University Press, 1959）一书中，表达了他对文学和科学分离

的遗憾。这本书是根据他 1959 年的瑞德讲座演说而写成的。

63 德里达（Jacques Derrida，1930—2004），法国哲学家，他对西方哲理的评论，包含文学、语言学及心理分析学等范围。——译注

64 我坦诚自己对德里达的作品并不热衷，我的印象主要来自 *Of Grammatology*, translated by Gayatri Chakravorty Spivak (Baltimore: Johns Hopkins University Press, 1976); *Writing and Difference,* translated by Alan Bass (Chicago: University of Chicago Press, 1978); *Dissemination*, translated by Barbara Johnson (Chicago: University of Chicago Press, 1981)。由于德里达刻意的超现实风格，我的理解多来自译者在简介中的诠释。

65 格根（Kenneth J. Gergen），美国心理学家、作家，对于社会心理学影响深远。——译注

66 有关心理学的"根基隐喻"，见 Kenneth J. Gergen, "Correspondence versus autonomy in the language of understanding human action," in Donald W. Fiske and Richard A. Shweder, eds., *Metatheory in Social Science: Pluralisms and Subjectivities* (Chicago: University of Chicago Press, 1986), pp. 145-146。

67 福柯（Michel Paul Foucault，1926—1984），法国结构主义哲学家，以其调查社会运作之概念与规范而闻名于世。——译注

68 关于西亚巴拉对福柯的描述，见"The tormented quest of Michel Foucault," a reviews of *The Passion of Michel Foucault*, by James Miller (New York: Simon & Schuster, 1993), in *The Boston Sunday* Globe, 3 January 1993, p. A12。对于福柯的学术，包括他所提出的"知识考古学"(archeology of knowledge)，有一个早期且较完整的报道，乃 Alan Sheridan, *Michel Foucault: The Will to Truth* (London: Tavistock, 1980)。

69 希尔伯特（David Hilbert，1862—1943），德国数学家，发展无限维向量

空间及算子，开创形式论（formalism），主导 20 世纪抽象观念的大师之一。在 1900 年提出 23 个未解的数学问题，引起 20 世纪许多数学家的兴趣。——译注

70 关于动物感官的许多教科书和其他介绍性文字，写得最好也最得到广泛使用的是：John Alcock, *Animal Behavior: An Evolutionary Approach*, fifth edition (Sunderland, MA: Sinauer Associates, 1993)。

71 维格纳（Eugene Paul Wigner，1902—1995），匈牙利裔美籍核物理学家，1963 年诺贝尔物理奖得主，在原子核与基本粒子理论方面有卓越贡献，特别是发现并应用基本对称原理。——译注

72 参见 Eugene Paul Wigner, "The unreasonable effectiveness of mathematics in the natural sciences," *Communications on Pure and Applied Mathematics*, 13：1-14(1960)。

73 关于量子电动力学和电子性质的测量，来自 David J. Gross, "Physics and mathematics at the frontier," *Proceedings of the National Academy of Sciences, USA*, 85: 8371-8375(1988); John R. Gribbin, *Schrödinger's Kittens and the Search for Reality: Solving the Quantum Mysteries* (Boston: Little, Brow, 1995)。我用一根飞越美国的针来描述量子电动力学的准确性，这个例子得归功于 Gribbin。

74 惠斯特牌（whist），四人玩的牌戏，桥牌的前身。——译注

75 列文胡克（Antonie van Leeuwenhoek，1632—1723），荷兰显微镜学家，第一位观察到细菌与单细胞动物的人。——译注

76 拉瓦锡（Antoine Lavoisier，1743—1794），法国化学家，阐明了燃烧的本质，奠定了近代化学的基础。——译注

77 纳米科技的前景，以及扫描穿隧显微镜和原子力显微镜，出现于数位作者合著的 *Nanotechnology: Molecular Speculations on Global Abundance*, edited by B. C. Crandall (Cambridge, MA: MIT Press, 1996)；高密度只读存储器制造，出现于 *Science News*, 148: 58(1995); 化学反应的准确计时，出现于 Robert F. Service, "Getting a reaction in close-up," *Science*, 168：1846（1995）；如细胞膜的自组装单分子层，曾出现于 George M. Whitesides, "Self-assembling materials," *Scientific American*, 173：146-157(1995)。

78 萨缪尔森（Paul Samuelson，1915—2009），1970 年诺贝尔经济学奖得主。——译注

79 奥卡姆（William of Occam，1285?—1349?），英国经院哲学家、逻辑学家，曾提出"奥卡姆剃刀"，亦即简化论题的原则。他认为："若无必要，不应增加实在东西的数目。"应把所有无现实根据的"共相"一剃而光。——译注

80 布里奇曼（Percy Bridgman，1882—1962），哈佛大学物理学家、科学哲学家，提出操作主义（operationalism），研究极端高压，获得 1946 年诺贝尔物理奖。——译注

81 怀德海（Alfred North Whitehead，1861—1947），英国数学家、逻辑观的哲学家。——译注

82 4 月 15 日是美国报税的截止日期。——译注

83 爱因斯坦向普朗克致敬的这段文字经常被引用，我不知道它的出处，但这段文字出现于 Walter Kaufmann, *The Future of the Humanities* (New York: Reader' s Digest Press, distributed by Thomas Y. Crowell, 1977)。

84 戴森（Freeman Dyson) 在"The scientist as rebel," *The New York Review of*

Books, 25 May 1995, pp. 31-32 中，对科学家的个性、弱点与科学家在研究上所追求的艺术般的成果，有详尽的探讨。他从物理学家的角度，对这方面提出独立的看法，我的许多看法都与他类似。

85 赖尔（Gilbert Ryle，1900—1976），英国哲学家，以在心智哲学方面的贡献和对笛卡儿学说的攻击知名。——译注

86 哈勃（Edwin Hubble，1889—1953），发现红移的美国天文学家，在1929年提出宇宙不断扩张的观念。根据许多星系的观测数据整理出一项规律，即距离地球愈远的星系远离地球的速度愈快，每个星系的退行速度与距离比几乎一致，这个比值称为“哈勃常数”（Hubble constant），通常记为H。H的单位可化约成时间的倒数，目前最佳观测值是1/H介于115亿至196亿年之间。——译注

87 西蒙（Herbert Simon，1916—2001），匹兹堡卡内基梅隆大学社会学家，1978年诺贝尔经济学奖得主，曾参与人工智能研究。——译注

88 西蒙关于创造性思维的心理学出现于“Discovery, invention, and development: human creative thinking,” *Proceedings of the National Academy of Sciences, USA* (Physical Sciences), 80:4569-4571（1983）。

89 我对逻辑实证主义历史、内容的了解和对客观真理的追求，是基于许多文献、科学家和其他人士之间的非正式讨论而获得，其中影响我最深的是Gerald Holton, *Science and Anti-Science* (Cambridge, MA: Harvard University Press, 1993)，以及Alexander Rosenberg, *Economics: Mathematical Politics or Science of Diminishing Returns?* (Chicago: University of Chicago Press, 1992)。

90 数年来，针对克里特岛迷宫和阿里阿德涅之线，已经出现了许多各样的诠释。与我的诠译最接近但在主要看法上有些差异的，是Mary E. Clark

的 *Ariadne's Thread: The Search for New Modes of Thinking* (New York: St. Martin's Press, 1989)。Clark 认为，迷宫就像人类的复杂环境和社会问题，而线团则代表用来解决问题的客观真理和现实想法。

91 博尔赫斯（Jorge Luis Borges，1899—1986），阿根廷诗人、散文家及短篇小说家。在南美洲创立极端论（Ultraism）。极端论始于第一次世纪大战后的西班牙及西班牙—美国系诗人，特点是不用传统的形式及内容，而用自由式的韵文、复杂的韵律及大胆的意象及象征主义。其作品基调孤独、迷惘、彷徨、失望，带有神秘色彩。——译注

92 有关蚂蚁沟通的细节，可以进一步参考 Bert Hölldobler 与我合著的 *The Ants*（1990），以及 *Journey to the Ants: A Story of Scientific Exploration* (1994), (Cambridge, MA: Belknap Press of Harvard University Press)［繁体中译本为《蚂蚁，蚂蚁》，蔡承志译（远流）］。

93 梅斯蒂索人（mestizo），印第安人与西班牙人的混血后代。——译注

94 黑瓦洛人召唤祖先的仪式出现于 Michael J. Harner, *The Jívaro: People of the Sacred Waterfalls* (Garden City, NY: Doubleday/ Natural History Press, 1972)。阿玛林果的梦境和艺术则出现于 Luis Eduardo Luna and Pablo Amaringo, *Ayahuasca Visions: The Religious Iconography of a Peruvian Shaman* (Berkeley, CA: North Atlantic books, 1991)。

95 荣格（Carl Gustav Jung，1875—1961），瑞士心理学家，苏黎世学派（Zurich School）盟主。——译注

96 目前我们对做梦生物学的了解来自 J. Allan Hobson, *The Chemistry of Conscious States: How the Brain Changes It's Mind* (Boston: Little, Brown, 1994)［繁体中译本为《梦与疯狂》，朱芳琳译（天下文化）］；以及同作者的 *Sleep* (New York: Scientific American Library, 1995)［繁体中译本为

《睡眠》，蔡玲玲、侯建元合译（远哲基金会）]。目前我们对做梦的结构和生理学的许多研究，技术上的细节都总结在“Dream consciousness: a neurocognitive approach,” *Consciousness and Cognition*, 3:1-128 (1994)。最近对睡眠适应功能的研究，则出现在 Avi Karni et al., “Dependence on REM sleep of overnight improvement of a perceptual skill,” *Science*, 256: 679-682 (1994)。

97 旧大陆（Old World），指东半球，包括欧、亚、非、澳各洲，尤其是指欧洲。——译注

98 下埃及（lower Egypt），习惯上是指埃及的尼罗河三角洲以及开罗南郊地区，是埃及的政治、经济及文化中心。——译注

99 活生生的蛇和梦中巨蛇在梦境和神话起源上的关联，大都基于 Balaji Mundkur 的重要文献：*The Cult of the Serpent: An Interdisciplinary Survey of Its Manifestations and Origins* (Albany, NY: State University of New York Press, 1983），以及我在 *Biophilia* (Cambridge, MA: Harvard University Press, 1984）一书内容所做的些微修饰和延伸。

100 我第一次利用时空尺度的变化产生图像上的奇幻效果，是在 *Biophilia* (Cambridge, MA: Harvard University Press, 1984）一书。

101 关于“由组成原子的交互作用来预测蛋白质的结构”所面临的困难，S. J. Singer 在 1993 年 12 月的 American Academy of Arts and Sciences 会议中发表、但未出版的论文对我帮助极大。Singer 也很善意地阅读了我对这个难题的描述。

102 关于雨林中较高层次的交互作用，出自我的著作 *The Diversity of Life* (Cambridge, MA: Belknap Press of Harvard University Press, 1992）[中译本为《缤纷的生命》，金恒镳译（中信出版社）]。关于生态系统中高

层之作用，一般来自 Peter Kareiv 在 *Ecology*, 75:1527-1559（1994）中编辑的特殊章节。

103 麦克斯韦（James Clerk Maxwell，1831—1879），英国物理学家，剑桥大学第一位实验物理教师，对电磁学和气体动力论有重要贡献，为电磁辐射理论的先驱。波兹曼（Ludwig E. Boltzmann，1844—1906），奥地利物理学家，是用数学方法描述气体的统计力学的第一人，提出一个分子的气体常数（波兹曼常数）。——译注

104 关于圣达菲研究院这帮复杂科学的狂热提倡者的故事，请参阅《复杂》、《混沌碰上华尔街》二书（天下文化）。——译注

105 有关复杂理论的意义和目标，有一篇极出色的介绍文章，发表在 Harold Morowitz 所编的重要杂志 *Complexity*, 1:4-5(1995)。另外，Murray Gell-Mann 发表在同期期刊 pp. 16-19 的文章也相当精彩。1990 年代，在这个课题上有许多完整的探讨，其中的最佳著作包括 Stuart A. Kauffman, *The Origins of Order: Self Organization and Selection in Evolution* (New York: Oxford University Press, 1993), 以 及 Jack Cohen and Ian Stewart, *The Collapse of Chaos: Discovering Simplicity in a Complex World* (New York: Viking, 1994)。

106 鲁米斯与斯腾伯格对“细胞是一个遗传网络系统”的描述见“Genetic networks,” *Science*, 269: 649(1995)。他们的描述是根据 Harley H. McAdams 与 Lucy Shapiro 发表在同期期刊的另一篇较长、较具技术性的报道 (pp. 650-656)。

107 电脑的工作效率会以指数曲线上升，出现于 Ivars Peterson, “Petacrunchers: setting a course toward ultrafast supercomputing,” *Science News*, 147: 232-235(1995)，以及 David A. Patterson, “Microprocessors in 2020,” *Scientific American*, 273: 62-67(1995)。其中的 peta 代表 10^{15}，或代表 1G。

108 威廉·鲁（Wilhelm Roux，1850—1924），德国解剖学家，被认为是实验胚胎学的创始人。——译注

109 细胞生物学家对细胞和有机物发展上最重要的问题所提出的意见，出自 Marcia Barinaga, “Looking to development’s future,” *Science*, 266: 561-564 (1994)。

110 根据 2001 年最新人类基因组图谱研究结果，人类基因数量约 3 万到 4 万个，比预估的少很多。——译注

111 人类大脑发展过程中所涉及的基因数目来自 *Nature*, “The Genome Directory,” 28 September 1995, p. 8, table 8。

112 盖奇的例子与额前叶的功能，见 Hanna Damasio et al., “The return of Phineas Gage: clues about the brain from the skull of a famous patient,” *Science*, 264:1102-1105(1994)，以及 Antonio Damasio 的 *Descartes’ Error*。

113 昆兰的例子与丘脑的功能，见 Kathy A. Fackelmann, “The conscious mind,” *Science News*, 146:10-11(1994)。

114 见 Santiago Ramón y Cajal, *Recollections of My Life* (Memoirs of the American Philosophical Society, v.8)(Philadelphia:American Philosophical Society, 1937), p. 363。

115 这个极富诗意的区分，取自 Robert E. Pool, *Eve's Rib:The Biological Roots of Sex Differences* (New York: Crown, 1994)。

116 丹内特（Daniel C. Dennett），塔夫茨大学（Tufts University）认知研究中心主持人、哲学家。——译注

117 这个关于身体与心理互动的假设例子，摘自 Antonio Damasio 的

Descartes' Error。

118 关于大脑科学的艰深问题，在以下文章中多有解释：David J. Chalmers, "The puzzle of conscious experience," *Scientific American*, 273:80-86 (December 1995)。Daniel C. Dennett 已经在 *Consciousness Explained* (Boston: Little, Brown, 1991) 一书中，彻底探索并独力解决了这个问题。

119 Simon Leys 对中国书法的诠释，出现在他对 Jean Francois Billeter, *The Chinese Art of Writing* (New York: Skira/ Rizzoli, 1990) 一书的评论中。这篇评论发表在 *The New York Review of Books*, 43:28-31(1996)。

120 人工智能的定义来自 Gordon S. Novak, Jr., *Academic Press Dictionary of Science and Technology*, edited by Christopher Morris (San Diego: Academic Press, 1992), p. 160。

121 关于利用人工智能来下棋，以及玩需要决定能力的游戏（比如国际跳棋、桥牌），参见 Fred Guterl, "Silicon Gambit," *Discover*, 17:48-56 (June 1996)。

122 许多从事大脑科学研究的一流科学家，已经把他们最近的成果写成大众读物。很幸运，其中最好的作品，包括了研究圈中成员所采纳的各种看法。其中对大脑结构以及与人类行为相关的神经和生化反应描述最好的著作，包括 Paul M. Churchland, *The Engine of Reason, the Seat of the Soul: A Philosophical Journey into the Brain*(Cambridge, MA: MIT Press, 1995); Francis Crick, *The Astonishing Hypothesis: The Scientific Search for the Soul*(New York, Scribner, 1994) [繁体中译本为《惊异的假说》，刘明勋译（天下文化）]；Antonio R. Damasio, *Descartes'Error: Emotion, Reason, and the Human Brain*(New York: G. P. Putnam, 1994); Gerald M. Edelman, *Bright Air, Brilliant Fire: On the Matter of the Mind*(New York: Basic Books, 1992); J. Allan Hobson, *The*

Chemistry of Conscious States: How the Brain Changes its Mind(Boston: Little, Brown, 1994)［繁体中译本为《梦与疯狂》，朱芳琳译（天下文化）］; Stephen M. Kosslyn, *Image and Brain: The Resolution of the Imagery Debate*(Cambridge, MA: MIT Press, 1994); Stephen M. Kosslyn and Olivier Koenig, *Wet Mind: The New Cognitive Neuroscience*(New York: Free Press, 1992); Steven Pinker, *How the Mind Works*(New York: W W. Norton, 1997); Michael I. Posner and Marcus E Raichle, *Images of Mind*(New York: Scientific American Library, 1994)。当代对人类情感的研究，有一本由许多作者合著的书，做了详尽的回顾：Paul Ekman and Richard J. Davidson, ed., *The Nature of Emotion: Fundamental Questions*(New York: Oxford University Press, 1994)。

上述的著作，在某种程度上，也深入探讨了当代对有意识经验的看法。神经生物学研究在哲学上开创的许多分支，是以下著名作品的探索中心：Patricia S. Churchland, *Neurophilosophy: Toward a Unified Science of the Mind-Brain*(Cambridge, MA: MIT Press, 1986); Daniel C. Dennett, *Consciousness Explained*(Boston: Little, Brown, 1991); Daniel C. Dennett, *Darwin's Dangerous Idea: Evolution and the Meanings of Life*(New York: Simon & Schuster, 1995); John R. Searle, *The Rediscovery of the Mind*(Cambridge, MA: MIT Press, 1992)。

Roger Penrose 在 *Shadows of the Mind: A Search for the Missing Science of Consciousness* (New York: Oxford University Press, 1994) 中论道，传统科学和人工电脑计算都无法解决人类心灵方面的问题。他预见，极端的新方法将在量子物理和细胞生理学的新观念中诞生。然而，只有很少的科学家，迫切觉得需要远离现今的研究路线，因为对目前而言，现今的路线已经带来许多戏剧化的进步。

有关当代意识研究的特别面向，则出现在 Margaret A. Boden, *The*

Creative Mind: Myths and Mechanisms(New York: BasicBooks, 1991); Daniel Goleman, *Emotional Intelligence*(New York: Bantam Books, 1995); Simon LeVay, *The Sexual Brain*(Cambridge, MA: MIT Press, 1993); Steven Pinker, *The Language Instinct: The New Science of Language and Mind* (New York: W. Morrow, 1994) [繁体中译本为《语言本能》，洪兰译（商周）]。

我自己对人类心灵物理基础的看法，或多或少采纳了上述著作，而且我也咨询了其中的一些作者，以及其他大脑科学研究人员的意见。另外，我还采用了 *Behavioral and Brain Sciences* 期刊中卓越的回顾文章以及评论。

123 基因－文化协同进化的完整观念（和用词）是我和 Charles J. Lumsden 首度引入，见 *Genes, Mind, and Culture: The Coevolution Process* (Cambridge, MA: Harvard University Press, 1981) 以及 *Promethean Fire* (Cambridge, MA: Harvard University Press, 1983)。导致这个想法的主要模型是基因与文化之间的相互作用，建构者与建构时间为：1976 年 Robert Boyd 与 Peter J. Richerson；1976 年 Mark W. Feldman 与 L. Luca Cavalli-Sforza；1978 年 William H. Durham 以及我个人，1978 年。最近有关基因－文化协同进化的回顾报告，包括 William H. Durham, *Coevolution: Genes, Culture, and Human Diversity* (Stanford, CA: Stanford University Press, 1991); Kevin N. Laland, "The mathematical modeling of human culture and its implications for psychology and the human sciences," *British Journal of Psychology*, 84:145-169 (1993); Francois Nielsen, "Sociobiology and sociology," *Annual Review of Sociology*, 20:267-303(1994)。这些作者的贡献都是原创性的，每一个人都为协同进化周期中的不同阶段，增添了不同的重点和诠释。他们必定会对本书的简短解释中的某些细节提出质疑，但是我仍然相信，我的中心论点和一般的共同意见很接近。

124 Jacques Monod 在 *Chance and Necessity: An Essay on the Natural Philosophy of Modern Biology* (New York: Knopf, 1971) 一书的跋中，提到德谟克利特的一句话："宇宙万物都是机遇和必然性的结果。"

125 关于人类基因总数最新的发现，请参见注 110。——译注

126 关于文化的定义，参见 Alfred L. Kroeber, *Anthropoloty, with supplements 1923-1933* (New York: Harcourt, Brace and World, 1933）;Alfred L. Kroeber and Clyde K. M. Kluckhohn, "Culture: a critical review of concepts and definitions" (Papers of the Peabody Museum of American Archaeology and Ethnology, Harvard University, v. 47, no. 12. pp. 643-644, 656) (Cambridge, MA: The Peabody Museum, 1952);Walter Goldschmidt, *The Human Career: The Self in the Symbolic World* (Cambridge, MA: B. Blackwell, 1990)。如果想知道"文化"一词在最近的大众文学中如何受到讹用，请见 Christopher Clausen, "Welcome to postculturalism," *The American Scholar*, 65:379-388（1996）。

127 马基雅维利（Niccolo Machiavelli，1469—1527），意大利政治思想家、历史学家、作家，主张君主专制和意大利统一，主张为达到政治目的，可不择手段。著有《君主论》。——译注

128 倭黑猩猩和其他类人猿的智力和文化本质（或缺乏文化的本质），是最近大半文献的主题。我在此提到的一些课题，在下列文献中有更详尽的描述：E. Sue Savage-Rumbaugh and Roger Lewin, *Kanzi: The Ape at the Brink of the Human Mind* (New York: Wiley, 1994); Richard W. Wrangham, W. C. McGrew, Frans de Waal, and Paul G. Heltne, eds., *Chimpanzee Cultures*(Cambridge, MA: Harvard University Press, 1994); Harvard University Press 所出版的 Frans de Waal 的两册总论：*Peacemaking among Primates* (1989) 与 *Good Natured: The Origins of Right and Wrong in Humans and Other Animals* (1998); Joshua

Fischman, "New clues surface about the making of the mind," *Science*, 262:1517 (1993)。关于黑猩猩的沉默与人类的聒噪对比，见 John L. Locke, "Phases in the child's development of language," *American Scientist*, 82:436-445（1994)。另外，对语言和人际关系的评估，见 Anne Fernald, "Human maternal vocalizations to infants as biologically relevant signals: an evolutionary perspective," in Jerome H. Barkow, Leda Cosmides and John Tooby, eds., *The Adapted Mind: Evolutionary Psychology and the Generation of Culture* (New York: Oxford University Press, 1992), pp. 391-428。

129 关于婴儿早熟的模仿力，出自 Andrew N. Meltzoff and M. Keith Moore 的"Imitation of facial and manual gestures by human neonates," *Science*, 19:75-78(1977)，以及"Newborn infants imitate adult facial gestures," *Child Development*, 54:702-709(1983)。

130 关于人类早期文化的近期考古学报告，见 Anne Gibbons, "Old dates for modern behavior," *Science*, 268: 1570 (1995)，以及 Elizabeth Culotta, "Did Kenya tools root birth of modern thought in Africa?," *Science*, 270:1116-1117(1995)。对现代物质文化的扩增所做的描述，出现于 Henry Petroski, "The evolution of artifacts," *American Scientist*, 80: 416-420 (1992)。

131 对于两种记忆的区分，源自 Endel Tulving in E. Tulving and Wayne Donaldson, eds., *Organization of Memory* (New York: Academic Press, 1972), pp. 382-403。

132 "弥母"这个文化单位的定义为语意记忆中的节点，出自 Charles J. Lumsden and Edward O. Wilson, "The relation between biological and cultural evolution," *Journal of Social and Biological Structures*, 8:343-359 (1985)。

133 鲁宾斯坦（Arthur Rubinstein，1887—1982），美籍波兰钢琴家，曾在世界各地巡回演出，以擅长演奏肖邦、布拉姆斯等作曲家的作品和西班牙音乐著称。——译注

134 反应规范与遗传率的简介，现在已经成为遗传学初级教科书的标准内容，它们也出现在一般的生物学教材中。较详尽的报道和应用，可以在下列参考资料中找到：Douglas S. Falconer and Trudy F. C. Mackay, *Introduction to Quantitative Genetics*, fourth edition (Essex, England: Longman, 1996），以及 Robert Plomin et al., *Behavioral Genetics*, third edition(New York: W. H. Freeman, 1997)。对于最近的一些和人类行为特征的遗传率相关的重要研究，则总结于 Thomas J. Bouchard, Jr. et al., "Sources of human psychological differences: the Minnesota study of twins reared apart," *Science*, 250:223-228 (1990)。

135 关于精神分裂症生物基础的最新研究，总结于 Leena Peltonen, "All out for chromosome six," *Nature*, 378:665-666 (1995)， 以及 B. Brower, "Schizophrenia: fetal roots for GABA loss," *Science News*, 147:247(1995)。另外，关于进入精神异常情境时的大脑活动，见 D. A. Silbersweig et al., "Afunctional neuroanatomy of hallucinations in schizophrenia," *Nature*, 378:176-179(1995)，以及 R. J. Dolan et al., "Dopaminergic modulation of impaired cognitive activation in the anterior cingulate cortex in schizophrenia," *Nature*, 378: 180-182(1995)。

136 Curt Stern, *Principles of Human Genetics*, third edition(San Francisco: W. H. Freeman, 1973).

137 关于文化共性，见 George P. Murdock, "The common denominator of cultures," in Ralph Linton, ed., *The Science of Man in the world Crisis* (New York: Columbia University Press, 1945)；另外，利用人类学和社会生物学的原则重新评估文化共性的卓越报道，则出现于 Donald E. Brown,

Human Universals (Philadelphia: Temple University Press, 1991)。

138 我对白蚁文明社会的想象，为的是强调人性的独到之处，引自“Comparative social theory,” *The Tanner Lectures on Human Values*, v.I (Salt Lake City: University of Utah Press, 1980), pp. 49-73。

139 Alfred V. Kidder, “Looking backward,” *Proceedings of the American Philosophical Society*, 83:527-537(1940).

140 关于“有备学习”的原则，见 Martin E. P. Seligman and others, *Biological Boundaries of Learning*, compiled by Seligman and Joanne L. Hager (New York: Appleton-Century-Crofts, 1972)。

141 Luther Emmett Holt and John Howland, *Holt's Diseases of Infancy and Childhood*, eleventh edition, revised by L. E. Holt, Jr., and Rustin Mclntosh (New York: D. Appleton-Century, 1940).

142 达科他（Lakota），美国西部的一支印第安人，提顿（Teton）为其分支。——译注

143 C. J. Lumsden and E. O. Wilson, *Genes, Mind and Culture* (Cambridge, MA: Harvard University Press, 1981), pp. 38-40.

144 新生儿很快就会盯着母亲的面孔这项反应，首先由 Carolyn G. Jirari 实验所证实，报告出现于她的博士论文。这个实验在下文中得到引用：Daruel G. Freedman, *Human Infancy: An Evolutionary Perspective* (Hillsdale, NJ: L. Erlbaum Associates, 1974)；同时进一步得到肯定与延伸，见 Mark Henry Johnson and John Morton, *Biology and Cognitive Development: The Case of Face Recognition* (Cambridge, MA: B. Blackwell, 1991)。

145 跨越文化形态的笑容反应，见 Melvin J. Konner, "Aspects of the developmental ethology of a foraging people," in Nicholas G. Blurton Jones, ed., *Ethological Studies of Child Behavior* (New York: Cambridge University Press, 1972), p. 77。Irenäus Eibl-Eibesfeldt 的贡献则有 "Human ethology: concepts and implications for the sciences of man," *Behavioral and Brain Sciences*, 2:1-57(1979) 及 *Human Ethology* (Hawthorne, NY: Aldine de Gruyter, 1989)。本书的内容则引自 C. J. Lumsden and E. O. Wilson, *Genes, Mind, and Culture* (Cambridge, MA: Harvard University Press, 1981), pp. 77-78，少有变动。

146 有关拟物化和二元原则的描述，出自 C. J. Lumsden and E. O. Wilson 同注 123 一书的 pp. 93-95。其中有关婆罗洲杜松人的例子，源自 Thomas Rhys Williams, *Introduction to Socialization: Human Culture Transmitted* (St. Louis, MO: C. V. Mosby, 1972)。

147 以上有关人类社会行为外遗传法则的描述与分类，见 Charles J. Lumsden and Edward O. Wilson, *Gene, Mind, and Culture* (Cambridge, MA: Harvard University Press, 1981)。最近几年对这个法则的阐述，最容易为人所理解的有 *Irenäus Eibl-Eibesfeldt, Human Ethology* (Hawthorne, NY: Aldine de Gruyter, 1989); William H. Durham, *Coevolution: Genes, Culture, and Human Diversity* (Stanford. CA: Stanford University Press, 1991); Jerome H. Barkow, Leda Cosmides, and Hohn Tooby, eds., *The Adapted Mind* (New York: Oxford University Press, 1992)，尤见 Tooby and Cosmides, "The psychological foundations of culture," pp. 19-136。

148 失读症的遗传性，见 Chris Frith and Uta Frith, "A biological marker for dyslexia," *Nature*, 382:19-20(1996)。目前有一系列权威性评估文章，在探讨动物和人类行为遗传学的现状："Behavioral genetics in transition," *Science*, 264:1686-1736(1994)。引发攻击行为的基因，见 H.

G. Brunner et al., "X-linked borderline mental retardation with prominent behavioral disturbance: phenotype, genetic localization, and evidence for disturbed monoamine metabolism," *American Journal of Human Genetics*, 52: 1032-1039 (1993)。关于追求新奇感的基因，出自 Richard P. Ebstein et al., "Dopamine D4 receptor (D4DR) exonⅢ polymorphism associated with the human personality trait of Novelty Seeking," *Nature Genetics*, 12: 78-80(1996)。

149 胼胝体（corpus callosum），在人和较高等哺乳动物中，连接两侧大脑半球的白色弓形神经纤维束。——译注

150 辅助语言的相关报告，见 Irenaus Eibl-Eibesfeldt, *Human Ethology* (Hawthorne, NY: Aldine de Gruyter, 1989), pp. 424-492。

151 加泰罗尼亚语（Catlalan）为西班牙东北部的方言；伊比比奥（Ibibio）为西非阿尔及利亚东南部的族群之一；策尔塔尔（Tzeltal）为墨西哥印第安人；乌尔都语（Urdu）则为巴基斯坦官方语言，也是印度共和国的主要语言之一。——译注

152 我在这里对颜色词语起源的描述，是由许多资料组合而成，但多半来自最近出版的一系列重要文献：Denis Baylor, John Gage, John Lyons and John Mollon, *Colour: Art and Science*, edited by Trevor Lamb and Janine Bourriau (New York: Cambridge University Press, 1995)。关于跨文化颜色词语的研究，则修改自 C. J. Lumsden and E. O. Wilson, *Promethean Fire* (Cambridge, MA: Harvard University Press, 1983)。我也权衡（并且推荐）多位作者对于心理生理学的解释所做的非正式评论，虽然这类评论同时受到其他大多数学者的坚决反驳。这些文字出现在同僚间相互评论的回顾性期刊 *Behavioral and Brain Sciences*, 20 (2):167-228 (1997)。我要感谢 William H. Bossert 与 George F. Oster，他们计算出 11 种基本颜色所能产生的其他颜色词语的数目，包括最大

的理论值，以及实际限制下可能出现的最大值。

153 关于人性和外遗传法则的角色，本书内的许多观点首先由 Charles J. Lumsden 与 E. O Wilson 在 *Genes, Mind, and Culture* (Cambridge, MA: Harvard University Press, 1981) 与 *Promethean Fire* (Cambridge, MA: Harvard University Press, 1983) 中提出。外遗传法则也是以下一书的主题：Jerome H. Barkow, Leda Cosmides, and John Tooby, eds., *The Adapted Mind* (New York: Oxford University Press, 1992)。

154 关于亲缘选择的起源和家庭论理，主要来自 William D. Hamilton 和 Robert L. Trivers，见 E. O. Willson, *Sociobiology: The New Synthesis* (Cambridge MA: Belknap Press of Harvard University, 1975）一书内的评论。它们也出现在之后的许多教科书和回忆性文章内，包括最近出版的 Laura L. Betzig, ed., *Human Nature: A Critical Reader* (New York: Oxford University Press, 1997)。

155 关于性别差异和交配策略，见 Laura L. Betzig, *Despotism and Differential Reproduction: A Darwinian View of History* (New York: Aldine, 1986); David M. Buss, *The Evolution of Desire: Strategies of Human Mating* (New York: BasicBooks, 1994); Robert E. Pool, *Eve's Rib* (New York: Crown Publishers, 1994)。

156 对领地的侵略是调节族群的一种“密度依赖因子”，这个观念首见 E. O. Wilson, “Competitive and aggressive behavior,” in John F. Eisenberg and Wilton S. Dillon, eds., *Man and Beast: Comparative Social Behavior*(Washintong, DC: Smithsonian Institution Press, 1971), pp. 183-217。关于部落冲突与战争的根源，若是尚未使用文字的社会，见 Laurence H. Keeley, *War Before Civilization* (New York: Oxford University Press, 1996），若是近代历史，则见 R. Paul Shaw and Yuwa Wong, *Genetic Seeds of Warfare: Evolution, Nationalism, and*

Patriotism (Boston: Unwin Hyman, 1989); Daniel Patrick Moynihan, *Pandaemonium: Ethnicity in International Politics* (New York: Oxford University Press, 1993); Donald Kagan, *On the Origins of War and the Preservation of Peace* (New York: Doubleday, 1995)。

157 关于探测欺诈行为方面的证据，见 Leda Cosmides and John Tooby, "Cognitive adaptations for social exchange," in Jerome H. Barkow et al., eds., *The Adapted Mind* (New York: Oxford University Press, 1992), pp. 163-228。

158 研究社会生物学和文化进化的传统方法，出现于极卓越的评论文集中：Laura L. Betzig, ed., *Human Nature: A Critical Reader*(New York: Oxford University Press, 1997)。于 1980 年代和 1990 年代形成和发表的研究结果，大半出现在 *Ethology, and Sociobiology, Behavioral and Brain Sciences* 以及 *Human Nature* 等期刊中。另外，关于社会生物学的学术史和研究人类行为进化过程的其他方法，在以下一书中也有极犀利的分析：Carl N. Degler, *In Search of Human Nature: The Decline and Revival of Darwinism in American Social Thought* (New York: Oxford University Press, 1991)。

159 关于人类以及其他灵长类动物避免乱伦的行为，见极具权威的 Arthur P. Wolf, *Sexual Attraction and Childhood Association: A Chinese Brief for Edward Westermarck* (Stanford, CA: Stanford University Press, 1995)。使我们能够确认传统社会中近交衰退的证据，以及这个作用把韦斯特马克效应提升为乱伦禁忌的推论，见 William H. Durham, *Coevolution: Genes, Culture, and Human Diversity* (Stanford, CA: Stanford University Press, 1991)。

160 索绪尔（Ferdinand de Saussure，1857—1913），瑞士语言学家，他对于语言结构的看法，奠定了 20 世纪语言科学的基础。克里斯蒂娃

（Julia Kristeva，1941— ），比利时裔法国精神分析家、评论家以及教育家，她以其建构主义语言学、精神分析学、符号论与女权主义的论著出名。——译注

161 美国人类学协会对人类多样性的起源所抱持的模棱两可的态度，出自 James Peacock, AAA President, "Challenges Facing the Discipline," *Anthropology Newsletter*, v. 35, no. 9, pp. 1, 3，如下："1994 年 5 月会议的参与者，包括各个部门的首脑和来自长期计划与财经委员会的代表。大会的附属委员会……分别并同时提出两个问题：人类学往何处去？美国人类学协会往何处去？与会人士确认要加强肯定'继续支持生物和文化上的差异'，同时'抗拒把多样性生物化或同质化'。同时，这个团体还表示，要以延伸和强化这些原理的相关性为目标。"

162 想从各种不同意见中更广泛地了解人类学的历史和评论，请参考 Herbert Applebaum, ed., *Perspectives in Cultural Anthropology* (Albany, NY: State University of New York, 1987); Donald E. Brown, *Human Universals* (Philadelphia: Temple University Press, 1991); Carl Z. Degler, *In Search of Human Nature: The Decline and Revival of Darwinism in American Social Thought* (New York: Oxford University Press, 1991); Robin Fox, *The Search for Society: Quest for a Biosocial Science and Morality* (New Brunswick, NJ: Rutgers University Press, 1989); Clifford Geertz, *The Interpretation of Cultures: Selected Essays Self in the Symbolic World* (Cambridge, MA: B. Blackwell, 1990); Marvin Harris, *The Rise of Anthropological Theory: A History of Theories of Culture* (New York: Thomas Y. Crowell, 1968); Jonathan Marks, *Human Biodiversity: Genes, Race, and History* (Hawthorne, NY: Aldine de Gruyter, 1995); Alexander Rosenberg, *Philosophy of Social Science, second edition* (Boulder, CO: Westview Press, 1995)。

163 尼斯贝特对社会学根源的探讨，见 Robert Nisbet, *Sociology as an Art Form* (New York: Oxford University Press, 1990)。

164 “标准社会科学模型”（SSSM）这个备受欢迎的用词，由以下文献引入：John Tooby and Leda Cosmides, “The Psychological Foundations of Culture,” in J A. Barkow et al., eds., *The Adapted Mind* (New York: Oxford University Press, 1992), pp. 19-136。这个用词在社会科学中仍然被广泛使用，从 *Open the Social Science: Report of the Gulbenkian Commission on the Restructuring of the Social Sciences* (Stanford, CA: Stanford University Press, 1996）一书极富结构主义风格的语气中，可以明显看出这点。这个模型的中心观念，由早期的许多作者所精心描绘出来，包括 *Human Universals* (Philadelphia: Temple University Press, 1991） 一书作者 Donald E. Brown，以及下书的多位作者，Donald W. Fiske and Richard A. Shweder, eds., *Metatheory in Social Science: Pluralisms and Subjectivities*(Chicago: University of Chicago Press, 1986）。其中，Tooby 与 Cosmides 的评论是目前为止最完整也最具说服力的。他们也引入了“因果整合模型”（Integrated Causal Model，ICM) 来代表心理学、进化生物学与文化研究的关联。

165 在社会学的学术界中，关于生物学和心理学的异端邪说，由少数人所提倡，包括：Joseph Lopreato, *Human Nature and Biocultural Evolution* (Boston: Allen & Unwin, 1984); Pierre L. van den Berghe, *The Ethnic Phenomenon* (New York: Elsevier, 1981); Walter L. Wallace, *Principles of Scientific Sociology* (Hawthorne, NY: Aldine de Gruyter, 1983)。关于这个学科在古典时期的完整历史，见 Robert W. Friedrichs, *A Sociology of Sociology* (New York: Free Press, 1970）。在后来的模型建造时代，部分人尝试从经济理论的角度，把个人行为和社会模式连接起来，其中最典型的例子见 James S. Coleman, *Foundations of Social Theory* (Cambridge, MA: Belknap Press of Harvard University Press, 1990)。

166 Donald W. Fiske and Richard A. Shweder, eds., *Metatheory in Social Science: Pluralisms and Subjectivities*(Chicago: University of Chicago Press, 1986）一书中，从许多不同的角度描述了诠释学的观念，特别是其中的 Roy D'Andrade, "Three scientific world views and the covering law model," pp. 19-41，以及"Science's social system of validity-enhancing collective belief change and the problems of the social sciences," pp. 108-135。

167 见 Richard Rorty, *Philosophy and the Mirror of Nature* (Princeton, NJ: Princeton University Press, 1979)。

168 我对自然科学和社会科学的拟人化描述，多少是基于我的早期文献："Comparative social theory,"*The Tanner Lectures on Human Values*, v. I (Salt Lake City: University of Utah Press, 1980), pp. 49-73。

169 Stephen T. Emlen 对鸟类和哺乳类动物亲子关系的看法，见"An evolutionary theory of the family," *Proceedings of the National Academy of Science*, *USA*, 92: 8092-8099 (1995)。

170 我对 Gary S. Becker 研究的诠释，是根据他的主要作品 *A Treatise on the Family* (Cambridge, MA: Harvard University Press, 1991)，以及论文集 *Accounting for Tastes* (Cambridge, MA: Harvard University Press, 1991)。我也受益于 Alexander Rosenberg 的深刻见解：*Economics: Mathematical Politics or Science of Diminishing Returns?*(Chicago: University of Chicago Press, 1992)。但是，我们对经济学与心理学、生物学结合的远景，却与 Rosenberg 的看法极为不同。Rosenberg 比较悲观，其原因在内文中已有陈述。

171 理性选择理论经常以不同的名称出现在社会科学中，比如大众选择（public choice）、社会选择（social choice）和形式理论（formal theory）。这个理论的弱点最近得到探讨，尤其是它对抽象、完全不具数据的模型之依赖，见 Donald P. Green and Ian Shapiro, *Pathologies of Rational Choice Theory:A. Critique of Applications in Political Science* (New Haven: Yale University Press, 1994)。

172 在启发法（也就是经验法则）的讨论中，人类利用直觉进行定量推理的例子，见 Amos Tversky and Daniel Kahneman, "Judgment under uncertainty: heuristics and biases," *Science*, 185:1124-1131(1974)。对这个观念的最新解释及其他个案，则出现于相同作者的："On the reality of cognitive illusions," *Psychological Review*, 103: 582-591 (1996)。

173 关于文字使用前的人类所具有的思维方式，见 Christopher Robert Hallpike, *The Foundations of Primitive Thought* (New York: Oxford University Press, 1979)。

174 对于以化约法来研究人类行为以及结合生物学和社会科学的整体计划，某些重要哲学家充满悲观的看法，参见 Philip Kitcher, *Vaulting Ambition: Sociobiology and the Quest for Human Nature* (Cambridge, MA: MIT Press, 1985)；以及 Alexander Rosenberg 的三本著作：*Philosophy of Social Science* (Boulder, CO: Westview Press, 1988); *Economics: Mathematical Politics or Science of Diminishing Returns?* (Chicago: University of Chicago Press, 1992); *Instrumental Biology, or the Disunity of Science* (Chicago: University of Chicago Press, 1994)。下列一书的作者所提供的看法，一般而言较有希望：James H. Fetzer, ed., *Sociobiology and Epistemology*(Boston: D. Reidel, 1985)，以及 Michael Ruse, *Taking Darwin Seriously: A Naturalistic Approach to Philosophy* (Cambridge, MA: B. Blackwell, 1986)。

175 1979—1980 年度人文学科委员会的报告，出版成书为 Richard W. Lyman et al., *The Humanities in American Life* (Berkeley: University of California Press, 1980)。

176 George Steiner 的话引自他在 Kenyon College 毕业典礼的讲词，见 *The Chronicle of Higher Education,* 21 June 1996, p. B6。

177 有关音乐天才的大脑发育，见 G. Schlaug and co-workers, "Increased corpus callosum size in musicians," *Neuropsychologia*, 33:1047-1055（1995）以及 "In vivo evidence of structural brain asymmetry in musicians," *Science*, 267: 699-701 (1995)。

178 Harold Bloom 对后现代主义的看法，引自 *The Western Canon: The Books and School of the Ages* (Orlando, FL: Harcourt Brace, 1994)。

179 特纳的看法，见 "The birth of natural classicism," *Wilson Quarterly*, pp. 26-32 (Winter1996)。以历史背景为题，明晰地讨论后现代主义对文学理论的影响，见下列文献：M. H. Abrams, "The transformation of English studies," *Daedalus*, 126:105-131（1997）。

180 有关文学的历史性振荡，见 Edmund Wilson, "Modern literature: between the whirlpool and the rock," *New Republic* (November 1926)。本文重刊于 *From the Uncollected Edmund Wilson*, selected and introduced by Janet Groth and David Castronovo (Athens, OH: Ohio University Press, 1995)。

181 有关艺术诠释及历史的生物学理论，以下文章具有卓越贡献：Charles J. Lumsden and Edward O. Wilson, *Genes, Mind and Culture* (Cambridge, MA: Harvard University Press, 1981); E. O. W1ilson, *Biophilia* (Cambridge, MA: Harvard University Press, 1984); Frederick Turner, *Natural Classicism: Essays on Literature and Science* (New York: Paragon House Publishers, 1985), *Beauty: The Value of Values* (Charlottesville: University Press of Virginia, 1991), *The Culture of Hope: A New Birth of the Classical Spirit* (New York: Free Press, 1995); Ellen Dissanayake, *What Is Art For?* (Seattle, WA: University of Washington Press, 1988), *Homo*

Aestheticus: Where Art Comes From and Why (New York:Free Press, 1992); *Irenäus Eibl-Eibesfeldt, Human Ethology* (New York: Aldine de Gruyter, 1989); Margaret A. Boden, *The Creative Mind: Myths and Mechanisms* (New York: BasicBooks, 1991); Alexander J. Argyros, *A Blessed Rage for Order: Deconstruction, Evolution, and Chaos* (Ann Arbor: University of Michigan Press, 1991); Kathryn Coe, "Art: the replicable unit—an inquiry into the possible origin of art as a social behavior," *Journal of Social and Evolutionary Systems*, 15:217-234 (1992); Walter A. Koch, *The Roots of Literature* 及 W. A. Koch 所编辑的 *The Biology of Literature* (Bochum: N. Brockmeyer, 1993); Robin Fox, *The Challenge of Anthropology: Old Encounters and New Excursions* (New Brunswick, NJ: Transaction, 1994); Joseph Carroll, *Evolution and Literary Theory* (Columbia, MO: University of Missouri Press, 1995); Robert Storey, *Mimesis and the Human Animal: On the Biogenetic Foundations of Literary Representation* (Evanston, IL: Northwestern University Press, 1996); Brett Cooke, "Utopia and the art of the visceral response," in Gary Westfahl, George Slusser, and Eric S. Rabin, eds., *Foods of the Gods: Eating and the Eaten in Fantasy and Science Fiction* (Athens, GA: University of Georgia Press, 1996); Brett Cooke and Frederick Turner, eds., *Biopoetics: Evolutionary Explorations in the Arts* (New York: Paragon Press, 1999)。

182 关于艺术的隐喻及文字的历史，见 John Hollander, "The Poetry of architecture," *Bulletin of the American Academy of Arts and Sciences*, 49: 17-35 (1996)。

183 Edward Rothstein, *Emblems of Mind: The Inner Life of Music and Mathematics* (New York: Times Books, 1995)。

184 Hideki Yukawa, *Creativity and Intuition: A Physicist Looks East and West*,

translated by John Bestter (Tokyo: Kodansha International, distributed in U. S. by Harper & Row, New York, 1973)。

185 引自 Brassaï (本名 Gyula Halasz), *Picasso & Co.* (London: Thames and Hudson, 1967)。

186 次级模式原为 Gregory Bateson 所创，见 *Mind and Nature: A Necessary Unity* (New York: Dutton, 1979)，后来由 Tyler Volk 运用到生物学和艺术上，见 *Metapattems across Space, Time, and Mind* (New York: Columbia University Press, 1995)。

187 Vincent Joseph Scully 对创建进化观念的概念，整理在下列一书之中：*Architecture: The Natural and the Manmade* (New York: St. Martin's Press, 1991)。

188 许多著作讨论过蒙德里安的艺术演变，包括 John Milner, *Mondrian* (New York: Abbeville Press, 1992)，以及 Carel Blotkamp, *Mondrian: The Art of Destruction* (New York: H. N. Abrams, 1995)。关于神经生物学的诠释，则是来自我本人。

189 关于中国与日本书法的历史，见 Yujiro Nakata, *The Art of Japanese Calligraphy* (New York: Weatherhill/ Heibonsha, 1973)。

190 Elizabeth Spires, *Annonciade* (New York: Viking Penguin, 1989).

191 以上列出的原型大多来自我的构思，其中包含的各种元素是从许多数据中收集来的，尤其是 Joseph Campbell 所著的 *The Hero with a Thousand Faces* (New York: Pantheon Books, 1949) 及 *The Masks of God: Primitive Mythology* (New York: Viking Press, 1959); Anthony Steven, *Archetypes: A Natural History of the Self* (New York: William Morrow, 1982); Christopher Vogler, *The Writer's Journey: Mythic Structure of Storytellers and Screen*

Writers (Studio City, CA: Michael Wise Production, 1992); Robin Fox, *The Challenge of Anthropology: Old Encounters and New Excursions* (New Brunswick, NJ: Transaction, 1994)。

192 肥沃的新月地带是指中东与地中海盆地文明起源的区域，南以阿拉伯沙漠、北以亚美尼亚山脉为界，呈新月形，土地较邻近地区肥沃，故名“肥沃的新月地带”，此名因美国东方学家伯利斯坦德（James Henry Breasted，1865—1935）使用而普及。——译注

193 关于欧洲洞穴艺术和其他旧石器时代艺术作品的描述和诠释，引自 Ellen Dissanayake, *Homo Aestheticus: Where Art Comes From and Why* (New York: Free Press, 1992); Jean-Marie Chauvet, Eliette Brunel Deschamps, and Christian Hillaire, *Dawn of Art: The Chauvet Cave, the Oldest Known Paintings in the World* (New York: H. N. Abrams, 1996); Alexander Marshack, “Images of the ice age,” *Archaeology*, July/August 1995, pp. 29-39; E. H. J. Gombrich, “The miracle at Chauvet,” *New York Review of Books*, 14 November 1996, pp. 8-12。

194 Gerda Smets 的研究，见 *Aesthetic Judgment and Arousal: An Experimental Contribution to Psycho-aesthetics* (Leuven, Belgium: Leuven University Press, 1973)。

195 对最美丽的女性面孔所进行的实验研究，见 D. I. Perrett, K. A. May and S. Yoshikawa, “Facial shape and judgements of female attractiveness,” *Nature*, 368: 239-242 (1994)。关于其他体型特征的研究报告，则出自 David M. Buss, *The Evolution of Desire* (New York: BasicBooks, 1994)。

196 关于喀拉哈里狩猎采集部落的描述，出自 Louis Liebenberg, *The Art of Tracking* (Claremont, South Africa: D. Philip, 1990)。另外，对澳洲旧石器时代和当代土著的描述，则见 Josephine Flood, *Archaeology of*

the Dreamtime: The Story of Prehistoric Australia and Its People, revised edition (New York: Angus & Robetson, 1995)。

197 本章一些与艺术和评论相关的主题，尤其是神话的原型和科学与艺术的关联，在 Northrop Frye, *Anatomy of Criticism: Four Essays* (Princeton, NJ: Princeton University Press, 1957) 中有极卓越的描述。但是 Frye 没有把他所描述的主题和大脑科学及社会生物学相关联，因为这些学科在 1950 年代尚未具备当今的形式。

198 金（Martin Luther King，1929—1968），美国黑人领袖、人权斗士，1964 年诺贝尔和平奖得主。——译注

199 陀思妥耶夫斯基（Fyodor M. Dostoyevsky，1821—1881），俄国大文豪，曾因参加革命团体被判刑流放。其作品反映小人物的痛苦，描写社会上的不平，对于人物异化心理刻画入微，主要作品有《白痴》、《罪与罚》、《卡拉马佐夫兄弟》等。——译注

200 洛克对无神论者的指责，出现于 *A Letter on Toleration*, Latin text edited by Raymond Klibansky and translated by J. W. Gough (Oxford: Clarendon Press, 1968)。

201 关于胡克对科学界限的言论，由 Charles Richard Weld 所引，见 *A History of the Royal Society, with Memoirs of the Presidents,* compiled from documents, in two volumes (London: John Parker, West Strand, 1848), vol. 1, p. 146。

202 我所提出的有关宗教先验主义的议论，来自我自己早年在南方浸信会传统中的经验，以及其他的许多资料，包括 Karen Armstrong, *A History of God: The 4000-Year Quest of Judaism, Christianity, and Islam* (New York: Alfred A. Knopf/Random House, 1993); Paul Johnson, *The Quest for*

God: A Personal Pilgrimage (New York: HarperCollins, 1996); Jack Miles, *God: A Biography* (New York: Oxford University Press, 1996)。

203 这里对人类历史中（10 万年）曾经出现的宗教数目的估计，来自 Anthony F. C. Wallace, *Religion: An Anthropological View* (New York: Random House, 1966)。

204 沃斯通克拉夫特（Mary Wollstonecraft，1797—1851），英国小说家，后更名为玛丽·雪莱（Mary Shelly）。在 1814 年遇见年方 21 岁的雪莱，不顾家庭反对，私奔到法国成婚。雪莱早逝，她把雪莱的诗整理成册发表。她自己唯一的成名作是《弗兰肯斯坦》(*Frankenstein*)，以此改编成了恐怖片，中译名为《科学怪人》。——译注

205 Mary Wollstonecraft, *A Vindication of the Rights of Woman* (Londan: J. Johnson, 1792).

206 关于科学家宗教信仰的调查，由 Edward J. Larson and Larry Witham 所主导，并发表在 *The Chronicle of Higher Education*, 11 April 1997, p. A16。

207 关于道德行为的进化模型，与我在这方面的第一本著作《论人性》(*On Human Nature*, Cambridge, MA: Harvard University Press, 1978）中的推论类似，而且与本书第七与第八章中有关基因 - 文化协同进化的理论一致。

208 Robert Plomin et al., *Behavioral Genetics*, third edition (New York: W. H. Freeman, 1997).

209 关于“合作关系的进化过程”的基础，包括“囚徒困境”，来自 Robert M. Axelrod, *The Evolution of Cooperation* (New York: BasicBooks, 1984)，以及 Martin A. Nowack, Robert M. May, and Karl Sigmund, “The arithmetics of mutual help,” *Scientific American*, June 1995, pp. 76-81。黑

猩猩的原始伦理行为，包括相互合作以及对不合作者的处分，来自 Frans de Waal, *Peacemaking Among Primates* (Cambridge, MA: Harvard University Press, 1989)，以及 Good Natured, *The Origins of Right and Wrong in Humans and Other Animals* (Cambridge, MA: Harvard University Press, 1996)。

210 圣奥古斯丁（St. Augustine，354—430），罗马帝国主教、哲学家、基督教神学奠基人，著有自传《忏悔录》和对抗异教言论的《上帝之城》。——译注

211 哺乳类动物中关于优势度的沟通方式，广见于各种探讨动物行为的文献中，比如我的著作 *Sociobiology: The New Synthesis* (Cambridge, MA: Belknap Press of Harvard University Press, 1975)。

212《赛莱斯预言》（*The Celestine Prophecy*）一书作者为莱德菲尔德（James Redfield）[繁体中译本为李永平译（远流）]。——译注

213 关于圣特雷莎神秘的祈祷经验，见她亲自撰写的 *The Life of St. Teresa of Jesus of the Order of Our Lady of Carmel*，由 David Lewis 翻译自西班牙文。Benedict Zimmerman 重新编订，与原始的自传相比，添加了注脚和引言，以第五版发行（Westminster, MD: The Newman Press, 1948)。

214 霍金（Stephen Hawking，1942— ），英国理论物理学家，《时间简史》（*A Brief History of Time*）的作者。因身患肌萎缩性脊髓侧索硬化症（或称为卢伽雷氏症，Lou Gehrig's disease)，而终日身陷轮椅上。——译注

215 我在这里对科学与宗教的关系所下的结论，取自我 1991 至 1992 年在哈佛神学院的 Dudleian 讲座，发表论文为 "The return to natural philosophy," *Harvard Divinity Bulletin*, 21:12-15。

216 本章中关于道德推论的基础，尤其是自然科学在定义经验主义者的世界观上所扮演的角色，可供参考的主要资料，依照作者姓氏首字母排列如下：Richard D. Alexander, *The Biology of Moral Systems* (Hawthorne, NY: Aldine de Gruyter, 1987); Larry Arnhart, "The new Darwinian naturalism in political theory," *American Political Science Review*, 89: 389-400 (1995); Daniel Callahan and H. Tristram Engelhardt, Jr., eds., *The Roots of Ethics: Science, Religion, and Values* (New York: Plenum Press, 1976); Abraham Edel, *In Search of Ethical: Moral Theory in Twentieth Century America* (New York: Brunswick, NJ: Transaction, 1993); Paul L. Farber, *The Temptations of Evolutionary Ethics* (Berkeley: University of California Press, 1994); Matthew H. Nitecki and Doris V. Nitecki, eds., *Evolutionary Ethics* (Albany: State University of New York Press, 1993); James G. Paradis and George C. Williams, *Evolution and Ethics: T. H. Huxley's Evolution and Ethics with New Essays on Its Victorian and Sociobiological Context* (Princeton, NJ: Princeton University Press, 1989); Van Rensselaer Potter, *Bioethics: Bridge to the Future* (Englewood Cliffs, NJ: Prentice-Hall, 1971); Matt Ridley, *The Origins of Virtue: Human Instincts and the Evolution of Cooperation* (New York: Viking, 1997); Edward O. Wilson, *Sociobiology: The New Synthesis* (Cambridge, MA: Belknap Press of Harvard University, 1975), *On Human Nature* (Cambridge, MA: Harvard University Press, 1978), *Biophilia* (Cambridge, MA: Harvard University Press, 1984); Robert Wright, *The Moral Animal: Evolutionary Psychology and Everyday Life* (New York: Pantheon Books, 1994)。

关于"科学和宗教的关联"的许多观念和资料，学术界的来源包括 Walter Burkert, *Creation of the Sacred: Tracks of Biology in Early Religion* (Cambridge, MA: Harvard University Press, 1996); James M. Gustafson, *Ethics from a Theocentric Perspective, Volume One, Theology and Ethics* (Chicago: University of Chicago Press, 1981); John F. Haught,

Science and Religion: From Conflict to Conversation (New York: Paulist Press, 1995); Hans J. Mol, *Identity and the Sacred: A Sketch for a New Social-Scientific Theory of Religion* (Oxford: Blackwell, 1976); Arthur R. Peacocke, *Intimations of Reality: Critical Realism in Science and Religion* (Notre Dame, IN: University of Notre Dame Press, 1984); Vernon Reynolds and Ralph E. S. Tanner, *The Biology of Religion* (Burnt Mill Harlow, Essex, England: Longman, 1983); Conrad H. Waddington, *The Ethical Animal* (New York: Atheneum, 1961); Edward O. Wilson, *On Human Nature* (Cambridge, MA: Harvard University Press, 1978)。

217 关于地球上所有生命因为有共同祖先而具有的遗传关联，下文提供了分子层次的详尽描述：J. Peter Gogarten, “The early evolution of cellular life,” *Trends in Ecology and Evolution*, 10:147-151(1995)。

218 关于早期人种进化出现代人的过程，许多作者做了回顾性文章，结集于 Goran Burenhult, ed., *The First Humans: Human Origins and History to 10000 BC*(New York: HarperCollins, 1993)。

219 “空白分析”一词，借用自生物多样性和生物保护研究。这个方法首先描绘出动植物的分布图，然后与生物保留区的地图重叠，并利用其中提供的信息挑选未来最佳的保留区。见 J. Michael Scott and Blair Csuti, “Gap analysis for biodiversity survey and maintenance,” in Marjorie L. Reaka-Kudla, Don E. Wilson, and Edward O. Wilson, eds., *Biodiversity II: Understanding and Protecting Our Biological Resources* (Washington, DC: Joseph Henry Press, 1997), pp. 321-340。

220 关于头形在过去千年中的进化问题，见 T. Bielicki and Z. Welon, “The operation of natural selection in human head form in an East European population,” in Carl J. Bajema, ed., *Natural Selection in Human Populations: The Measurement of Ongoing Genetic Evolution in Contemporary Societies*

(New York:Wiley, 1970)。

221 关于热休克蛋白质最近进化的证据，见 V. N. Lyashk et al.,“Comparison of the heat shock response in ethnically and ecologically different human populations,” *Proceedings of the National Academy of Sciences*, USA, 91:12492-12495(1994)。

222 关于人类基因总数的最新研究，请参见注 110。——译注

223 有关人类目前和未来的遗传进化，是由我的一篇文章修改而来："Quo Vadis, Homo Sapiens?," *Geo Extra*, no.1, pp. 176-179(1995)。

224 生物圈二号的实验结果，在下文中有讨论：Joel E. Cohen and David Tilman, "Biosphere 2 and biodiversity:the lessons so far," *Science,* 274:1150-1151(1996)。关于这次为期两年的探险的第一手资料，也由其中的两位研究人员出版了，Abigail Alling and Mark Nelson, *Life Under Glass: The Inside Story of Biosphere 2* (Oracle, AZ: Biosphere Press, 1993)。

225 最近关于人类人口增长的报告中，最完整、最具权威又普及大众的著作是 Joel E. Cohen 所写的 *How Many People Can the Earth Suppor?*(New York: W. W. Norton, 1995)。我们很难估计地球可以养活的人口总数，原因正如 Cohen 所说，在于食物生产技术所能达到的最高水准，以及人们可接受的平均生活品质。估计出来的上限值，取自 John M. Gowdy and Carl N. McDaniel, "One world, one experiment: addressing the biodiversity-economics conflict," *Ecological Economics*, 15:181-192(1995)。

226 PAT 公式由 Paul R. Ehrlich 与 John P. Holdren 所原创发展出来，并且已经得到广泛的讨论，见 "Impact of population growth," *Science,* 171:1212-1217(1971)。Paul Ehrlich 曾说："这是一个粗略的近似法，因

为相乘的三个因素并不是各自独立……这个公式对估计人口对全球所造成的冲击尤其有用。它用 AT 来取代以往必定会用到的每人能源用量 (per-capita energy)。” 见 Denis A. Saunders et al., “The scale of the human enterprise,” *Nature Conservation 2: Reconstruction of Fragmented Ecosystems*(Chipping Norton, NSW, Australia: Surrey Beatty & Sons, 1993), pp. 3-8。

227 利用“生态足迹”测量环境受冲击的程度，始于 William E. Rees and Mathis Wackernagel, “Ecological footprints and appropriated carrying capacity: measuring the natural capital requirements of the human economy,” in AnnMari Jansson et al., eds., *Investing in Natural Capital: The Ecological Economics Approach to Sustainability* (Washington, DC: Island Press, 1994), pp. 362-390。

228 来自各个相关领域的 11 位重要科学家，曾经共同发表一份关于人口和环境的重要文件：Kenneth Arrow et al., “Economic growth, carrying capacity, and the environment,” *Science*, 268:520-521(1995)。

229 总部设在美国华盛顿特区的 Wolrdwatch Institute，把全球环境的巨大资料库总结为最容易了解、最新也最易获得的报告，包括两份年刊：*State of the World* 以及 *Vital Signs:The Trends That Are Shaping Our Future*，由 W. W. Norton(New York) 出版，以及由机构自身偶尔出版的一些特论。环境科学家对现有资料所做的独立分析，也肯定了我所描述的趋势：“Land resources: On the edge of the Malthusian precipice? ,” proceedings of a conference organized by D. J. Greenland et al., *Philosophical Transactions of the Royal Society of London, Series B*, 352:859-1033(1997)。

230 最近有许多作品在探讨文明兴衰与环境因素的关系，在此推荐 H. Weiss et al., “The genesis and collapse of third millennium North Mesopotamia

civilization," *Science*, 61:995-1004(1993); Tom Abate, "Climate and the collapse of civilization," *BioScience*, 44:516-519(1994)；以及格外包罗万象并深具生物学洞见的 Jared Diamond, *Guns, Germs, and Steel:The Fates of Human Societies* (New York:W. W. Norton, 1997) [繁体中译本为《枪炮、病菌与钢铁——人类社会的命运》，王道还、廖月娟译（时报出版）]。

231　关于 1992 年联合国环境和发展会议的卓越报道，见 Adam Roger, *The Earth Summit: A Planetary Reckoning* (Los Angeles: Global View Press, 1993)。

232　有关科技和经济增长对自然环境的调节，见 U. S. National Research Council 的特别报告 *Linking Science and Technology to Society's Environmental Goals*, John F. Ahearne and H. Guyford Stever, co-chairs (Washington, DC: National Academy Press, 1996)。关于特殊科技对环境的解答，见 Jesse H. Ausubel, "Can technology spare the earth?," *American Scientist*, 84:166-178 (1996)，以及多位作者所发表的"Liberation of the Environment"，为 *Daedalus* 1996 年夏季号（此为 American Academy of Arts and Sciences 的刊物）。

233　Frederick Hu，"What is competiton?," *World Link*, July/August 1996, pp. 14-17.

234　以经济和环境的关联为主题的书籍和期刊，正在快速成长当中。其中极为精彩的简介为 James Eggert, *Meadowlark Economics: Work and Leisure in the Ecosystem* (Armonk, NY: M. E. Sharpe, 1992); R. Kerry Turner, David Pearce, and Ian Bateman, *Environmental Economics: An Elementary Introduction* (Baltimore, MD: Johns Hopkins University Press, 1993); Paul Hawken, *The Ecology of Commerce: A Declaration of Sustainability* (New York: HarperCollins, 1993); Thomas Michael Power, *Lost Landscapes and Failed Economies: The Search for a Value of Place* (Washington, DC: Island

Press, 1996)。

235 《东方快车谋杀案》(*Murder on the Orient Express*)，是侦探皇后克里斯蒂（Agatha Christie，1890—1976）1934 年的作品，描述发生在东方快车上的命案，私家侦探波洛抽丝剥茧找出的凶手其实为全列车上的 12 位乘客，死者因每人贡献一刀而毙命。——译注

236 有关保存生物多样性的道德论辩，参见我早期的作品 *Biophilia* (Cambridge, MA: Harvard University Press, 1984)，以及 *The Diversity of Life* (Cambridge, MA:Belknap Press of Harvard University Press, 1992) [中译本为《缤纷的生命》，金恒镳译（中信出版社）]；以及 Stephen R. Kellert 的 *The Value of Life: Biological Diversity and Human Society* (Washington, DC:Island Press/Shearwater Books, 1996) 与 *Kinship to Mastery:Biophilia in Human Evolution and Development* (Washington, DC:Island Press, 1997)。

237 曼哈顿计划（Manhattan Project），是美国于第二次世界大战末期研发原子弹的计划，大本营在新墨西哥州的洛斯阿拉莫斯（Los Alamos）。计划主持人是奥本海默（Robert Oppenheimer，1904—1967）。——译注

238 关于生物多样性和物种灭绝的思考，改写自我的两篇文章：“Is humanity suicidal?,” *The New York Times Magazine*, 30 May 1993, pp. 24-29，以及“Wildlife: legions of the doomed,” *Time* (international), 30 October 1995, pp. 57-59。

239 克尔凯郭尔（Soren Kierkegaard，1813—1855），丹麦宗教哲学家，被视为存在主义哲学的创立者。萨特（Jean-Paul Sartre，1905—1980），法国哲学家、作家，存在主义代表人物，拒领 1964 年诺贝尔文学奖。——译注

240 有关社会最终的道德基础，见 Amy Gutmann and Dennis Thompson, *Democracy and Disagreement* (Cambridge, MA: Belknap Press of Harvad University Press, 1996)。

CONSILIENCE The Unity of Knowledge

致谢

直到 1997 年退休为止，我在哈佛大学已经教了 41 年的基础生物学和中等生物学。在后 20 年间，这两门课被列入大学部人文和科学基础教材的一部分，目的在传授各大学术分支中的基础知识和思维方式。其中，我负责进化生物学，它是一个靠近自然科学与社会科学界限的学术站，也必然是拥有多样兴趣的学者们互相交流的聚会场所。我主要的研究兴趣，也包括了社会行为的进化过程，因此能够很自如地和学术界大半的专家谈论有关融通的关键争议。

我在写《知识大融通》的三年中，咨询了许多专家的意见，在此我几乎不可能完全列出他们的姓名。他们的兴趣广泛，从研究斯拉夫文学的学者，到美国众议院发言人；从诺贝尔物理奖和经济学奖得主，到国际保险公司的总经理。碍于版面有限，我在此只能向那些阅读过此书部分章节的专家致谢。为了感激他们给我的珍贵帮助，我要声明：假若在本书出版（1997 年 9 月）后仍存有错误，责任在我，与他们无涉。

Gary S. Becker（经济学）、Myra A. Mayman（艺术）、Rodney

A. Brooks（人工智能）、Michael B. McElroy（大气物理）、Terence C. Burnham（经济学）、Peter J. McIntyre（进化）、Joseph Carroll（文学理论）、Matthew S. Meselson（分子生物学）、I. Bernard Cohen（科学历史）、Harold J. Morowitz（复杂理论）、Joel E. Cohen（生态学）、William R. Page（通识）、Brett Cooke（文学理论）、Robert Plomin（心理学）、William R. Crout（宗教）、William E. Rees（生态学）、Antonio R. Damasio（神经生物学）、Angelica Z. Rudenstine（艺术史）、Daniel C. Dennett（科学哲学、大脑科学）、Loyal Rue（通识）、Ellen Dissanayake（艺术理论）、Michael Ruse（通识）、George B. Field（物理科学）、Sue Savage-Rumbaugh（灵长类动物学）、Newt Gingrich（通识）、S. J. Singer（分子生物学）、Paul R. Gross（通识）、James M. Stone（通识）、J. Allan Hobson（心理学）、Frank J. Sulloway（通识）、Joshua Lederberg（通识）、Martin L. Weitzman（经济学）、Barbara K. Lewalski（文学评论）、Irene K. Wilson（诗、神学）、Charles J. Lumsden（通识）、Arthur P. Wolf（人类学）。

最后，我要感谢 Kathleen M. Horton 在我曾经写过的所有书籍和文章（自 1966 年起）中，对文献的搜集和稿本的准备有极仔细和珍贵的贡献。我也对我的经纪人兼顾问 Taylor Williams 的商议十分感激，他协助了这个计划的实现。另外，我还要对 Knopf 出版社的编辑 Carol Brown Janeway 表示感谢，她给我重要的精神支持，帮助我在这个综合知识的过程中，平安地穿过一些危险而不可避免的暗礁。

谨向以下同意转载之资料来源致谢：

GEO Extra Nr. I: "Quo Vadis，Homo Sapiens" by Edward O. Wilson, reprinted courtesy of GEO Extra Nr. 1, Hamburg, Germany.

Harvard University Press: *Excerpts from Biophilia*; *The Diversity of Life*; *Genes, Mind, Culture; and Promethean Fire* by Edward O. Wilson, reprinted courtesy of Harvard University Press.

The New York Times Company: Excerpt from "Is Humanity Suicidal?" by Edward O. Wilson(The New York Times Magazine, May 20, 1993), copyright © 1993 by The New York Times Company, reprinted courtesy of The New York Times Company.

David Philip Publishers(Pty)Ltd.: *Excerpt from The Art of Tracking: The Origin of Science by Louis Liebenberg*, Reprinted by permission of David Philip Publishers(Pty)Ltd., Claremont, South Africa.

Time International: Excerpts from "Legions of the Doomed" by Edward O. Wilson(Time International, October 30, 1995), Adapted by permission of Time International.

Viking Penguin and Elizabeth Spires: Excerpt from "Falling Away" from Annonciade by Elizabeth Spires, copyright © 1985, 1986, 1987, 1988, 1989 by Elizabeth Spires. Reprinted by permission of Viking Penguin, a division of Penguin Books USA Inc., and of Elizabeth Spires.